TEORIAS DA DEMOCRACIA

C973t   Cunningham, Frank.
         Teorias da democracia : uma introdução crítica / Frank
    Cunningham ; tradução Delmar José Volpato Dutra. – Porto Alegre :
    Artmed, 2009.
    286 p. ; 23 cm.

    ISBN 978-85-363-1826-4

    1. Filosofia – Democracia. 2. Filosofia política. I. Título.

                                                    CDU 141.7:321.7

Catalogação na publicação: Renata de Souza Borges CRB-10/Prov-021/08

TEORIAS DA DEMOCRACIA

UMA INTRODUÇÃO CRÍTICA

FRANK CUNNINGHAM
Professor of Philosophy and Political Theory
at the University of Toronto.

Consultoria, tradução e supervisão desta edição:
Delamar José Volpato Dutra
*Doutor em Filosofia pela Universidade Federal do Rio Grande do Sul,
com estágio de doutorado na Université Catholique de Louvain, Bélgica.
Pós-doutorado na Columbia University, New York. Professor associado
da Universidade Federal de Santa Catarina nos programas
de pós-graduação em Filosofia e em Direito.*

artmed®

2009

Obra originalmente publicada sob o título *Theories of democracy: a critical introduction*
ISBN 0-415-22879-4
© Frank Cunningham, 2002

All Rights Reserved.
Authorised tranlation from the english language edition published by routledge, a member of the Taylor & Francis Group.

Capa
Tatiana Sperhacke - TAT studio

Foto da capa
© *iStockphoto.com/macfoto80*

Preparação do original
Maria Edith Amorim Pacheco

Leitura final
Carlos Henrique Lucas Lima

Supervisão editorial
Mônica Ballejo Canto

Projeto e editoração
Armazém Digital® Editoração Eletrônica – Roberto Carlos Moreira Vieira

Reservados todos os direitos de publicação, em língua portuguesa, à
ARTMED® EDITORA S.A.
Av. Jerônimo de Ornelas, 670 - Santana
90040-340 Porto Alegre RS
Fone (51) 3027-7000 Fax (51) 3027-7070

É proibida a duplicação ou reprodução deste volume, no todo ou em parte, sob quaisquer formas ou por quaisquer meios (eletrônico, mecânico, gravação, fotocópia, distribuição na Web e outros), sem permissão expressa da Editora.

SÃO PAULO
Av. Angélica, 1091 - Higienópolis
01227-100 São Paulo SP
Fone (11) 3665-1100 Fax (11) 3667-1333

SAC 0800 703-3444

IMPRESSO NO BRASIL
PRINTED IN BRAZIL
Impresso sob demanda na Meta Brasil a pedido de Grupo A Educação.

AGRADECIMENTOS

Este livro foi encomendado por David Archard e Ronald Beiner em nome da Routledge para ser uma introdução à teoria democrática. O plano do livro é esboçado no início do Capítulo 1. Em sua preparação, fui ajudado pelos professores Archard e Beiner, por Nader Hashemi e pelo pessoal da Routledge. Eu sou grato também a Derek Allen, H. D. Forbes, Joseph Heath, Lynda Lange, Chantal Mouffe, Richard Sandbrook e Melissa Williams pelos valiosos *feedbacks* nas primeiras versões dos capítulos. Ainda que o livro seja uma publicação de preleções, aproveitei muito das contribuições estimulantes e criteriosas dos meus estudantes de filosofia e ciência política em um curso sobre teoria democrática na Universidade de Toronto em vários anos passados, e a minha esposa, Maryka Omatsu.

Toronto

SUMÁRIO

1 Introdução 9

2 Problemas da democracia 25

3 Democracia liberal 38
Discussão: democracia liberal e capitalismo

4 A democracia liberal e os seus problemas 67

5 Pluralismo clássico 91
Discussão: representação

6 Catalaxe 123

7 Democracia participativa 148

8 Pragmatismo democrático 170
Discussão: o valor da democracia

9 Democracia deliberativa 194

10 Pluralismo radical 217

11 Aplicando as teorias democráticas: globalização 233

Referências 255
Índice onomástico 277
Índice remissivo 281

1
INTRODUÇÃO

Este livro visa providenciar um mapa por meio de uma seleção de teorias democráticas contemporâneas. Assim como um mapa de verdade, leitores já familiarizados com o terreno vão achá-lo deficiente em detalhes importantes; e, como sabem os estudantes de cartografia, há alternativas e estratégias completamente diferentes para organizar um mapa. Ainda, o livro deve providenciar aos leitores, com antecedência, alguns fundamentos em teoria democrática, uma visão geral da posição do terreno. Ou melhor, ele cobre parte do terreno, assim como o mapa não é um mapa do globo, mas está confinado nas teorias democráticas da Europa ocidental e da América do Norte e, ainda mais estritamente, nas teorias escritas em inglês ou que encontraram seu curso em publicações difundidas nesta língua. A razão não é a crença de que não possam ser encontradas outras teorizações importantes da democracia, mas simplesmente porque o livro é preparado por um anglo-norte-americano, referente ao trabalho teórico-democrático sobre seu próprio meio ambiente intelectual.

Assim como um mapa indica caminhos a uma variedade de destinações, ainda que permaneça mudo sobre qual deles se deva tomar ou o que fazer na volta, também este livro será mais descritivo do que prescritivo. Ao mesmo tempo, seria ingênuo de minha parte ou de meus leitores supor que as discussões que se seguem não sejam influenciadas por meus valores políticos ou propensões teórico-democráticas. Em parte para tornar essas opiniões transparentes, o Capítulo 8 ("Pragmatismo democrático") vai delinear a perspectiva em termos da qual eu tentarei dar sentido à democracia e às teorias democráticas, adotadas da teoria política explicada por John Dewey em seu *The Public and Its Problems* (1927). Apesar de eu não tentar persuadir os leitores dos pontos de vista que sustento, há um aspecto no qual o pragmatismo deweyano estrutura o estudo do resto do livro.

É central a essa orientação a convicção de que o empreendimento teórico e prático em política (como alhures) seja principalmente esforços para resolver problemas. Consequentemente, o Capítulo 2 listará alguns problemas principais que atacam a democracia: que ela envolve a tirania da maioria, que torna o governo ineficiente, que envolve procedimentos de tomada de decisões irracionais e outros desafios. Capítulos subsequentes resumirão os pontos principais das teorias da democracia – democracia liberal, participativa, deliberativa, e assim por diante – buscando recursos entre elas para tratar um ou mais dos problemas. Isso forma a base da organização do livro, que, contudo, desvia-se disso de três modos.

No final do livro será indicado como as teorias democráticas abstratamente discutidas são aplicadas de forma concreta tomando um ou muitos exemplos possíveis, principalmente a globalização. Um segundo desvio concerne ao tratamento dos temas independentemente de teorias específicas. A maioria dos estudos sobre teoria democrática é organizada ao redor dos seguintes temas: liberdade e igualdade, direitos, tomadas de decisão coletivas, legitimidade, justiça, democracia, e assim por diante. Esses, e outros temas correlatos, serão tocados ao se tratar de teorias relevantes, mas três serão consideradas de um modo mais concentrado em "discussões" apensas aos capítulos apropriados. São eles a relação da democracia liberal com o capitalismo (Capítulo 3); as concepções de democracia representativa (Capítulo 5); e o valor da democracia (Capítulo 8).

Ainda que as teorias expostas tenham sido tratadas principalmente a partir da metade do século XX, todas elas remetem ao trabalho de antecessores históricos, como Jean-Jacques Rousseau, James Madison, Immanuel Kant e John Stuart Mill. Aspectos fundamentais de suas ideias serão sumarizados quando apropriados e, em um terceiro desvio, esse capítulo será concluído delineando o pensamento de três dos seguintes teóricos, a saber, Aristóteles, Alexis de Tocqueville e Joseph Schumpeter, aos quais quase todos os teóricos atuais se referem frequentemente. Primeiramente, algumas complexidades sobre como conceber o conteúdo último deste livro – a democracia – devem ser levantadas.

CONCEITUALIZANDO A DEMOCRACIA

Não muito tempo depois da supressão da passeata pela democracia dos estudantes chineses em 1989 na Praça da Paz Celestial, tive a oportunidade de falar com um participante. Ele me disse que, apesar de ter arriscado a sua vida em Pequim e de alguns de seus amigos terem perdido as deles na causa pela democracia, nem ele ou eles podiam alegar saber exatamente o que é a democracia. Expressando essa incerteza, o estudante diferiu dos teóricos contemporâneos da democracia, os quais, como seus predecessores, apontam definições de "democracia" com confiança ou escrevem sobre as precondições, o valor ou os problemas da democracia de um modo que presuma que os seus leitores entendam o significado do termo. A interrogação dos significados pressupostos ou uma visão das definições rapidamente revelam, contudo, que tomados coletivamente os teóricos estão em uma situação similar àquela do estudante chinês, já que suas concepções de democracia divergem (Naess et al., 1956).

A confiança dos teóricos é bastante fácil de entender. Para a maior parte dos acadêmicos, esses teóricos são empregados para responder questões, não para perguntá-las, e eles cedo aprendem em suas carreiras os riscos profissionais das tentativas. É mais instrutiva a divergência de concepções de democracia. Essencialmente, eu especulo esse resultado a partir do fato de que a quase totalidade das teorias democráticas correntes é escrita dentro de sociedades e com respeito a sociedades que se consideram democráticas. Portanto, suas teorias da democracia estão direta ou indiretamente implicadas nas políticas democráticas reais. Isso significa que a democracia, como a "justiça" ou a "liberdade", é o que alguns chamam de conceito "contestado" incrustado em teorias rivais (Connolly, 1993b, que toma o termo de Gallie, 1955-6). Em um livro que inspeciona teorias contemporâneas da democracia, isso de nenhum modo cria uma situação única; entretanto, cria situações desafiadoras, igualmente para o autor e para o leitor, de que há uma falta de consenso sobre do que tratam as teorias consideradas.

> **Exercício**
>
> Esse ponto pode ser ilustrado pela referência a um experimento feito em cursos sobre teoria democrática na qual os estudantes são demandados a escrever um exemplo – histórico ou atual, ficcional ou real – da situação, instituição ou prática que eles possam pensar mais democrática ou antidemocrática. Os leitores deste livro podem escolher participar desse experimento antes de continuar. Aqueles que o fizerem acharão a discussão seguinte mais significativa. O exercício foi dado a estudantes mais antigos de ciência política e de filosofia na minha universidade e, em adição à constância por vários anos nesta localidade, eu recebi resultados similares de estudantes do Japão e da Holanda durante compromissos de professor visitante nesses países.

Analisando as respostas, noto que elas podem ser inicialmente divididas em duas categorias. A maioria dos respondentes ignoraram a instrução de dar exemplos concretos e em vez disso ofereceram características formais baseadas em teorias preferidas. Alguns exemplos:

i. pequena comunidade participativa/totalitarismo;
ii. um Estado no qual cada cidadão desempenha um papel na tomada de decisão política/um Estado que não preenche essa condição;
iii. garantias constitucionais dos direitos individuais/governo de um indivíduo ou de opinião de massa;
iv. decisões são tomadas por todos os membros da sociedade, sendo todos racionais e bem informados/uma tirania na qual mesmo aqueles encarregados são vítimas de falsa consciência;

v. uma comunidade na qual o bem comum é decidido por consenso depois de debate completo/uma sociedade na qual os governantes decidem o que conta como bem público.

Os leitores que seguiram a sugestão para fazer esse exercício e cujos "exemplos" são similares a esses sem dúvida são portadores de uma atitude teórica, mas podem, da mesma forma, aproveitarem-se da tentativa de ilustrar praticamente suas teorias. No entanto, algumas lições sobre metodologias para tentativas de tratamento da democracia podem ser aprendidas dessas respostas (reconhecendo completamente que elas são delineadas a partir de exemplos limitados). Caracterizações abstratas da democracia levam-nas a desenhar dicotomias tais que qualquer coisa combinando com a caracterização seja considerado democrático e qualquer outra coisa é considerada como não-democrática, enquanto o exercício convida os estudantes a pensar a democracia como uma questão de grau. (Para empregar os termos de James Hyland, concepções de democracia podem ser "ordenadoras" ou "escalares" – 1995, p. 49-50). Muitos concordam com Samuel Huntington (1991, p. 11-12), que diz que o mundo político deve ser classificado simplesmente nas categorias democrática e não-democrática. O par de "exemplos" etiquetada por *ii* exibe tal dicotomização, como também *iii* (em que a intenção tem de ser caritativamente interpretada para especificar uma condição necessária para a democracia, a menos que seja assumido que direitos democráticos estejam entre aqueles garantidos).

Naturalmente, qualquer caracterização abstrata pode ser olhada como um tipo ideal suscetível a graus de aproximação. Contudo, isso cria um ônus de explicar como a aproximação é determinada, o que é difícil de fazer sem examinar exemplos concretos. Por exemplo, olhando *iv*, poucas pessoas, ao contrário de muitas, podem ser racionais e informadas, ou as pessoas podem ser parcialmente informadas ou parcialmente racionais (um conceito em si mesmo contestável), ou podem ser racionais com referência a certas questões e não a outras. No caso de *v*, alguma coisa menor do que o bem comum, contudo melhor do que um mal não mitigado, pode ser aceito, e/ou pode haver somente consenso parcial, ou o debate pode ser menos do que completo. O exemplo da situação mais antidemocrática em *v* sugere que o critério-chave para uma democracia tipo-ideal é o consenso. A mais antidemocrática caracterização de *iv* é indeterminada porque inclui dois elementos democráticos falhos, tirania e falsa consciência. A tentativa de dar exemplos concretos força a haver mais precisão ou ao menos o aguçamento de decisões teóricas em tais questões.

Outra vantagem de procurar exemplos é que as caracterizações abstratas podem ser provadas de modos alternativos, sobre as quais pode haver boas razões para desacordo. Mais radicalmente, alguém pode questionar um exemplo por não ser simplesmente democrático ou não-democrático, caso em que igualmente especificações mais finas são necessárias na abstração ou na exemplificação do que conta como evidência de que a democracia deva ser caracterizada de algum outro modo. Esse ponto pode ser ilustrado considerando a lista seguinte de exemplos concretos, também tomados de experiência em sala de aula, na qual os primeiros três dos "mais democráticos" locais podem ser tomados como candidatos para *i* (participação em comunidades pequenas) e os vários exemplos seguintes podem ser vistos como diferentes modos que os cidadãos podem desempenhar no papel de tomar decisões:

a) cantão suíço/inferno;
b) um *kibbutz* israelense/um Estado fascista;
c) uma eleição para os Estados Unidos ou o Canadá/a prisão de segurança máxima em Newark, New Jersey;
d) um *referendum* (o exemplo mais frequentemente dado de "mais democrático")/indicação de juiz para a Suprema Corte;
e) tomada de decisão por consenso em reunião de conselho indígena/ mercado econômico competitivo;
f) entrada de estudantes em um curso curricular/monopólio do poder no México por um partido político;
g) negociações amigáveis sobre a divisão de tarefas entre companheiros de quarto/repressão policial a uma passeata (recente) de estudantes;
h) campanha por obtenção de consenso sobre ação afirmativa/sexismo e racismo sistemáticos;
i) emprego ou admissão à universidade baseado somente no mérito e aberto a todos/políticas de discriminação positiva;
j) um time de futebol durante o jogo/uma escola de ensino médio;
k) uma manada de elefantes/uma escola militar;
l) jogo em um loteria pública/estupro;
m) mercado econômico livre/política estatal.

O que chama a atenção nesses exemplos é a heterogeneidade e a extravagância de alguns deles. Uma interpretação desses aspectos é que eles refletem de forma empobrecida sobre os pensamentos (ou as motivações) daqueles que os propuseram. Leitores que tentaram encontrar exemplos por si mesmos irão também procurar interpretações mais cariosas para os estudantes. Não é fácil dar exemplos prototípicos de democracia precisamente porque é um conceito contestado. Não obstante, a tarefa pode ser considerada de uma variedade de pontos de vista, que são em si mesmos combináveis de uma variedade de modos. Assim, os exemplos "mais democráticos" de *a* até *e*, em contraste com os de *f* até *g*, supõem que a democracia seja uma questão formal ou quase formal. Nos exemplos de *a* até *g*, a democracia requer centralmente ou é uma forma de tomada coletiva de decisão. Se tal tomada de decisão está envolvida em *j* e *k*, isso é incidental ao que é provavelmente pensado como sendo o mais importante neles, a saber, ações de grupo coordenadas, ao passo que, nos dois últimos exemplos, ações individuais buscadas independentemente são suficientes para a democracia. Veremos que teorias da democracia evoluídas podem ser classificadas de um modo similar.

Outra similaridade com as teorias formais é que enquanto se pede aos estudantes que construam exemplos de aplicabilidade geral, senão universal, há claramente uma tendência em favor de preocupações locais, o que explica por que os exemplos tomados da experiência universitária figuram de modo desproporcional. Isso também ajuda a explicar o aspecto aparentemente bizarro dos exemplos, quer dizer, que muitos deles pareçam exagerados. Com todos os exemplos de não-democracia severa no mundo – regimes brutalmente totalitários, paternalismo extremo e aberto, e assim por diante –, é estranho aduzir a supressão das passeatas estudantis como a coisa *mais antidemocrática* em que se pode pensar, e por mais louvável que seja, de um ponto de vista democrático, permitir que os estudantes influenciem as decisões curriculares da universidade, isso é dificilmente a coisa mais democrática imaginável. Mas, então, esse exercício foi posto para estudantes universitários.

Mais três aspectos – todos eles encontrei em outros experimentos como esse, em minha universidade e em outros lugares – merecem menção. Primeiro, uma contradição direta deve ser anotada: a ação afirmativa e sua descrição pejorativamente análoga, discriminação positiva, são tomadas por alguns como democrática e por outros como antidemocrática, como são os mercados competitivos. Nisso, as reações diversas dos estudantes mapeiam aquelas dos teóricos da democracia, que também estão divididos nessas questões. Entre teóricos profissionais, para anotar um segundo aspecto, os democratas participativos veem a democracia como melhor exercida comunitariamente e em grupos pequenos, relativamente familiares, mas tais democratas não estão, desse modo, entre a maioria ou mesmo entre a grande minoria. Os estudantes, em contraste, de forma geral, senão unânime, tomam pequenas interações grupais como os exemplos mais democráticos.

Finalmente, com frequência é difícil ver no experimento como os exemplos mais e menos democráticos constituem polos de um espectro, a não ser naqueles casos em que eles estão claramente correlacionados com estados de coisas considerado moralmente louváveis ou condenáveis. Assim, uma loteria, presumivelmente, é a mais democrática porque é uma questão de escolha individual jogar ou não, e é equitativa, visto que as chances de qualquer bilhete ser o vencedor são iguais àquelas de qualquer outro bilhete; e o estupro é um exemplo extremo de força e desigualdade. Nas discussões em sala de aula, torna-se claro que para quase todos os estudantes a democracia é altamente valorada, sendo que situações não-democráticas são identificadas pelo pensamento de alternativas avaliadas negativamente. Como foi visto, nem todos os teóricos da democracia, e principalmente aqueles dos primeiros séculos, avaliam positivamente a democracia.

TEÓRICOS FUNDAMENTAIS

Teóricos da democracia buscam seus pensamentos em vácuos intelectuais não mais do que teóricos sobre qualquer assunto; Aristóteles, Tocqueville e Schumpeter estão entre os proeminentes pensadores tradicionais referidos frequente e apropriadamente em escritos correntes. Isso, somado ao fato de que cada um desses predecessores clássicos confronte a democracia com sérios desafios, é uma razão para sumariar suas conclusões essenciais sobre a democracia nesta introdução. Também há lições adicionais, sobre a metodologia para teorizar a democracia, a serem aprendidas olhando o modo como eles poderiam considerar o exercício proposto a meus estudantes.

Aristóteles

Nascido na Macedônia, Aristóteles viveu durante o melhor período intelectual de Atenas, o século IV a.C. Encabeçou um projeto de pesquisa de larga escala que visou descrever e esboçar as histórias de todo sistema político conhecido na época. Isso se constituiu em um grande número de exemplos de diversas tentativas no governo, bem-sucedidas ou não, nas cidades-Estado daquela área e nos grandes esforços do império macedônio de Felipe e Alexandre e nos impérios rivais do leste e do sul. Nesses exemplos Aristóteles pôs seus talentos consideráveis para classificações matizadas e avaliações críticas a fim de examinar formas de governo possíveis, históricas e existentes.

Amplamente descrito, o governo pode ser exercido, de acordo com ele, por uma pessoa, por poucas pessoas ou por muitas pessoas, e em qualquer caso o governo pode ser exercido propria ou impropriamente. De forma apropriada (ou "correta"), o governo é exercido para o bem comum, ao passo que o governo inapropriado visa servir interesses privados, seja de um, de poucos ou dos muitos. Por "bem comum" Aristóteles não quer dizer o interesse que as pessoas esperam compartilhar, mas o que é bom para sua comunidade, visto que uma boa comunidade para ele promove o bem-estar de todos os seus membros, permitindo-lhes exercerem seus potenciais próprios e também levar vidas virtuosas e realizadas.

Isso produz uma classificação inicial de seis formas de governo: *realeza*, em que uma pessoa governa para o interesse comum; *tirania*, um "desvio" da realeza, em que uma pessoa governa no seu interesse privado; *aristocracia*, ou o governo apropriado por poucos; *oligarquia*, que é a forma desviante da aristocracia; o governo apropriado dos muitos chamado "politeia" por Aristóteles; e seu desvio, para o qual ele reservou o termo *democracia* (Aristóteles, 1986 [c.320 a.C.]: livros *gamma* e *delta*). Um ponto importante dessa classificação é que, para Aristóteles, o governo pelos muitos e pelos poucos não é característico da democracia e da oligarquia (ou de seus ideais análogos), visto que ele as olha essencialmente como o governo dos pobres e dos ricos, que em seu ponto de vista é sempre correlacionado aos muitos e aos poucos. De forma similar, exatamente como a riqueza é distribuída de modo desigual, assim o são a virtude ou a nobreza, de tal modo que a maioria pobre será menos nobre que os poucos ricos.

Dessas seis formas de governo, Aristóteles argumentou que a melhor seria a realeza, em que um governante único e nobre desempenharia sua função apropriadamente, seguida por uma aristocracia funcionando de forma apropriada. O filósofo grego considerou, contudo, que em um mundo de políticas reais, tais governos dificilmente são encontrados; ele lista muitos modos pelos quais, quando são realizados, degeneram em lideranças interesseiras. Com respeito às formas típicas desviantes de governo, Aristóteles reverte a classificação que ele assinalou para as políticas ideais e considerou a democracia a "mais tolerável" dos três desvios dos governos apropriados: pelo menos se beneficiam de um governo democrático interesseiro; algumas vantagens são obtidas pelas experiências coletivas de muitas pessoas; e a maioria descontente é refreada. Assim, o ponto de vista frequentemente citado de Winston Churchill segundo o qual a democracia é a forma menos pior de governo foi de fato expressado muito antes por Aristóteles.

Ainda que ele faça muitas referências a tipos de governo, não é fácil extrair exemplos não ambíguos da discussão de Aristóteles na *Política*. Isso ocorre, em parte, porque sua atenção empírica a detalhes o alerta para complexidades do confuso mundo da real arte de governar. Ademais, escrevendo como ele estava em uma Atenas pró-democracia, mas ele próprio identificado com Alexandre, o Grande (do qual tinha sido professor), Aristóteles foi cuidadoso sobre dar exemplos inequívocos. Quando um certo general governou, Esparta manifestou alguma coisa próxima da realeza. Mais em harmonia com a ideia pura de realeza era o governo absoluto de um rei sobre todas as questões, tanto quanto o chefe de uma família governa sobre esta (Aristóteles: 1285/6 na paginação padronizada). Atenas, Aristóteles sugere, tinha sido uma *politeia* em um tempo desconhecido subsequente à época de Sólon até o fim das Guerras do Peloponeso (431-421 a.C.), quando se tornou uma democracia (1303). Não é claro se ele pensou Atenas como um exemplo da menos pior das democracias – nomeadamente uma na qual o governo da lei era obedecido e havia uma classe média ampla que assumia a liderança mais ativa.

Tocqueville

Não pode haver dúvida em relação ao modo como Tocqueville responderia ao exercício. A democracia, como ele a concebia, é governada pelo povo, sendo que pelos idos de 1830 quando visitou os EUA (onde o seu intento inicial de estudar seu sistema penal foi substituído pelo estudo geral das instituições políticas e dos costumes), Tocqueville a encontrou no que considerou em sua forma não corrompida: "o povo", ele declarou, "reina sobre o mundo político americano como Deus reina sobre o universo" (Tocqueville, 1968 [1835-1840], p. 60). O ponto de vista de Tocqueville pode ser identificado também para uma sociedade puramente antidemocrática, mas de modo menos direto.

A democracia americana se torna possível para ele pela "igualdade de condição", sendo essa na realidade uma condição necessária, isto é, pela igualdade de acesso das pessoas não somente para votar ou ocupar cargos públicos, mas também uma igualdade de vantagens econômicas e, culturalmente, em atitudes antiaristocráticas. Diferentemente de Deus em relação ao mundo, a igualdade que os americanos contemporâneos a Tocqueville desfrutavam não tinha sido criada por eles independente de tudo, mas como o produto de uma longa evolução na Europa, começando com a extensão dos postos do clero para além da nobreza e pela usurpação do poder das famílias reais por advogados e comerciantes ricos. Para encontrar uma situação completamente antidemocrática, Tocqueville teve, então, de olhar cem anos atrás, quando sua França nativa era governada por algumas famílias em virtude das propriedades de terras herdadas (p. 9-10).

Como Aristóteles, mas de modo diferente da maioria de meus alunos, Tocqueville foi capaz de identificar uma situação altamente democrática e de ver muitas vantagens e virtudes da democracia, ainda que mantivesse seu olhar crítico em relação a ela. Ao passo que para Aristóteles a democracia era a melhor opção de muitas formas ruins de governo, Tocqueville viu as "revoluções democráticas" de seu tempo – mais notavelmente a Revolução Francesa, que tinha ocorrido há menos de duas décadas antes de seu nascimento e da qual ele se recordava com a mesma distância que quase todo mundo que, como ele próprio, tinha uma herança aristocrática, e a mais palatável Revolução Americana – como o resultado inevitável da história da expansão da igualdade na Europa, justamente referida há pouco.

O famoso estudo de Tocqueville, *Democracy in America*, foi escrito, ele explica, "sob o impulso de uma espécie de temor religioso inspirado pela contemplação dessa irresistível revolução" (p. 12). O resultado jacobino da Revolução Francesa, para Tocqueville, foi o pior exemplo do cume de uma história igualitária, mas mesmo a mais benigna democracia americana, na qual a soberania popular significou a regra da maioria desenfreada, exibiu uma opressiva "tirania da maioria". Ao mesmo tempo, encontrou muito para admirar da democracia americana, que ele pensou dar ao país uma vitalidade que faltava ao Velho Mundo, e esperava que a Europa condenada a se tornar cada vez mais igualitária pudesse aprender do exemplo americano como melhor engendrar essa vitalidade, ao mesmo tempo evitando a violência e outros infortúnios associados às revoluções igualitárias.

Aristóteles estava preparado para tolerar a democracia somente de má vontade, e Tocqueville foi, no melhor dos casos, ambivalente quanto ao assunto. Se isso torna a sua posição suspeita devido à sua propensão antidemocrática ou se, pelo contrário, sustenta uma objetividade que falta aos partidários da democracia é um ponto refinado. Porém, cada um reflete de diferentes modos o que veio a ser chamado de ponto de vista "clássico" sobre a democracia. Um pilar desse ponto de vista é que a democracia envolve autogoverno – do povo, na formulação de Tocqueville, ou dos muitos, na de Aristóteles. O outro pilar maior da teoria clássica é que a democracia promove ou expressa o bem comum de qualquer público que esteja se autogovernando. Esse seria o caso se o bem da comunidade inteira estivesse em questão ou se alguém estivesse considerando a forma desviante de governo popular de Aristóteles, que promove o interesse dos pobres.

Nessas questões, Aristóteles e Tocqueville estão em acordo com seus contemporâneos que foram não qualificados como entusiastas democratas. Por exemplo, na sua famosa oração fúnebre durante a guerra do Peloponeso, feita no século anterior àquele em que Aristóteles estava escrevendo, Péricles elogiou a democracia ateniense por exibir as virtudes pessoais e cívicas que Aristóteles pensou que poderiam ser melhor cumpridas em uma realeza ou aristocracia (Thucydides, 1972 [c.404 a.C.], livro 2, Cap. 4). Thomas Jefferson excedeu a Tocqueville no louvor de uma participação democrática vigorosa na nova federação americana, que ele viu não somente como um exercício socialmente benéfico de autogoverno, mas também como contrapeso para o que Tocqueville chamou de tirania da maioria (por exemplo, 1975, 1816, Cap. 7).

Schumpeter

Com a publicação em 1942 de seu *Capitalism, Socialism and Democracy*, Joseph Schumpeter – antes ministro das finanças da Áustria que se aposentou da política para ensinar economia em Harvard –, um pilar tradicional da teoria democrática que foi completamente criticado no que veio a ser chamado de o desafio "revisionista" ou "realista" para a interpretação clássica da democracia. Se sociedades geralmente chamadas de democráticas são vistas em termos de como elas realmente funcionam (daí a etiqueta realista), é óbvio, Schumpeter insistiu, que são governadas não pelo povo ou pela maioria tomada como um todo, mas por políticos eleitos junto com partidos políticos não-eleitos e servidores burocratas. Esse é claramente o caso na base do dia-a-dia e ano-a-ano em que os políticos comumente (e necessariamente evitam o caos das eleições ou referendos perpétuos) buscam políticas em acordo com seus próprios interesses ou suas estimativas do que é melhor.

O bem público, Schumpeter sustentou, não será encontrado em parte alguma – nem nos motivos daqueles que votam para a escolha de políticos, cada um dos quais votando na base de suas preferências privadas, nem no resultado dos votos, visto que os membros de uma maioria tipicamente tem uma ampla variedade de motivações para depositar seu voto. O ponto de vista clássico pareceu a Schumpeter mistificar o público democrático, seja ao modo romântico de Jean-Jacques Rousseau, que, na interpretação de Schumpeter, viu o público como uma entidade homogênea mantida junta por uma "vontade geral" partilhada, diferente das vontades particulares dos indivíduos, seja ao modo de uma vã esperança, como aquela dos utilitaristas, por exemplo John Stuart Mill, em que as preferências particulares gravitarão naturalmente em direção a fins comuns e moralmente vantajosos ou poderão ser racionalmente persuadidas para neles convergir. A conclusão de Schumpeter foi que a concepção clássica deveria ser substituída por uma outra em harmonia com o funcionamento real da democracia no mundo moderno. Assim, ele reduziu a democracia a um método para selecionar políticos, e definiu este método simplesmente como "aqueles arranjos institucionais para chegar a decisões políticas nos quais indivíduos adquirem o poder de decidir por meio de disputa competitiva pelos votos das pessoas" (Schumpeter, 1962 [1942], p. 269).

Estritamente falando, qualquer sociedade política em que haja eleições livres é tão democrática quanto qualquer outra sob essa definição; não obstante, Schumpeter pensou que as democracias poderiam ainda ser classificadas de acordo com quão bem elas preenchem as precondições para o método democrático ter sucesso. De acordo com ele, essas condições são disponibilidade de líderes políticos qualificados; segurança de que os especialistas e não os políticos decidam questões que requeiram conhecimento ou talentos especiais; uma burocracia bem treinada e um público cujos membros sejam reciprocamente tolerantes e estejam preparados para permitir aos políticos uma relativa liberdade de ação no governo. Apesar do medo de que uma forma de socialismo que realizasse essas condições poderia ainda "se tornar um simulacro maior do que a democracia capitalista sempre foi" (p. 302), Schumpeter expressou o ponto de vista de que ao final uma sociedade socialdemocrata deteria a maior promessa de realizar a democracia, visto que podia providenciar uma burocracia mais habilidosa do que uma dominada de forma capitalista, sendo esta mais propensa a abrigar profundas fricções na população, tornando assim a confiança em líderes políticos e a tolerância difíceis de sustentar. Ainda que não fosse um exemplo ideal, Schumpeter considerava o governo trabalhista de Ramsay Macdonald, eleito na Inglaterra em 1924, como sendo aproximadamente a espécie de líder que ele pensava que seria capaz de ofertar a socialdemocracia (p. 366-367).

ALGUMAS LIÇÕES

Juntamente com os exercícios dos estudantes, esse sumário dá destaque a alguns aspectos das metodologias para tratar da teoria democrática. A mais importante dentre elas é a interpenetração de vários modos, nem sempre transparentes: questões normativas sobre o valor da democracia; questões descritivas concernentes ao modo como sociedades chamadas democráticas realmente funcionam ou se é possível realisticamente antecipar como funcionarão; e questões semânticas sobre o significado da "democracia". Orientações diferentes em relação à teoria democrática ligam-na a diferentes considerações, dependendo de qual dessas três dimensões é focada ou tomada como seus pontos de entrada na questão. Este "triângulo" de orientações complica esforços de comparar e avaliar teorias alternativas da democracia.

Schumpeter pretende começar com a tarefa descritiva e desenhar, a partir dessas descrições, conclusões normativas e semânticas. Como será visto em capítulos finais, teorias democráticas são divididas entre aquelas que defendem seu ponto de vista e extraem disso conclusões ainda mais rígidas sobre o que a democracia pode realizar e aquelas que questionam sua descrição putativa para mascarar valores antidemocráticos, que sustentam ser a real motivação das críticas schumpeterianas dos tratamentos clássicos da democracia.

Um exemplo da dificuldade de separar as preocupações descritivas das normativas no tratamento de Schumpeter é já evidente no sumário apresentado. Ele classifica formas melhores e piores de regras da democracia de acordo com o "sucesso", sem especificar o que é isso. Mero sucesso em ser democrático não é suficiente para motivar a distinção desenhada (por exemplo, entre

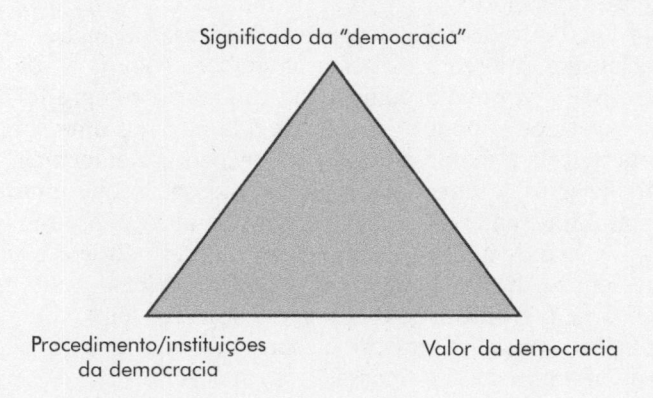

Figura 1.1

governos que permitem ou não a liberdade de manobra para os burocratas), visto que qualquer governo que tenha de periodicamente competir pelo voto público é tão democrático quanto qualquer outro governo que faz o mesmo. De acordo com seus pontos de vista socialdemocratas declarados, Schumpeter pode ter tido em mente obter sucesso em aliviar desigualdades baseadas em classe ou, como um observador próximo do fim da República de Weimar (p. 291), ele pode ter pensado o sucesso em termos de estabilidade política. Cada alternativa supõe algum ponto de vista normativo sobre a função própria do governo.

De sua parte, Aristóteles explicitamente distinguiu entre as dimensões normativa, descritiva e semântica das teorias políticas do governo e construiu sua teoria da democracia ao redor dessas distinções. Ainda assim, apesar do cuidado na construção de suas classificações, não é sempre evidente qual delas está desempenhando um papel principal. Um lugar onde isso pode ser visto é na conhecida combinação aristotélica do governo pelos muitos e pelos pobres na definição da "democracia". Isso é problemático não exatamente por causa da sua assunção de que as sociedades sempre serão divididas entre os poucos ricos e os muitos pobres (uma assunção questionada pela teoria de Tocqueville, que viu um nivelamento na sociedade americana), mas também porque pobreza e virtude são negativamente correlacionadas para Aristóteles. Assim, quando ele classifica formas piores e melhores de democracia, o faz em termos da proeminência da classe média, isto é, daqueles dos "muitos" que são os menos pobres e mais virtuosos. Assim, pode-se suspeitar como os valores aristocráticos de Aristóteles encontram lugar no seu conceito de democracia.

Ainda que tenha sido apresentada como se fosse um relato sociológico de uma viagem de campo aos EUA, a consideração de Tocqueville é abertamente motivada por preocupações normativas. Além de sua convicção de que a democracia americana era o resultado de uma tormentosa história do crescimento da igualdade, o tom apaixonado de Tocqueville quando insiste que a democracia não pode nunca melhorar maneiras de cultivar "poesia, fama e glória" (p. 245) claramente exibe os valores aristocráticos que ele trouxe a seu estudo. Uma dimensão da sua preocupação sobre a tirania da maioria se curva sobre um medo que ele partilhava com Aristóteles, de que a democracia acabaria por si mesma em demagogia. Porém, em sua crítica e na sua revisão dos aspectos positivos da democracia, Tocqueville escreveu como se a vontade da maioria fosse a vontade do povo, de tal forma que a votação majoritária seria a expressão de um autogoverno popular que ele viu na América. Schumpeter, para quem não há uma coisa tal como soberania popular, via isso como uma suposição não-fundamentada de todos os teóricos clássicos (p. 272). Se ele estava certo ou errado nessa questão, a crítica mostra que mesmo autores tão astutos quanto Tocqueville deixaram pendentes questões sobre o significado do termo "democracia".

Não deve ser surpresa que a referência a fatos, a expressões de valores e a definições de termos devam ser misturados. Nem há necessariamente qualquer coisa ilusória ou de qualquer modo defeituosa a esse propósito. A teoria política em geral, bem como toda pesquisa que se engaje em assuntos vitais, e talvez a própria linguagem ordinária, exibem tal interpenetração. É possível defender que isso seja central ao dinamismo de qualquer empreendimento humano dessa espécie. Como será visto nas discussões seguintes, há muita teoria democrática que pressupõe a interação de considerações de fatos, de valores e de significado e que envolve debates sobre qual sorte de foco deve ter precedência. Por exemplo, defensores do ponto de vista de Schumpeter prescrevem que se faça estudo empírico da realidade existente nas democracias como o ponto máximo de suas teorias, ao passo que os aristotélicos concordam com o ponto de partida de Aristóteles, que é perguntar sobre os fins próprios do governo. Ao mesmo tempo, as interações em questão podem criar confusões e debates entrecruzados. Estudantes de teorias democráticas devem, de acordo com isso, estar alertas a essas possíveis distrações.

Uma outra lição a ser aprendida da revisão desses três teóricos centrais é que seus esforços são, simultaneamente, limitados pelo tempo e em certo sentido não limitados pelo tempo. O exemplo mais notório de limitação pelo tempo concerne ao escopo da cidadania democrática. A participação política em Atenas, incluído o período que Aristóteles reconheceu como sendo democrático, excluía mulheres, escravos e de tempos em tempo os sem-propriedade. Os que restavam eram certamente menos do que a maioria (somente a exclusão das mulheres já assegura isso). Similarmente, Tocqueville anunciou que a soberania do povo nos EUA tinha sido adotada "de todos os modos que a imaginação pode sugerir" (p. 60), apesar de mais tarde reconhecer a exclusão dos escravos, dos servos, dos pobres, das pessoas de riqueza módica (na maioria dos Estados) e das mulheres. Mesmo a concepção de democracia dispersa de Schumpeter encobre uma severa restrição *de jure* e *de facto* à participação dos eleitores e limitações somente a uns poucos pretendes do poder político da habilidade de competir pelo voto com alguma expectativa realista de sucesso.

O fato de tais exclusões e limitações serem comumente aceitáveis na época de Aristóteles, Tocqueville e Schumpeter não os escusa da submissão dessas questões à crítica. Nem todos os contemporâneos de Aristóteles aceitavam a escravidão e outras restrições persistentes aos poderes da cidadania, e o seu mentor, Platão, ainda que não fosse um democrata, não viu deficiências inerentes que interditassem as mulheres de serem líderes políticos. Em qualquer caso, espera-se pensamento crítico de teóricos políticos, especialmente daqueles tão bons nisso e em outras matérias como esses três. Não obstante, um apelo às atitudes comuns de seu tempo ajuda a explicar como eles puderam aceitar tais exclusões e limitações sem aparentemente sentir necessidade de justificar essa aceitação.

O que tal apelo histórico não faz é *justificar* as teorias avançadas por teóricos anteriores. Do fato, por exemplo, de Aristóteles e Tocqueville ao menos tacitamente passarem a sancionar a escravidão e a exclusão das mulheres da cidadania, conclusões alternativas podem ser dadas. Pode-se concluir que as teorias são basicamente razoáveis, mas devem ser adaptadas ao tempo, expurgando delas exclusões sexistas ou racistas. Alternativamente, a coexistência de uma teoria da democracia com a escravidão ou a exclusão sexista na mente de seus fundadores pode ser tomada como evidência de que a teoria é profundamente defeituosa. Apelo a circunstâncias históricas nas quais as teorias da democracia são sustentadas e não resolverão essa questão, ainda que possam ajudar a interpretar os textos, por exemplo, explicando por que o autor escolhe tais exemplos, trabalha certos pontos e não outros, algumas vezes sofre manchas cegas, ou decai em vagueza e ambiguidade.

Pode ser de ajuda na leitura de Aristóteles prestar atenção a essa situação precária referida anteriormente como um paladino de Alexandre, mas vivendo em Atenas quando seus poderes democráticos de governo foram severamente limitados pela dominação macedônia da região. Como um membro da câmara dos deputados durante a curta vida da monarquia liberal de Louis-Phillipe, Tocqueville antecipou futuros levantes democráticos, como a vindoura revolução republicana de 1848, sendo que seu estudo da democracia americana pode muito bem ter sido motivado pela finalidade de convencer seus colegas conservadores a se curvar ao inevitável, empregando, na frase de Stephen Holmes, "uma cura democrática para uma doença democrática" (1993, p. 23). Um comentador vê Schumpeter como um conservador pessimista, argumentando na defesa de um delgado conceito de democracia dentro de uma armadura socialdemocrática, como uma sorte de tentativa final de prevenir alguma coisa que iria acontecer (Scheuerman, 1999a, Cap. 7). Outra interpretação vê Schumpeter como um sincero socialdemocrata e, como tal, enredado em uma disputa em quase todos os países da Europa, entre socialdemocratas e comunistas, sobre os valores e políticas que os socialistas deveriam abraçar e a questão conexa de como se relacionar com o comunismo na União Soviética.

Tal investigação histórica não será empreendida neste livro, em parte porque o treinamento do autor não é adequado para tal tarefa, mas principalmente porque há limites de quanto uma consideração estritamente histórica pode ajudar a entender ou avaliar teorias democráticas. No que se segue, essas teorias serão tomadas em relação ao seu valor como tentativas de produzir tratamentos viáveis da natureza e do valor da democracia e do melhor modo de considerar políticas democráticas em uma variedade de circunstâncias. Mesmo assim, um certo relativismo *teórico* é inevitável. Isso porque os teóricos da democracia tratam suas buscas com uma combinação de problemas teóricos e práticos – algumas vezes grandemente chamada de "problemática" – em mente.

Uma preocupação teórica principal foi para Aristóteles conceber como o governo pode fomentar, preservar ou ao menos não inibir atividades virtuosas. Tocqueville quis identificar essencialmente forças e fraquezas na democracia como a exibida na América. Schumpeter se colocou a tarefa de levar a democracia a se pôr de acordo com o que ele tomou como o único modo segundo o qual os governos democráticos poderiam realisticamente funcionar no mundo moderno. É por referência a tais problemas que as teorias são internamente avaliadas, a saber, averiguando se elas preenchem as finalidades que seus proponentes visam chegar ou em que extensão isso ocorre; porém, isso não preclui questionar a teoria com relação à adequação com respeito a outros problemas. O Capítulo 2 trata dos maiores problemas para a democracia com referência a ambos os tipos de avaliação nos quais ela pode ser tomada.

2

PROBLEMAS DA DEMOCRACIA

Pensar provisoriamente a democracia como o exercício do poder político em que as políticas e os agentes encarregados de implementá-las sejam direta ou indiretamente determinados pela votação popular deixa aberta a questão se esse é o melhor modo ou mesmo uma boa maneira de motivar o governo. Como visto no Capítulo 1, Aristóteles e Tocqueville tiveram suas dúvidas. Neste capítulo, suas suspeitas e várias outras, a maior parte delas familiares e algumas idiossincráticas de teóricos profissionais da democracia, serão revisadas como um modo de preparar os exames subsequentes de teorias alternativas da democracia. A revisão e o exame são complicados pelo fato de que os críticos têm critérios diferentes para avaliar a democracia.

A TIRANIA DA MAIORIA

"O que é maioria", Tocqueville escreve, "senão um indivíduo com opiniões e comumente com interesses contrários a outro indivíduo, chamado minoria?" Na forma mais completamente realizada de democracia (a América para ele), essa maioria é dotada de poderes sem controle, o que ocasiona a preocupação de que "se você admite que um homem investido de onipotência possa abusar contra seus adversários, por que não admitir o mesmo com referência à maioria?" (1969 [1835-1840], p. 251). Tocqueville pensou que isso é exatamente o que aconteceu na América, e ele usou a agora bem conhecida frase, "a tirania da maioria", para descrever uma quantidade de falhas. Isso será sumarizado a seguir, mas encabeçado por outras falhas além desta, visto que a maioria das falhas não corresponde exatamente àquilo que é comumente acusado como sendo a tirania da maioria.

Um libertário suficientemente radical que pensa que quase toda infração da liberdade de um indivíduo seja objetável pode considerar a regra da maioria necessariamente tirânica, visto que produz limitações impostas pelo Estado. Com algumas exceções (Nozick, 1974), tal libertarianismo é raramente encontrado, e quando o é, a objeção é mais pertinente a debates sobre se ou como a democracia pode ser justificada filosoficamente do que quando trata de suspeitas sobre o governo democrático. Essas suspeitas usualmente se referem à possibilidade de tratamento injustificado, opressivo, das minorias. Quando, por exemplo, os negros estão em uma minoria em uma sociedade em que uma maioria, a população branca, é racista, os membros da minoria negra não terão recursos ou ao menos não terão recursos democráticos na base da concepção provisória de democracia à qual essa crítica é pertinente para prevenir o avanço contrário a seus interesses pela maioria. Central à tirania é que contínuos maus-tratos ou negligência da minoria por parte da maioria são injustificados. Exceto em um sentido hostil, não é tirânico quando, por exemplo, a maioria endossa leis proibindo o roubo, ainda que os interesses dos ladrões sejam por esse meio contrariados. Isso, contudo, somente isenta a maioria de alegações de tirania em situações de clara e justificada supressão de uma minoria.

Isso não isenta a maioria com relação à maior parte dos desacordos vindouros sobre o que é justificado. Casos importantes são os debates sobre as funções próprias do governo, sobre como recursos escassos devem ser alocados ou controvérsias morais sobre matérias como a pena de morte. Nem o apelo ao que é justificado se aplica em casos mais mundanos de conflitos (percebidos) de interesses. Por exemplo, a maioria dos habitantes da cidade pode votar que recursos escassos para fins de trânsito público sejam postos em metrôs e sistemas de ônibus em centros urbanos grandes, às expensas da expansão e conservação de rodovias em áreas rurais esparsamente ocupadas. Nesses casos, a maioria não está sendo tirânica no sentido de fazer alguma coisa com consequências imorais diretas e consensuais, mas pode ainda ser considerada tirânica no sentido de permanentemente excluir a possibilidade de a minoria influenciar a política pública.

MASSIFICAÇÃO DA CULTURA E DA MORAL

Mais próxima da maior preocupação de Tocqueville está a questão de que a democracia tenha repercussões culturais indesejáveis. A reclamação – articulada com veemente eloquência por filósofos elitistas como Friedrich Nietzsche e expressa de modo informal em círculos sociais culturalmente refinados ou, dependendo da posição concernente a essa questão, esnobes – é que, tanto em relação ao que a maioria irá votar para financiar à maneira de recursos culturais quanto como um resultado do fato de que a classe politicamente dominante tende a formular padrões morais e culturais, esses padrões vão se tornar aviltantes na democracia. A acusação – de que rock leve vai excluir Bach do rádio, que as estrelas de Hollywood de filmes de perseguição de carros atrairão milhões de fãs e dólares, ao passo que companhias de teatro clássico irão à mendicância, e assim por diante – contém dois elementos relacionados, mas separados: de que na democracia os padrões culturais da maioria serão os dominantes, e de que esses padrões serão culturalmente depreciados.

A segunda dessas acusações supõe que a aspiração e a habilidade para o desenvolvimento cultural refinado são como a nobreza ou a virtude para Aristóteles: um recurso escasso e portanto só encontrável entre poucos. O termo "*hoi polloi*" – o povo – carrega uma conotação de ter gostos culturais simples ou básicos. Tocqueville pensava que a América exibia uma ponderação na qual a satisfação revigorante da participação política ganha pela maioria e a provisão de satisfação material difundida para a qual tal participação foi amplamente usada para criar foram conseguidas à custa do refinamento dos costumes, elevando os modos e causando a efervescência das artes (p. 245). Como os *hoi polloi* são satisfeitos com alguma outra coisa além de refinamento cultural, não há incentivo para a maioria endossar a promoção ou proteção educacional e governamental das artes, e, portanto, quando essa maioria for politicamente dominante, isso irá definhar. Mais insidiosamente, de acordo com Tocqueville e outros críticos da democracia, nessa marca de degeneração cultural se funde um exercício informal da tirania da maioria em que há uma espécie de controle de pensamento: pessoas com senso refinado serão ignoradas ou socialmente condenadas ao ostracismo. E de maneira ainda mais perniciosa, aqueles com pontos de vista de minorias éticas ou de minorias sociais/políticas se expressarão com risco, como Sócrates descobriu que a manifestação na Atenas democrática de seus pontos de vista impopulares condenaram-no à morte.

GOVERNO INEFICAZ

Em 1975, um grupo internacional não-governamental, "a Comissão Trilateral", publicou um relatório chamado *A crise da democracia* no qual defendeu que a democracia na América do Norte, no Japão e na Europa ocidental tinha perdido a habilidade de buscar fins comuns devido a várias "disfunções" causadas pela própria democracia (Crozier et al., 1975). Um governo é ineficaz quando não toma ou não pode tomar medidas apropriadas para conseguir os objetivos da sociedade que ele governa. A acusação mais profunda da Comissão Trilateral foi que as sociedades democráticas se tornaram "anômicas", pelo que se significou que elas simplesmente perderam a habilidade de formular e conseguir objetivos comuns; a política democrática se tornou principalmente "uma arena para a afirmação de interesses em conflito" (p. 161).

Esse problema tem a sua fonte, os autores do relatório sustentam, na democracia: o igualitarismo democrático retirou a legitimidade da autoridade, de forma mais importante, em instituições tais como "a família, a igreja, a escola e o exército". Dessa forma, simultaneamente, privou as pessoas dos fóruns nos quais um senso de finalidade da comunidade é alimentado e arruinou o respeito pela liderança em geral. Entrementes, o acesso democrático ao governo por grande número de grupos de interesse especial tornou impossível a agregação de interesses, tradicionalmente executado por negociações entre os partidos políticos do momento. No entanto, mesmo que fossem formulados objetivos sociais comuns, a democracia impediu a habilidade dos governos de executá-los, por encorajar as pessoas a pedir demais do Estado, dessa forma sobrecarregando-o economicamente.

Esses presságios espelham dois problemas a mais que também ocuparam Tocqueville, ambos referentes à liderança de governo. Sob seu ponto de vista, a democracia geralmente produz líderes medíocres – "escravos de *slogans*" – pela mesma razão por que produz baixa cultura (Tocqueville, 1969, p. 258). Mesmo que bons líderes fizessem o seu caminho no governo, ele seria incapaz de perseguir projetos de longo alcance e extensivos a toda a sociedade, devido a depender de um público volúvel com diversos interesses que mudam as ordens para o governo a cada eleição. Tocqueville prefigurou, ainda que de uma forma mais reservada, a apreciação da Comissão Trilateral do potencial para os partidos políticos ajudarem o governo a resistir às pressões do grande número de demandas sobre ele, desde que os mencionados partidos fossem poucos e grandes. Contudo, Tocqueville pensou haver uma tendência inevitável para a incursão de pequenos partidos no governo, imobilizando, assim, o caos (ibid., 174-188).

CONFLITOS

Embora a Comissão tenha pensado que ao menos algumas vezes os partidos políticos pudessem negociar missões governamentais comuns, outros críticos, como por exemplo Carl Schmitt (um teórico político e jurista desafiador, não obstante ser um membro do Partido Nacional Socialista do Terceiro Reich), que viu os parlamentos dominados por partidos não mais do que sociedades debatedoras, geralmente incapazes de tomar ações decisivas (Schmitt, 1988 [1923]). Ecoa em Schmitt uma expectativa sustentada também por outros, que de outro modo não partilhariam seus pontos de vista políticos, de que, se a democracia pode simplesmente funcionar de forma efetiva, ela requererá uma população relativamente harmoniosa, e de que quando divisões profundas e persistentes existem em uma sociedade, a democracia exacerba a discórdia, assim como partidos conflitantes buscam colocar o governo a serviço de seus fins particulares ou, falhando isso, transformam os fóruns governamentais em campos de batalha. Schmitt, ademais, pensou que dentre os modos de forjar a unidade nacional estaria o de promover hostilidade contra inimigos comuns fora da nação. Ainda que de maneira alguma queira endossar o ponto de vista específico de Schmitt, o relatório da Comissão Trilateral partilha a suposição de que, na ausência de uma fonte interna de coerência na sociedade política, é como se seus líderes pudessem apelar ou encorajar atitudes de chauvinismo étnico ou nacional para a unidade. Isso, os autores do relatório acreditam, é que vinha acontecendo nos países da trilateral. Sofrendo internamente de uma democracia anômica, e faltando a unidade externamente imposta pela ameaça comunista (devido ao empalidecimento da guerra fria), eles veem os líderes políticos tomando posições nacionalistas para conseguir o apoio unificado de suas populações (Crozier et al., 1975, p. 166-167).

Esse tipo de preocupação sobre a democracia pode ser desenhado a partir de qualquer uma das várias teorias sociais de acordo com as quais os humanos são pensados como naturalmente inclinados ao medo e à hostilidade mútuos. Um exemplo é a teoria de René Girard, que sustenta que qualquer sociedade humana é sempre ameaçada pelo perigo de destruição por meio de ciclos de violência motivada por vingança. Um modo pelo qual isso é mantido sob controle é por controles legalmente sancionados pelo Estado. Outro modo (cuja explicação forma a parte central da teoria de Girard) é identificar um bode expiatório para o sacrifício ritual, em vez de se vingar de um vizinho ofensor. Em nenhum caso a democracia é um meio efetivo para evitar a hostilidade. Ainda mais, até o ponto em que o Estado de direito está subordinado às pressões democráticas ou que apoios religiosos ou outros apoios tradicionais de ritual estejam enfraquecidos em sociedades seculares, democráticas, esses baluartes contra a violência lhes são negados (Girard, 1979; Wright, 1987).

Muitas pessoas viram a erupção da violência étnica no Leste Europeu e na ex-União Soviética como uma evidência para uma ou outra das teorias como as de Girard e da Comissão Trilateral. Uma posição jornalística comum dessas erupções é que as hostilidades étnicas ou nacionais estiveram em ebulição sob a superfície da vida nessas regiões, mas foram mantidas sob controle por normas comunistas, autoritárias. Quando tais normas deram lugar à democracia, esses controles foram removidos e as hostilidades estouraram à vista (Kaplan, 1994). Essa é a posição típica de Girard. Uma posição alternativa, complementar, em afinidade com a da Comissão, é a de que os líderes políticos nas novas democracias se beneficiaram de hostilidades preexistentes, ou as exacerbaram, ou mesmo as criaram tendo em vista a consolidação de suas posições de poder político (Gagnon, 1994; e ver Hardin, 1995, p. 160-162).

DEMAGOGIA E O ESPAÇO VAZIO DA DEMOCRACIA

Vale lembrar que, para Aristóteles, a democracia era tolerável até o ponto em que fosse controlada pelo governo da lei (e dominada por uma classe média). Em sua forma descontrolada, contudo, ser governada pelos muitos era similar a uma monarquia tirânica. Em ambas, o governo é por decreto, e um poder desproporcional está nas mãos daqueles que podem controlar seja o monarca, seja o povo ordinário, em qualquer caso mascarando seu privilégio político como monarca ou governo popular. Esses são, para Aristóteles, a corte de "bajuladores" e democratas "demagogos", respectivamente (1292a). Que a democracia possa funcionar fora da lei foi mais tarde lamentado por Tocqueville. O que preocupava a Aristóteles é que esse poder não controlado podia facilmente ser cooptado por indivíduos jogando e manipulando a opinião pública.

Em uma interpretação da crítica de Tocqueville, o teórico francês da democracia Claude Lefort encontra as sementes de uma explicação de como a democracia é especialmente suscetível à demagogia e por que a demagogia é especialmente perniciosa. Como Tocqueville muitas vezes observa, a maioria em uma democracia é como um monarca ou um governante aristocrata. A diferença é que, ao passo que estes são pessoas reais, identificáveis, ou são compostos por elas, a maioria é uma massa mutante que se supõe represente do povo como um todo. Contudo, "o povo" é ainda uma abstração maior do que "a maioria". Tomado literalmente, ao modo que Schumpeter sublinhou em sua crítica da noção clássica de democracia da soberania popular, o povo como um todo não governa, não expressa opiniões, não age, não sofre consequências ou qualquer uma das outras coisas que pessoas, como monarcas, fazem. Desse modo, o lócus do governo em uma democracia é vazio de pessoas reais – um "espaço vazio", como Lefort o chama – representado por aqueles nomeados ou autonomeados a fazerem isso (Lefort, 1988, Cap. 1).

Isso torna possível não somente a demagogia do tipo frequentemente aspirado por políticos populistas, mas também autoritarismo mascarado de democracia. Com base na obra do historiador François Furet, Lefort sugere que os jacobinos exibiram essa forma de governo autoritário como o fizeram os bolcheviques. O que torna o governo do tipo exercido por esses corpos tão pernicioso é que, ao pretenderem representar "o povo", eles foram hábeis para executar medidas autoritárias em nome da democracia. Democracia, nessa crítica, não é exatamente suscetível a tal pretensão – isso é verdade também em relação às monarquias, como quando ocupantes de um trono pretendem ordenação divina. Contudo, facilita a cumplicidade ativa na população mesmo (ou especialmente) quando está imbuída de valores democráticos. A noção de "povo" é imediatamente sem conteúdo e instável. É sem conteúdo porque não se supõe que seja extensiva a qualquer indivíduo específico, nem mesmo à maioria de qualquer tempo. Assim, políticos eleitos em uma democracia anunciam tipicamente que "o povo" falou ao elegê-los. Ao mesmo tempo, o público, como a natureza em geral, abomina vácuos e está propenso a identificar o espaço da democracia com pessoas específicas. Essa é uma explicação para a excessiva atenção devotada às vidas de altos políticos eleitos em algumas (senão em todas) democracias, visto serem percebidas como corporificando a vontade popular. Demagogos são especialistas ao tomar vantagem cínica desses aspectos da democracia, e os populistas autoritários usam-nos para justificar o governo autoritário.

MÁSCARA DE GOVERNO OPRESSIVO

Quando Tocqueville e outros lamentam que a democracia possa ser em si mesma opressiva, alguns teóricos, particularmente na esquerda política, estão preocupados que ela permita outras formas de opressão e mesmo as facilite providenciando um tipo de encobrimento. No pano de fundo dessa preocupação está o reconhecimento da coabitação histórica da democracia com uma variedade de exclusões políticas que, como foram observadas no Capítulo 1, ou foram ignoradas ou justificadas com teorias democráticas do momento. Em questão aqui não estão mais (ou estão de forma decrescente) exclusões abertas, mas diferentes formas de opressão sistêmicas; assim, isso será considerado um problema somente para aqueles que pensam que tais opressões persistam e estejam espalhadas nas democracias modernas. Como não há poucos teóricos da democracia que acreditam nisso (incluindo o autor deste livro), os recursos a posições alternativas sobre a democracia para tratar o problema serão inspecionados em cada capítulo. Aqueles leitores que duvidam de que opressões sistemáticas, dominação ou subordinação estrutural, exclusões políticas injustificadas ou outras coisas semelhantes sejam aspectos da vida moderna, considerarão isso um não-problema. Eles poderão desejar ler as discussões subsequentes desse tópico como espectador.

Teóricos socialistas, feministas e antirracistas criticaram normalmente o revisionismo schumpeteriano e favoreceram tratamentos da democracia envolvendo muito mais a participação dos cidadãos do que justamente o voto. Contudo, em um aspecto eles estiveram de acordo com a posição de Schumpeter. Em nome do realismo empírico ele insistiu que a teoria democrática deveria começar pela pergunta "quem realmente governa?", e concluindo que políticos eleitos juntamente com seu governo, bem como as burocracias político-partidárias, são os governantes, prescreveu que a teoria democrática deveria se preocupar com métodos eleitorais e condições para o efetivo governo. Uma orientação empírica análoga motivou teóricos primariamente preocupados com o avanço e a subordinação ou exclusão disseminadas de grande número de pessoas em virtude de aspectos como a sua classe, gênero ou pertença "racial". A questão com a qual começam é "quem não governa?", e eles concluem que o governo é dominado pela classe média e alta masculina de uma raça dominante da sociedade que promove interesses específicos e a exclusão de outros grupos. Grão moído para o moinho dos teóricos antiopressão é que os grupos com os quais eles estão preocupados foram, e em alguns lugares ainda são, formalmente excluídos do governo democrático.

Eu não conheço teórico algum que mantenha que a democracia, independente da forma ou da conduta em questão, sempre será uma ferramenta de exclusão para a opressão, sendo que a maior parte de suas críticas sistemáticas da democracia tem sido direcionada mais ao liberalismo que à democracia *per se*. Além disso, alguns dos pontos de vista típicos dos teóricos antiopressão são pertinentes à concepção geral de democracia endereçada neste capítulo. Visto que esses teóricos pensam que exclusões informais continuam em sistemas eleitorais correntes e são constantes em um amplo raio de estilos diferentes de governo, eles não partilham do entusiasmo de Schumpeter pelos benefícios da política eleitoral e estão primariamente interessados em expor os modos como esses sistemas perpetuam subordinações de grupo.

Lênin argumentou contra Karl Kautsky que antes de discutir a democracia primeiro seria preciso levantar a questão "democracia *para qual classe?*", mantido que as democracias parlamentares de sua época serviram exclusivamente aos interesses capitalistas (Lênin, 1965 [1918], p. 248-249). Mais recentemente, pontos de vista similares foram manifestados por teóricos feministas e antirracistas, por exemplo, Carole Pateman e Charles Mills, que argumentaram que as sociedades políticas modernas podem ser vistas – literalmente, em algum aspecto – como baseadas, respectivamente, em um contrato sexual e racial pela parte dos homens e das raças dominantes para excluir as mulheres e as minorias raciais (ou mesmo maiorias) da efetiva participação ou representação em fóruns democráticos (Pateman, 1988; Mills, 1997). Essas e outras críticas semelhantes contrastam o reino público do governo formal e da eleição de políticos que o conduzem com o reino privado, como o local de trabalho, a família e a imprensa, para argumentar que disparidades de riqueza, de poder e de acesso adequado a conhecimento e a habilidades, perpetuação no reino privado de atitudes prejudiciais, e assim por diante, asseguram a exclusão da efetiva representação das pessoas dos grupos subordinados no reino público. O resultado é que, mesmo depois de exclusões legais serem removidas (algo relativamente recente, quando se pensa no voto feminino e na escravidão na América do Norte), a discriminação no dia-a-dia da vida perpetua a discriminação política agora mascarada como democracia acessível de modo universal.

DEMOCRACIA COMO IRRACIONAL

Muitos antidemocratas em tempos antigos e aristocratas na época da Revolução Francesa e da Revolução Americana (não incluindo, contudo, Aristóteles ou Tocqueville) consideram a democracia irracional no sentido de ser um governo das massas ignorantes do povo, incapazes de conhecer seus interesses ou restringir seus impulsos emocionais, estando fora de controle. Teóricos da democracia contemporâneos têm em mente a irracionalidade em um sentido diferente. Teóricos da escolha racional tomam como seu ponto de partida o conjunto de preferências dos indivíduos; abstraindo do conteúdo das preferências e pondo de lado esforços para prescrever o que as preferências das pessoas *deveriam* ser moralmente, esses teóricos perguntam quais condições têm de ser preenchidas para as pessoas motivadas desse modo serem racionais.

Duas categorias de irracionalidade são identificadas: quando as pessoas adotam medidas que elas podem razoavelmente esperar saber que irão falhar em conseguir seus fins preferidos, e quando o conjunto de preferências de um indivíduo for incoerente. Um exemplo na primeira categoria poderia ser um empregado, cuja prioridade máxima fosse ganhar rapidamente dinheiro extra e que poderia fazer isso trabalhando mais, mas escolhe, em vez disso, tirar um dia de folga não pago. Um exemplo de irracionalidade na segunda categoria poderia ser um empregado que preferiu, simultaneamente, uma mudança na sua posição de trabalho para trabalhar extra em deveres correntes, trabalhando extra para pegar uma folga e tomando essa folga para mudar de posição. Essa pessoa poderia ter um conjunto de preferências intransitivas e, portanto, poderia não estar apto a tomar uma decisão se confrontado com uma escolha entre essas três opções.

O exame das condições para a racionalidade ao longo dessas linhas se torna interessante do ponto de vista da democracia quando decisões coletivas são apropriadas para confrontar situações nas quais as preferências das pessoas afetam uma à outra e podem conflitar. Esse é o domínio das teorias da escolha social ou coletiva e é a partir delas que os desafios à racionalidade da democracia advém (Hardin 1993, e ver Hardin 1982 para uma introdução geral à teoria da ação coletiva). Um tal desafio questiona se é sempre racional para os indivíduos fazerem uso de meios democráticos para promover seus interesses. A razão para duvidar disso é que a tomada de decisão democrática é um bem público cujo benefício (por exemplo, manter os políticos honestos ou prevenir a autocracia) provém para aqueles que tiram o tempo e fazem o esforço de se engajar em políticas democráticas e também para aqueles que não fazem esse esforço. Portanto, é no interesse de qualquer indivíduo tomar proveito desse bem sem aplicação de esforço (até mesmo tomar o tempo para votar). No caso da quase totalidade dos bens públicos, nessa perspectiva, a vontade individual racional verá isso como uma vantagem em ser um *free--rider** (Downs, 1957; Cap. 14).

---

* N. de T. Não há ainda uma tradução consagrada para os termos *"free-rider"* e *"free-riding"*, por isso, optou-se por não traduzi-los. Vale observar, contudo, que foi traduzido para o francês como "passager clandestin", ou seja, passageiro clandestino, e para o espanhol como o "problema del polizón", ou seja, problema do passageiro clandestino.

Outra crítica vê a maioria como se fosse um indivíduo singular que faz objeções à sua racionalidade. A versão mais conhecida dessa aplicação da teoria da escolha coletiva à democracia é aquela de Kenneth Arrow que revisa as condições que os teóricos da escolha racional aplicam às pessoas individuais e mostram que o voto da maioria algumas vezes viola uma dessas condições ou mais. Por exemplo, um público votante ou uma legislatura confrontada com opções de aumento de tributos, empréstimo de dinheiro ou corte de serviços sociais pode estar igualmente dividida em três grupos, cujos conjuntos criam uma maioria cíclica, na qual a opção favorecida de qualquer grupo irá vencer por uma coalizão dos dois grupos restantes. No caso do empregado irracional aqui imaginado, a condição para a racionalidade de que o conjunto de preferências seja transitiva é violada, não sendo possível uma decisão racional (Arrow, 1951).

Uma grande ingenuidade tem sido exibida pelos teóricos da escolha racional para mostrar que procedimentos de votação sofisticados ou regras legislativas empregadas para evitar esse e outros "paradoxos da votação" cairão rapidamente sob uma ou mais condições para a racionalidade (por exemplo, por Riker, 1982, Cap. 4). Nesse nível de abstração não interessa que os paradoxos da votação nem sempre ocorram ou possam ser resolvidos de uma maneira *ad hoc* quando ocorrerem, como é frequentemente possível (Davis, 1974), visto que aquilo que está sendo questionado é a existência mesma da "vontade majoritária" considerada como se fosse a vontade de um indivíduo racional. Assim como uma condição pode desafiar a racionalidade de um indivíduo que pode a qualquer tempo deslizar em irracionalidade, assim é com a maioria tomada como uma entidade singular.

CONDIÇÕES PARA A DEMOCRACIA

Capítulos subsequentes tratarão de teorias alternativas sobre a democracia a fim de verificar como elas são motivadas pela finalidade de enfrentar um ou mais desses desafios à democracia, ou, ainda que não motivado explicitamente, como podem contribuir para satisfazê-los. Mas deve ser notada uma posição que trata da democracia que pode ser pensada como remediando esse exercício e pondo em questão a necessidade verdadeira de teorias sobre a democracia. O tratamento consiste em focar condições pré-governamentais sociais e econômicas que tornem possível o bom funcionamento da democracia ou que a assegurem em sua versão mais forte.

Putnam e Schumpeter

Um esforço recente de chamar a atenção das condições da democracia é a de Robert Putnam, que compara regiões da Itália onde a democracia floresceu e onde ela foi ineficaz. Em seu *Making Democracy Work*, Putnam conclui que a diferença é devida à presença em algumas regiões, mas não em outras, de precondições essenciais para a democracia: participação ativa dos cidadãos nos afazeres públicos, interação de cidadãos como iguais e confiança e respeito mútuos entre os cidadãos. A maior confiança da tese de Putnam é que essas condições existem onde e até o ponto em que as pessoas estão ativamente engajadas como iguais em organizações locais, como clubes de esporte, sociedades de ajuda mútua e associações culturais e voluntárias. As condições estão ausentes quando as formas mais importantes ou únicas de instituições não-governamentais disponíveis para os cidadãos são hierárquicas, como as da Máfia, da Igreja ou dos grandes partidos políticos (Putnam, 1993; ver Caps. 4 e 6).

Putnam abduz essa posição explicitamente para enfrentar duas das críticas à democracia: que o governo democrático é ineficaz e que ele é irracional. Em regiões onde as instituições às quais ele se refere são fortes, o governo funciona bem em traduzir demandas sociais em políticas públicas. Em tais regiões, também, problemas como o impulso para ser um *free-rider* que a teoria da escolha social levanta são superados com participação em organizações que criam "capital social" ou a confiança mútua e o comprometimento com projetos comuns necessários para atividades coordenadas democraticamente. Putnam não apresenta seu estudo como uma alternativa para a teoria democrática, mas como um exercício para ela (p. 3). Porém, não é difícil imaginar o argumento seguinte: se a disponibilidade de certos tipos de organizações na sociedade civil cria valores e hábitos que promovem com sucesso governos democráticos efetivos e superam impedimentos para a ação coletiva baseada em egoísmo racional, então os democratas devem se dedicar às questões práticas de como nutrir a participação em tais organizações, em vez de se preocupar com teorias abstratas.

Posições como a de Putnam, sugestiva como é para um democrata orientado de modo prático, não pode inteiramente deslocar teorias sobre a natureza e o valor da democracia, o que é evidenciado quando se contrasta isso com as condições para uma democracia que funciona adequadamente proposta por Schumpeter. Deve-se relembrar que o governo democrático requer, entre outras coisas, uma cidadania relativamente pacífica que se preocupa com os afazeres do governo somente para votar. Interpretando de forma literal, Schumpeter pode aceitar as condições de Putnam, desde que sejam tomadas como significando que atividades em associações não-governamentais deixem os cidadãos sem tempo ou energia para cuidar do comportamento ou das políticas dos oficiais eleitos, mas isso é inteiramente fora da custódia das intenções de Putnam. Para ele, associações não-igualitárias, autoritárias, são melhor desenhadas para gerar passividade política. Entrementes, alguns teóricos políticos americanos que se classificam nessa tradição "realista" têm ido muito longe ao ponto de louvar as virtudes da apatia política para a democracia (por exemplo, Berelson et al., 1954). A razão principal pela qual as considerações teóricas não podem ser substituídas por aquelas das condições empíricas para a democracia é que a teoria é requerida para indicar *para que* se supõe que sejam as condições.

Putnam cita de forma aprovadora a ênfase de Tocqueville na importância da cultura política do engajamento e a atenção para associações políticas locais voluntárias que levam a tal cultura. Isso é hábil porque, ainda que não endosse as suspeitas de Tocqueville sobre a democracia, Putnam compartilha a noção de que ela está na sua melhor forma quando há participação enérgica dos cidadãos se ocupando de ações coletivas, em sua forma ideal em fóruns locais como reuniões da prefeitura ou associações voluntárias. Membros da escola realista são, porém, muito próximos ao contemporâneo de Tocqueville, James Madison, cujo *Federalist paper No. 10* (1987 [1788]) é frequentemente citado por eles.

Democracia protetiva e desenvolvimentista

Para Madison (a cujos pontos de vista nós retornaremos no Capítulo 5), a virtude maior do "governo republicano" (pelo qual ele quer dizer governo representativo, em contraste com a "democracia" que envolve participação direta do cidadão – ibid., p. 126) é o seu potencial para conter a dispersão dos piores efeitos dos conflitos entre as facções (geradas principalmente pelo que Madison, mais uma vez diferindo de Tocqueville, viu como desigualdades econômicas inevitáveis na sociedade). Para essa finalidade é melhor que as facções da república sejam amplamente dispersas em uma grande jurisdição e que as funções governamentais sejam exercidas exclusivamente por representantes que são, além disso, coagidos pelos pesos e contrapesos da divisão de poderes.

Um comentador, Richard Krouse, vê em Madison e Tocqueville "duas teorias da democracia em competição"; em uma delas a função maior da democracia seria proteger as pessoas da invasão na economia e outros interesses um do outro, ao passo que na outra, providenciaria fóruns para o exercício e o desenvolvimento de uma participação enérgica dos cidadãos nas coisas públicas (Krouse: 1983). Krouse pede emprestados os termos dados a esses dois pontos de vista de democracia por C. B. Macpherson, "projetiva" e "desenvolvimentista", que – Macpherson penou para enfatizar –, designam concepções absolutamente diferentes de democracia e seu valor e para as quais há, respectivamente, condições diferentes (Macpherson, 1977, Caps. 2 e 3). Portanto, identificar condições da democracia é já supor princípios democrático-teóricos.

Condições alternativas

Esse ponto não significa ficar confinado a Putnam, ou Tocqueville e Madison, mas se aplicará a qualquer lista de condições putativas para a democracia. Por exemplo, Robert Dahl (1989, Cap. 18) vê o estilo da sociedade européia e norte-americana, moderna e altamente desenvolvida economicamente, como favorecendo e, quase sem exceção, como condição para a democracia, de um modo tal que poderia excluir as sociedades aborígines que outros teóricos olham como viáveis em alguns aspectos, como formas superiores de democracia (Alfred, 1999; Tully, 1995). Ao passo que Schumpeter pensou que a democracia requeria relativa liberdade de governo do escrutínio público, Michael Margolis faz do encorajamento à crítica pública uma das condições para uma democracia viável (1979, p. 174-175). Joshua Cohen e Joel Rogers listam publicamente debates organizados como uma precondição para a forma de democracia que eles favorecem (1983, p. 153-157), diferentemente de Schmitt que criticou o parlamentarismo por gerar o que ele viu como discussão debilitadora e divisora. Cohen e Rogers (p. 157-161) pensam que a ausência de disparidades econômicas seja requerida para a democracia funcionar bem, uma pretensão explicitamente criticada na sua discussão das condições para a democracia de Carl Cohen (1971, p. 118-119), concorrendo com J. Roland Pennock concernente a sociedades agrárias, mas não industrializadas (1979, p. 231). Pennock lista o nacionalismo como uma condição para a democracia no mundo moderno (p. 246-247), discordando assim com o ponto de vista de Karl Popper, que vê o nacionalismo como incompatível com uma "sociedade aberta", democrática (1962, p. 49).

Recomendações de condições para assegurar, proteger ou estender a democracia (sejam elas necessárias, suficientes ou justamente facilitadoras) são, naturalmente, uma das tarefas mais importantes para os teóricos da democracia que querem que seus pontos de vista tenham efeitos práticos, sendo que prescrições alternativas junto a essas linhas serão notadas em discussões subsequentes neste livro. Mas tais prescrições serão sempre em si mesmas oneradas com teorias anteriores sobre a natureza e o valor da democracia.

3
DEMOCRACIA LIBERAL

Como parte da sua altamente divulgada e provocativa tese de que a história terminou após a queda do comunismo na Europa e com isso também houve o esgotamento das grandes disputas ideológicas, Francis Fukuyama sustenta que as democracias liberais do Ocitdente se tornaram "a forma final de governo humano" (1992, p. xi). Qualquer que seja o mérito da tese de Fukuyama sobre a teoria do "fim da história", essa pretensão sobre a democracia liberal tem a seu favor que quase todas as democracias ou aspirantes à democracia são tipicamente descritas, em círculos teóricos e em discursos populares, como democracias liberais.

Como será visto, nem todos os teóricos acreditam que a democracia liberal seja a melhor forma de democracia ou a mais factível, mas tais teóricos estão em minoria. Posições que mesmo uma década atrás eram apresentadas em oposição à democracia liberal agora são propostas como versões, aprofundamentos ou realizações dela. Por essas razões, este capítulo e o próximo começam a análise das teorias democráticas com uma discussão estendida da democracia liberal. Dessa forma, irei abstrair dos esforços de explicar a falta de perspicácia de instituições e práticas chamadas democrático-liberais, para focar em aspectos fundamentais da teoria.

A FORMULAÇÃO DE J. S. MILL

Em seus ensaios *On Liberty* e *Considerations on Representative Government*, John Stuart Mill exibe o que muitas vezes é considerado a primeira explicação sistemática e defesa da democracia liberal. Como um pró-democrata, Mill deu boas-vindas ao progresso na igualdade sobre a qual Tocqueville estava ansioso. Ainda em uma resenha de *Democracy in America* ele tranquilamente recomendou o trabalho a seu colega Britons, entre outras razões porque encontrou em Tocqueville avisos bem construídos a propósito da tirania da maioria (Mill, 1976 [1835/40], p. 213-219). Em particular,

Mill concordou com as alegações de Tocqueville de que a maioria, a cultura de massa sufocada, os pensamentos entusiasmados e aquele de uma maioria onipotente poderiam oprimir a minoria. Tomado em conjunto, o ensaio de Mill pode em grande parte ser lido como sustentando esforços para confrontar esse problema pelo método direto de combinar democracia e liberalismo.

Em períodos anteriores, observa Mill, a tirania foi algo experienciado pela maioria das pessoas das nações nas mãos de uma minoria, de tal forma que não havia o perigo de a maioria "tiranizar a si mesma". Mas, com a emergência de grandes nações democráticas (ele cita em particular os EUA), uma necessidade foi criada para as pessoas "limitarem seu poder sobre si mesmas" (Mill, 1991b [1859], p. 7). O objetivo de *On Liberty*, então, foi identificar os princípios de acordo com os quais as pessoas poderiam assegurar essas limitações. A maior parte do ensaio é devotada a explicações e defesa da pretensão de Mill de que "o único objetivo pelo qual o poder pode ser corretamente exercido sobre qualquer membro de uma comunidade civilizada, contra a sua vontade, é para prevenir dano aos outros. O próprio bem da pessoa... não é uma garantia suficiente" (p. 14). Na forma, essa injunção prescreve contra governos paternalistas e tiranias abertas, prescrevendo em favor do que é agora chamado de "pluralismo", o mandado de que o cidadão deve tanto quanto possível ser apto a buscar o que ele julga como seus próprios bens e a buscá-los a seu modo (p. 17).

Ao dar conteúdo a seu princípio, Mill listou as liberdades mais importantes para proteger: as de consciência, pensamento e sentimento, e de sustentar e expressar opiniões, buscar seus próprios planos de vida e se associar a outros para qualquer fim (não malicioso). Como essas liberdades civis típica e diretamente afetam somente aqueles que a usufruem, as pessoas devem ficar livres da interferência de outros, seja paternalista seja outra qualquer, e especialmente do Estado, incluindo o Estado democrático (p. 16-17). Mill devotou pouco espaço para expressar os detalhes de como as liberdades deveriam ser salvaguardadas, mas é claro que em geral ele pensou que poderia haver áreas da vida dos cidadãos livres de regulamentação estatal e limitações legais, sobre as quais nem mesmo um mandato governamental democrático poderia legislar. Isto é, ele favorecia a preservação de uma distinção entre as esferas pública e privada e o Estado de direito. No que se refere à democracia, a participação direta dos cidadãos nos afazeres do governo é, sob o ponto de vista de Mill, para ser encorajado primeiramente por sua função de engendrar confiança nas pessoas sobre sua habilidade de se governarem a si mesmas e de desenvolver talentos intelectuais e valores morais comuns. Contudo, visto que a participação direta é impossível em grandes sociedades, Mill pensou que "o tipo ideal de um governo perfeito teria de ser a democracia representativa" (Mill, 1991a [1861], p. 256).

VARIEDADES DE TEORIAS DEMOCRÁTICO-LIBERAIS

Com exceção de uma dessas prescrições, quase nenhum teórico preparado para aceitar o rótulo de liberal-democrata gostaria de fazer mudanças substantivas na caracterização de Mill da democracia e do liberalismo, ainda que haja espaço obviamente para muitas diferenças de como melhor preservar as liberdades civis ou a estrutura da democracia representativa. Por exemplo, referente à representação, alguns teóricos preferem sistemas de governo parlamentares e outros presidencialistas, alguns (incluindo Mill) representação proporcional, outros, o primeiro lugar mais votado, outros um mandato livre para os políticos eleitos, outros provisões para responsabilidade entre uma eleição e outra, como a cassação. Essas e outras diferenças são claramente muito importantes no nível do avanço das práticas liberais-democráticas, mas sua conexão com a teoria geral é não mais do que indireta. Similarmente, debates sobre como interpretar as liberdades civis – por exemplo, se fazer ou não propaganda é uma forma de manifestação a ser protegida como liberdade de expressão ou se restrições sobre financiamento de campanha são uma violação dos direito civis – refletem diferenças sobre a aplicação dos princípios liberais-democráticos, mais do que diferenças sobre os próprios princípios.

Participação

Na maioria das controvérsias de teoria política, a linha entre diferenças e variações na aplicação, interpretação ou ênfase é obscurecida. Uma exceção é o entusiasmo de Mill pela participação. Esse é o elemento de sua caracterização da democracia liberal nessa lista que é mais partilhada por todos os teóricos liberais-democratas (por exemplo, Giovanni Sartori ou William Riker). De fato, alguns *críticos* da democracia liberal da linha da democracia participativa veem na participação de Mill (para eles bem-vinda) um desvio da teoria liberal-democrática (Pateman, 1970, p. 28-34). Se Mill sustentou que a democracia deve somente ser por participação direta ou que a democracia representativa é não somente necessária, mas ainda um *mal* necessário, esses críticos estariam corretos. Não obstante, Mill sustentou que a democracia representativa tinha algumas características positivas em si mesmas (tal como tornar mais fácil a segurança de que as decisões do governo seriam feitas por pessoas instruídas) e que, quando factível, a democracia deveria ser combinada com a participação direta. Porque uma medida de democracia participativa, ainda que limitada, é admitida como possível e desejável por teóricos ainda mais identificados com a democracia liberal do que Schumpeter, como Robert Dahl (1970a, p. 102-103; 1989, p. 338-339); pode ser o caso de se considerar isso uma área de desacordo *dentro* da teoria liberal-democrática, antes do que uma linha divisória entre esta e as alternativas.

Igualdade

Outras diferenças concernem à igualdade. Mill é muitas vezes e em aspectos importantes justamente classificado como um igualitarista. Ele esteve entre os poucos homens de seu tempo a advogar de forma vigorosa a extensão do direito de voto às mulheres (Mill, 1971 [1869]), e a sua posição sobre a distribuição de riqueza colocou-o em direção ao fim socialista de um espectro de posições sobre a questão de saber até que ponto os democratas liberais deveriam insistir em políticas favoráveis à igualdade social e econômica. Ronald Dworkin (1983) pode também ser classificado de algum modo no "campo" igualitário, bem como, de acordo com a maioria dos intérpretes, John Rawls, e Dahl moveu-se nessa direção no curso de sua carreira (contraste com Dahl, 1956 e 1985). Robert Nozick (que não classifica a si mesmo como um *democrata* liberal) insiste que princípios liberais ditam anti-igualitarianismo (1974). Isaiah Berlin (o último), ainda que não explicitamente anti-igualitário, era cético sobre sancionar mais do que igualdade formal e política, em nome da democracia liberal (1969 [1958]).

Para Mill, "a ideia pura da democracia" é "governo de todo o povo por todo o povo, igualmente representado", o que requer representação proporcional, de tal forma que à minoria não sejam negados representantes no governo (1991a [1861], p. 302-303). Porém, esse igualitarismo não se transfere ao voto, no que a posição de Mill difere da maior parte dos outros teóricos liberais-democratas. No ponto de vista predominante, a igualdade política é um valor central e é interpretada como igualdade de votar. Mill não concordou: "eu não olho o igual direito de votar como estando entre as coisas que são boas em si mesmas", ele anunciou, e foi explicar isso sustentando que, ao garantir voto igual a pessoas com e sem educação, a democracia declararia perigosamente que "à ignorância seria dado tanto poder político quanto ao conhecimento" (ibid, p. 340).

A relação entre democracia e liberalismo

Sartori identifica o liberalismo primariamente com a proteção de liberdades individuais e a democracia com a igualdade, que, em acordo com Tocqueville, inclui não somente a igualdade política, mas ainda o interesse e a promoção de medidas de igualdade social, bem como econômicas. No século XIX, os elementos liberais prevaleceram sobre os democráticos, ao passo que no século XX "o pêndulo balançou e atualmente é o componente democrático que prevalece sobre o liberal". Pensando que essa oscilação tinha sido muito grande (Sartori estava escrevendo isso nos anos de 1980), ele sustentou que agora "nós confrontamos dois futuros: uma democracia *dentro* do liberalismo e uma democracia *sem* liberalismo" (1987, p. 386-387). O foco de Sartori aqui não é o conteúdo de partes componentes da democracia liberal, mas a *relação* entre sua dimensão liberal e democrática. Ele expressa o ponto de vista partilhado por todos os teóricos liberais-democratas e que o primeiro deve conter o poder dos governantes democraticamente eleitos sobre os indivíduos, pela colocação de restrições sobre as ações estatais e pela limitação do escopo das ações permitidas do Estado.

Para alguns teóricos liberais-democratas, inclusive Sartori, essa relação de copertença é o único ponto importante entre os princípios liberais e as práticas democráticas, mas outros veem como uma relação interativa entre liberalismo e democracia. Isso é claramente o caso com as "liberdades políticas", tais como o direito de votar, de disputar eleições ou de formar partidos políticos, o que torna a democracia vindoura mais segura. Em adição, Mill descreve um modo pelo qual a democracia fortalece as liberdades civis, bem como as políticas. Isso é feito conferindo legitimidade a leis liberais, que uma população respeitará mais se elas forem popularmente ordenadas (como em uma constituição endossada democraticamente) do que se forem impostas (1991a [1861], p. 329). Ao mesmo tempo, o liberalismo fortalece a democracia. Restringindo a atividade própria do governo à esfera pública, a burocracia é mantida sob controle, o que não somente protege as pessoas de suas interferências nas liberdades, mas também permite aos cidadãos desenvolver livremente capacidades importantes para o autogoverno (1991b [1859], p. 121-128).

Em seu argumento para a proteção das liberdades civis, tal como a liberdade de expressão, Mill expressa um outro ponto de vista interativo, repetido por alguns de seus teóricos mais recentes. Sobre a suposição de os cidadãos com poder de se autogovernarem preferirem fazer isso do ponto de vista da vantagem do conhecimento e que restrições à liberdade de expressão impedem tal vantagem por sufocar o debate vigoroso e a exploração de ideias não convencionais, essa liberdade liberal deve ser protegida em favor de uma democracia progressiva e vibrante (Mill, 1991b [1859], p. 24; Oppenheim, 1971). Um ponto de vista similar é tomado por teóricos que insistem que, ou porque as pessoas que estão na maioria em uma ocasião ou com respeito a uma questão podem estar na minoria em outro momento ou com relação a outras questões, ou porque suas preferências podem mudar, a democracia requer a preservação dos meios pelos quais as pessoas possam se reagrupar e se educar a si e aos outros – como um teórico apontou, a democracia requer que as maiorias sejam "anônimas" (May, 1952) – a preservação das liberdades, de forma especial de expressão e associação, estão claramente entre tais meios. Ou mais uma vez, ao passo que muitos teóricos liberais-democratas valorizam o Estado de direito pela sua função de controlar a democracia, alguns prescrevem que tais coisas, como o controle de constitucionalidade, sejam subservientes à democracia. Por exemplo, de acordo com John Hart Ely, isso deve ser limitado justamente para assegurar equidade processual na resolução de disputas e para proibir que o acesso de indivíduos e de minorias na participação democrática seja negado (Ely, 1980, p. 87).

O papel do suporte filosófico

As diferenças entre os teóricos liberais-democratas até agora listadas são essencialmente desenvolvidas e defendidas sem referência a posições filosóficas rivais. Algumas diferenças adicionais, contudo, são fortemente influenciadas, senão estritamente requeridas, por opiniões filosóficas ou opiniões gerais teórico-filosóficas. Isso será tratado depois de uma digressão sobre filosofia política e teoria liberal-democrática em geral.

No fundamento das teorias políticas de Mill estão pontos de vista filosóficos que ele é famoso por sustentar, em particular o utilitarismo, de acordo com o qual instituições de cunho político ou políticas, como as ações de um indivíduo, são valoradas de acordo com a sua propensão em promover especialmente a utilidade social (usualmente interpretada como "bem estar" ou, na terminologia, de Mill, "felicidade"). Ele também foi paladino de teorias na filosofia das ciências sociais do determinismo causal e do que é algumas vezes chamado de "individualismo metodológico", isto é, a recomendação de tomar os indivíduos como unidades explicativas básicas da sociedade em termos das quais as referências a grupos sociais como classes ou nações podem em princípio ser reduzidas (Mill, 1973 [1843]; Caps. 6 e 9). Realmente, críticos da democracia liberal algumas vezes identificam isso com o reducionismo individualista na filosofia social (Unger, 1976, p. 81-82). Porém, não é evidente que o compromisso com princípios filosóficos básicos seja uma parte inevitável do entendimento amplo de alguém sobre a democracia liberal ou um comprometimento com isso.

Alternativas ao utilitarismo para justificar a democracia liberal incluem aqueles que apelam diretamente a *direitos individuais* tomados como alguma coisa como primitivos morais – John Locke é o precursor de uma versão de tal ponto de vista, e o desenvolvimento dworkiano da teoria dos direitos de uma maneira igualitária é um exemplo corrente (Locke, 1963 [1690]; Dworkin, 1977); teorias como as de Will Kymlicka, que se atêm ao princípio kantiano de que os indivíduos, como agentes autônomos, merecem *igual respeito* (Kant, 1998 [1785]; 1965 [1797]; Kymlicka, 1989: Cap. 2); tratamentos *contratualistas* como em *A Theory of Justice* (1971) de John Rawls, que procura justificar princípios liberais-democráticos em um acordo hipotético entre indivíduos racionais e egoístas e várias *combinações* disso, como o último desenvolvimento do contratualismo kantiano (1996, lição 3).

Ademais, algumas variações na caracterização da democracia liberal podem ser parcialmente explicadas por referência a posições filosóficas dos teóricos envolvidos, os quais, eles próprios, com frequência correlacionam de forma explícita pontos de vista político-democráticos com filosóficos. Uma tarefa desafiadora na história das ideias é interrogar tais pretensões de correlação questionando se a aderência a posições filosóficas motiva posturas concernentes a políticas democráticas ou se a determinação de justificar posições políticas motiva teóricos a inventar ou a capturar posições filosóficas para esse propósito. Exemplos de teóricos que, de diferentes maneiras, tomam aspectos dessa tarefa são Quentin Skinner (1978) e Russel Hanson (1985).

No interesse de continuar uma visão mais elementar das teorias democráticas, entendimentos históricos apoiando uma ou outra dessas alternativas não serão tratados neste livro. Além disso, não resisto em registrar uma suspeita de que os teóricos da democracia raramente, senão nunca, são dirigidos por uma filosofia abstrata a instâncias políticas maiores que eles que de outro modo não tomariam. De modo inverso, quando os teóricos pressupõem ou estão ativamente comprometidos com matérias importantes e relevantes do ponto de vista político, irão encontrar um modo de acomodar suas posições filosófico-políticas a elas. Um exemplo é oferecido em um recente trabalho de estudantes de filosofia que mostraram que elementos como exclusão racial e colonialismo foram justificados igualmente por Locke, Kant e Mill, apesar das diferenças entre suas teorias filosóficas (Eze, 1997; Mills, 1997; Gedberg, 1993). Colocando de lado as observações céticas nessa digressão, quatro áreas de controvérsia teórica nas quais considerações filosóficas e políticas se sobrepõem serão agora adicionadas àquelas consideradas anteriormente.

Flexibilidade e priorização

A versão de Mill do utilitarismo no qual regras gerais de conduta são justificadas pela expectativa geral da utilidade das ações conformes a elas (chamado utilitarismo "de regra" como oposto a utilitarismo "de ato") é bem talhada para fazer prescrições políticas *prescritivas*, das quais desvios são possíveis, dependendo de circunstâncias específicas. Por exemplo, a liberdade de associação pode ser restringida quando se puder mostrar que ela prejudicaria tão dramaticamente a outros que uma exceção deve ser feita a uma regra favorecendo essa liberdade, mas o ônus da prova reside com aquele que gostaria de limitar essa liberdade. Ademais, quando há conflitos entre liberdades civis ou entre uma delas e os requerimentos para manter estruturas democráticas, a consideração de Mill convida a fazer juízos locais sobre negociações em vez de apelar a um princípio geralmente aplicável. Um teórico da tradição dos "direitos básicos" pode dar algum espaço para flexibilidade e prioridade entre direitos; porém, quando direitos conflitam com a democracia, tal teórico fica orgulhoso em insistir que os direitos são, para empregar os termos de Dworkin, "trunfos" anulatórios (1977, Cap. 4). De modo similar, contratualistas admitem mais facilmente renegociação do que flexibilidade na interpretação, e a prescrição de Kant para o respeito à autonomia individual é supostamente "categórica", não admitindo, assim, exceções.

Apesar de tais disposições rígidas, os teóricos liberais-democratas de todas as persuasões filosóficas, como seus análogos nas arenas políticas reais, provaram aderir a maneiras encontradas de introduzir flexibilidade nas suas prescrições concernentes a questões específicas, sendo encontrado algum espaço para manobras dentro de posições não utilitaristas. Kant providenciou uma distinção entre deveres "perfeitos" e "imperfeitos", em que os últimos não estão sujeitos a emprego categórico, mas podem ser postos de lado quando as circunstâncias não permitirem executá-los. A maioria dos teóricos dos direitos básicos reconhece que pretensões de direito podem conflitar e que os direitos não admitem uma ordem hierárquica estrita, de tal forma que algumas vezes decisões *ad hoc* têm de ser tomadas. Filósofos contratualistas têm em mente não um contrato real, explícito, mas sim contratos hipotéticos sobre os quais pessoas racionais concordariam. Em adição à indução ao desacordo, dependendo do que é pensado como racional, permitem-se mais interpretações alternativas do que um contrato hipotético ordenaria em circunstâncias políticas reais. No entanto, filósofos políticos contemporâneos, como seus predecessores clássicos, proveem a si mesmos com uma flexibilidade adicional pela limitação do caráter de sujeitos apropriados de direitos ou de direitos democráticos a certos tipos de indivíduos, por exemplo, a cidadãos ou a adultos. Foi principalmente pela negação de uma personalidade completa que os teóricos clássicos foram capazes de negar direitos e prerrogativas a mulheres, aborígines e escravos.

Desenvolvimentismo e protetivismo

Mill é muitas vezes classificado como um desenvolvimentista em oposição à democrata protetor da maneira como essas posições foram descritas no Capítulo 2, porque ele acreditava que quase todas as pessoas tinham potenciais morais e intelectuais para, de forma mútua, enriquecerem o comportamento cooperativo e, acreditava também, que a democracia poderia ajudar a desenvolver tais potenciais (Macpherson, 1977, Cap. 3; Held, 1996, p. 115-118). Democratas protetivos na tradição de Madison, por outro lado, pensam que disparidades inevitáveis nas habilidades das pessoas, combinadas à igualmente inevitável centralidade do autointeresse no comportamento humano, assegurarão desigualdades econômicas e, por sua vez, instigarão conflito de facções sobre a perpétua escassez de recursos.

Desenvolvimentistas e democratas protetivos podem concordar na importância de combinar a proteção constitucional das liberdades civis com a democracia representativa, mas suas teorias divergentes sobre a natureza humana lapidam focos e prescrições institucionais alternativos. Assim, enquanto Mill favoreceu a combinação da democracia representativa com a participativa, teóricos schumpeterianos são cautelosos com respeito à participação dos cidadãos, que eles pensam, de forma pessimista, não serem mais capazes de educar massas de pessoas para o governo efetivo do que para qualquer outra coisa. Mill acreditava que a educação formal e informal poderiam, progressivamente, levar as pessoas a valores cooperativos; porém, Madison e aqueles que o seguiram não viram perspectiva para superar conflitos de facções e competição entre populações e, então, prescreveram, por exemplo, sistemas de pesos e contrapesos, divisão de poderes entre Estados e união federal para conter isso.

O eu enraizado*

Will Kymlicka defendeu vigorosamente que, apesar do encargo do individualismo científico-social, democratas liberais não necessitam assumir que as preferências das pessoas (ou aspirações ou valores) sejam formadas por elas de modo independente das forças sociais de suas identificações grupais (1990, p. 207-216). A questão sobre como as aspirações dos indivíduos são formadas, ou se são formadas, é diferente da questão sobre como proteger seus esforços para agir em tais aspirações (por mais que isso venha a ser), ou se isso é feito. Um argumento maior de Kymlicka é que é precisamente por que os valores das pessoas são socialmente informados pela pertença a seu grupo que os democratas liberais devem amparar direitos multiculturais de grupos, visto que essa pertença providencia um "contexto de escolha" essencial para a ação autônoma (1995).

Um teórico cita esses pontos de vista de Kymlicka como evidência de que ele é um não-individualista comunitarista, cuja credencial como liberal pode, portanto, ser questionada (Hardin, 1995, p. 208). O termo "individualismo", como "liberdade", "igualdade" e "democracia", é um daqueles termos contestados da teoria política que admite várias interpretações (Lukes, 1973). Se for tomado como se referindo à doutrina de que a referência à pertença a

---

* N. de T. A noção *"encumbered self"* remete à crítica que Sandel endereçou à concepção de pessoa de Rawls em seu texto *Liberalism and the Limits of Justice*. A posição de Sandel que o conceito traduz foi muito bem caracterizada por Rawls como sendo uma crítica a uma concepção metafísica de pessoa: "a ideia de que a natureza essencial das pessoas é independente e anterior a seus atributos contingentes, e até mesmo sua concepção do bem e do caráter como um todo" (RAWLS, John. *O liberalismo político*. [Trad. D. de A. Azevedo]. São Paulo: Ática, 2000, p. 70). Por isso se decidiu traduzir a expressão *"encumbered self"* por "eu enraizado" e *"unencumbered self"* por "eu desenraizado".

grupo é inapropriada para prescrever direitos aos indivíduos, então Kymlicka é, realmente, um não-individualista. Esse ponto será tratado mais tarde neste capítulo. Se, contudo, ser individualista for pensar que os valores e as crenças das pessoas são de alguma maneira formados somente por si mesmos, independentemente do contexto social de seu nascimento, educação e vida, então, não somente poderia Kymlicka deixar de ser um individualista, mas também deveriam deixar de sê-lo individualistas famosos como Locke e Mill.

Permanece, porém, central à democracia liberal um sentido especificamente político do individualismo, a saber: quaisquer que sejam as origens causais das preferências das pessoas, arranjos sociais, ao menos tanto quanto o governo possa afetá-los, devem respeitar a liberdade dos indivíduos de agirem a partir de suas preferências, em vez de serem obrigados a abandonar essa habilidade ou ajustar suas preferências a objetivos determinados socialmente. Tomado nesse sentido, a pretensão de que o liberalismo seja "atomista" (apontado, por exemplo, por Levine, 1993, Cap. 7) é um alvo. Como todas as controvérsias teórico-políticas, debates bem definidos são frequentemente impedidos pelo uso retórico de termos como "individualismo" (ou "coletivismo", "atomismo", "liberdade" e assim por diante) para anunciar e etiquetar posições e evocar sentimentos positivos ou negativos contra ou a favor deles. Assumindo, contudo, que é possível colocar tais usos à parte, com respeito à concepção de individualismo específica da democracia liberal, dois debates teóricos permanecem. Um deles é sobre se as sociedades *devem* se acomodar às preferências dos indivíduos. Esse debate será travado nos capítulos finais, especialmente naqueles que tratam do republicanismo cívico, teorias participativas e deliberativas. Outro debate que não será perseguido ulteriormente é sobre se a indiferença ou o agnosticismo a respeito de teses fundamentais de ontologia social ou antropologia filosófica podem, depois de tudo, ser sustentadas. Talvez, o teórico liberal-democrata consistente tenha de ser um existencialista ou, alternativamente, um determinista individualista da variedade hobbesiana. Se tais conexões puderem ser provadas e se em adição à posição à qual a democracia liberal está compromissada for decisivamente anulada, então, dependendo de quão vital para a democracia liberal a posição em questão fosse, isso constituiria fundamentos para sua rejeição. Apesar da atração de estratégias como essa para os filósofos políticos, o êxito de argumentos em tal nível fundamental nunca é admitido por ninguém, a não ser pelos seus proponentes.

Liberdade e autonomia

Fora desses debates, há diferenças entre a teoria liberal-democrática em que concepções alternativas de pessoa e de quão robusta a liberdade de um indivíduo pode ser estão refletidas em pontos de vista sobre que medida ou espécie de liberdade deve ser permitida ou encorajada. Citando Kant e Rawls, Kymlicka insiste que para o liberal democrata nós "podemos sempre dar um passo atrás de qualquer projeto particular e questionar se nós queremos continuar a persegui-lo" (1990, p. 207). Em contraste, aqueles na linhagem de Hobbes veem a liberdade como a habilidade de simplesmente agir sobre a base de preferências presentes; assim as pessoas podem ainda ser livres mesmo se suas aspirações forem organizadas e determinadas fora de seu próprio controle.

Prescrições políticas modestas que advêm desses campos "determinista" e "autonomista" (tomando algumas etiquetas toscas) são, respectivamente, que o Estado deve tanto quanto possível permitir às pessoas agirem sobre a base de suas preferências ou que deve, para preservar a habilidade do povo, revisar seus objetivos. Assim postas, as duas prescrições são compatíveis em princípio, visto que a liberdade dos autonomistas pode ser descrita como a liberdade de agir sobre a base de uma preferência de ter a habilidade de revisar seus próprios valores. Contudo, aqueles no campo da autonomia estão acostumados a avançar as mais ambiciosas prescrições de que o Estado liberal deve ativamente promover a autonomia. Isso irá igualmente gerar recomendações políticas, por exemplo, favorecer a educação pública sobre opções alternativas de vida e treino no pensamento crítico para ajudar as pessoas no exame e revisão de seus objetivos. Isso é menos provável de ser avançado por deterministas que vão gravitar em direção a políticas "protetivas-democráticas". Que tal correlação seja uma tendência mais do que uma necessidade é indicado pelo fato de que Mill foi ambos, um determinista e um democrata desenvolvimentista.

Ademais, há considerável variação entre autonomistas sobre quão frequente ou facilmente a habilidade de agir de forma autônoma é exercida e por quanto tempo e, mais uma vez, enquanto não necessitar haver perfeita correlação, tais pontos de vista vão indubitavelmente afetar e serem afetados por valores políticos relevantes. Então, ao defender a si mesmo contra colegas que advogam direitos de grupo e que têm medo que este ponto de vista possa minar a coesão grupal, Kymlicka se ressente de dizer que a deserção por uma pessoa de seus valores determinados de modo grupal é relativamente raro (1995, p. 85). Entrementes, Russel Hardin, que é cético sobre a centralidade ou força das identificações grupais para as próprias preferências, vê tais defensores como adversários da democracia liberal (Hardin, p. 1995).

Liberdade negativa e positiva

Berlin argumentou que a concepção "autonomista" de liberdade deve ser evitada como uma precursora perigosa do totalitarismo, e ele recomendou em seu lugar uma concepção "negativa" de acordo com a qual a liberdade política (ou liberdade, termos usados de forma intercambiável por ele) não é nada senão a ausência de impedimentos deliberadamente colocados por algumas pessoas no modo como outras se esforçam para buscar seus objetivos escolhidos (1963 [1958], p. 122). Para isso, ele contrastou a noção "positiva" de "autossenhorio" motivado por um desejo de que pessoas concebessem e agissem a partir de seus objetivos (p. 131). Atrativa como a concepção de liberdade positiva é, devido à sua conotação do indivíduo livre como um "executor" e como o que se "autodetermina", Berlin pensa que integrá-la à teoria e prática política é dar um primeiro passo abaixo em direção a uma inevitável ladeira que vai do autoritarismo paternalista ao totalitarismo.

Um elemento nessa progressão é a divisão do "eu" naquilo que domina e como alguma coisa dentro das pessoas que necessita ser "levado a obedecer", ou a divisão em um eu mais alto, identificado com a verdadeira autonomia de alguém, ou a sua razão, e um eu mais baixo, irracional, que reside no modo da liberdade autônoma (p. 132). Isso abre a porta ao controle autoritário paternalisticamente justificado a fim de agir em nome do eu mais alto das pessoas e, portanto, de sua verdadeira liberdade. A progressão toma uma feição decididamente totalitária quando mantém, de modo adicional, que os "fins de todos os seres racionais têm de, necessariamente, se ajustar a um modelo simples, harmonioso, que alguns homens podem ter a habilidade de discernir de forma mais clara que outros" e que, quando as leis que obrigam comportamentos racionais em todos estiverem em vigor, conflitos advirão e as pessoas serão "totalmente livres" sendo "totalmente obedientes à lei" (p. 154).

Em nome dos defensores liberais democratas da autonomia, pode-se argumentar que simplesmente insistir que as pessoas tenham a habilidade de selecionar e revisar os objetivos que seguem e que essa habilidade deve ser cultivada e protegida não obriga ninguém a qualquer concepção de um eu superior ou inferior, muito menos a uma teoria sobre a harmonia essencial entre os objetivos escolhidos de modo autônomo. Uma reação alternativa a Berlin é expressa por Charles Taylor que, ainda que aceite a atratividade da liberdade negativa como uma "linha Maginot" contra o autoritarismo, argumenta que ela não pode ser defendida. Parte de seu argumento milita também contra a concepção de autonomia.

Taylor culpa o ponto de vista de Berlin por não permitir a comparação qualitativa entre liberdades negativas, visto que comparações meramente quantitativas conduzem a conclusões ridículas, tais como as que pessoas na (ex) Albânia comunista seriam mais livres que as pessoas na Inglaterra, porque os impedimentos à religião e às liberdades políticas na Albânia seriam proporcionalmente menores em número do que seriam os impedimentos a coisas como o livre fluxo do tráfico na Inglaterra, devido a haver mais semáforos nesta (1979, p. 183). Tais exemplos ilustram que a "liberdade requer uma concepção fundamental do que é significativo", mas isso igualmente se aplica, anota Taylor, aos objetivos das pessoas, alguns dos quais (engajar-se em práticas políticas ou religiosas) são mais importantes que outros (dirigir muito rápido pelas ruas da cidade). Até o ponto em que, devido à fraqueza da vontade ou outra coisa semelhante, os desejos fugazes das pessoas ou fins menos importantes possam interferir com a busca de outros mais importantes, algo como a noção positiva de liberdade envolvendo a disciplina do eu inferior por um eu superior deve ser admitida. Ainda mais, uma pessoa pode estar "profundamente enganada sobre seus objetivos", caso em que "ela é menos capaz de liberdade no sentido importante da palavra" (p. 193).

Taylor pensa que não haja alternativa defensável contra uma concepção positiva de liberdade e políticos que têm em vista realizá-la, mas isso absolutamente não o angustia, já que ele acredita que os teóricos políticos *devem* integrar concepções de liberdade, com considerações sobre o que torna as vidas humanas valorosas. A esse respeito ele partilha a orientação de um outro defensor da liberdade positiva contra Berlin, (o último) C. B. Macpherson. Em acréscimo à desafiadora exclusão por Berlin da pobreza e de outros aspectos estruturais da sociedade de contarem como impedimentos da liberdade (visto que para Berlin eles são estruturais e não deliberadamente intencionados), Macpherson esteve primeiramente preocupado em articular duas alternativas positivas à concepção de Berlin. Uma dessas ele chama de "liberdade desenvolvimentista" (1973, p. 119), que é a habilidade de um indivíduo "usar e desenvolver suas próprias capacidades sob o controle de sua própria consciência para seus próprios fins humanos".

O outro sentido de liberdade positiva para Macpherson é "o conceito democrático de liberdade como compartilhamento no controle da autoridade" (p. 109). Com essa noção, ele está discordando fortemente de um teórico do século XIX, Benjamin Constant, em cujos pontos de vista Berlin se move. Constant distinguiu "a liberdade dos modernos", que é focada na liberdade do indivíduo de não-interferência, da "liberdade dos antigos", que envolve participação direta e coletiva no autogoverno. Sob o ponto de vista de Constant, a liberdade dos antigos é necessariamente uma coisa do passado, visto requerer sociedades de uma escala muito menor do que as do mundo moderno (1988 [1819]). Macpherson não concorda e pensa que essa concepção de democracia pode e deve ser "recuperada" na teoria e prática da democracia contemporânea, justamente como ele pensou que a noção de liberdade como o desenvolvimento dos potenciais humanos poderia e deveria ser recuperada de tradições que se estendem de Aristóteles aos filósofos idealistas e ao democrata liberal John Stuart Mill.

Macpherson e Taylor são pró-democratas e são também defensores dos direitos liberais padronizados, de tal forma que eles certamente não querem que suas concepções positivas de liberdade deem ajuda e conforto a autoritarismos. Um modo pelo qual Macpherson tenta evitar isso é pela insistência de que a liberdade democrática é um pré-requisito para a liberdade desenvolvimentista: participar em decisões coletivas é um exercício de liberdade desenvolvimentista, e nenhum movimento político para assegurar condições econômicas e sociais que conduzam ao desenvolvimento geral da liberdade pode ter sucesso "a não ser que seja forte e efetivamente democrático" (p. 109). Entretanto, uma questão permanece, sobre como suas concepções de liberdade positiva devam contar como opções na teoria especificamente liberal-democrática, e se contam.

Como percebido anteriormente, Mill é adequadamente classificado como democrata "desenvolvimentista" em sentido oposto a "protetivo", visto que pensa que a virtude e o fim maior da democracia sejam desenvolver os potenciais das pessoas e, nesse sentido, Macpherson está justificado em ver a sua concepção desenvolvimentista como contida no pensamento desse teórico prototípico liberal-democrata. Contudo, Mill não qualifica as liberdades que devem ser protegidas pelos direitos liberais ou figurar em processos democráticos, com a especificação de que sejam compatíveis com o desenvolvimento dos potenciais humanos, dos engajamentos políticos ou da busca de objetivos valorosos objetivamente. Ele não pode fazer isso de forma consistente com seu endossamento do pluralismo, de acordo com o qual o Estado não especifica que tipos de objetivos de vida as pessoas podem tentar buscar. Ao mesmo tempo, como qualquer outro teórico liberal-democrata, Mill reconhece que é algumas vezes necessário constranger algumas liberdades, como quando confronta o "paradoxo da tolerância" (discutido na próxima seção) e, talvez, se possa apelar como diretriz às normas implicadas em uma concepção positivo-libertária. Meu ponto de vista é que isso é quanto se pode avançar no modo de ajustar as concepções de liberdade positiva à estrutura teórica liberal-democrática e que elas encontram um lar mais confortável em teorias da democracia participativa (Capítulo 7) ou no republicanismo cívico (discutido no Capítulo 4).

Limites da tolerância e o limite público/privado

Democratas liberais confrontam reconhecidamente um "paradoxo da tolerância". Se um Estado liberal for um que favorece a tolerância da busca de bens alternativos pelas pessoas de modos alternativos, então como pode evitar tolerar fins ou maneiras de realizá-los que contradizem os próprios valores liberais? (Ver Sullivan et al., 1982; o problema é semelhante ao "paradoxo liberal" que resulta quando algumas pessoas têm preferência de serem curiosas sobre o modo como outros têm de se comportar – Sen, 1970 e Barry, 1991b, Cap. 4.) Esse problema não admite uma solução fácil do ponto de vista da construção liberal-democrática. Para sustentar que as pessoas devem ser livres enquanto a sua liberdade não restringir a dos outros poderia também limitar severamente o escopo do pluralismo, devido ao caráter difundido dos conflitos. Por exemplo, se não houver empregos suficientes em um certo local de trabalho para todos que querem empregos lá, a liberdade de algumas pessoas de terem um emprego naquele local de trabalho limitará inevitavelmente a mesma liberdade para qualquer outro. Tornar ilegal uma tal situação seria loucura; e seria um conforto pequeno para candidatos que não obtiveram sucesso argumentar que ao menos sua liberdade de se *inscrever* para um emprego não esteve em conflito com aquele do candidato que obteve sucesso.

Sustenta-se algumas vezes que a sociedade liberal deve ser tolerante a todas as atividades que não solapem a própria tolerância liberal. Porém, em acréscimo a ser sujeito a interpretações contestadas e a abusos (por exemplo, do tipo justificado em nome dos valores liberais durante a era McCarthy nos EUA), isso não funciona facilmente para evitar coisas como intolerância religiosa que, diferentemente das limitações sobre a liberdade de expressão política ou de associação, nem sempre tem consequências políticas diretas. Também não elimina facilmente práticas opressivas a membros minoritários de uma população que é suficientemente isolada de tal forma que a tolerância geral na sociedade não é ameaçada. Argumentar que a tolerância é inviolável no âmbito privado, mas não no público, muda o problema para o de identificar o limite entre os domínios privado e o público ou, alternativamente, para o de determinar quando o comportamento do reino privado merece excepcional interferência do Estado.

Essas dificuldades têm aparecido vivamente e prolongado debates entre teóricos liberais-democratas sobre se e como a tolerância deve ser limitada. Um paradoxo análogo confronta o lado *democrático* da teoria liberal-democrática, visto que algumas vezes os procedimentos democráticos podem produzir resultados ameaçadores da democracia, como quando em 1992 fundamentalistas antidemocráticos, religiosos, foram posicionados para vencer as eleições na Argélia. À época, pró-democratas foram justamente perturbados pela anulação das eleições pelo governo algeriano, mas foram também perturbados pelo prospecto de uma vitória eleitoral por fundamentalistas antidemocratas. Os sucessos eleitorais de partidos políticos de extrema direita na Europa de tempos em tempos apresentam o mesmo problema.

Prescrições políticas genéricas em resposta a esses problemas podem ser organizadas em dois polos, um dos quais recomenda a estrita neutralidade estatal em face de valores alternativos e incumbências guiadas por visões particulares da vida boa ou da boa sociedade, incluindo alguns julgados não-liberais ou antidemocráticos, ao passo que o outro polo ordena a imposição e o encorajamento pelo Estado liberal-democrático de certas visões, legalmente e, como na política educacional, culturalmente. Poucos teóricos liberais-democratas estão preparados para defender posições nesses dois polos, ainda que Berlin represente um ponto de vista próximo ao primeiro polo e William Galston (1991) e (o último) Jean Hampton (1989) estejam próximos ao segundo polo.

Estratégias político-filosóficas para motivar uma resposta ao paradoxo da tolerância podem também ser classificadas de acordo com o quão "favoráveis à neutralidade" elas são. Assim, diferentemente de Hampton, Bruce Ackerman (1980) e Charles Larmore (1987) buscam defesas do princípio da neutralidade liberal que sejam tanto quanto possível nulas de compromisso filosófico para com um conceito de boa sociedade ou vida boa. Esses autores tentam defender a neutralidade por referência às condições requeridas para pessoas com diferentes valores continuarem debates frutíferos e não destrutivos sobre questões como a distribuição de poderes políticos. De forma consistente com essa orientação, eles sustentam que desacordos em fóruns políticos reais sobre valores morais básicos sejam postos de lado quando impedirem a tentativa de buscar diálogo político, diferindo assim de Hampton e Galston. Joseph Raz (1986, parte 2) defende o liberalismo por referência a princípios morais não neutros da autonomia individual, mas deriva as prescrições políticas disso, que são mais pluralistas do que aquelas de Hampton ou Galston. Uma estratégia "mista" análoga é buscada por Amy Gutmann e Dennis Thompson, que tentam combinar neutralidade "processual" e compromissos "constitucionais" pela subsunção destes a processos de deliberação pública contínua (1996, 92-93).

A contribuição de Rawls a esses debates está em sua discussão das condições sob as quais uma sociedade liberal-democrática pode ganhar a lealdade das pessoas com concepções divergentes da vida boa ou de uma sociedade boa. Ele distingue valores "políticos", tais como a defesa das liberdades civis, o Estado de direito e os direitos de participação política, dos valores "abrangentes" embutidos em coisas como tradições religiosas ou sistemas filosóficos de pensamento. Rawls pensa que é suficiente a sobreposição entre valores políticos nas democracias modernas para tornar realista sua prescrição de que esses valores devem governar a vida pública, sem exigir um consenso comparável (e improvável) sobre valores abrangentes que podem ser permitidos, com segurança, informar o pensamento e a ação no reino privado (Rawls, 1996, lição 4). Críticos de Rawls sustentam que essa posição é instável e deve ser empurrada na direção seja de uma neutralidade maior (Larmore, 1987), seja de uma neutralidade menor (Hampton, 1989).

Um outro rumo é tomado por Kymlicka que, como Raz, pensa que valores "abrangentes" que favoreçam a autonomia individual, devem guiar políticas públicas, mas tipicamente por persuasão e educação, não por imposição legal (Kymlicka, 1995, p. 165-170). Em contraste, Jürgen Habermas argumenta que a submissão a restrições legais é essencial se "igual peso" for dado "tanto à autonomia privada quanto à autonomia pública do cidadão", mas somente se as leis positivas que definirem as interações permissíveis expressarem direitos básicos, que ele pensa serem fundados nas precondições para o discurso livre e igual entre pessoas que podem de outra maneira ter valores morais diferentes (1998, Cap. 3.3).

Ainda uma outra resposta é aquela dos pluralistas radicais, cujos pontos de vista serão discutidos no Capítulo 10. Chantal Mouffe, na defesa do que ela considera uma forma radicalizada de democracia liberal, olha posições como a de Rawls, bem como de Habermas, como esforços de impor alguma forma de ordem filosófica ou clausura sobre os reinos políticos que não admitem nem um nem outro. Em seu ponto de vista, coisas como o paradoxo da tolerância devem ser vistas unicamente como problemas políticos e, portanto, sujeitos a negociações permanentes vindouras entre atores políticos motivados por uma variedade de valores alternativos, "políticos" e "abrangentes". Essa posição é consoante com a rejeição pluralista do "fundacionalismo" filosófico, de acordo com o qual respostas a questões centrais de moralidade (ou de qualquer outro domínio) podem ser encontradas pelo apelo a princípios filosóficos primeiros. Que a conexão entre pró ou antifundacionalismo, com posições políticas ou filosóficas a tópicos tais como tolerância, não seja claramente definida é indicado pela postura ambígua de Rawls, que é criticado por Mouffe por ser fundacionalista (ainda que reconhecendo também a ambiguidade – 1993, p. 43) ao mesmo tempo em que Richard Rorty pretende que ele seja um sócio do antifundacionalista (1990, Cap. 17).

Justamente como no caso já discutido, é duvidoso que haja uma conexão *necessária* entre o ponto de vista filosófico de um teórico e como ele ou ela chega ao problema dos limites da tolerância e de dilemas análogos. Por exemplo, concordando com o valor que Kymlicka põe na autonomia, mas também pensando que é bem fundamentada a sua relutância em prescrever legislação contra grupos ou atividades julgadas intolerantes, alguém poderia favorecer a neutralidade, mesmo em questões de educação, sob o fundamento de que a distinção entre força e persuasão nesse domínio não poderia ser sustentada. Um relativista filosófico-moral que pensa que juízos de valor não podem ser justificados senão por considerações prudenciais pode ser levado a uma interpretação muito generosa do escopo da tolerância, visto que ninguém poderia ter fundamentos objetivos para prescrever a intolerância. Mas Mill também favoreceu uma generosa interpretação para a razão proposta *objetivamente* de que a felicidade humana geral é promovida pela proteção das liberdades civis, sendo que um relativista poderia prescrever políticas *intolerantes* para escapar do caos dos poderes políticos em um mundo sem padrões morais objetivos, justamente como Hobbes favoreceu a monarquia para escapar do caos violento de conflito e competição amorais.

A NAÇÃO-ESTADO

É equitativo, provavelmente, dizer que a maioria dos defensores da democracia liberal, bem como a maioria de seus críticos, a pense principal ou quase exclusivamente como uma questão de governo nos Estados-nação modernos e como sendo requerida por um mercado capitalista desenvolvido. Que haja associação *histórica* entre a democracia liberal, o Estado-nação e o capitalismo não pode haver dúvida; em algumas metodologias político-teóricas esse fato ilustra a inevitável integração dessas três coisas. Esse é o ponto de vista, por exemplo, de Fukuyama, que incrusta sua concepção de arranjos políticos e econômicos em uma teoria evolutiva historicamente, de acordo com a qual o capitalismo e o governo liberal-democrático baseado no Estado representam o pináculo do desenvolvimento humano.

No que diz respeito ao capitalismo, não há escassez de teóricos pró-socialistas que, embora rejeitando a tese do fim da história, concordam com o ponto de vista de Fukuyama de que o capitalismo e a democracia liberal estão essencialmente conectados. Esse é claramente o caso para aqueles marxistas que olham os valores políticos e as instituições como nada além de reforço superestrutural das forças e relações econômicas (por exemplo, Hoffman, 1983; Wood, 1981). Um exemplo menos conhecido é a metodologia do participacionista Benjamin Barber para quem a política é uma forma de "epistemologia", de tal forma que configurações políticas diferentes constituem modos de o povo se conduzir e de pensar a si mesmo. Em seu ponto de vista, a democracia liberal e o capitalismo estão unidos em um tal conjunto epistemológico (Barber, 1984, p. 251-257). Contra seus pontos de vista estão aqueles dos socialistas liberais-democráticos, como Norberto Bobbio (1987), que defende o socialismo, em parte porque eles pensam que este realiza melhor os valores da democracia liberal que o capitalismo.

Mesmo aqueles que discordam de Bobbio sobre o socialismo ou o capitalismo poderem melhor servir às aspirações liberais-democráticas de garantir acesso a procedimentos democráticos, mas protegendo liberdades civis, devem aceitar que *em face disso* há uma diferença conceitual entre esses objetivos e os tipos de estruturas econômicas ou relações de classe que caracterizam o capitalismo e o socialismo. É imaginável que um partido político pró-socialista ou uma coalizão possam formar um governo e implementar políticas econômicas suficientemente fortes de modo igualitário, bem como restrições ao mercado que contam como não-capitalistas, ainda que mantenham o governo representativo e a proteção dos direitos civis. Ganhar o apoio eleitoral para programas contendo componentes liberais-democratas e socialistas foi o maior desafio dos "eurocomunistas", um termo enganoso aplicado também à asa democrática dos partidos comunistas no Japão e em outros países da América do Sul, bem como Leste Europeu, e com mais sucesso na Itália nos anos de 1980. Diferentemente de seus críticos da esquerda marxista ortodoxa, a maior parte dos críticos não-socialistas liberais-democratas, na época, acusaram os eurocomunistas não de confusão conceitual, mas de falta de sinceridade na sua adesão à democracia liberal. Naturalmente, a questão é mais complexa do que isso, e especialmente após o colapso do comunismo na Leste Europeu e na União Soviética, há muito mais a ser dito sobre as relações do capitalismo e do socialismo com a democracia liberal. Esse tópico será tratado na discussão anexa a este capítulo.

Interrogar completamente a relação entre democracia liberal e o Estado-nação seria também uma tarefa complexa, requerendo amplamente análises históricas para além do escopo deste livro. Contudo, pode ser de ajuda decompor alguns dos conceitos e controvérsias envolvidos nesse tópico. Debates sobre ele são obscurecidos por uma fusão muitas vezes encontrada nas noções de nação e de Estado. Pode ser que haja uma tendência para as nações se tornarem Estados, mas visto que nações são primariamente entidades sociais e culturais e Estados são entidades jurídicas e administrativas, os dois são diferentes, e Estados bi ou multinacionais, como Canadá, Bélgica ou Espanha, são viáveis, ainda que não sempre com tranquilidade (Taylor, 1993; Ware, 1996). Nessa contagem, Mill (1991a [1861], Cap. 16) difere de Lord John E. E. D. Acton (1955 [1862] sobre a democracia liberal funcionar melhor em uma nação única – que como pensou Mill, providencia o requisito do sentimento de companheirismo e cultura comum – ou em um Estado misto – em que, sob o ponto de vista de Acton, nenhuma nacionalidade dominante pode exercer uma tirania da maioria sobre minoria étnicas.

O requerimento da nação única de Mill tem, sem dúvida, implicações para o *escopo* de uma democracia liberal viável que poderá também ser estreitada de modo demasiadamente severo por isso; o ponto de vista de Acton está em harmonia com a posição de Madison, que vê o conflito como mais bem controlado quando as lutas envolvem agentes múltiplos, de tal forma que divisões populares ou maiorias monolíticas são evitadas. Mas em nenhum caso o debate entre eles versa sobre haver ou não uma conexão essencial entre a democracia liberal e a nacionalidade. Um argumento em dois passos na defesa de tal conexão pode ser construído por meio de fontes culturais putativamente necessárias do liberalismo, para então argumentar que tais culturas estão estabelecidas unicamente de forma nacional. Alguma coisa como a primeira parte desse argumento pode ser encontrada em Tocqueville, que cita a cultura igualitária e comum das reuniões das câmaras de vereadores das cidades americanas como um pré-requisito para a sua democracia; Symor Martin Lipset (1994), entre outros, notou o modo como o protestantismo emprestou a si mesmo ao liberalismo nas suas origens. Contudo, a segunda parte do argumento é difícil de fazer, visto que mesmo se a democracia liberal (ou mesmo de suas partes componentes) toma origem primeiro em nações com as culturas requeridas, ela se difunde para outras partes do mundo, incluindo sociedades mais divididas em classe do que no início dos EUA e para países católicos.

Um caso mais importante pode ser feito com referência ao Estado. Nesse ponto, Acton e Mill concordam um com o outro e com quase todos os teóricos liberais-democratas ao presumir que a democracia liberal tem a ver com as relações entre um Estado (isto é, instituições de direito e do caráter coativo da lei, bem como um executivo e legislativos formais e seus acompanhamentos burocráticos) e pessoas sujeitas a sua autoridade. No entanto, para ser propriamente democrático, essa relação entre Estado e cidadão tem de estar de acordo com procedimentos democráticos formais. Seria difícil encontrar teóricos liberais-democratas que discordassem da opinião de Brian Barry sobre certos distúrbios de trabalhadores no século XVIII na Inglaterra: "por mais eficazes que os desordeiros possam ser, isso não quer dizer que a sua habilidade de coagir o governo constituído seja um procedimento democrático" (1991a, p. 26).

O comentário do processualista Barry quer ilustrar questões a partir dos compromissos liberais-democratas para com o pluralismo e o papel do direito. Para manter a neutralidade sobre quais valores motivam os esforços das pessoas a modelarem a política pública, a única restrição sobre a qual um procedimento democrático pode consentir são os liberais, que são em si mesmos formais – por exemplo, proteger a liberdade de expressão não dita o que aqueles que desfrutam dessa liberdade podem escolher dizer. Como o procedimento democrático e as liberdades liberais são, dessa maneira, formais, eles necessitam ser encarnados em leis que são tipicamente registradas e impostas por Estados. É desse modo que, excluindo-se quaisquer conexões históricas que possa haver, a democracia liberal está teoricamente disposta a ser centrada nas relações das pessoas umas às outras em Estados. De igual modo, do lado democrático, uma ênfase na democracia representativa, na qual se supõe que os representantes sejam de alguma forma responsáveis em relação aos votantes individuais, supõe Estado (ou Estados) que impõe procedimentos eleitorais formais.

Defrontados com a indicação no Capítulo 1 de designar exemplos de situações mais ou menos democráticas, os democratas liberais poderiam ser tentados a classificar ações de massa desenfreadas, fora dos procedimentos formais, não muito longe do totalitarismo antidemocrático, como exemplos dos menos democráticos. Para identificar os exemplos mais democráticos, os democratas liberais prototípicos poderiam, da mesma forma, olhar para Estados com procedimentos formais para eleger representantes e com proteções constitucionais de direitos. Para saber *qual* Estado poderia ser selecionado, isso dependeria de qual combinação de aspectos da democracia liberal seria favorecida. Alguém que partilhasse do igualitarismo de Mill e do entusiasmo pela representação proporcional poderia nominar a Holanda, ao passo que outro mais libertário poderia favorecer os Estados Unidos da era Reagan ou a Inglaterra de Thatcher.

Certamente, há análogos de procedimentos representativo-democráticos e direitos civis defendidos pelo Estado de direito em grupos subestatais, como clubes ou associações de vizinhos; teóricos como Thomas Pogge (1989) e Charles Beitz (1979) assinalam de forma tenaz que princípios de justiça, tais quais aqueles que Rawls defende como essenciais para a democracia liberal, devem ser estendidos além do Estado. É digno de nota, porém, que a extensão que eles têm em mente ainda supõe Estados como as instituições primárias liberais-democráticas. Pogge e Beitz frisam que as interações *entre* os Estados devem ser governadas por princípios de justiça, e teóricos cosmopolitas como David Held (1991a), que defende uma mitigação da soberania do Estado, de tal forma a promover instituições liberais-democráticas em grupos subestatais, considera as estruturas resultantes, por exemplo a União Europeia, como se fossem entidades estatais em seu próprio direito.

Concernente às associações subestatais, deve-se notar que as interações menos formais de pessoas são as mais forçadas para se pensar relações democráticas entre elas como liberais-democráticas. Realmente, uma razão para distinguir entre o público e o privado na teoria liberal-democrática é dar espaço para domínios nos quais as pessoas podem escolher se comportar de maneiras não consoantes com as imposições liberais ou com os procedimentos democráticos apropriados para um Estado. Exemplos são os locais de trabalho, a família e as organizações religiosas. Esforços da parte dos democratas liberais para democratizar ou liberalizar esses locais de interações humanas desafiam a impermeabilidade dos limites entre os âmbitos público e privado, tornando-os sujeitos, em alguma medida, de controle governamental, assim, novamente, ligando a democracia liberal ao Estado. Em contraste, prescrições para a democratização interna de associações ou instituições informais são geralmente na direção da democracia participativa, mesmo quando propostas por democratas liberais como Mill ou Dahl.

RESUMO

Fazendo um breve resumo, quase todos os teóricos liberais-democratas podem concordar em sua defesa da democracia representativa, em que os representantes são escolhidos de acordo com procedimentos formais (em algum ponto envolvendo votação majoritária), combinados com a proteção estatal de liberdades políticas e civis e uma esfera privada livre de interferência estatal. Pluralismo e individualismo político providenciam pontos fundamentais de orientação para esses teóricos, bem como com respeito a valores importantes na cultura política popular para sustentar a democracia liberal. Nesse núcleo partilhado, teóricos liberais-democratas podem ser classificados de acordo com a situação em várias posições: desenvolvimentista/protecionista; contenção da democracia pelo liberalismo/apoio interativo do liberalismo e democracia; "autonomista"/"determinista"; (talvez) defesa da liberdade positiva/defesa da liberdade negativa; liberalismo político/liberalismo abrangente; fundacionalismo/antifundacionalismo. E eles diferem pela sua posição em alguns espectros nos quais se pode estar menos ou mais acomodado: participação política informal; flexibilidade na interpretação política de princípios básicos; direitos de grupo e grupos de formação de identidade; neutralidade do Estado com referência a conceitos como vida boa e boa sociedade; diversidade nacional; e políticas de igualdade econômica.

Um exercício desafiador seria tentar agrupar opiniões em posições polares e localizações em espectros de acordo com conjuntos coerentes e mutuamente exclusivos. Essa tarefa não seria diretamente possível, em parte porque posições e localizações estão correlacionadas apenas de modo próximo e se possível somente com compromissos filosóficos, e, em parte, desde que os pontos de vista explicitamente estabelecidos dos *teóricos* liberais-democratas não os conduzam a classificações falsas (por exemplo, Mill e Berlin compartilham pontos de vista similares sobre direitos liberais, mas diferem sobre desenvolvimentalismo e igualitarismo). Assim, tem-se que apelar a princípios contestáveis sobre o que deve ser posto junto nas *teorias* coerentes. Essa tarefa não será feita neste livro, que se volta, em vez disso, no Capítulo 4, para os recursos das teorias liberais-democráticas para tratar da democracia. Como se verá, a disponibilidade e o poder de tais recursos diferem dependendo de como a democracia liberal é concebida.

DISCUSSÃO: A DEMOCRACIA LIBERAL E O CAPITALISMO

Argumentos de que a democracia liberal seja essencialmente capitalista são dados por socialistas antiliberais-democratas e por antissocialistas democratas liberais. Como no caso de todas as disputas endereçadas neste livro, muito depende de como a matéria em questão for interpretada e avaliada. A posição seguida nessa discussão trata a relação da democracia liberal ao capitalismo juntamente com sua relação ao socialismo: se socialismo e capitalismo são pensados como sistemas econômicos alternativos e a democracia liberal pode ser compatibilizada com o socialismo, então ela não é essencialmente capitalista. Ronald Beiner resiste a uma tal posição sob o fundamento de que conceber o socialismo em termos econômicos "emaranha-o na linguagem dos direitos e autorizações", definidores em seu ponto de vista do liberalismo, sendo que assim deprecia o que ele toma como o potencial desejável do socialismo como uma "base para a solidariedade social" (1992, p. 144). Na versão de Beiner do republicanismo cívico, como em alguns pontos de vista participativo-democráticos (ver Barber, 1984, p. 253), capitalismo, socialismo concebido de forma puramente econômica e democracia liberal são compatíveis reciprocamente na medida em que todos contribuem para um individualismo criticável e para uma cultura política passiva.

Esse tópico será tratado à parte (até o fim da discussão) para revisar algumas questões envolvidas na averiguação da relação da democracia liberal ao capitalismo e ao socialismo, na qual os últimos são economicamente definidos. A justificação principal para isso é que a maioria que vê a democracia liberal como essencialmente capitalista tem uma concepção econômica em mente, como o têm aqueles que deles diferem. Ademais, eu concordo com aqueles que, reagindo contra a inclinação dos primeiros socialistas em erigir todos os seus objetivos valiosos na concepção do socialismo, pensam ser melhor conceber o socialismo modestamente como arranjos de precondições econômicas para coisas valoradas sob fundamentos socialistas independentes, morais ou políticos.

Uma sociedade capitalista toscamente definida em termos econômicos é uma em que predomina a economia de mercado competitiva, em que os indivíduos ou corporações de proprietários privados dos maiores meios de produção, distribuição e assim por diante são presumivelmente (ainda que, é claro, não completamente) livres de interferência estatal de dispor como quiserem de suas posses ou de ganhos derivados destas. Uma concepção de socialismo é, então, como uma alternativa ao capitalismo em que as presunções que guiam a política e a política econômica são a obtenção de igualdade social substancial e a promoção da cooperação. Socialistas na tradição corrente do marxismo querem reservar a nominação "democracia social" para um tal arranjo e frequentemente distinguem democracia social clássica, que eles veem como empregando uma retórica igualitária para cobrir políticas compatíveis com o capitalismo avançado, e "democracia social de esquerda" em que a pressuposição igualitária é sincera e as políticas realmente desafiam o capitalismo.

Entrementes, um número crescente de socialistas prefere se denominar democrata social para se distinguir do aspecto da tradição marxista na qual o "socialismo" designou a ditadura da parte do partido de vanguarda, que supostamente representa os verdadeiros interesses da classe trabalhadora, como uma preparação para a fase sem classes do comunismo. Debates sobre a adequação da concepção de "ditadura do proletariado" como um ideal político e sobre se leva primeiro e de forma inexorável ao stalinismo e, então, à morte de governos comunistas ocuparam gerações de teóricos socialistas (Cunningham, 1994, Cap. 4; 1995), mas é claro que o socialismo vanguardista teria pouco em comum com a ênfase liberal-democrática em governos representativos e formais, e nada poderia ter em relação ao comunismo sem Estado para o qual ele seria uma preparação, visto que o comunismo seria totalmente participativo. Se, porém, alguém tiver em mente o socialismo ou a democracia social (de esquerda) no sentido igualitário, a questão de os valores e as instituições políticas liberais-democráticas serem ou não compatíveis com ele – e não sendo, portanto, essencialmente capitalistas – não está absolutamente fechada, como referência para uma tentativa eleitoral de assegurar uma versão do socialismo albergando valores liberais-democráticos fundamentais (ver p. 42) que visa ilustrar isso.

Tendo em vista tornar realista um tal cenário, a mobilização de uma difundida oposição a uma economia capitalista teria de tomar lugar e debater sobre os sistemas econômicos devem ou não ser uma parte central das deliberações públicas e das políticas eleitorais, mas muitos teóricos socialistas pensam que a democracia liberal impeça tais coisas. Marx criticou o pensamento liberal por olhar as pessoas em um individualismo estreito, em termos jurídicos formais, e por colocar os conflitos de classe na sociedade civil fora da responsabilidade pública (Marx, 1975a; 1975b [1843]). Socialistas dentro e fora das tradições marxistas criticam a democracia liberal por conceder somente direitos formais à maioria das pessoas, em particular aos assalariados e aos desempregados e por permitir àqueles com dinheiro e outras formas de poder econômico manipular a política eleitoral.

Se essas críticas são decisivas depende de como a democracia liberal for olhada. Para antecipar temas desenvolvidos no Capítulo 4, pode-se imaginar um espectro se alongando de uma "estrita" concepção de democracia liberal (formalmente processual, orientada de forma exclusiva para direitos individuais, estabelecendo limites estreitos ao reino público) a uma "ampla" (garantindo uma provisão política de recursos para efetivamente exercer direitos, admitindo direitos de grupo, sancionando um ponto de vista amplo e flexível do reino público). Visto que a concepção de democracia ampla é mais condutiva a organizações políticas radicais do que a variedade estrita, a questão da compatibilidade se transforma, em parte, em saber se essa é uma forma genuína de democracia liberal. Essa questão será tratada no Capítulo 4, quando serão inspecionadas as respostas dos teóricos liberais-democratas à acusação de que a democracia liberal mascara a variedade de estruturas sociais opressivas.

David Beetham (1999, Cap. 2; e 1993) nota que para ser consistente, o socialismo liberal-democrático deveria ser atingido por eleições democráticas, mas levanta uma dúvida partilhada por muitos: os capitalistas permitiriam isso acontecer? Há alguma coisa favorável a esse ponto de vista, ilustrado dramaticamente em 1973, quando um governo socialista eleito no Chile liberal-democrático foi militarmente derrubado, com o suporte bem documentado de grandes empresas capitalistas e por agências do governo americano. Menos dramaticamente, os anos recentes viram vários exemplos de governos social-democratas renegando promessas eleitorais igualitárias, muitas vezes em face de ameaças de fuga de capitais ou punição monetária internacional. Esses esforços envolverem elementos decididamente não-liberais e antidemocráticos não ameaça a tese da conexão essencial entre a democracia liberal e o capitalismo porque, como observa Beetham, a pretensão é somente de que o capitalismo seja necessário para a democracia liberal, não de que a garanta, contudo, isso de forma que sociedades capitalistas não-liberais e antidemocráticas sejam também possíveis (os governos fascistas da Itália, da Alemanha, da Espanha e de Portugal são exemplos, como foi um grande número de ditaduras militares em outras partes do mundo). É uma força para o caso em que a democracia liberal tenha de ser capitalista que o capitalismo e, talvez, alguma forma "estrita" de democracia liberal *possam* coexistir e que essa seja a única opção para democratas liberais, visto que eles não podem tolerar o socialismo ditatorial e o capitalismo não irá permitir o socialismo democrático.

Esse argumento de que a democracia liberal só é compatível com o capitalismo é apoiado por uma crítica padrão de que mesmo que os socialistas fossem motivados por valores pró-democráticos e liberais, uma economia socialista teria embutida em si uma dinâmica inevitavelmente antiliberal. Uma tal crítica visa mostrar que medidas estatais para coagir à igualdade constituem o primeiro passo em um inexorável "caminho para a servidão", como Fredrick Hayek afirmou no seu livro com esse título (1944). Igualitarismo e políticas de restrição ao mercado, para além do que pode ser tolerado no capitalismo, por uma economia de lucro, são essenciais para o socialismo realizar seus fins, mas requerem planejamento centralizado e coordenação em uma escala que vão concentrar excessivamente o poder nas mãos de políticos e burocratas no topo das instituições do Estado e que obrigarão os indivíduos a acomodar suas preferências às exigências dos planos e do processo político de planejamento. Essa acusação tem claramente alguma força, mas como uma pretensão empírica ela requer argumentação suplementar para provar que planejamento econômico conduz *sempre* a tais consequências. Armazenar evidências indutivas é uma opção para isso; contudo, ao acessar tal evidência de fato deveria ser levado em consideração que nenhum esforço de buscar o planejamento econômico em larga escala usufruiu a oportunidade de tentar isso livre dos persistentes e poderosos esforços (frequentemente envolvendo meios absolutamente não-liberais e antidemocráticos) do capitalismo de evitar o sucesso.

Central para as teses da associação histórica entre democracia liberal e capitalismo é que a democracia liberal sustenta a justificação política e a proteção para os mercados capitalistas contra o feudalismo residual e contra as ameaças da classe trabalhadora (Macpherson, 1977, Cap. 2). Sem dúvida, tal associação histórica mostra que a democracia liberal ao menos *permite* liberdade ampla de mercado. Porém, a pretensão adicional de que os mercados devem ser mais extensos e não-limitados por regras do que qualquer variedade de socialismo pode sancionar é defendida de diferentes modos. Uma defesa apela, mais uma vez, aos perigos burocráticos da planificação. De acordo com Milton Friedman, há "somente dois modos de coordenar as atividades econômicas de milhões... a direção centralizada envolvendo o uso da coerção – a técnica do quartel e do moderno Estado totalitário [ou] a cooperação voluntária dos indivíduos – e a técnica do mercado" (1962, p. 130). Friedman não pode querer dizer que tais modos sejam mutuamente excludentes de forma consistente com sua aceitação (p. 10) de que o capitalismo é somente necessário e não uma condição suficiente para a liberdade política ou, de fato, com sua própria prática como economista profissional, qualidade na qual ele agiu como um conselheiro para a ditadura militar no Chile (Peter Dworkin, 1981).

Uma reação frequentemente expressada contra o argumento de Friedman é a observação (ainda que não exatamente no alvo concernente ao debate da compatibilidade) de que os mercados podem também suprimir as liberdades essenciais para a maioria ou ao menos para muitos democratas liberais. Uma resposta melhor para os objetivos presentes é que os governos liberais-democratas frequentemente sancionam restrições aos mercados, algumas vezes no interesse do bem público, algumas vezes para atender à coordenação de atividades capitalistas impedidas por competição não-regulamentada, e algumas vezes permitindo que monopólios suprimam mercados livres. Uma outra reação apropriada é que há espaço, na verdade um grande espaço, de acordo com os advogados do socialismo autoadministrado dos trabalhadores, para mercados em uma economia socialista. Livros de Howard (2000), Schweickart (1996), Ollman (1998) e Bardhan e Roemer (1993) podem servir como uma introdução a uma vasta literatura.

Algumas das disputas sobre essas questões concernem à caracterização dos mercados. Por exemplo, John Roemer distingue uma concepção neoclássica de mercado como uma estrutura em que "empreendedores capitalizam seus talentos" de uma concepção em que os mercados são redes complexas nas quais "lucros são distribuídos a muitos proprietários", argumentando que na última concepção não há razão em princípio por que gerentes de firmas não possam distribuir lucros a proprietários difusos publicamente (Roemer, 1994, p. 5-6). A maior parte dos debates, como aquele sobre a burocratização em geral e sobre impedimentos de realizar o socialismo por meios liberais-democratas, são primariamente empíricos. Contudo, há alguns argumentos mais teóricos e filosóficos para fundamentar a conclusão de que a liberdade de mercado em excesso a mais do que o socialismo pode permitir, é essencial à democracia liberal ou ao menos compatível com ela.

Um argumento a partir da *natureza humana* é que o socialismo requer mais no sentido de um comportamento cooperativo do que pode ser esperado de seres humanos, que são geneticamente autointeressados ou mesmo atraídos pela competição, ao passo que um mercado capitalista depende desses traços e a democracia liberal pode acomodar conflitos. Um argumento a partir da *moralidade* reverte a pretensão do antigo teórico cooperativista Pierre-Joseph Proudhon, de que a "propriedade é roubo" (1994 [1863-1864]), para manter que a infração socialista da propriedade privada constitui interferência ilegítima na habilidade das pessoas de dispor do que pertence a elas. O socialismo, como Posto por Nozick, "teria que proibir atos capitalistas entre adultos que podem consentir" (1974, p. 163). Em apoio à sua conclusão de que isso é moralmente insuportável, Nozick e outros teóricos libertários apelam ao princípio lockeano da *propriedade do eu* para gerar um terceiro argumento. Sob esse ponto de vista, as pessoas são as proprietárias privadas de suas próprias capacidades e talentos, e, portanto, têm o direito de dispor desses talentos e dos frutos de seu exercício como quiserem, incluindo o aluguel de seu poder de trabalho por salário (Nozick, 1974, p. 172, 262). Os capitalistas adquirem, assim, o direito de usar desses poderes para servir a seus próprios fins.

Revisar as muitas controvérsias sobre a natureza humana, a extensão dos direitos de propriedade ou se as pessoas são proprietárias de si mesmas, ou tentar julgar entre eles, poderia ser uma tarefa muito ampla. Antes de embarcar nisso, esta seção vai concluir delineando as grandes posições alternativas nesses tópicos, na medida em que eles se relacionam à questão da compatibilidade da democracia liberal e do socialismo e, então, àquele de saber se é essencialmente capitalista. Casos contra ou a favor da compatibilidade não podem ser dados simplesmente pelo endosso de uma ou outra das posições opostas referentes à natureza humana, aos direitos de propriedade ou à propriedade de si mesmo, porque qualquer uma de tais conclusões tem de ser acompanhada pela defesa de um ponto de vista similarmente contestado sobre o que constitui a democracia liberal e/ou o socialismo.

Assim, da estranheza de um pró-socialista argumentar por direitos de propriedade irrestritos à maneira de Nozick, não se segue disso que a sua posição suporte a democracia liberal. O próprio Nozick olha sua posição como liberal, mas não democrática (p. 268-271) e muitos, senão a maioria, dos liberais democratas recuam das consequências de uma posição que não deixa espaço para provisões estatais sobre qualquer bem público, salvo aquele da imposição dos contratos. Talvez, como muitos no direito liberal mantêm, o democrata liberal consistente *deve* ser um Estado mínimo libertário, mas a não ser que uma tal posição extrema seja estabelecida, em vez de provar a incompatibilidade entre democracia liberal e socialismo, o argumento moral para os direitos de propriedade ilimitados põe-nos no mesmo barco.

Como no caso dos direitos ilimitados de propriedade, nem todos os que advogam a democracia liberal sustentam que as pessoas sejam essencialmente egoístas ou competitivas ou que elas sejam as proprietárias exclusivas de suas capacidades. Mill é um exemplo referente à natureza humana, que ele viu como compreendendo uma mistura de motivações por si e pelos outros (1969 [1874, póstuma], p. 394-395). Rawls e Dworkin sustentam que os talentos naturais das pessoas são arbitrariamente distribuídos (o produto de "loteria natural"), de tal forma que não é injusto para políticas distributivas compensar deficiências naturais de talentos (Rawls, 1971, p. 72-74, 103-104; Dworkin, 1981, p. 311-312). Isso está fora da harmonia com a tese da propriedade de si mesmo ou ao menos com qualquer versão desta forte o suficiente para sustentar a posição incompatibilista agora tratada.

Debates sobre essa posição são adicionalmente complicados pelo fato de que alguns socialistas, como Roemer (1988, p. 168), compartilham com alguns democratas liberais igualitários (Kymlicka, 1990, p. 120-122) o ponto de vista de que a propriedade de si mesmo não tem as consequências de apoio ao capitalismo da concepção lockeana de Nozick. O filósofo socialista G. A. Cohen (1995, Cap. 5) alega que mesmo Marx tenha assumido essa posição. Contudo, também argumenta que Marx estava enganado e que a justificação da distribuição socialista, igualitária, requer abandonar a pretensão da propriedade de si mesmo. Pela mesma razão, ele acredita que Rawls e Dworkin devam ser classificados como social-democratas, e não como liberais democratas.

Aqueles que pensam que bons argumentos devem ser encontrados em ambos os lados da compatibilidade da controvérsia do socialismo e da democracia liberal (e, portanto, daquela sobre a democracia liberal ser ou não essencialmente capitalista) podem ser atraídos à posição de Macpherson, que provavelmente mais sistematicamente do que qualquer outro crítico do capitalismo direcionou-se ao tratamento da relação entre isso e a democracia liberal. Em seu ponto de vista, a democracia liberal tem, a partir dos séculos XVIII e XIX, corporificado uma união complexa e não usual de duas concepções de liberdade, como a "liberdade do mais forte de operar sobre o mais fraco seguindo as leis de mercado" e como a "liberdade efetiva de todos usarem e desenvolverem suas capacidades" (1977, p. 1), ou a liberdade positiva (ver p. 36-39). Essa união não é fácil porque as duas concepções são incompatíveis na prática, como pode ser visto quando o liberalismo é casado com a democracia e produz as orientações alternativas, protetivas e desenvolvimentistas.

Modelos de democracia que incorporam o sentido de liberdade favorável ao mercado se adaptam ao capitalismo muito melhor do que modelos que incorporam o senso desenvolvimentista. O socialismo na análise de Macpherson é incompatível com a democracia liberal no sentido protetivo, mas não com a democracia desenvolvimentista, desde que esta seja interpretada ao longo da linha de sua versão da liberdade positiva. A posição de Macpherson, dessa forma, sugere ainda outra orientação em direção ao capitalismo e à democracia liberal, a saber, que esta é *ambos*, essencialmente ligada ao capitalismo *e* não restrita a ele, dependendo de que aspectos do liberalismo ou de seu casamento com a democracia estejam em questão. Essa orientação supõe que a democracia desenvolvimentista sobre alguma coisa como a interpretação de Macpherson é de fato compatível com a democracia liberal. Minha própria posição é que isso, por sua vez, depende de a liberdade positiva poder ou não ser interpretada de forma flexível o suficiente para ser compatível com o pluralismo.

Se (como agora eu penso – Cunningham, 2001) isso for possível, então bem poderia haver afinidades suficientes entre um ideal de socialismo democrático e os valores e opções políticas da democracia liberal "ampla", de tal forma que a noção de socialismo liberal-democrático seja *coerente*. Se, em acréscimo, ele é *desejável* do ponto de vista de teóricos de outra forma simpáticos ao socialismo e à democracia, como Beiner ou Barber, dependerá de uma interpretação desenvolvimentista do socialismo liberal-democrático providenciar ou não uma base para a solidariedade social ou participação dos cidadãos. As últimas discussões do republicanismo cívico (no Capítulo 4) e da democracia participativa (Capítulo 7) podem ajudar a focar o pensamento para aqueles que quiserem investigar esse tópico.

4
A DEMOCRACIA LIBERAL E OS SEUS PROBLEMAS

Este capítulo tratará de dispositivos teóricos (ou falta deles) no pensamento liberal-democrático para confrontar os problemas descritos no Capítulo 2. Não se tentará avaliar o sucesso ou a falha de sociedades consideradas liberais-democráticas na prática real. Isso não é o resultado de uma tendência antiempírica – ao contrário, os leitores estão instados a comparar teoria e prática onde quer que o tratamento examinado tenha aplicações putativas –, mas porque esse exercício é tomado exatamente como um modo para explicar teorias democráticas. Além disso, quando uma política ou instituição democrático-liberal falha na prática com respeito a algum problema, a questão é deixada aberta como se isso fosse por causa de deficiências na sua teoria-guia ou porque a política ou instituição não está à sua altura.

MASSIFICAÇÃO DA CULTURA

Considerações sobre a massificação do problema cultural levantado por Tocqueville e outros que perturbam a democracia ilustram uma área sobre a qual a teoria democrático-liberal é largamente, mas não de forma completa, muda. O financiamento público para as artes na América do Norte é baixo em relação a vários países da Europa. Na perspectiva de Tocqueville, isso pode ser interpretado como significando que à maioria com seus gostos corrompidos é mais efetivamente negado controle sobre a política governamental com referência às artes na Europa do que na América do Norte ou, alternativamente, tal corrupção do gosto inclui indiferença a que haja qualquer financiamento da arte como tal. Contudo, seria mais difícil traçar tal efeito putativo para a prática de acordo com a teoria democrático-liberal.

Pode ser que a atitude elitista de Tocqueville em relação aos gostos populares seja errada. Uma alternativa seria a populista, de acordo com a qual a alta cultura cresce fora da política e é sustentada por uma cultura de nível popular. Outra possibilidade é não haver correlação natural entre classe e cultura; o porquê e de que maneira as pessoas são cultas depende de fatores como tradições herdadas historicamente, do conteúdo da educação e do acesso a ela e dos meios de entretenimento. Sobre essas alternativas pode-se argumentar que, sob a capa das proteções liberais, indústrias de entretenimento endinheiradas têm sido capazes de impedir uma cultura popular vibrante ou moldar a cultura popular em uma direção corrompida. Ainda que considerações puramente teóricas não possam resolver tais questões, algumas teorias, por exemplo, sobre a natureza humana ou sobre a economia política das indústrias culturais vão ao menos apontar em direção a uma hipótese favorecida. A teoria democrático-liberal por si mesma, contudo, não faz isso.

A TIRANIA DA MAIORIA

Uma dimensão do interesse de Tocqueville pela cultura é tratada pela teoria democrático-liberal. É a sua preocupação de que, em uma democracia, pessoas com propensões, para não mencionar crenças políticas, fora do acordo com a maioria serão marginalizadas ou, de outro modo, maltratadas pela maioria com pontos de vista políticos alternativos e gostos culturais, de acordo com ela, corrompidos. As repressões liberais não podem garantir que tais indivíduos escaparão do ostracismo informal, mas na teoria podem ao menos inibir discriminações abertas. Esse é o *ponto forte* da teoria democrático-liberal com respeito aos problemas frequentemente ditos perturbadores da democracia, nomeadamente a proteção aos direitos das minorias defendidos por Mill e todos os seus sucessores contra o que eles temiam como tirania da maioria. Realmente, o comentador sobre a democracia americana Louis Hartz pensou que seu país levaria tal proteção a extremos desnecessários. Escrevendo em 1950 ele lamentava que "o que deve ser considerado uma das maiorias mais domesticadas, moderadas e prosaicas na história moderna tenha sido limitada por um conjunto de restrições que revela terror fanático" (Hartz, 1955, p. 129). A observação de Hartz, se exagerada ou não, ilumina a centralidade do problema da tirania da maioria para a teoria democrático-liberal, à qual certamente não faltam recursos para sua confrontação.

Embora haja desacordos entre os teóricos democráticos sobre quão severo o problema da tirania seja, nada justifica a exclusão permanente de pessoas como resultado simplesmente de estar na minoria. Porém, alguns veem como inadequado o modo como a teoria e a prática democrático-liberal protegem os direitos das minorias. Os dois elementos-chave dessa proteção e do compromisso relacionado ao pluralismo são dar espaço aos direitos individuais e assegurar a neutralidade do Estado com respeito a visões alternativas da vida boa e da boa sociedade. Teóricos que se posicionam na tradição do republicanismo cívico consideram essas chavetas da democracia liberal destrutivas de uma moralidade pública compartilhada com referência à qual as pessoas veem a si mesmas como membros de uma comunidade cívica.

O DESAFIO DO REPUBLICANISMO CÍVICO

De acordo com Michael Sandel, um dos principais proponentes do republicanismo cívico, um resultado da cultura política e da prática da neutralidade e do individualismo liberais é que o senso da própria comunidade é ameaçado, "desde a família até a vizinhança e a nação, o tecido moral da comunidade é desfeito ao redor de nós" (1996, p. 3). Uma outra consequência é que, quando questões sobre o que é moralmente bom ficam inteiramente relegadas ao domínio privado, as pessoas perdem a habilidade de coletivamente se governarem, o que para Sandel requer "deliberar com cocidadãos sobre o bem comum, ajudando a delinear o destino da comunidade política" (ibid., p. 5).

O republicanismo cívico, especialmente para a dimensão liberal, é um desafio da democracia liberal, ainda que para alguns que o advogam também critiquem a democracia por razões similares às de Tocqueville, de que isso contraria o que eles consideram como seu aspecto nivelador indesejável. Assim, uma das precursoras da teoria corrente do republicanismo cívico, Hannah Arendt, criticou as instituições liberais-democráticas por impedir a formação de uma "elite aristocrática" (1977 [1963], p. 275-276; ver a defesa de Jeffrey Isaac de suas credenciais democráticas, 1998, Cap. 5). O republicanismo cívico que se apresenta como completamente democrático não articula uma única teoria democrática, mas endossa, de forma típica, alguma versão de democracia participativa ou, mais recentemente, deliberativa (por exemplo, David Miller, 2000).

Crítica da autonomia

Na crítica de Sandel ao que ele chama de "processualismo liberal", o autor tem em mira o princípio de Rawls segundo o qual, em conflitos entre a busca de bens baseados em uma concepção do que é bom em uma teoria moral, abrangente, e a proteção de direitos individuais, a última deve prevalecer. O ponto de Sandel não é endossar a posição contrária, mas contestar o que ele vê como dois princípios relacionados e deficientes que fundamentam tal prioridade. Um deles é o ponto de vista normativo de que a coisa mais importante sobre os indivíduos a proteger e promover é a sua autonomia, ou a habilidade de avaliar planos de vida alternativos e outros fins importantes como este, bem como de decidir por si mesmo o que buscar.

Como observado no Capítulo 3, teóricos liberais-democratas que tratam da autonomia diferenciam-na da simples habilidade de agir tendo em vista as próprias preferências. Contudo, para Sandel, esses pontos de vista são deficientes em comparação com o que ele vê como a mais importante concepção de liberdade: "a capacidade de participar de um autogoverno" (1996, p. 302 e passim). Jeremy Waldron observa que essa distinção tem em vista aquela feita por Benjamin Constant, descrita no Capítulo 3, entre "a liberdade dos modernos", que é focada na liberdade de não-interferência, e a "a liberdade dos antigos", que envolve participação direta e coletiva em um autogoverno (Waldron, 1998; Constant, 1988 [1819]), e observa que, para Constant, a liberdade dos antigos é impossível em sociedades de larga escala. Sandel sustenta que isso pode ser assim quando "sociedades" de uma escala transnacional estão em questão, mas que poderia ser possível recobrá-la em unidades sociais pequenas, desde que fossem tais que as forças políticas e econômicas nelas pudessem ser levadas a controle público (1998, p. 326; 1996, p. 334-339).

O eu desenraizado e o comunitarismo

É também essencial para o autogoverno, entretanto, que as pessoas queiram buscá-lo e sejam possuidoras das virtudes cívicas necessárias, incluindo de maneira importante o que John Adams descreveu como "uma paixão positiva para o bem público" (apud Sandel, 1996, p. 126). Para ver como tais virtudes podem ser nutridas, Sandel acredita que uma segunda base protetora do processualismo liberal precisa ser abandonada: sua concepção do indivíduo como um "eu desenraizado" (1996, p. 12; veja também 1982, Cap. 1). Nessa conexão ele pensa que a noção do indivíduo como nada mais do que um centro de uma autonomia é um mito. Sandel concorda com seu companheiro de defesa do "comunitarismo", Alasdair MacIntyre, que ninguém é simplesmente um indivíduo puro, mas que "nós todos tratamos de nossas circunstâncias como portadores de uma identidade social particular", por exemplo, como a filha ou filho de alguém, como cidadão de algum país, como membro de alguma profissão, e assim por diante (MacIntyre, 1981, p. 204-205). É na comunidade feita de tais relações que as pessoas se autodefinem e na qual os valores e as lealdades são formados. As virtudes cívicas têm de remeter às mesmas fontes e em particular às identificações e lealdades criadoras de participação em várias arenas do autogoverno.

O liberalismo processual para Sandel pressupõe que "identidades universais têm de ter precedência sobre as particulares", uma versão extrema do que ele encontra expresso no ponto de vista de Montesquieu de que o homem virtuoso poderia "vir em ajuda do mais distante estrangeiro tão rapidamente quanto viria para seu próprio amigo" e que se "os homens fossem perfeitamente virtuosos, eles não teriam amigos" (apud Sandel, 1996, p. 342). Sob o ponto de vista de Sandel, tal posição não somente é não-realista, mas ainda perniciosa. Um mundo sem amigos poderia ser "difícil de reconhecer como mundo humano" e negaria às pessoas um dos locais característicos onde "nós aprendemos a amar a humanidade" (p. 342-343).

A exposição mais conhecida de Sandel do republicanismo cívico está em um livro intitulado *Democracy's Discontent* (1996), no qual ele explica a teoria no curso da descrição de como, em seu ponto de vista, os Estados Unidos perderam amplamente um *éthos* civicamente virtuoso e carecem de laços entre os cidadãos forjados por lealdades a concepções comuns dos bens públicos. Esse livro induziu, algumas vezes, reações fortes dos principais teóricos políticos norte-americanos, muitos dos quais foram proveitosamente reunidos com uma resposta de Sandel (Allen e Regan, 1998). Uma crítica é que seu comunitarismo compromete-o a sancionar exclusões baseadas em coisas tais como tradições familiares patriarcais (Shanley, 1998). A resposta de Sandel é sustentar que a reforma de valores excludentes no âmbito familiar somente pode ser conseguida pelo engajamento em discursos públicos sobre a vida boa em confronto com quais aspectos desejáveis e indesejáveis da vida familiar possam ser identificados, e isso, diferentemente do republicanismo cívico, o processualismo liberal não permite para tal engajamento no domínio público (1998, p. 333).

Ronald Beiner concorda que o centro do ideal republicano seja que cidadãos sintam a si mesmos como habitando "um mundo compartilhado de interesses políticos que os afetam em comum" e que esses interesses devem ser tratados em uma "comunidade discursiva" (1992, p. 33-35), mas ele gostaria de distinguir isso do comunitarismo. Em seu ponto de vista, a fundamentação comunitarista dos valores em tradições existentes e a relutância do liberalismo pluralista em defender visões morais negam padrões independentes, externos, pelos quais "a vida boa para indivíduos e comunidades" pode ser especificada (ibid.; veja-se seu convite para desenvolver uma concepção republicana de cidadania que não seja individualista ou comunitarista, 1995b, p. 12-16).

Em acréscimo às críticas de Kymlicka referidas no Capítulo 3 de que o comunitarismo levanta uma falsa questão em sua pretensão de que a teoria liberal-democrática ignora ou nega a determinação social das identidades e valores das pessoas, ele também desafia o modo como Sandel reconstrói a prioridade rawlsiana do justo sobre o bem. Kymlicka reitera o princípio democrático-liberal de que o Estado "deve proteger a capacidade dos indivíduos de julgarem por si mesmos o valor de concepções diferentes da vida boa", justificando políticas públicas por referência a esse princípio por sobre algum "*ranking* do valor intrínseco de concepções particulares do bem" (1998, p. 133). Mas, contrariamente a Sandel, ele sustenta que isso não significa que os liberais sejam incapazes de promover alguns bens e de ajudar a desenvolver algumas virtudes, nomeadamente aqueles bens e virtudes requeridos para sustentar a habilidade das pessoas de agirem de modo autônomo. Ele, assim, defende uma distinção feita por Rawls entre "republicanismo clássico" e "humanismo cívico"; no primeiro, de acordo com Rawls, a promoção das virtudes é essencial para manter a sociedade liberal, ao passo que, no segundo, há a prescrição de políticas à base de alguma visão do bem independente da autonomia (ibid., p. 136-138; Rawls, 1996, p. 205-206).

O republicanismo cívico de Aristóteles e Cícero

De acordo com alguns, esse uso do "republicanismo cívico" por Rawls é justificado. Sandel, no entanto, olha principalmente para Aristóteles e Tocqueville na explicação de seu ponto de vista, outros olham para Cícero e Maquiavel. Philip Pettit é um de tais teóricos que, ainda que concorde no mais importante com a crítica de Sandel à cultura política contemporânea nos Estados Unidos, considera que sua identificação da liberdade com autogoverno não é somente sutil, mas não-funcional em uma sociedade grande e complexa e também insuficientemente atenta ao problema da tirania da maioria (Pettit, 1998, p. 45-47). Em vez disso, Pettit recomenda pensar a liberdade de um modo "ciceroniano" como "a ausência de dominação ou superioridade por qualquer outro" (ibid., p. 49; e ver 1997, Cap. 2). Essa concepção é mais fraca do que a participação no autogoverno, mas é mais forte do que a concepção liberal da liberdade simplesmente como não-interferência, já que tornaria não-livre alguém que aquiescesse em ser dominado. (Se é mais forte do que a liberdade como autonomia depende de a pessoa poder ser considerada autônoma, tendo analisado várias opções de vida, para escolher uma vida de subordinação, por exemplo, a uma ordem religiosa ou ao exército.)

Quentin Skinner se volta para Maquiavel para defender uma versão similar de republicanismo cívico. O projeto não aceito de Maquiavel, na leitura de Skinner, foi encontrar um modo de proteger um corpo político (ou "Estado"), o que significa a habilidade de seus cidadãos de buscarem seus bens comuns, especialmente de evitar a dominação. Em adição a ameaças a essa liberdade pelos Estados externos, ele é ameaçado de dentro por pessoas ambiciosas e poderosas. Para um Estado ser suficientemente forte para repelir ataques externos e ser vigilante para impedir o egoísmo ambicioso interno, sua população tem de ser "imbuída de um poderoso senso de virtude cívica de tal forma que não possam ser corrompidos ou coagidos" a que o bem comum do Estado seja arruinado (Skinner, 1992, p. 219; e ver 1985). Skinner concorda com Maquiavel em que aquilo que as pessoas mais querem e o que a teoria política deve ajudar a assegurar é "ser deixado sozinho para viver como indivíduos livres, que buscam seus próprios fins tanto quanto possível sem insegurança ou interferência"; porém, para fazer isso, eles têm de, paradoxalmente, pôr a virtude ou o serviço cívico no interesse do bem comum acima de seu desejo de "desfrutar ao máximo de sua própria liberdade individual" (p. 200-201). Pettit desenha uma conclusão complementar concernente à neutralidade do Estado quando ele recomenda substituir a noção liberal de "neutralidade de não valor" por "neutralidade de valor partilhado" em que o que é partilhado é o desejo de todos de evitar a dominação, o que requer ação coletiva inspirada por virtudes cívicas (1998, p. 55).

Sandel reconhece essa versão de republicanismo cívico que ele chama de "instrumental" (também "modesto" e "fraco") porque as virtudes cívicas são consideradas meios para proteger a liberdade individual como oposta à versão que ele concebe a partir da herança aristotélica, em que o engajamento na atividade política é visto como uma parte "intrínseca" da liberdade (1996, p. 26). Ele rejeita, portanto, uma tentativa de Pettit de reinterpretar a versão aristotélica em termos maquiavelianos ou ciceronianos sob o fundamento de que, a menos que os cidadãos "tenham motivo para acreditar que partilhar do governo seja intrinsecamente importante", eles não estarão propensos 'a sacrificar interesses individuais para o bem comum" (1998, p. 325).

Testando o republicanismo cívico

Retornando à pretensão de Kymlicka de que o processualismo liberal pode também prescrever bens cívicos desde que eles sirvam à autonomia individual, deve ter ficado claro por que Sandel deseja evitar a interpretação do republicanismo cívico de Pettit e Skinner, já que é suscetível a ser misturado ao liberalismo do modo que Kymlicka sugere. Ele reconhece haver uma diferença teórica entre a espécie de liberalismo que defende e o ponto de vista de Sandel, mas sustenta um argumento de que, no nível da prática política real, os dois estão aliados com prescrições políticas virtualmente indistinguíveis (1998), ou ao menos que podem ser indistinguíveis nesse aspecto, dependendo de quais políticas específicas endossar, sendo de fato indistinguíveis no caso de seu próprio "igualitarismo liberal esquerdista" (p. 129) e das opiniões políticas comparavelmente igualitárias de Sandel.

Para fazer com que esse ponto seja claramente compreendido, Kymlicka desafia Sandel a identificar um único exemplo no qual seu ponto de vista cívico-republicano "endosse a promoção de virtudes especiais ou identidades mesmo quando em conflito com a justiça igualitária liberal" (p. 140). Sandel responde pela afirmação de que o republicanismo cívico deve "desencorajar práticas que glorifiquem o consumismo", sob o fundamento de que "promovem hábitos privados, materialistas, debilitam a virtude cívica e induzem à negligência egoísta para com o bem público" (1998, p. 329). Esse exemplo é de uma visão de vida – comprar até cansar –, o que para o liberalismo processual tem de ser permitido no menu de opções que os indivíduos podem livremente escolher, mas que o republicanismo cívico está justificado em tentar remover do menu. Essa permuta sugere dois modos de testar a compatibilidade da democracia liberal com o republicanismo cívico e seus méritos relativos.

Considerando que o republicanismo cívico requeira a remoção do consumismo das opões de um indivíduo, ao passo que a democracia liberal aprova deixá-lo no menu, o primeiro teste apela para a intuição do indivíduo. Alguém que considera não haver nada de errado com o consumismo, mesmo se ele alimenta o materialismo, o egoísmo e assim por diante (talvez descrito de modo mais neutro), ou alguém para quem isso não é apelativo, mas que intuitivamente considera que negar às pessoas essa opção por meio de uma política estatal ou mesmo por meio de pressões informais planejadas menos apelativas, terão algum tipo de razão para preferir a democracia liberal ao republicanismo cívico. Outro teste mais teórico é assumir uma posição liberal democrata que concorde que o consumismo com os efeitos que Sandel descreve é totalmente enfraquecedor da autonomia individual que merece campanhas, por exemplo, na educação pública, para removê-lo como uma opção que as pessoas provavelmente nutririam. Isso seria uma instância do que Kymlicka chama de promover "um papel vital e indispensável", mas secundário para um hábito de virtude cívica (1998, p. 135) e, nessa questão, por fim, levaria o republicanismo cívico e as prescrições liberais-democratas a se juntarem. O teste é perguntar se a cultura do virtuoso não-consumista poderia ser conseguida se o sucesso nessa tarefa fosse visto como tendo um papel instrumental e não um valor capital em si mesmo.

Um terceiro modo de manifestar a diferença entre essas duas perspectivas não depende do consumismo ou de qualquer outro exemplo, visto ser fácil estabelecê-lo em termos teóricos gerais. A distinção é sugerida por uma pretensão de Beiner de que, longe de abjurar visões do bem, o liberalismo exemplifica tal visão, de "que a escolha em si mesma é o bem maior" (1992, p. 25). Talvez com um trabalho filosófico de base tão fantasiosa possa ser defendido com sucesso que esse não é um princípio moral geral putativo, mas sim que ele se parece como tal. Assim, a questão a perguntar é se os liberais processuais estão realmente comprometidos com ele. Uma alternativa liberal possível seria o princípio de que todas as pessoas igualmente merecem respeito, mas até que este respeito seja exibido tanto quanto é possível proteger a habilidade de todos escolherem, o princípio não poderia obviamente sustentar aspectos liberais fundamentais sobre a prioridade do justo e a neutralidade do Estado. Em qualquer caso, se Beiner estiver correto sobre esse "bem maior" liberal, é desenhada uma linha clara de diferença entre o liberal processual e o republicanismo cívico, ainda que tentar encontrar como a questão possa ser decidida (ou, de fato, se pode ser decidida) conduza à água turva da ética filosófica.

GOVERNO INEFICAZ

Um "problema da democracia" totalmente diferente é o desafio puramente instrumental que produz o governo ineficaz. As várias dimensões desse encargo podem ser aproximadamente divididas em quatro componentes. As duas maiores preocupações de Tocqueville eram de que os líderes políticos em uma democracia seriam incompetentes (ou agiriam como se fossem apelar a uma massa de eleitores) e que, por causa de mudanças dos líderes e políticas, planos de longo alcance não poderiam ser buscados por governos democráticos. A solução de Mill para esse problema foi dar o peso do encargo para a classe educada, para assegurar que escolhas bem pensadas dos líderes e das políticas pudessem ser feitas, ainda que simultaneamente encorajando a democracia participativa entre as pessoas de forma conjunta, assim dando a elas educação prática para o autogoverno inteligente.

Nenhuma parte da solução de Mill é suficientemente difundida entre os teóricos democratas liberais para contar como central para a teoria. Antes, elas devem ser classificadas como medidas alternativas ou suplementares: longos períodos no cargo, eleições com resultados imprevisíveis para as câmaras legislativas, isolamento do judiciário de eleição popular ou demissão e providências para um serviço público bem treinado e durável. Tais medidas não são requeridas por teorias democrático-liberais, mas são convidadas a tal pelo seu foco no governo representativo. Ademais, colocando os direitos liberais além do controle democrático direto, a população é habituada à ideia de que nem todas as coisas pertencentes ao seu governo devam ser matéria de decisão democrática regular.

A maior lamentação da Comissão Trilateral foi de que as sociedades democráticas perderam sua habilidade de agir com objetivos particulares. Uma razão para isso, especula-se, é que o *éthos* democrático igualitário solapa o respeito pela autoridade em geral, especialmente em lugares onde esse respeito é nutrido: na família, na escola, no exército. Isso pode ser visto como uma versão do desafio do republicanismo cívico, e algumas das considerações observadas poderiam ser aplicadas na tentativa de decidir se democratas liberais podem realizá-las, e como poderiam fazê-lo. O que diferencia o encargo da comissão daquela de Sandel (ou de Pettit ou Skinner) é o seu ataque à igualdade. Esse desafio será especialmente familiar a leitores nos Estados Unidos, onde o termo "liberal" tomou uma conotação de igualitarismo, pejorativamente interpretado no amplo aspecto dos direitos políticos como estado de bem-estar social pernicioso e não-sustentável e como desrespeito à tradição.

Como os teóricos liberais-democratas podem ser classificados em um espectro que vai de um maior igualitarismo a um menor, eles irão reagir a tais reclamações de diferentes modos. Democratas liberais que partilham os sentimentos igualitaristas de Mill veem esse tipo de encargo como infundado e derivado de motivos essencialmente antidemocráticos. Portanto, muitos veem como um imperativo da teoria rawlsiana da justiça uma larga medida de igualdade substantiva (Daniels, 1975; Gutmann, 1980, Cap. 5). Teóricos mais libertários (para quem a igualdade é melhor se for restrita a direitos políticos e civis formais e que podem, consequentemente, ser mais simpáticos a preocupações da Comissão) têm uma outra linha clara de resposta a essa crítica, que é apelar à distinção entre público e privado e argumentar que, ao menos no que concerne às instituições da família e da religião, uma democracia liberal deveria permitir o reinado de valores tradicionais. Naturalmente, isso não finaliza o debate, já que, como visto anteriormente, a localização do limite entre o público e o privado é uma questão problemática entre os teóricos democratas liberais, mas indica uma resistência a essa dimensão de acusação contra a democracia.

A outra base da pretensão da Comissão Trilateral de que a democracia é ineficaz é que ela é envolta em um conflito entre uma variedade de interesses de grupos especiais. Versões diferentes da teoria liberal-democrática novamente sugerem respostas diferentes a essa acusação. Uma resposta do lado do desenvolvimentismo é pretender que valores públicos compartilhados que favoreçam a democracia e as liberdades civis forneçam uma base para que as pessoas resistam a usar os procedimentos democráticos na busca de fins autointeressados limitados. Democratas liberais protecionistas na tradição de Madison, o que será discutido em mais detalhes no Capítulo 5, não veem nada de inescapável ou errado com o conflito entre interesses de grupo. Realmente, eles podem, com justiça, identificar a própria Comissão Trilateral como um grupo, cujo anúncio de morte da democracia significa servir aos interesses de seus princípios. (Os "cidadãos privados" que fundaram a comissão em 1973 incluíram os presidentes da Exxon, Wells Fargo, Chase Manhattan Bank, Bank of Paris, Dunlop, Texas Instruments e muitas outras dessas instituições.)

Ao citar como um problema para a democracia o enfraquecimento dos partidos políticos, a comissão sugere que eles tenham o potencial para tratar de conflitos de interesses de grupos, pela agregação de interesses e pela negociação de diferenças paralelamente a importantes divisões. Nem todo mundo vê tal potencial. Assim, Tocqueville temia que os partidos políticos pudessem exacerbar o problema do conflito do enfraquecimento se eles se multiplicassem e começassem a agir como instrumentos de interesses limitados. Alguns teóricos argumentam que os partidos políticos são indispensáveis para formular políticas e providenciar fóruns para deliberação política (Christiano, 1996, Cap. 7), ao passo que outros veem os partidos como instituições antidemocráticas que distorcem a representação democrática (Burnheim, 1985, p. 96-105). As teorias liberais democráticas *per se* não recomendam que a política democrática seja largamente organizada ao redor de partidos políticos. Contudo, seu foco na democracia representativa convida à formação de partidos políticos, os quais, além disso, não podem ser facilmente proibidos sem violar a liberdade de associação. O quão significante isso é para os propósitos de avaliar teorias liberais-democráticas depende de os partidos políticos serem vistos como a solução ou como parte do problema aqui sob análise.

CONFLITOS ÉTNICOS/NACIONAIS

O próximo problema a ser tratado é a alegação de que a democracia é predisposta a prevenir e a controlar conflitos violentos. Deve-se relembrar que, em uma versão desse encargo, as confrontações étnico/nacionais como aquelas que infestaram Leste Europeu desde a queda do comunismo autoritário se tornaram possíveis pela remoção desse autoritarismo, que manteve a violência étnica sob controle. Também se deve relembrar, a partir da discussão do Capítulo 2, que para René Girard a tendência em direção a ciclos de declínio de violência motivada por vingança é um perigo sempre presente para todos os grupos humanos. Religiões (do tipo correto) tanto podem impedir essa tendência quanto podem temer a lei. Em um mundo crescentemente secular a solução religiosa não é aceita de forma geral. Girard não é fã da democracia, que ele pensa, como Tocqueville, encorajar a violência induzindo inveja, exacerbando, assim, o problema. Porém, a democracia *liberal* pode ser pensada como contendo um recurso apropriado no lugar essencial que ela oferece ao Estado de direito.

Francis Fukuyama se apoia em dois aspectos adicionais da democracia liberal: a promoção de uma cultura de tolerância e a preservação da distinção público/privado na sua prescrição de evitar a violência que ele pensa conduzir o nacionalismo e outros movimentos baseados em grupos. Ele não advoga a erradicação do nacionalismo, mas pensa que possa ser inofensivo se mitigado pela tolerância liberal. Isso é conseguido se o nacionalismo for "remetido ao reino da vida privada e da cultura, em vez de politizado e tornado a base de direitos legais" (Fukuyama, 1994, p. 26).

Uma forma de tratamento que vai além disso é aquela de Russel Hardin (1995), que é cético sobre como tornar benigno o nacionalismo ou qualquer outra forma de identificação grupal que possa ser. Identificações grupais iniciais são usualmente inofensivas e, de fato, racionais para Hardin, teórico da escolha social, visto que coordenam esforços entre diferentes indivíduos egoístas. Porém, uma vez "coordenados em grupos", os indivíduos adquirem um suporte na defesa contra outros de seu grupo, incluindo disputas antecipadas, sendo suscetíveis à manipulação por líderes de grupos belicosos. A lamentação de Hardin sobre identificações de grupo sugere uma solução para o conflito que apela ao individualismo liberal democrático. Uma versão de tal apelo (não endossada por Hardin por razões que podem ser citadas em poucas palavras) é que os conflitos de grupo seriam evitados se as pessoas internalizassem os valores liberais universais do respeito pela liberdade e autonomia individuais. Fukuyama expressa esse ponto de vista na sua explicação para a relativa ausência de guerra entre Estados liberais democráticos que "compartilham reciprocamente princípios de igualdade universal e direitos e que, portanto, não têm razões para contestar a legitimidade do outro" (1992, p. 263).

Uma dificuldade óbvia para a recomendação de que valores liberais democráticos sejam inculcados em uma população predisposta ao conflito é mostrar como isso poderia ser caracteristicamente conseguido em face das atitudes realmente conflituosas que necessitam ser transformadas. Aplicando as teorias de Girard à sua nativa Irlanda, (o último) Frank Wright (1987) argumentou com exemplos de outras partes do mundo que o respeito pelo direito realmente inibe a espiral de violência descrita por Girard, *exceto* naqueles lugares, como às margens dos centros coloniais ou nas intersecções de impérios em conflito, onde conflitos violentos são provavelmente devidos à falta de identificação com o centro da metrópole comum e de leis respeitadas em comum. Similarmente, nacionalismo benigno e compromissos étnicos sem dúvida são tolerantes (enquanto isso é o que os torna benignos) e suscetíveis a confinamento dentro dos domínios privados; porém, quando identificações grupais são fortemente sustentadas, elas são as menos tolerantes ou suscetíveis à compartimentalização e as mais dispostas à violência.

Lealdades grupais

Teóricos liberais democratas podem ser classificados entre duas grandes categorias com respeito a esse problema. Aqueles de uma categoria veem como imperativo combater identificações étnicas e outras identificações grupais, que, dentro do reino limitado das ações práticas que os teóricos habitam, significam criticar outros teóricos cujos pontos de vista, supõem-se, dão ajuda e conforto a lealdades étnicas grupais e ao nacionalismo. Assim, Hardin devota quase a terça parte do livro sobre conflito étnico à crítica do comunitarismo filosófico, e muitos teóricos similarmente deploram o que eles veem como um particularismo perigoso nas teorias políticas focadas em identidades. De forma alternativa, há teóricos que olham tais identificações e atitudes como inevitáveis e procuram modos consistentes com a perpetuação de identidades grupais fortemente sustentadas para evitar conflitos destrutivos. Alguns de tais teóricos lamentam essa perpetuação, mas a veem como um dos modos inevitáveis de prevenir suas potenciais consequências violentas, seja por refreamento, como na sugestão de Fukuyama, seja concebendo estruturas institucionais para encorajar compromissos políticos e acomodação mútua pela parte de líderes nacionais ou de grupos étnicos, como Donald Horowitz argumenta (1985).

Outros teóricos não veem nada essencialmente pernicioso em lealdades grupais que, como Kymlicka (1995) e Yael Tamir (1993) mantêm, estão entre as coisas que o pluralismo liberal deve acomodar porque são requeridas pela autonomia individual ou, como teorias de viés mais comunitarista sustentam, são parcialmente definidoras do sentido do eu das pessoas, dando sentido às suas vidas. Michael Walzer exemplifica teóricos nesta última categoria. Qualquer solução para o que ele lamenta como o "novo tribalismo" do Leste Europeu e alhures tem de incluir o entendimento simpático da ligação das pessoas a tradições comunitárias e tem de apoiar esforços para a democracia dentro das comunidades para nutrir os elementos tolerantes de suas tradições (Walzer, 1994, Cap. 4). Um curso de ação semelhante é tomado por Charles Taylor com respeito aos conflitos nacionais no Canadá, onde ele acredita que valores liberais democratas já existentes possam ser encontrados em suas comunidades francesa e inglesa, ainda que expresso e interpretado de diferentes maneiras. Assim, uma forma de tratar os conflitos entre essas duas comunidades é promover o reconhecimento mútuo de valores partilhados, bem como das diferenças (1993; 1994). Aqueles que pensam ser interessante a teoria de Walzer e Taylor têm de, contudo, decidir se eles podem exatamente ser classificados como democratas liberais: nenhum dos dois é dissidente do núcleo das normas políticas liberais e democráticas; contudo, cada um também expressa críticas do comunitarismo e do republicanismo cívico da teoria liberal democrática vigente.

Debates entre democratas liberais que buscam acomodar lealdades de grupo e aqueles que resistem a qualquer acomodação dominaram muito da literatura teórica sobre conflito étnico e nacional. Seus debates são frequentemente expressos em termos de posições pró ou anticomunitarista, mas isso é ilusão: Kymlicka e Tamir são individualistas normativistas; o ponto de vista de Horowitz reconhece a força das lealdades étnicas sem endossá-las, e mesmo os mais amigáveis comunitaristas Walzer e Taylor não endossam o comunitarismo filosófico. Walzer pensa que os indivíduos são mais complexos do que os comunitaristas consideram (1994, Cap. 5; 1990), e Taylor (1989a) vê virtudes e vícios no individualismo e no comunitarismo.

Hardin, no entanto, constrói sua defesa do individualismo de modo comunitarista, dispensando soluções ao conflito étnico que advoguem o inculcamento na população de valores individualistas contracomunitaristas propostos como normas universais. Isso porque ele não pensa que indivíduos autointeressados possam ser motivados por valores universais. Não obstante o pessimismo de qualquer solução ao problema, Hardin opina que o difundido "capitalismo anônimo" pode encorajar a busca de interesses egoístas, contrabalançando tentações de fazer compromissos grupais (1995, p. 179). Dentre outros problemas (Cunningham, 1997a), essa solução – também sugerida por Fukuyama como uma alternativa para nutrir o nacionalismo tolerante (1994, p. 26) – corre o risco de encontrar uma fonte de conflito pelo incentivo a outro: a competição econômica desenfreada por recursos escassos.

Competição

Isso, para relembrar, é o outro desafio maior a que a democracia está propensa. É improvável que o capitalismo anômico, por si mesmo e em si mesmo, possa evitar que a competição por recursos escassos (seja real ou artificial) subverta a democracia, que os mais poderosos economicamente usem os procedimentos e instituições democráticos para sua vantagem, ou que aqueles que se encontram impedidos pela democracia ignorem as exigências democráticas (ou mesmo que deem um pontapé sobre a plataforma democrática, como no golpe militar chileno ou no totalitarismo fascista). Um capitalismo puro, dependente da mão invisível de um mercado completamente livre para criar prosperidade geral, não pode evitar conflitos destrutivos se ele criar grandes desigualdades e um *éthos* de ganância egoísta antes que esses objetivos possam ser alcançados. Competições requerem restrições, das quais somente duas variantes estão disponíveis – a moral e a política.

A alternativa de promover valores liberais democráticos universais que favoreçam a liberdade individual ou a autonomia, a igualdade de acesso a procedimentos democráticos, o pluralismo e a tolerância entre as pessoas engajadas em competição por coisas tais como empregos e ganhos é rejeitada por Hardin porque ele não pensa que as pessoas sejam capazes de serem motivadas por tais valores. Se, contudo, elas são assim capazes e se uma sociedade competitiva tem consequências indesejáveis, então parece que os valores podem e devem ser chamados para o objetivo de restringir severamente a competição. Ou, de modo mais dramático, sociedades competitivas devem ser transformadas em cooperativas de acordo com uma alternativa socialista liberal democrática.

Aqueles, como Hardin, que pensam que isso é irrealista podem procurar outras restrições no lugar, como as realçadas por Horowitz com respeito a sociedades divididas etnicamente. Hardin também dispensa essa opção, ao menos se as restrições políticas tiverem de ser democraticamente sustentadas, visto que ele pensa que coisas como o paradoxo de Arrow (ver p. 22-23) provam à democracia uma impossibilidade (1995, p. 180-181; 1993), mas aqueles da escola maior de teoria liberal democrática não partilham dessa lamentação e abraçam justamente uma tal alternativa política. Esses são os pluralistas políticos, como Dahl, que, longe de ver o conflito como um problema para a democracia, acredita que ela, propriamente concebida e conduzida, está fundada em conflitos inevitáveis e universais. O porquê de essa escola ter sido tão proeminente na teoria democrática merece um tratamento estendido. Isso será feito no Capítulo 5.

O ESPAÇO VAZIO DA DEMOCRACIA

Como observado anteriormente (ver p. 30-31), teóricos liberais-democratas diferem no que se refere ao seu entusiasmo para com a dimensão democrática da democracia liberal. No limite daqueles que suspeitam da democracia, está o tratamento da questão por (o último) William Riker. Ele descreve a democracia como "populismo", que em seu ponto de vista requer não só limitações liberais, mas que está em oposição ao liberalismo. Sob seu ponto de vista, o perigo do que Riker descreve como "um agente sem limites (seja partícipe ou presidente) da soberania popular" acontece somente quando o populismo subjuga o liberalismo (1982, p. 251). Então, isso não é um problema para a democracia liberal, mas para sociedades com restrições liberais insuficientes sobre a democracia.

Diferente da maioria dos democratas liberais, Riker não considera protegidas constitucionalmente liberdades centrais ao liberalismo; em vez disso, opina que elas podem somente ser associadas à democracia liberal por acidente histórico (p. 248). A democracia liberal, para ele, requer, em sua essência, que somente haja eleições periódicas de forma que os líderes que objetam possam ser mandados embora (p. 241-246). Riker também desenha apressadamente sua conclusão de que eleições regulares somente resolvem o que aqui é chamado "problema do espaço vazio", visto que políticos demagogos habilidosos podem ser aptos a persuadir a população, cujo único controle sobre eles é o voto para que representem a soberania popular, mas a disseminação geral do esparso e meramente punitivo papel da democracia em uma cultura política poderia provavelmente evitar um tal esforço. Para essa finalidade, Riker insta a educação pública geral na teoria da escolha racional e no seu tratamento do paradoxo dos eleitores e outras coisas desse tipo para tornar os cidadãos "cientes do vazio da interpretação populista da eleição" (p. 252).

Uma dificuldade para uma tal consideração é que ela obtém proteção contra a demagogia ao preço da concepção schumpeteriana de democracia que é demais austera para muitos, provavelmente mais para os teóricos liberais-democratas. Por exemplo, aqueles do lado "maior" do espectro liberal democrata, como Mill e Dahl, não aceitariam a dispensa total do que ele chama de populismo. Na extensão em que essa consideração está implicada em seus trabalhos, isso poderia incluir os esforços de Mill para assegurar que um eleitorado seja bem educado e, portanto, não facilmente enganável, bem como a insistência de Dahl de que o poder seja espalhado obliquamente a uma ampla variedade de interesses grupais, nenhum dos quais podendo, portanto, pretender ser ou representar o povo como um todo (daí a sua descrição de uma democracia liberal que funciona adequadamente como uma "poliarquia").

Em geral, para uma defesa menos austera da democracia liberal do que a de Riker, eleições periódicas poderiam ainda providenciar alguma medida de proteção contra abusos claros visíveis por parte de políticos demagogos, como poderia também a defesa constitucional de liberdades liberais e a divisão de poderes. Porém, o problema sob análise poderia ser mais urgente, visto que permite alguma versão da soberania popular explicitamente excluída no tratamento schumpeteriano e, portanto, abrindo a porta a uma postura autoritária em seu nome. Alguém poderia dizer que há uma ponderação entre a prevalência que se dá à democracia e o risco de abuso demagógico.

Uma ponderação semelhante pode ser vista no que concerne aos pontos de vista liberal-democráticos na relação entre representação e soberania. No Reino Unido, é tradicionalmente sustentado que a soberania reside no parlamento, ao passo que na tradição da França e dos Estados Unidos o povo é considerado soberano, sendo a assembleia ou o congresso vistos ou como agentes ou como seus delegados. Isso significa que os líderes do governo podem mais facilmente se apresentar como vozes diretas do povo na tradição francesa e americana do que na inglesa. Muitos dos que cresceram na última tradição acham estranho que quase toda propaganda eleitoral nos Estados Unidos seja precedido de alguma versão da frase "o povo americano acredita que...". Ao mesmo tempo, os cidadãos americanos são frequentemente chocados com a extensão dos poderes parlamentares que não são nem ordenados nem amplamente questionados pelos eleitores na Inglaterra e em sistemas parlamentares similares.

IRRACIONALIDADE

Riker revisa quase todas as categorias de irracionalidade alegadas pelas teorias da escolha social para questionar a coerência da tomada de decisão democrática, adiciona a elas a suscetibilidade à manipulação de um voto pelo conjunto da agenda ou votação estratégica e a observação de que diferentes métodos para gerar uma decisão social podem produzir resultados diferentes. Por exemplo, um voto por membros da mesma população entre várias opções pode gerar resultados diferentes, dependendo se uma série de votos aos pares é tomada ou se os eleitores dão pesos diferentes a cada uma das opções, chamados, respectivamente, de voto de "Condorcet" e contagem de "Borda", apelidados em razão dos teóricos do século XIX, o Marquês de Condorcet e Jean-Charles Borda, que anteciparam as discussões correntes de tais tópicos. Isso é porque uma opção pode ser posta fora da disputa por uma votação preliminar em uma série de Condorcet, ainda que ele tivesse mais pontos em uma contagem de Borda do que uma que sobrevivesse a uma votação aos pares. Concluindo que essas considerações tornam o populismo "inconsistente e absurdo", Riker argumenta a favor de rejeitar essa dimensão da democracia liberal (1982, p. 238-241).

Uma categoria não tratada por Riker é a abstenção de votar por cidadãos racionais *free-riding*. Isso poderia levantar um problema para ele, visto que o único aspecto da democracia que ele admite (a aptidão de cassar o mandato dos políticos) requer que as pessoas de fato votem. Talvez ele argumentasse que os políticos do governo poderiam manter-se honestos, mesmo que o *free--riding* resultasse em baixa participação de votantes ou mesmo que *ninguém* votasse, desde que os políticos temessem que justamente um *free-rider* não--irracional poderia aparecer na cabine de votação. Porque àquilo sobre o quê se vota, ou mais acuradamente sob esse ponto de vista, àquilo contra o quê se vota, são os políticos do governo, e não as políticas; dessa forma, não ocorre o problema de as maiorias selecionarem políticas que representam pontos de vista não-majoritários. Maiorias cíclicas são igualmente não problemáticas, para ele, na medida em que não há qualquer mecanismo para frear um vínculo quando eleições de governos estão envolvidas.

Alguns críticos da democracia liberal, como Andrew Levine, também apelam aos paradoxos da teoria da escolha coletiva para ilustrar o que eles veem como uma falha essencial nela. A confiança de tais argumentos reside em que a democracia liberal seja especialmente vulnerável porque sua dimensão democrática está concernida exclusivamente em agregar preferências individuais (Levine, 1981, Cap. 5). Em um sentido, essa caracterização é acurada. Como pluralistas, os democratas liberais têm de insistir que as políticas sejam formuladas em resposta às preferências das pessoas (mesmo que seja garantido que isso possa algumas vezes divergir de seus interesses, desejos ou valores), sendo essas preferências expressas em votações que são tomadas como centrais para a democracia, pela teoria liberal democrática. Contudo, a caracterização é enganosa se for tomada como significando que o objetivo da democracia para todos os proponentes da democracia liberal for usar a contagem de votos para descobrir uma preferência coletiva. A pretensão de Riker de escapar do paradoxo da votação é baseada no seu argumento de que o objetivo das políticas liberais democráticas é "permitir às pessoas dispensar os governantes", e não amalgamar valores individuais ou escolhas (p. 241-244).

Um argumento similar é dado por Thomas Christiano, mas ele tem uma concepção muito mais robusta de democracia liberal e de seus propósitos do que a de Riker. Em seu ponto de vista, os teóricos da escolha social colocam graves problemas para os teóricos da ética utilitarista (ou ao menos para aqueles que resistem em classificar as utilidades individuais por referência a padrões de ordenação que os próprios indivíduos fazem de suas preferências), visto que seu objetivo é precisamente encontrar um modo de agregar preferências para determinar uma política social com a maior utilidade geral. Não obstante, o objetivo do democrata, de acordo com Christiano, não é maximizar a utilidade social, mas distribuir igualmente a habilidade de participar das tomadas de decisão coletiva sobre assuntos públicos. O procedimento democrático é deficiente nesse *score* quando dá a alguns participantes uma vantagem injusta sobre outros ao tomar tais decisões, como, por exemplo, o controle da agenda; porém, essas deficiências, diferentemente dos paradoxos das eleições quando vistos como obstáculos à agregação de preferências, são em princípio capazes de serem remediados, por exemplo, fomentando aos participantes igual voz na aprovação da agenda (Christiano, 1996, p. 95-97).

Com respeito aos tipos de objetivos que a democracia liberal presumivelmente deve servir, Riker e Christiano são teóricos representativos, pois poucos deles fora da escola de pensamento da escolha social identificam a agregação de preferência para esse papel. Apesar de ser um utilitarista, Mill cita o desenvolvimento das capacidades individuais e a expansão do pensamento além do estreito egoísmo como um proeminente objetivo da democracia (Mill 1991a [1861], p. 226, 229). Para Rawls, a democracia constitucional é um procedimento que deve ser valorizado por conduzir, ainda que não necessaria ou infalivelmente, a decisões justas (1971, p. 198-199, 221, 356-362). O objetivo maior da democracia para Dahl, como para a maioria dos pluralistas clássicos, é a regularização pacífica do conflito (1970b [1963], p. 62). De acordo com David Held, o objetivo da democracia liberal para Jeremy Bentham e para James Mill era assegurar a liberdade econômica, de mercado (Held, 1996, p. 94-95). Charles Lamore pensa que a democracia é o melhor meio de assegurar que o Estado se mantenha neutro no que se refere a concepções alternativas da vida boa (1987, p. 130). Carl Cohen produz uma longa lista, incluindo governo sábio, cidadãos leais e bem informados, bem-estar material e resolução pacífica de conflitos (1971, Cap. 17). Brian Barry aduz dois objetivos para a democracia: dar às pessoas razões especiais para obedecer à lei e selecionar líderes de um modo pacífico e ordenado (1991a, p. 24, 53).

Uma estratégia liberal democrática para confrontar a carga de irracionalidade pode, então, ser construída. Garantindo-se que a abstenção do *free-rider* da participação da política, que a falha da votação majoritária construa conclusões favorecidas para membros da maioria, que a incongruência entre métodos alternativos de votar, que a manipulação de votos e que maiorias cíclicas constituam problemas contínuos para a política democrática, é negado que eles provem que a democracia seja irracional, exceto para aqueles que veem como um objetivo essencial da tomada de decisão democrática revelar preferências sociais análogas àquelas de um indivíduo singular. Um contra-argumento é que, se a votação por maioria for para figurar como um componente indispensável do que quer que seja pensado como o objetivo próprio da democracia, então tem de ser possível para ela revelar a vontade da maioria. Porém, os problemas e paradoxos apresentam obstáculos intratáveis de tal monta para identificar a vontade que eles têm que contar com mais do que problemas práticos para serem resolvidos de uma maneira *ad hoc*. É improvável que esse debate teórico seja logo finalizado.

MÁSCARA DA OPRESSÃO

Como todos os termos importantes em teoria política, "opressão", "dominação", "subordinação" ou "exclusão" admitem definições alternativas, mesmo entre teóricos da mesma família (Jaggar, 1988, p. 5-6, 353; Young, 1990, p. 38, Cap. 2; Frye, 1983), e eles não são sempre sinônimos. Neste livro, tomarei aprovação ou máscaras da opressão como o problema-chave por causa de sua natureza estrutural ou sistemática e porque exclusão ou subordinação são objetáveis, quando não opressivos. "Opressão" é usada aqui e em capítulos subsequentes para descrever a situação das pessoas que injustificadamente sofrem desvantagens simplesmente devido a características que elas partilham com outros em um grupo identificado por gênero, classe, raça assinalada, etnicidade, idade, orientação sexual ou estado de incapacidade, para listar categorias proeminentemente discutidas.

Quando a opressão envolve ser politicamente subordinado à vontade dos membros de outros grupos ou ser excluído da participação efetiva na atividade política, a democracia será impedida de modo direto. Ou, de forma mais precisa, se a democracia é impedida isso depende da concepção que cada um tem dela. Em uma interpretação schumpeteriana, o fato de somente impedir a alguém o direito de votar em virtude de pertencer a um grupo subordinado poderia tecnicamente ser impedimento da democracia. Porém, à exceção daqueles teóricos liberais democratas que são os mais atentos à sua dimensão democrática, democratas pró-liberais veem coisas como discriminação racial ou sexista que exclui pessoas de fóruns para debate público e discussão ou para formação de organizações políticas potencialmente efetivas não somente como errada, mas também como antidemocrática.

Uma vez que situações opressivas são perpetuadas em locais de trabalho, escolas e outras partes da sociedade civil, muitos teóricos sociais e ativistas endossam programas de ação afirmativa e campanhas por igualdade de oportunidade econômica ou esforços culturais e educacionais para atacar valores discriminatórios e nutrir respeito e tolerância, como integrantes de políticas liberais democráticas consistentes. Exemplos são Susan Moller Okin (1989) concernente à desigualdade de gênero, Anthony Appiah (1994) concernente ao racismo, e Norberto Bobbio (1987, p. Cap. 3) referente a classes sociais. Para esses teóricos, os defensores da democracia liberal que sancionam opressões continuadas ou subordinação são hipócritas ou inconsistentes. Não obstante, outros veem a democracia liberal como essencialmente aprobativa de alguma categoria de opressão, independentemente da própria atitude dos democratas liberais.

Desvantagens opressivas são estruturais ou sistemáticas, isto é, não derivam nem da má sorte nem de esforços deliberados de alguns para impedir as aspirações ou aviltar o bem-estar dos outros, mas sim de aspectos da sociedade nos quais as pessoas são confinadas de forma opressiva. As razões para isso são familiares: quando, por exemplo, a responsabilidade principal com os trabalhos domésticos ou com o cuidado das crianças caem, na maior parte do tempo, sobre as mulheres, será difícil para elas adquirirem habilidades ou tirarem tempo para buscar outras ocupações de vida. Um resultado é que as profissões não serão estruturadas para acomodar mulheres, por exemplo, por falhar em providenciar licença-maternidade adequada. Mulheres e homens vão internalizar e, como pais ou pela mídia e pela educação, vão transmitir estereótipos de acordo com os quais as mulheres são somente ajustadas para certas ocupações; assim, uma espiral em declive mantém as mulheres em um lugar subordinado.

O maior problema para os teóricos que buscam as causas e respostas para a opressão é que os esforços para deter e reverter a discriminação sistemática estão bloqueados na democracia liberal por suas formalidades e por sua restrição a políticas democráticas no âmbito público. As pessoas podem ter um direito formal para disputarem cargos públicos e de serem protegidas contra discriminação aberta e deliberada, mas parte do que torna a opressão estrutural é a falta de recursos informais necessários para tornar vantajosos tais direitos. Limitando a política ao âmbito público dos direitos formais e procedimentos, é alegado, ademais, que os democratas liberais deixam intactos âmbitos privados como a estrutura hierárquica dos locais de trabalho e a família patriarcal, nos quais instituições opressivas, hábitos e atitudes nascem e se sustentam. Teóricos feministas estão bem sintonizados com esses problemas. Alguns exemplos são Alison Jaggar (1988, p. 143-149), Zillah Eisenstein (1981, Cap. 2) e Carole Pateman (1987).

Pode-se dizer com razão que o confinamento das políticas democráticas e dos direitos liberais ao domínio público do direito e dos procedimentos formais não faz com que a teoria liberal democrática *feche os olhos* para comportamentos opressivos ou de qualquer modo objetáveis do domínio privado. Uma linha de resposta a essa observação depende de teorias históricas como aquelas mencionadas, mas postas de lado no Capítulo 3, de acordo com as quais a preservação dos privilégios opressivos em face da pressão popular por medidas igualitárias foi ela mesma o principal motivo para distinguir entre um âmbito público, político e privado, quer dizer, não-político. Essa tese será também deixada de lado agora no interesse de manter o foco em matérias teóricas específicas. Porém, deve ser observado que tal tese histórica é consistente tanto com a pretensão de que os motivos históricos são complexos, de tal forma que motivos benignos podem ter acompanhado aqueles no interesse próprio, quanto com a noção de que de uma forma dialética, valores liberais-democráticos e instituições podem ser movidas contra práticas opressivas, ainda que as primeiras tenham sido originalmente concebidas para servir a tais práticas. Algo semelhante a essa orientação reside oculta no livro de Andrew Levine, *Arguing for Socialism*, no qual se sustenta que a democracia liberal envolve, ainda que meramente formal e estritamente circunscrita, uma igualdade de oportunidade que providencia fundamentos para defender valores políticos igualitários e políticas muito mais substantivas (Levine, 1984).

Mais diretamente desafiador aos paladinos da democracia liberal, ou ao menos àqueles que acreditam haver opressões estruturais, é que o adversário das relações opressivas no âmbito privado, que também advoga ações estatais para reverter ou desfazer essas relações, está sujeito a críticas a partir de fundamentos liberais democráticos, por instar intervenção pública dentro de domínios privados, ameaçando, assim, o pluralismo. Evitar esse problema pela tentativa de tornar necessárias mudanças na esfera privada, sem confiar na intervenção do Estado, pressupõe não somente que a intervenção não é necessária, mas também que o Estado não está implicado na perpetuação de arranjos opressivos no mundo privado. Não é necessário ser um teórico da conspiração para ver que tal implicação é inevitável. Ignorar a suspeita de conspiração, instigada pelo fato de que quase todo mundo que aspira a trabalhar em nível nacional de governo ou em muitos níveis subnacionais tem de ser auxiliado financeiramente por grandes corporações ou milionários, tira a credibilidade de pensar que aqueles em altos postos nos governos, sustentados como são em quase todos os países liberais democratas por classes masculinas, média e alta, de uma "raça" ou etnia dominante de um país, possam ser imparciais e suficientemente sintonizados com as discriminações sofridas por outros no tratamento de espécies de controvérsias do domínio privado aqui sob consideração.

Essas considerações juntam duas lamentações relacionadas com base na pretensão de que, nas democracias liberais, direitos individuais, universalmente considerados, anulam esforços para tratar de desvantagens de grupos. Ainda que algumas vezes seja expresso indiscriminadamente com o ponto de vista antes discutido de que a democracia liberal protege uma concepção de pessoa não social e atomista, a força dessas objeções não engonça nesses pontos de vista científico-sociais, mas compreende duas objeções políticas mais específicas. Uma delas foca no papel proeminente que a democracia liberal concede aos direitos e, nas teorias dos direitos liberais-democráticos, na prioridade dada aos indivíduos sobre os direitos de grupo. A outra, alega que o tratamento liberal dos direitos como universais é insensível às diferenças de grupo.

A primeira dessas duas lamentações se aplica às atividades coletivas destinadas a remover obstáculos opressivos comuns a membros de um grupo frequentemente exercido por outros meios que os tribunais ou as urnas. Visto que lutas ilegais ou atos de desobediência civil visando superar opressões estruturais não são sancionadas pelo direito mumificado, eles serão vistos (como no comentário de Barry sobre os distúrbios na Inglaterra referidos no Capítulo 5) como estando fora da democracia. E mesmo uma luta legal está sujeita à contenda, sob o fundamento de que os direitos de alguns indivíduos, a saber, daqueles que buscam atravessar a linha do piquete, são violados. O maior ataque das preocupações dos teóricos da antiopressão sobre a natureza universalista dos direitos tais como concebidos por democratas liberais é que eles militam contra tratamentos especiais, como programas de ação afirmativa em educação ou requisitos de emprego para tratar de desvantagens sistêmicas (Young, 1990, Cap. 7).

Ainda uma outra defesa do problema de que a democracia liberal sustenta opressões estruturais ou subordinação devida a exclusões referidas anteriormente, pelas quais em vários momentos foi negada a completa cidadania democrática a mulheres, a membros de grupos "raciais", a pessoas aborígines ou aos sem-propriedade. Embora essas exclusões abertas sejam agora largamente coisas do passado, algumas sombras delas permanecem, por exemplo, pela negação da cidadania plena, em muitos países, a imigrantes ou a trabalhadores migrantes. No entanto, alegam os críticos, deve ser causa para preocupação que tais exclusões tenham sido sempre justificadas pelos que se diziam democratas. Especialmente problemática é a atenção esparsa devotada pelos teóricos democratas ao racismo. (Para algumas exceções, ver Smith, 1997 e as contribuições de Golberg, 2000.)

Um argumento radical parte da observação de que a exclusão de categorias de pessoas foi justificada pela negação de personalidade ou personalidade plena àqueles excluídos; conclui-se que isso resultou de conceitos de cidadania democrática em tradições políticas, proeminentemente na democracia liberal, informadas pelo Esclarecimento[*] – ou que foi tornado aceitável por causa desses conceitos. Em uma das versões desse argumento, a concepção iluminista de uma pessoa plena como um indivíduo autônomo de forma racional foi modelada putativamente a partir do empreendedor autossuficiente e chefe de família ou o do "homem burguês", em contraste com o não-civilizado (e, portanto, não um homem completo) comunal e sendo ao mesmo tempo colonizados os habitantes aborígines tradicionais da terra (Goldberg, 1993, Cap. 2; Allen, 1994).

Pode, ou como poderia, a teoria liberal democrática reagir a essas preocupações? Permanecendo com a cultura política neoconservadora que se tornou comum pelos fins dos anos de 1990, muitos duvidam que haja instâncias significativas de opressão como definidas anteriormente (porque se as pessoas têm desvantagens isso é visto como sua própria falta ou simplesmente como uma questão de má sorte nos mercados da vida). Talvez haja pessoas que consideram a si mesmas democratas liberais e pensam, desse modo, em que casos o desafio agora sob consideração trataria de problemas não existentes. Mas mesmo um liberal-democrata que reconhece que há grupos de pes-

---

[*] N. de R. Os termos Iluminismo e Esclarecimento são usados de forma intercambiável neste livro.

soas sistematicamente em desvantagem pode argumentar, como Isaiah Berlin fez em sua insistência sumarizada no Capítulo 3, que a liberdade política seja pensada estritamente como não mais do que a habilidade das pessoas de buscarem seus objetivos sem a interferência da interferência deliberada de outras pessoas, e que se distanciar de políticas e instituições baseadas em procedimentos formais e direitos individuais universais e com isso possibilitar que a política seja posta fora de uma esfera pública definida estritamente seja dar o passo primeiro e fatal em direção ao autoritarismo antidemocrático.

Há, porém, teóricos liberais-democratas que não se encaixam em nenhuma dessas categorias e que promovem modos de combater desvantagens estruturais. Como anteriormente notado (e será discutido de forma mais completa no Capítulo 5), por alguns anos Dahl tem advogado a redistribuição econômica e esquemas baseados em grupos para a representação democrática como uma condição para uma genuína poliarquia (1985; 1989, Parte 6). Similarmente, medidas igualitárias que vão além da igualdade formal são defendidas por Dworkin (1983) e Amy Gutmann, com base em Rawls (1980), Andrew Kernohan, que apela a Mill e a outros democratas liberais clássicos (1998), e muitos outros, tudo sendo requerido para a democracia liberal. Okin argumenta em favor de se redesenhar as linhas entre o público e o privado, apesar de concordar "com os teóricos liberais atuais sobre a necessidade de uma esfera de privacidade e ... com as razões para tal necessidade" (1998, p. 136). Kymlicka defende direitos baseados em grupos sob fundamentos liberais individualistas (1995; 2001). A estratégia geral comum a todas essas posições é um apelo à *consistência*: democratas liberais sinceros devem ter ciência de impedimentos à realização de valores que eles favorecem e defender meios apropriados de removê-los. Concernente ao Esclarecimento, essa estratégia recomenda suporte constante aos valores do Iluminismo, ao mesmo tempo expondo a hipocrisia de parte daqueles que sancionam o racismo e outras exclusões, ainda que pretendam aderir a eles.

É naturalmente possível que alguns ou todos esses teóricos estejam enganados sobre o que a teoria liberal-democrática, mesmo em suas formas mais robustas, possa sancionar, como é alegado não exatamente por democratas liberais mais austeros, mas também por teóricos contra-opressivos que são menos sanguíneos sobre a extensão dos recursos teóricos liberais-democratas. Melissa Williams, por exemplo, aponta que Dahl falha em integrar suas ideias recentes referentes a grupos em desvantagem com a sua teoria política básica (1998, p. 77). Anne Phillips questiona se Okin pode obter os objetivos libratórios que busca com a sua teoria liberal da justiça (1993, p. 63-64). Chandran Kukathas (1992a; 1992b), da mesma forma, alega que a organização individualista amigável de grupos de Kimlicka falha em proteger e pode mesmo subverter esforços para manter a coesão daqueles grupos cujas tradições não partilham os valores liberais da autonomia, por referência ao que Kimlicka defende como direitos de grupo.

Está além do escopo deste trabalho escolher umas dessas posições. Mesmo assim, pode ser relevante dar uma orientação em metodologia teórico-política, de acordo com a qual alguém empenhado em combater opressões de grupo não necessita escolher exatamente entre fazer isso de acordo inteiramente com um aparato liberal-democrático ou inteiramente em oposição a ele. Anne Phillips, que primeiro exprimiu seu ponto de vista radical em termos hostis à democracia liberal, mais recentemente relaxou essa posição sob o fundamento de que a teoria liberal-democrática é suficientemente variada e aberta à mudança, de tal forma que é desnecessária a sua indiscriminada dispensa pelos teóricos antiopressão ou pelos ativistas (Phillips, 1993, Cap. 6). Uma sugestão mais forte é feita por Williams, que concluiu sua crítica às concepções liberais da representação política insensíveis a grupos pela especulação de que sua posição alternativa "oferece uma reconceitualização da autonomia que contribui mais do que se distancia dos pontos de vista liberais sobre a equidade" (1998, p. 239) e, referindo-se especificamente ao socialismo, eu uma vez endossei o projeto (e ainda endosso) de "redimensionar" a democracia liberal em um sentido técnico hegeliano em que, entre outras coisas, significa reorientar seus elementos principais em vez de simplesmente descartá-los (Cunningham, 1987, Cap. 8).

PLURALISMO CLÁSSICO

"Qualquer que possa ser a explicação para um conflito", Robert Dahl escreve, "sua existência é um dos primeiros fatos de toda a vida da comunidade" (1967, p. 6). Dahl não está tanto identificando o conflito como um problema para a democracia quanto está situando a democracia em uma estrutura do que ele vê como um conflito inevitável e difundido na sociedade política. Ainda mais, o tom de suas discussões sugere que o conflito deva ser bem-vindo, que, como Seymour Martin Lipset diz, o conflito é a "força vital da democracia" (1960, p. 83). Dahl e Lipset refletem a ideia básica de uma escola que dominou a teoria política, ao menos nos EUA, por quase duas décadas, começando nos anos de 1950, e como David Held nota (1996, p. 202), ainda inspira jornalistas e outros retratos não-acadêmicos da política democrática. A teoria comporta uma dimensão explanatória e outra prescritiva.

Como os realistas na tradição schumpeteriana, os pluralistas clássicos mantêm que sua posição com relação à democracia está ancorada em verdades descobertas pelo estudo empírico. Mas, diferentemente dos schumpeterianos, que tomam como ponto de orientação disputas eleitorais entre partidos políticos, os pluralistas focam sobre conflitos entre os "interesses de grupo" da sociedade, sendo a sua metodologia e os resultados empíricos putativos a esse respeito amplamente hobbesianos. No Capítulo 3, o pluralismo liberal-democrático foi descrito como permitindo aos indivíduos, tanto quanto possível, buscarem seus próprios bens segundo seus próprios modos. Empregando a terminologia de Held, os teóricos pluralistas discutidos neste capítulo são chamados "clássicos", para diferenciá-los daqueles que favorecem esse pluralismo normativo em geral (e também dos pluralistas radicais a serem discutidos no Capítulo 10). Isso não significa que os pluralistas clássicos, que consideram a si mesmos democratas liberais, discordam do pluralismo normativo, mas que sua maior preocupação é fazer recomendações sobre como, de forma consistente com a democracia, manter a estabilidade e a paz em sociedades dominadas por conflitos. A esse respeito, a dimensão normativa do pluralismo clássico é oposta às prescrições antidemocráticas de

Hobbes e está mais em harmonia com o ponto de vista de James Madison, a quem esses pluralistas frequentemente se referem.

A SOCIOLOGIA POLÍTICA NEOHOBBESIANA

Hobbes começou seu famoso tratado político, *Leviathan*, pela aplicação de leis físicas do tipo avançado por seu contemporâneo Galileu, primeiro às sensações e pensamentos humanos e, então, à sociedade e à política. Exatamente como corpos em movimento se mantêm em movimento em uma direção dada até que sejam desviados pelo encontro com outros corpos, assim também os indivíduos usam todos os seus poderes para manter suas vidas, restringindo tal uso somente quando isso for necessário para interações com outros indivíduos motivados do mesmo modo (1968 [1651], Parte 1). A imagem pluralista, especialmente em suas primeiras expressões, é similar. Sociedades são compostas de grupos em conflitos, cada um exercendo os poderes à sua disposição para promover seus interesses próprios. Quando os cientistas políticos identificarem os grupos de uma sociedade, conhecerem seus interesses (também conhecendo, assim, em que os interesses conflitam) e tiverem determinado quanto poder cada grupo possui, eles poderão fazer previsões sobre as interações do grupo por um tipo de análise vetorial.

Interesses de grupo

As unidades básicas de análise nessa proposta são interesses de grupo e, apesar das pretensões empíricas estritas dos pluralistas clássicos, a caracterização desses grupos depende de teorias contestáveis e contestadas. Um interesse de grupo é composto de pessoas que são organizadas para buscar interesses por eles partilhados. Uma complexidade teórica nessa imagem aparentemente simples reconhecida pelos próprios pluralistas, visto que as pessoas que compõem um interesse de grupo partilham alguns interesses (aqueles em referência aos quais o grupo é identificado), mas não outros, é que é enganoso pensar tal grupo em termos de indivíduos. Por essa razão, David Truman descreve um grupo de interesse "como um modelo padronizado de interação, em vez de uma coleção de unidades humanas" (1951, p. 508; e ver as descrições do influente precursor do pluralismo clássico, Arthur Bentley, 1967 [1908], p. 176-177, 206-217). Um aspecto relacionado da teoria pluralista é esclarecido pelo seu foco em interesses de grupo como blocos de construção básica da teoria. Nessa posição, indivíduos podem ativamente desfrutar da eficácia política de levar adiante seus diferentes interesses. Além disso, veremos que levantar uma questão sobre quão factível isso seja induz a uma acusação de que o pluralismo reduz o escopo para a atividade democrática àqueles com acesso a recursos frequentemente caros para a organização política.

Interesses

Outro conceito teórico na sociologia política pluralista é de "interesse". Por esse termo os pluralistas significam "interesses subjetivos", ou o que Truman prefere denominar "atitudes" (Truman, 33-36, ver também MacIver, 1950; para uma interpretação behaviorista ou, na terminologia dos empiristas político-científicos da época, "behavioralista", ver Lasswell e Kaplan, 1950, p. 23). Interesses de grupos incluem espaço de comércio, outras organizações de negócio, sindicatos, organizações religiosas ou étnicas politicamente ativas, comitês de vizinhança, associações de pais e outros ajuntamentos de pessoas organizados de modo explícito para promover interesses específicos de seus membros, reconhecidos por eles mesmos como partilhados. Estão excluídos os grupos definidos por referência a aspectos estruturais da sociedade, como classes econômicas e/ou pessoas ditas possuidoras de interesses dos quais elas possam ser inconscientes, por exemplo, em virtude de seu gênero ou raça atribuída. Ao defender essas restrições, os pluralistas frequentemente contrastam sua posição com aquelas que apelam a "interesses objetivos", acusando estas últimas de terem tendências totalitárias (por exemplo, Dahl, 1967, p. 17).

A noção de interesses objetivos admite mais de uma interpretação. Para ilustrar duas dessas, imagine empregadores que seguiram com sucesso o conselho de Bernard de Mandeville, segundo o qual, para aumentar a produtividade e evitar o descontentamento, os trabalhadores pobres deveriam ser induzidos a "enfrentarem as fadigas e sofrimentos" de seu trabalho "com alegria e satisfação" (1970 [1723], p. 294). Em uma interpretação dos interesses objetivos, tais trabalhadores estariam enganados em serem alegres e satisfeitos, porque sua posição árdua e subserviente estaria em desacordo com as necessidades humanas básicas para um trabalho significativo e intrinsecamente gratificante e outras atividades vitais. Nesse sentido, pode-se dizer que os trabalhadores possuem essa necessidade, ainda que eles sejam inconscientes disso. Um segundo sentido do termo se refere às preferências que os trabalhadores *deveriam* ter se tivessem a posse do conhecimento adequado, por exemplo, sobre como seu contentamento fora cinicamente manipulado por seus empregadores ou sobre as consequências a longo prazo de aquiescer com o trabalho árduo. (Esse é o sentido que mais se mantém em acordo com o conselho de Mandeville de que, para tornar as pessoas felizes "sob as condições menos significativas, requer-se que grande número delas deva ser ignorante, bem como pobre", ibid.).

O apelo a interesses objetivos no primeiro sentido é claramente suscetível a abuso autoritário, visto que pode ser usado para justificar políticas impostas, sob o fundamento de que isso seria no interesse que as pessoas realmente têm, mesmo que não sejam cientes dele. A segunda concepção está menos sujeita a abuso, já que convida a educação a providenciar conhecimento que irá, presumivelmente, levar as pessoas a mudarem suas próprias preferências. Mas, assumindo-se que, em meio a qualquer outra coisa que a democracia possa ser, ela ao menos significa que as políticas e os líderes são responsáveis frente às preferências que as próprias pessoas reconhecem como suas, em vez daquelas que alguma outra pessoa pretenda que elas deveriam ter sob outras circunstâncias, então esse conceito é também sujeito a paternalismo antidemocrático ou algo pior que isso. Assim, os pluralistas podem estar corretos em resistirem ao apelo dos interesses objetivos na formação de políticas.

Esse é um tópico de debate contínuo entre os teóricos que estão concernidos com interesses objetivos e com o conceito correlato de falsa consciência (por exemplo, Macpherson, 1977; Cunningham, 1987, Cap. 9; Eagleton, 1991; Hyland, 1995, Cap. 8; e uma troca entre Bay e Flathman, 1980). Contudo, mesmo se os pluralistas estiverem corretos em evitar basear recomendações políticas em interesses objetivos, isso não significa que eles também estejam justificados em identificar as unidades maiores de teoria política descritiva ou explanatória somente por referência a interesses subjetivos. Interesses objetivos em um dos dois sentidos listados – por exemplo, comuns a todos os membros de uma classe econômica ou gênero – podem ser ou são correlacionados com causas de comportamento de indivíduos ou de grupos que podem, para o pluralismo, afetar questões cruciais, como que grupos de interesses se formam ou falham em se formar, e quão unificado e efetivo eles são para a promoção de tais fins.

Uma terceira concepção de interesses objetivos não ameaça as preferências existentes das pessoas, mas sustenta que elas podem estar enganadas sobre os meios apropriados de satisfazê-las. Brian Barry emprega esse sentido de interesse objetivo quando critica os pluralistas por deixarem muito pouco espaço para o reconhecimento político e a promoção de "interesses públicos". O controle de preços forçado pelo governo pode, por exemplo, ser igualmente "no" interesse dos trabalhadores e fabricantes, visto que pode ampliar e assegurar o poder de compra dos consumidores, ainda que frequentemente nenhum grupo "tenha" um interesse ativo em pressionar para tais controles, devido ao curto espaço de tempo que isso poderia baixar ganhos e proveitos (Barry, 1969). Como se verá, os pluralistas proporcionam algum espaço para o reconhecimento dos interesses públicos no proeminente papel que eles atribuem aos líderes de grupo (que em negociações recíprocas podem esperar obter áreas de acordo), mas seu foco maior é encontrar estabilidade entre os grupos que buscam fins conflitantes em vez de promover fins comuns.

Poder

A organização de um outro termo importante na teoria pluralista, "poder", exibe o mesmo aspecto de simplicidade superficial. Nelson Polsby define-o como "a capacidade de um ator fazer alguma coisa que afete o outro, que muda o modelo provável de eventos futuros especificados" (1963, p. 104). Ainda que nenhum pluralista possa discordar dessa definição até ao ponto em que vai, ninguém pensa que vá longe o suficiente, sendo que uma inspeção da literatura pluralista revela várias suplementações (ver a inspeção de Arnold Rose e a sua própria proposta, infelizmente vaga – 1967, p. 43-53). Dahl adiciona que o poder deve ser olhado como poder sobre outras pessoas ou grupos que os obrigam a fazer alguma coisa que eles não fariam de outro modo (1970b, p. 32). Harold Lasswell especifica que o poder envolve conseguir que outros façam coisas contra seus interesses (1948, p. 229); ele e outros, algumas vezes, acrescentam que os comportamentos induzidos nos outros pelo mais poderoso são as primeiras escolhas ou decisões (Lasswell e Kaplan, 1950, p. 19; Polsby, 1963, p. 3-4). Steven Lukes vê isso como permuta sobre o que ele chama de concepção "unidimensional", de acordo com a qual o poder não é mais do que uma questão de comportamento com respeito a questões específicas quando há conflito observável de interesses subjetivos (1974, Cap. 2).

Um aspecto do poder concebido desse modo é o que pode ser chamado sua "desagregação". Isso significa, em primeiro lugar, que, como os interesses, o poder está ligado a grupos independentemente de suas interações conflituosas uns com os outros. Alguns pluralistas reconhecem complicações devidas a mudanças de coalizão de grupos de interesses, nos quais os poderes são combinados (Polsby, 1963), ou casos nos quais os grupos têm poder um sobre o outro (Lasswell, 1948, p. 10). Porém, esses são, em última análise, redutíveis a grupos individuais, cada qual com seus interesses únicos e poderes independentemente derivados, assim como as interações dos corpos físicos na física galileana são analisáveis em cada uma de suas velocidades, massas e direções de movimento. Dificilmente estão acomodadas, se é que são acomodáveis nessa imagem, as situações nas quais os interesses de grupo são produtos exclusivamente de suas relações de poder com outros, ou nos quais um grupo deriva seu poder em parte de sua dominação sobre outros grupos. De fato, se uma famosa análise de Hegel das relações entre os senhores e os escravos (1949 [1807], B. iv.a) for acreditada, uma posição de inferioridade pode ela mesma gerar poder, assim como o mais poderoso depende daqueles que domina.

Um outro modo relacionado pelo qual o poder é destacado na teoria pluralista é que diferentes fontes de poder são independentes uma da outra. Assim, em seu estudo de política em New Haven, Connecticut (um caso-teste jurídico facilitado devido à localização da Universidade de Yale, onde vários pluralistas importantes estudaram ou se tornaram professores), Dahl classifica as origens do poder em quatro tipos maiores – posição social, riqueza, habilidade de distribuir favores políticos e controle sobre a informação –, argumentando que o poder tornado possível por uma dessas fontes não sustenta um poder geral grupal ou automaticamente dá acesso a outras fontes de poder. A conclusão maior de Dahl é que em uma comunidade democrática tal acesso é amplamente disperso (1961, livro 4). Como Polsby, Dahl conclui que essa dispersão de poder, combinada com uma cultura política pró-democrática, torna New Haven tão democrática quanto se pode esperar que uma sociedade política seja. É como se eles pudessem abduzir essa cidade (antes que caísse em seus dias atuais e difíceis de crime e de discórdia racial) como um exemplo em direção ao fim "perfeito" da balança democrática, se eles estivessem se ocupando do exercício do Capítulo 1.

Críticos do pluralismo veem essas concepções de poder como falhas, ou porque eles negligenciam os modos como algumas fontes de poder são derivadas da posse de outras fontes, ou porque alguns grupos possuem seu poder por causa de suas posições de dominação sobre outros grupos com os quais estão em conflito. Pluralistas, em contraste, veem a posição da dispersão do poder como uma vantagem. Conceber a fonte do poder como independente uma da outra protege do que eles consideram um tratamento simplista, reducionista e unicausal da vida política, como são as oferecidas pela teoria marxista, que a maior parte dos pluralistas têm especial apreço em denegrir. Assim como os marxistas, contudo, os pluralistas veem sua posição como uma rigorosa aplicação do método científico à política e, nessa conexão, avançar análises dispersas do poder pode ser considerado importante para a descoberta de leis político-científicas (em que poder e interesses são variáveis independentes por referência às quais conflitos e respostas políticas a eles são as variáveis dependentes de serem explicadas).

A HERANÇA DE MADISON

Em suas contribuições ao *The Federalist Paper*, Madison viu nos conflitos entre facções o principal desafio à nova democracia americana. "Um zelo por opiniões diferentes com referência à religião, ao governo e a muitos outros pontos", bem como a divisões de classes baseadas em um "interesse de proprietários fundiários, um interesse mercantil, um interesse monetário, com muitos outros interesses menores" são inevitáveis e têm "dividido a espécie humana em partidos, inflado neles uma animosidade mútua, tornando-os muito mais dispostos a molestar e a oprimir um ao outro do que a cooperar para o seu bem comum" (1987 [1788], p. 124, n. 10). Como percebido no Capítulo 2, o objetivo do federalismo (o termo de Madison para a democracia constitucional, representativa) é proteger as pessoas dos conflitos potenciais que dividem, regulando-os.

Pluralistas modernos adotam um ponto de vista mais benigno sobre o conflito de facções ("força vital da democracia") do que fez Madison, mas eles concordam com este sobre a pretensão descritiva central de que seja inevitável, e com a prescrição de que o mais importante fim da política democrática seja regular os conflitos pacificamente. Em alguns escritos pluralistas, como os de Bentley e Truman, os pontos de vista prescritivo e descritivo vêm juntos em uma imagem funcionalista da sociedade, como equilíbrio instável, tal que, quando conflitos entre grupos não se equilibram reciprocamente e os "distúrbios são intensos e prolongados", novos grupos emergem, "cuja função especializada é facilitar o estabelecimento de um novo equilíbrio" (Truman, 1951, p. 44; e ver Hale, 1969, sobre Bentley). Como outros pluralistas, Truman descreve (a) como é possível a estabilidade relativa – pertença a grupos múltiplos da parte dos indivíduos e ampla dispersão de poderes de um personagem proeminente – e (b) recomenda quais medidas ativas têm de ser tomadas para proteger isso. Os maiores agentes encarregados de tomar tais medidas são os Estados e os líderes de grupos de interesse, que, contudo, não podem desempenhar suas funções estabilizadoras a menos que sejam apoiados por valores apropriados da cultura política popular.

O Estado

Os pluralistas normalmente usam os termos "Estado" e "governo" de forma intercambiável para se referir a instituições e pessoas desempenhando funções legislativas, executivas e judiciais. De acordo com William Connolly, o governo em seu sentido amplo é algumas vezes retratado por pluralistas como uma "arena" dentro da qual os conflitos acontecem, e outras vezes como um "árbitro" que intervém quando os conflitos se tornam disruptivos (1969, p. 8-13). Ainda que em um dos números de *O federalista* (n. 43) Madison se refira aos governos como "árbitros", ele estava preocupado principalmente em explicar e defender o sistema de pesos e contrapesos afirmado na constituição dos EUA como uma estrutura para conter conflitos, de tal forma que, dessa maneira, sua posição é do tipo arena. Connolly classifica o ponto de vista de Dahl nesse veio e é defendido também do mesmo modo por Harold Lasswell e Abraham Kaplan para quem a função própria do governo ou do Estado é regular conflito por regras, com métodos institucionalizados para impô-las (1950, p. 188). V. O. Key articula uma versão funcionalista do ponto de vista do árbitro – ou, melhor descrito, "mediador". Quando descontentes da parte de que um ou mais grupos ameaçam a estabilidade social, sustenta Key, "o processo político entra em operação para criar um novo equilíbrio", e em tal processo o "político se encontra a si mesmo no meio – e insiste na discussão do assunto de todos os ângulos – como se buscasse encontrar uma fórmula de manter a paz entre os interesses em conflito" (1958, p. 24). Cada uma dessas versões põe um problema para a teoria pluralista.

Regras constitucionais e outras regras estruturadoras de "arena" que permitem ao Estado regular conflitos não caem do céu; são criadas pelos próprios atores políticos em conflito. Assim, a questão advém de por que os grupos de interesse mais poderosos não assegurariam organizações constitucionais preconcebidas em seu favor, como críticos históricos da esquerda de Madison e de outros pais fundadores da constituição americana – mais notavelmente Charles Beard (1986 [1913]) – sustentam que realmente aconteceu. Uma reação a tal desafio implícito nos escritos pluralistas é que não *há* garantia de que arenas governamentais possam evitar a manipulação subversiva da democracia, e se evitam, depende de uma variedade de contingências. Assim, Dahl, em um capítulo de *Democracy and Its Critics* intitulado "Por que a poliarquia se desenvolveu em alguns países e não em outros", produz uma lista de condições que conduzem a poliarquias (seu termo para democracias pluralistas) bem-sucedidas. Isso inclui elevado nível médio de riqueza e crescimento econômico, diversidade ocupacional, grande população urbana, interesses de grupos numerosos, cultura política favorável ao pluralismo, não-intervenção de antipluralistas estrangeiros e outros fatores como esses (1989, Cap. 18). A implicação relevante para esse problema é que quando estão presentes condições apropriadas, é difícil para um grupo de interesse vestir regras do jogo democrático em seu favor, e há menos incentivo de tentar quando as condições estiverem ausentes.

Quando líderes políticos são vistos como árbitros, a questão evidente a perguntar é por que eles não desempenham seu papel em seu próprio benefício ou daqueles grupos de interesses de que eles são membros. Tratando desse problema, com respeito a New Haven, Dahl percebe, de forma consistente com a posição "contingente" há pouco descrita, que algumas vezes isso não ocorre e que nem todas as cidades nos EUA são tão democráticas quanto New Haven (1961, p. 313). Em adição, ele identifica um "desincentivo" embutido para os "empresários políticos", como ele chama os líderes políticos, abusarem de suas posições. Para atingir e manter posições de liderança, o empresário político tem de, seguramente, possuir uma variedade de habilidades; porém, estas não são funcionais, a menos que seja dedicado tempo ao seu exercício: "o recurso mais importante de um profissional é o seu tempo de trabalho disponível" (ibid., p. 306, itálicos omitidos). Cidadãos sem ambição política também têm tempo "livre" além do necessário para a subsistência, mas muitos não escolhem devotá-lo a fins políticos, visto que para cidadãos comuns a "política é uma exibição no grande circo da vida" (p. 305). A explicação de Dahl de por que os políticos não usurpam suas posições é que "quase todo cidadão em [uma] comunidade tem acesso a recursos políticos não utilizados" (p. 309), especificamente tempo livre, que os empresários políticos sabem que eles empregarão se tornarem-se muito insatisfeitos.

Liderança

As contribuições de Madison em *The Federalist Paper* descrevem uma tensão entre a promoção da "liberdade" popular e a "estabilidade" política, na qual, por exemplo, a primeira clama por eleições frequentes, e isso ameaça a estabilidade sustentada por eleições infrequentes. Assumindo-se que cada uma das duas seja importante, Madison argumentou mais contra compatriotas participativo-democratas, como Thomas Jefferson, e em favor de eleições menos frequentes (nos números 37, 51, 52). Comentadores das ideias de Madison não estão de acordo sobre como exatamente ele pensou que isso poderia promover a estabilidade. Uma posição (Kramnick, 1987, p. 45) enfatiza a alegação de Madison de que e, além de manter políticos eleitos honestos, "cada constituição política" deveria buscar "obter governantes que possuíssem a máxima sabedoria para discernir e a máxima virtude para buscar o bem comum da sociedade" (1987 [1788], p. 343, n. 57). Outra posição é que Madison tinha uma estrita concepção dos bens públicos e pensou que, se cada um dos políticos eleitos representasse um interesse específico de grupo, eles poderiam manter a paz entre os grupos em suas barganhas e negociações, desde que houvesse grupos diferentes representados suficientemente (Williams, 1998, p. 41-42). Nessa posição supõe-se que uma relativa longevidade do serviço legislativo seja requerida para a efetiva negociação.

Tratamentos pluralistas contemporâneos da liderança política sugerem que essas duas interpretações possam ser postas juntas com respeito a um bem público, a saber, a estabilidade. Apesar de sua sociologia focada no grupo, todos os pluralistas enfatizam o papel crucial dos líderes. Por exemplo, central para a análise de Dahl do pluralismo em New Haven é a distinção entre "líderes", "sublíderes" e "seguidores" (1961, Cap. 3), e Rose similarmente emprega uma classificação-chave do mundo político em "elites", "público" e "grupos" (1967, p. 6). Na organização dessas classificações, os pluralistas estendem o papel dos líderes daquele dos políticos eleitos de Madison para incluir também políticos eleitos das câmaras de comércio e associações, líderes tradicionalmente aceitos de grupos religiosos e o reconhecido público falante informal de associações étnicas ou de vizinhos, sendo que também enfatizam a importância de líderes internos aos interesses de grupos, como na posição de Truman da maneira como eles mantêm a coesão grupal (1951, p. 156-157). O lugar proeminente que a teoria pluralista dá aos líderes de grupo leva Peter Bachrach a rotulá-la como uma espécie de "elitismo democrático" (1967). Os pluralistas não veem a si mesmos nessa luz, pois estão entre seus alvos os "elitistas" políticos e os sociólogos, tanto da direita (Gaetano Mosca, Vilfredo Pareto) quanto da esquerda, especialmente C. Wright Mills.

Cultura política

Madison e os outros autores do *The Federalist Paper* (Alexander Hamilton e John Jay) produziram este trabalho para defender a constituição de 1787 contra aqueles que pensavam que removendo ou enfraquecendo os poderes dos Estados individuais pelos anteriores *Articles of Confederation*, dariam muita autoridade ao governo federal. Madison, de forma particular, defendeu que o sistema de pesos e contrapesos da Constituição entre os poderes legislativo, executivo e judiciário e o sistema bicameral do congresso oferecia proteção contra o abuso por parte do poder central de governo. Contudo, em adição a essas medidas estruturais, cita o "gênio do povo da América, o espírito que impulsionou as legislaturas dos Estados e os princípios que estão incorporados no caráter político de toda classe de cidadãos" como salvaguarda contra a "tirania ou traição" federal, que não poderia imaginar ser permitido pelo povo americano, dados os seus valores (1987 [1788], p. 337, n. 55).

Em seu *Preface to Democratic Theory* (1956), que introduz as ideias centrais da teoria pluralista na forma de um comentário sobre a posição de Madison, Dahl toma e enfatiza de forma mais forte as últimas referências a valores político-culturais favoráveis à democracia, especialmente notando a importância de um consenso amplo sobre eles por membros que de outro modo estariam em competição (p. 132-135). Essa ênfase, seguida por outros pluralistas, convida a um duplo desafio: que os valores requeridos para o bom funcionamento de uma "poliarquia" sejam inconsistentes com a teoria neo-hobbesiana da natureza humana empregada na sociologia política pluralista e que isso suponha uma cidadania mais politicamente engajada do que os pluralistas reconhecem. Um modo de enfrentar o primeiro desafio seria silenciar uma concepção hobbesiana e permitir que, por algumas vezes e em alguns lugares e para qualquer concepção de uma variedade de circunstâncias felizes, seria possível à maior parte da população ser motivada por adesão genuína a valores democráticos. Alternativamente, pode ser realçado que é de importância suprema para os cidadãos pôr um valor comum na estabilidade política. Essa posição está mais de acordo com a perspectiva de Madison, em que a estabilidade toma precedência sobre a liberdade, sendo também consistente com a posição de Hobbes, de acordo com a qual a autoridade política geralmente é motivada pelo desejo de evitar conflito perpétuo.

Alguns que criticaram a teoria pluralista por sancionar a apatia (por exemplo: Macpherson, 1977, p. 87-88; Held, 1996, p. 204-205) reconhecem que essa crítica não é vista como prejudicial pelos próprios pluralistas, que acreditam que um certo grau de apatia pública é *inevitável* (visto que, como Dahl nota em conexão com seu estudo de New Haven, atividade política e engajamento requerem investimento de tempo que nem todo mundo está preparado ou habilitado a fazer) e democraticamente *aceitável,* na medida em que as pessoas que tenham a habilidade de votar devam ser motivadas a fazê-lo. Alguns pluralistas consideram uma grande medida de apatia, em adição, como *desejável* sob o fundamento daquilo que eles partilham com Schumpeter, de que a participação política ampla indevida refreia líderes políticos e põe em perigo a estabilidade política e social (Berelson et al., 1954, Cap. 14; Lipset, 1960, p. 14-16). Como será visto no Capítulo 7 sobre a democracia participativa, a aceitação da apatia política, muito menos do que a sua defesa, é suficiente para alguns dispensarem essa teoria. Os próprios pluralistas não partilham do entusiasmo participacionista pelo engajamento político universal e, além do requerimento de que somente valores pró-democráticos sejam passivamente sustentados, eles necessitam apenas insistir que é importante para uma minoria das atividades políticas serem motivadas por eles (ver Dahl, 1989, p. 264).

PLURALISMO E PROBLEMAS DA DEMOCRACIA

A principal pretensão pluralista forte para sua posição sobre a democracia é que ela trata diretamente do problema do conflito e prescreve fóruns democráticos para acomodá-lo. Alguns críticos dessa orientação, democratas participativos e deliberativos mais enfaticamente, veem essa orientação como, no melhor dos casos, pessimista sobre prospectos para superar o conflito e, no pior dos casos, promotora dele. Eles e outros críticos também acusam que o pluralismo clássico está em si mesmo *implicado* nos conflitos diários, sendo inclinado em favor de "interesse de grupo" e grandes negócios. Capítulos subsequentes irão analisar pontos de vista pertinentes de democratas participativos e deliberativos. A inclinação será sumarizada mais tarde neste capítulo.

Outro tipo de crítica necessita ser registrada: embora o pluralismo possa ser apto para acomodar conflitos entre a multidão de mudanças na sociedade e grupos de interesses que conflitam, ele não tem recursos para resolver conflitos persistentes advindos de coisas como diferenças religiosas e nacionais que dividem populações inteiras. Em escritos mais recentes Dahl reconhece conflitos que ameaçam a poliarquia e que atacam a sociedade quando ela é "segmentada em subculturas fortes e distintas", mas mantém que a democracia pluralista é ainda possível, desde que "seus líderes tenham sido bem-sucedidos em criar uma organização associativa para tratar de conflitos subculturais" (1989, p. 263). Essa tendência importante merece um tratamento mais extenso do que as outras reações sumárias aos problemas.

DEMOCRACIA ASSOCIATIVA

Essa proposta se desenvolve a partir da prática em certos países da Europa – Holanda, Áustria, Bélgica e Suíça –, inicialmente para encontrar fóruns governamentais e práticas para acomodar suas populações católica e protestante, adotada também para divisões seculares, como entre liberais e social-democratas. O termo foi cunhado pelo maior proponente da teoria, Arend Lijphart, que a defende principalmente com referência à sua experiência na Holanda (1968; ver também a aplicação em outros países em McRae, 1974). Se Dahl deve ser visto como estendendo a teoria pluralista clássica para abarcar a democracia associativa ou se esta é suficientemente diferente daquela para ser vista como uma teoria independente que poderia suplementá-la é uma questão de julgamento.

Como os pluralismos clássicos, a democracia associativa propõe sua teoria como um modo realista de acomodar conflitos inevitáveis e eles veem como o seu mais importante objetivo manter a paz e a estabilidade. Também como os pluralistas clássicos, os líderes desempenham um papel essencial e importante na promoção simultânea de interesses especiais de seus representados e na negociação entre si para preservar a paz. No entanto, algumas das condições vistas pelos democratas associativos como cruciais para o sucesso da realização de seus objetivos são aquelas também listadas pelos pluralistas. Assim, as "clivagens que se entrecruzam" que Lijphart identifica, tais quais, por exemplo, divisões religiosas que não coincidem com as divisões de classe (1977, p. 75-81), desempenham o mesmo papel como aquilo que Truman designa "membro de grupo múltiplo".

Ao mesmo tempo, há diferenças entre as duas teorias. De forma mais importante, os "grupos" que a teoria da democracia associativa trata – todos os católicos dos países, aqueles com valores políticos socialdemocratas e assim por diante – são os maiores e menos internamente homogêneos, mesmo com referência a seus interesses de grupos específicos, em relação aos interesses de grupos pluralistas prototípicos, como as câmaras de comércio ou as organizações de vizinhos. Ao passo que os pluralistas clássicos americanos mais importantes veem seu ponto de vista como especialmente compatível com o federalismo presidencial defendido por Madison, o europeu Lijphart pensa que a democracia parlamentar possa ser mais facilmente acomodada a práticas e estruturas associativas (1977, p. 33). (Ainda que ele também veja possibilidades para elementos da democracia associativa nos EUA, como no modelo das "maiorias rivais" propostas no século XIX por John Calhoun – 1953 [1850].) Ademais, embora Lijphart concorde com os pluralistas clássicos de que diversos grupos em uma sociedade tenham de partilhar algumas responsabilidades comuns, ele cita o nacionalismo e mesmo as lealdades ao monarca (1977, p. 81-83, 33), em vez dos valores republicanos que os pluralistas sustentam para essa finalidade. Resumindo a democracia associativa nessa seção, não quero implicar que isso seja simplesmente uma forma de pluralismo clássico (realmente, o próprio Lijphart classifica-a como uma espécie de teoria do "consenso" – 1984, prefácio). Ainda, a proposta partilha similaridades suficientes para tornar o apelo de Dahl a ela consistente com o seu desenvolvimento da teoria pluralista.

Em uma explicação concisa e que defende a democracia associativa, Lijphart (1977) retrata-a como um modelo de governar democrático no qual "os líderes políticos de todos os segmentos significativos da sociedade plural cooperam em uma grande coalizão para governar o país" e contrasta-a com um modelo "competitivo" ou "situação *versus* oposição" (25). Três princípios asseguram um governo de união pela "segmentação" da liderança: em questões mais importantes de interesse comum, cada um tem um poder de veto; a representação em órgãos governamentais é proporcional ao tamanho da parte da população no país (exemplos que ele dá incluem o conselho federal da suíça e o gabinete austríaco); a autonomia é "segmentada" de tal forma que os líderes tenham autoridade exclusiva ou severamente ponderada sobre matérias que afetam especialmente as populações que representam (p. 36-47). Lijphart antecipa as críticas maiores desse arranjo: ele ameaça a democracia ao confiar muitas matérias à discricionariedade do segmento líder; pode abusar do direito de veto; pode levar à paralisação ou à separação de um país. Ele admite essas tendências, ainda que argumente haver modos de neutralizá-las e que em qualquer caso, sob "as circunstâncias desfavoráveis da separação das clivagens, a democracia associativa, ainda que longe de um ideal abstrato, é a melhor espécie de democracia que se pode esperar realisticamente".

É nesse espírito, provavelmente, que Dahl endossa a democracia associativa: não como uma teoria aplicável em geral, mas como uma prescrição para manter a estabilidade em sociedades divididas por "subculturas fortes e distintas" (Dahl, 1989, p. 264). Assim concebido, Brian Barry critica o ponto de vista associativo pelo que ele vê como uma contradição. Obter acordo em arranjos associativos e sustentar acomodações contínuas mútuas entre líderes de grupo é impossível em sociedades profundamente divididas, mas é justamente para estas que a democracia associativa é concebida; assim, quando ela for factível, não será necessária (1991a, Cap. 5). Lijphart vira do avesso esse desafio por meio da concordância de que "uma atitude moderada e uma prontidão para o compromisso" são requeridas por arranjos associativos, e pela sustentação de que o verdadeiro prospecto de uma participação de união no governo estimula essas atitudes na medida em que providencia "uma garantia importante de segurança política" entre os partidos "que absolutamente não confiam um no outro" (1977, p. 30). É improvável que somente considerações teóricas possam determinar se Barry ou Lijphart estão corretos nessa questão, e é também improvável que a democracia associativa seja igualmente realística concernente a todas as sociedades divididas. Ela permanece, contudo, uma candidata para os pluralistas, bem como para outros teóricos da democracia que tratam do problema de conflitos nacionais ou étnicos em larga escala.

A tirania da maioria e o espaço vazio

Retornando agora aos outros problemas e respostas pluralistas, a questão da tirania da maioria e do espaço vazio podem ser tratados juntos. Uma solução comum a ambos os problemas na teoria pluralista clássica pode ser vista como uma versão do schumpeterianismo, ainda que uma versão mais democraticamente robusta do que a do próprio Schumpeter. Deve-se relembrar a discussão na "introdução" que ele reconceitualiza a democracia para invalidar dois pilares da noção previamente dominante dela: soberania popular e bem público. Maiorias referentes a alguma política (ou mesmo populações inteiras na circunstância rara de haver consenso entre elas) são de fato constelações de indivíduos ou grupos heterogêneos que podem algumas vezes partilhar objetivos ou visões comuns de um bem público singular, mas que muito mais frequentemente têm motivações diversas para concordar sobre matérias políticas. Em uma sociedade na qual as pessoas geralmente reconhecem esse aspecto da "vontade popular", seria impossível para qualquer um pretender falar pelo povo como um todo, visto que os cidadãos não acreditarão que haverá alguma coisa a representar.

O ponto de Schumpeter sobre a heterogeneidade do "povo" se aplica também às maiorias. De acordo com isso, ele difere da imagem de Tocqueville de uma maioria como "um indivíduo com opiniões e habitualmente com interesses contrários àqueles de um outro indivíduo, chamada minoria" (1969 [1835-40]), que é compartilhada pelos pluralistas, para quem, segundo Truman, o modelo de governo é "um complexo multiforme de relações entrecruzadas que mudam em força e em direção com alteração no poder e posição dos interesses" (1951, p. 508). Focando em situações nas quais "uma minoria relativamente intensa prefere uma alternativa oposta de uma maioria relativamente apática" (1956, p. 119), Dahl concede que salvaguardas puramente constitucionais não podem prevenir essa forma de tirania da maioria, mas ele pensa que, não obstante, as minorias têm meios à sua disposição para obrigar a maioria por ameaças, a se "engajar em comportamentos políticos 'anormais'", ou persuadir as facções das maiorias apelando às condições para a legitimidade pluralista (ibid., p. 138). Como Truman, ele pensa que isso se torna fácil para as minorias, devido ao fato de que, estritamente falando, não há uma coisa tal como uma maioria que é somente "uma expressão aritmética" aplicável quando vários interesses de minorias diferentes convergem no voto, de tal forma que aquilo que a democracia envolve é o "governo das minorias" (ibid., p. 132-146; ver também a elaboração de Held, 1996, p. 201-208).

Truman e Dahl se diferenciam de Schumpeter, que recomenda reduzir a participação do cidadão simplesmente ao voto, ansiando um papel ativo na política (isto é, poder político entre grupos diferentes) para agentes não-governamentais. A diferença entre ditadura e democracia, na formulação de Dahl, é entre "governo por uma minoria e governo por minorias" (ibid.). Assim, quanto mais interesses de grupos em competição houver, com suas mudanças de coalizão e o cruzamento dos membros, mais segura a democracia será. Um problema dessa solução, para o qual os críticos têm chamado a atenção (como, por exemplo, Hyland, 1995, p. 90), é que ela depende da crença dúbia de que as constelações de minorias não irão abrigar exclusões permanentes de outras minorias e que falta aos pluralistas recursos teóricos para tratar de tais situações quando elas acontecem. A solução também envolve um pouco do andar na corda bamba se for para ser alinhada com os pontos de vista pluralistas sobre a cultura democrática e sobre líderes de grupo.

Pode-se imaginar um líder de grupo justificando a predominância de um grupo com a pretensão de que ele verdadeiramente incorpore valores pluralistas. Isso poderia incluir, e realmente faz isso de forma especial, o proeminente valor pluralista da estabilidade, cujo apelo não é infrequente por supostos partidários do autoritarismo. Para evitar tal perigo decorrente do reconhecimento pluralista da importância dos valores partilhados em meio aos interesses de grupo, como sugere Dahl, está a marca da dimensão hobbesiana do pluralismo clássico que a muitos atrai. Para dar conta da acusação de autoritarismo pelo encorajamento de mais participação, pode-se colocar mais ênfase no ativismo geral dos cidadãos do que os pluralistas consideram realista ou desejável, posto que isso pode diminuir o papel dos líderes. Os críticos podem ver aqui inconsistências danosas na teoria pluralista; tais, no entanto, também afetam a habilidade pluralista de tratar do problema da "efetividade" (na medida em que liderança e valores de coesão são requeridos para a comunidade de objetivos na execução de tarefas amplas para a sociedade). Os próprios pluralistas certamente veriam tensões endêmicas à democracia que devem ser simplesmente reconhecidas e administradas tão habilmente quanto possível na atividade política real e na formação política.

Máscara de dominação da minoria

A crítica mais persistente e sistemática do pluralismo clássico veio da esquerda política e focou na sua alegação empírica de que o poder nos EUA é amplamente disperso. Essa é a tarefa que William Domhoff apresenta em sua crítica a Rose (1970, p. Cap. 9). Ele em parte constrói seu desafio como uma defesa da pretensão de C. Wright Mills de que os EUA são dirigidos por uma "elite de poder" (Mills, 1956) contra as críticas de Mills pelos pluralistas (Domhoff, 1967, Cap. 7). Uma demonstração de que o poder político nos EUA está concentrado em poucas mãos certamente desafia a pretensão empírica do pluralismo clássico de que seja o contrário, mas, em si mesma, não refuta a teoria pluralista da democracia, que somente sustenta que a dispersão de poder é necessária para a democracia, não que o poder em toda sociedade que se autodenomine democrática seja de fato disperso. É por essa razão que alguns viram na teoria de Mills, não uma alternativa ao pluralismo, mas um caso especial de aplicação dela em que um interesse de grupo possui desproporcionalmente uma grande quantidade de poder (Balbus, 1971).

Um modo de fortalecer o aspecto específico da teoria dessa crítica é argumentar não que a análise pluralista da democracia nos EUA seja empiricamente falha, mas que sua concepção de democracia, em geral, é paroquialmente limitada. David Held avança essa crítica quando mantém que a identificação pluralista da democracia com o poder político nos países ocidentais significa que questões que "têm sido partes da teoria da democracia de Atenas até o século XIX inglês", tal como a extensão apropriada da participação dos cidadãos, são "postas de lado ou, antes, meramente respondidas por referência a práticas correntes" (1996, p. 209). Outra crítica é aquela de E. E. Schattschneider, argumentando que, ao se limitarem às análises das pressões de grupos, os pluralistas são compelidos a chegar a uma imagem distorcida da política democrática, visto que relativamente poucos podem direcionar o tempo necessário e outros recursos para essa atividade: "a falha do céu pluralista é que seu coro celeste canta com um acento muito forte de classe alta. Provavelmente 90% das pessoas não podem adentrar no sistema de pressão" (1960, p. 35).

Uma crítica ao pluralismo muito citada pelos seus difamadores é uma de meados de 1960 de (o último) Christian Bay, que ligou a teoria às pretensões empíricas dos "behavioralistas". Ambas as escolas, de acordo com Bay, perderam a visão do que é essencial à política, a saber, a articulação e a defesa de "alguma concepção do bem estar humano e do bem público"; em vez disso, preocuparam-se com estudos empíricos "pseudopolíticos" de uso somente para "promover vantagens privadas ou de interesses de grupos privados" (Bay, 1965, p. 40). Uma quarta crítica, apontada por Peter Bachrach e Morton Baratz, é a de focar no exercício do poder, em vez de na análise de suas fontes; assim, os pluralistas omitiram o modo como o poder frequentemente consiste em limitar o escopo dos interesses que podem ser expressos em arenas políticas, e não proveem critério objetivo "para distinguir entre questões 'importantes' e 'não importantes'" (1969, p. 53-54).

A odisséia de Dahl

Um possível caso para testar e ajudar a decidir se o pluralismo é endemicamente cúmplice da opressão econômica é o desenvolvimento do pensamento de Robert Dahl, que mudou de uma anti – ou ao menos – não-socialista tendência nos anos de 1950 para alguma forma de socialismo em décadas subsequentes. Um sinal dessa mudança pode ser visto comparando-se sua crítica a Marx como o "profeta" de uma teoria cumulativa do poder na publicação, em 1963, do livro *Modern Polical Analysis* (78), com a segunda edição em 1970 da qual essa e muitas outras críticas explícitas ao marxismo são extirpadas. Mais impressionante é o contraste entre *A Preface to Democratic Theory* (1956) e *A Preface to Economic Democracy* (1985).

No primeiro livro Dahl cita a famosa alegação de Madison em *The Federalist Paper* (no. 10) de que as sociedades humanas estão determinadas a serem divididas em facções, e ele concorda com Madison no que se refere à possibilidade somente de tratar com os efeitos das facções, quer dizer, não eliminá-las em suas fontes. O próprio Madison não professa ignorância das causas das facções, mas declara que "as fontes mais comuns e duráveis das facções têm sido as distribuições diferentes e desiguais da propriedade" (1987 [1788]). Sua justificação para não atacar as facções em sua fonte mais comum e durável pela igualação da propriedade é que isso poderia ser "impróprio ou perverso" (p. 128), visto que o governo tem como "seu primeiro objeto" a proteção da diversidade das faculdades dos homens das quais "a posse de diferentes graus e espécies de propriedade resulta imediatamente" (p. 124). Dahl não trata esse ponto de vista em suas trinta páginas, nas quais sumariza formal e axiomaticamente os argumentos de Madison. De fato, em um último livro, quando ele cita extensivamente o artigo 10, substitui a passagem sobre a desigualdade de propriedade ser a fonte mais comum das facções pelos três pontos omissivos de reticências (1967, p. 5-6).

Em forte contraste, *A Preface to Economic Democracy* de Dahl, publicado em 1985, trata centralmente das fontes econômicas da desigualdade em recursos políticos, entre as quais está principalmente a "propriedade e o controle das empresas" que "contribuem para a criação de grandes diferenças entre os cidadãos, em riqueza, salário, *status*, habilidades, informação, controle sobre a informação e propaganda, acesso aos líderes políticos", dentre outras coisas. Essas diferenças ajudam "a gerar desigualdades significativas entre os cidadãos em suas capacidades e oportunidades para participar no governo do Estado como iguais politicamente" (p. 54-55, itálicos omitidos). Além disso, contrário a Madison, Dahl argumenta contra o ponto de vista de que a "propriedade privada é um direito fundamental" (p. 82), portanto, as restrições igualitárias sobre a propriedade não são "perversas". Ele devota aproximadamente a metade do livro para descrever uma "ordem de autogoverno igual" (uma forma de autoadministração de trabalhadores) e defendê-la como um modo realístico de obter condições igualitárias, econômicas e condutivas à democracia.

Assumindo-se que a corrente do pluralismo clássico em voga está sujeita à caracterização dos críticos antiopressão listados anteriormente, pode-se perguntar agora se os escritos recentes de Dahl escapam dessas críticas e se o fazem de tal maneira que sua teoria ainda possa ser considerada pluralista. Deve-se notar, contudo, que a conversão socialista de Dahl não é completa e sem ambiguidades. Quatro anos depois de escrever *A Preface to Economic Democracy*, ele novamente cita os problemas que as desigualdades econômicas apresentam à democracia, mas mantém que seus prospectos são "mais seriamente ameaçados" por desigualdades políticas, "derivadas não de posições econômicas ou de riqueza, mas, sim, de conhecimento especial" (1989, p. 333). Isso está em tensão com a passagem do *Preface* que nomeia como "posição econômica" a propriedade de empresas como fonte de desigualdade em informações e controle sobre ela, que são certamente centrais para adquirir "conhecimento especial". Tal oscilação pode ser interpretada de diferentes modos pertinentes à questão em mãos: Dahl pode ter se tornado ciente de que estava muito afastado da teoria pluralista e por isso a corrigiu (evidência de que a seus olhos a teoria é incompatível com uma política anticapitalista), ou pode ter sido genuinamente ambivalente sobre adotar uma ou outra das duas instâncias políticas, ambas compatíveis com a teoria central que ele ajudou a propor.

Segundo minha leitura, é inconclusiva a questão de saber se o pluralismo clássico *tem de* apoiar exclusões pró-capitalistas destrutivas da democracia. Começando com a pretensão de Bachrach e Baratz de que o pluralismo tem essas consequências devido a ignorar ou a atenuar as fontes do poder de interesses de grupo, é claro que ao menos em seus últimos escritos Dahl não ignora tais fontes, ainda que ele seja ambivalente sobre suas inter-relações causais. Assim, isso marca um começo se o agnosticismo sobre as fontes for definidor do pluralismo clássico (e se, naturalmente, a identificação de desigualdades estruturais, antidemocráticas e outras formas de exclusão requerem investigações de suas fontes).

Como a pretensão de Bay é a de que os pluralistas abjuram concepções de bem público, o livro de Dahl de 1989, *Democracy and its Critics*, está como um contra-exemplo possível, visto esse ser um tema recorrente nele. Seu ponto de vista, de forma sucinta, é de que os bens comuns são os interesses informados que os indivíduos partilham e de que "os direitos e oportunidades do processo democrático são elementos do bem comum", porque pessoas educadas poderiam vislumbrar que essas são condições, dentre outras coisas, para elas adquirirem o esclarecimento requerido para conhecer o que é de seu interesse (p. 306-308). Sob um aspecto, essa concepção é próxima àquela dos pluralistas clássicos, visto não haver garantia de que mesmo interesses informados vão convergir em objetivos substantivos partilhados por todos os membros da sociedade, como os "tradicionalistas" que Dahl critica (Cap. 20), dizem ser. Se a confiança de Dahl em interesses informados é também compatível com o pluralismo clássico, depende de quão distante é pensado que parta do foco da última teoria em interesses subjetivos. De um lado, o conceito está radicado em interesses subjetivos, visto que interesses informados são os interesses subjetivos das pessoas, mais aqueles que poderiam ter e menos aqueles que não teriam se fossem informadas adequadamente. De outro lado, Dahl está claramente empregando uma concepção de "interesses objetivos" como aqui sumariada, e ainda que se possa argumentar ser a versão mais inócua, os pluralistas, incluindo o próprio Dahl em seus primeiros escritos, evitam, de modo típico, a acomodação de interesses objetivos, seja de que forma for.

A determinação dos pluralistas em manter suas credenciais empíricas, "realistas", provavelmente impede a especulação sobre instituições e a articulação de visões há muito removidas das práticas democráticas reais e dos valores que elas veem em seus países, abrindo-as à acusação de paroquialismo por Held. Porém, isso não preclui a sua tomada de um ponto de vista mais amplo que tais práticas e valores do que era típico em seus primeiros escritos. Assim, Dahl anexa um epílogo ao seu livro sobre democracia econômica especulando se suas recomendações poderiam receber uma recepção simpática de seus compatriotas nos EUA. Ele conclui que isso é difícil de prever, visto que eles estão "dilacerados entre duas visões conflitivas do que a sociedade americana é e deveria ser", em que uma é a "da primeira e maior tentativa do mundo de realizar a democracia, a igualdade e a liberdade política", ao passo que a outra é a de "um país onde a liberdade irrestrita de adquirir riqueza ilimitada poderia produzir a mais próspera sociedade do mundo" (p. 162). Como o caso da interpretação dos interesses de Dahl, essa concepção prejudica a teoria neohobbesiana da natureza humana, em que a sociologia política pluralista clássica está modelada; contudo, talvez isso possa ser tornado adequado a ela.

A proposta de Dahl de um sistema de empresas autoadministradas é em parte concebida para expandir o número de pessoas que podem ser politicamente ativas, em seu local de trabalho e em arenas políticas mais amplas, em decorrência dos recursos e experiências adquiridas nas empresas. Esse é um modo pelo qual ele trata da crítica ao pluralismo que aprova o acesso estreito à política democrática daqueles que têm tempo e recursos para serem parte de grupos de interesses. Aqui ele pode estar sobre fundamentos pluralistas clássicos fortes. É verdade que a teoria *descritiva* neohobbesiana permanece confinada a interesses de grupo existentes (ainda que Truman quisesse introduzir "grupos potenciais" nessa dimensão do pluralismo – 1951, p. 51, 505), mas em seu lado *prescritivo,* madisoniano, não há nada que evite fazer recomendações para modos de interesses de grupos múltiplos e acesso a eles, na medida em que isso é a maneira mais segura de garantir a estabilidade. Onde pode haver um problema é na intersecção do pluralismo descritivo e da teoria prescritiva. Se for assumido, mantendo-se o funcionalismo expresso por alguns pluralistas, que os desequilíbrios da desestabilização do poder vão se autoajustar, então recomendações para correções de atividades de grupo não devem ser necessárias.

Esse problema é visto como especialmente grave por Melissa Williams. Democracias liberais como a dos EUA dependem do funcionamento conjunto de um direito e competição de interesses de grupo, no qual o primeiro providencia uma igualdade democrática formal para os indivíduos e o último assegura equidade sensível aos grupos na garantia de uma representação governamental justa dos interesses dos cidadãos. É essencial para atingir esse objetivo que o desafio da equidade, da injustiça opressiva, instigue a formação de grupos de interesses politicamente ativos por pessoas descontentes. Em *Voice, Trust, and Memory*, Williams cita Schattschneider e argumenta que a desigualdade de recursos, especialmente de dinheiro, torna tais ações impossíveis para grupos de pessoas cujas circunstâncias injustas, por exemplo, devido à discriminação étnica, racial ou de gênero, nega-lhes acesso à representação governamental e aos recursos necessários para romperem a posição dos interesses de grupo estabelecidos (1998, Cap. 2). Sua crítica não é exatamente do pluralismo clássico, mas da "representação liberal" em geral, na qual vê o pluralismo como integral. Consequentemente, a discussão apensada neste capítulo é um lugar apropriado para inspecionar algumas discussões dos teóricos da democracia sobre a representação.

DISCUSSÃO: REPRESENTAÇÃO

Bernard Manin, Adam Przeworski e Susan Stokes refletem, provavelmente, a posição da maioria dos autores que tratam da questão da representação, assumindo que, senão por outra razão além daquela do tamanho e da complexidade das sociedades modernas, e para melhor ou pior, a democracia representativa "é a nossa forma de governo" (1999, p. 1). O objetivo deles e de outros autores incluídos em sua coleção de tópicos é identificar aspectos do sistema eleitoral que frustram a receptividade e responsabilidade dos representantes frente a um eleitorado. Esses tratamentos implicam debates abstratos sobre o significado do próprio termo "reapresentação" e chamam a atenção para recomendações concretas de feministas e outros ativistas sociais para a abertura de instituições representativas para categorias de pessoas previamente excluídas. Nesta discussão, a atenção primária será devotada a esses dois tópicos, mas deve ser registrado que nem todos os teóricos dão por assegurado que a representação seja democraticamente aceitável.

A favor e contra a democracia representativa

A democracia, de acordo com Andrew Levine, envolve crucialmente "escolher por si mesmo entre opções alternativas para escolhas coletivas" da parte de todos os cidadãos. Assim, "a transformação do cidadão de um legislador direto a um outorgante de consenso sobre as escolhas dos outros viola", fundamentalmente, a democracia (1981, p. 150). Um pró-democrata da esquerda rousseauniana, como Levine, vê essa transformação como essencial a uma agenda liberal-democrática em que questões de interesse vital comum têm sido crescentemente removidas do âmbito das tomadas de decisão coletivas e consignadas à meiga clemência de um mercado dominado de forma capitalista. Uma crítica análoga, mas advinda da extrema direita, foi aquela de Carl Schmitt. Ele também opôs a democracia ao liberalismo, o qual ele viu como baseado em princípios contraditórios. O ideal de democracia é radicalmente autodeterminado por um coletivo de pessoas, que requer homogeneidade de valores entre elas, ao passo que o princípio liberal assume valores e opiniões heterogêneos. Parlamentos, sob o ponto de vista de Schmitt não são senão arenas liberais em que pontos de vista em disputa são defendidos argumentativamente com o (determinado se isso for sempre frustrado) fim de descobrir algumas verdades durante o processo. Porque eles têm como premissa a heterogeneidade, parlamentos não podem representar públicos democráticos homogêneos e a pretensão de fazer isso impede a formação do último (1988 [1923], Cap. 2).

    David Beetham consente que a representação "constitui uma rendição ou diminuição da autonomia dos cidadãos", mas mantém adicionalmente: que isso é inevitável devido às demandas impossíveis que a participação direta poderia pôr sobre o seu tempo; que por focar em debates sobre questões de preocupações gerais e urgentes, as eleições têm a vantagem de convidar e coordenar a atividade política pública; e que desvantagens na representação podem ser compensadas pela equalização de recursos necessitados para acessar fóruns representativos e por medidas para abri-los a grupos excluídos politicamente, instados pelos teóricos ativistas pró-sociais, em breve a serem discutidos (1993, p. 63-66). Uma diferença similar é oferecida por Carol Gould, que argumenta que a "autoridade" democrática pode ser transferida a representantes por membros de uma sociedade política, desde que seja "instituída, delimitada e revogável pelos próprios membros e exercida no seu interesse" (1988, p. 225). Criticando Schmitt, Chantal Mouffe sustenta que a representação parlamentar pode se tornar consistente com a democracia, desde que algumas medidas de cooperação sobre valores democráticos definidos amplamente possam ser obtidos em cada domínio, ainda que reconheça que o público democrático, não menos do que as assembléias de representantes, seja marcado por conflitos não elimináveis (1993, Cap. 8). O Capítulo 7 irá ao encalço dos debates entre democracia representativa e participativa. No Capítulo 10 as posições de Schmitt e Mouffe serão adicionalmente discutidas.

A natureza da representação

Como muitos outros enigmas da teoria democrática, a questão de como propriamente conceber a representação foi bem colocada por John Stuart Mill: "O membro de uma legislatura deve ser limitado por instruções dos representados? Ele deve ser o órgão dos sentimentos deles ou dos seus próprios? O embaixador deles em um congresso ou seus agentes profissionais devem ser empossados não somente para agir para eles, mas ainda para julgar por eles o que deve ser feito?" (1991a [1861], p. 373). Mill está expressando aqui o que Hanna Pitkin chama de "controvérsia do mandato independente" (1967, p. 145), algumas vezes também expresso como a questão de os representantes eleitos deverem funcionar como "delegados" ou como "fideicomissários" daqueles que os elegeram.

Não obstante emaranhado em suas suspeitas com relação à aptidão dos votantes ordinários para tomar decisões sábias e de suas recomendações concomitantes sobre regras de votação para assegurar um grande número de representantes com educação, a solução prescrita por Mill foi a de nutrir uma "moralidade política" que desse grande discricionariedade aos representantes para agirem como julgassem ser no melhor interesse de seus representados. A isso ele adicionou provisões importantes de que os representantes deveriam honestamente representar seus pontos de vista aos votantes e serem, em última análise, responsáveis frente a eles (especialmente em relação aos votantes pobres que provavelmente não poderiam ter muitos no governo de sua própria classe) e que em matérias envolvendo "convicções fundamentais" ou filosofias políticas e sociais básicas (conservador ou liberal, clérigo ou racionalista e assim por diante) os votantes deveriam selecionar representantes como delegados e não como fideicomissários com escopo amplo para julgamentos independentes (1991a [1861], Cap. 12).

As classificações de Pitkin

Pitkin defende uma interpretação assemelhada àquela de Mill em seu *The Concept of Representation*, um livro frequentemente referido devido aos seus habilidosos desenvolvimentos da análise linguística e à sua riqueza de aplicações históricas. A sua classificação básica (1967, Cap. 3) providencia uma imagem proveitosa de alguns modos de conceitualizar a representação (ver Figura 5.1).

A concepção formal de democracia trata da relação entre representante e representado abstratamente, e tem duas ênfases dependendo de os representados autorizarem o representante a agir por eles ou de os representantes serem responsáveis frente àqueles que eles representam (ou ambos, já que as

```
                        ┌─ Autorização
              ┌ Formal ─┤
              │         └─ Responsabilidade
Representação ┤                        ┌─ Simbolizar
              │              ┌ Está por┤
              └ Substantiva ─┤         └─ Espelhar
                             └─ Age por
```

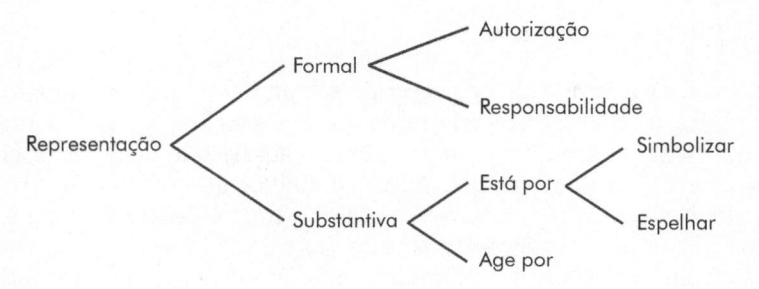

Figura 5.1

categorias não são mutuamente excludentes). Pitkin usa Hobbes como exemplo de um teórico da "autorização" pura; para ele o contrato entre cidadãos e líderes de governo dá a estes o poder de governar como lhes convém. Um exemplo de um teórico da responsabilidade pura (ainda que não seja um que Pitkin cite) poderia ser Riker, para quem a principal relação dos políticos do governo com o público é que eles podem ser postos fora do cargo em uma eleição, e nesse sentido são responsabilizáveis. Pitkin favorece uma combinação de autorização e responsabilização, mas sozinhas ela considera tais noções formais insuficientemente concretas para aplicações proveitosas na política real.

Então, ela adiciona duas categorias "substantivas". Na categoria "está por", na qual ou os representantes são considerados como um "símbolo" de uma representação, como o Papa é da Igreja Católica ou um rei é de seu país, ou os corpos de representantes são uma "miniatura das pessoas em geral" (ibid., p. 60, citando John Adams). Pitkin vê que no último modo os representantes podem estar para uma representação (também chamada por ela "espelhar" ou "descrever") como mais relevante para as democracias modernas do que a representação simbólica. Isso frequentemente dá um aviso àqueles que reclamam que a assembleia representativa não reflete categorias de pessoas em uma população (por exemplo, haver poucas mulheres ou nenhuma, que estejam por seus 51% da população, ou ser sobrecarregada com pessoas das classes média e alta). Sua outra categoria substantiva maior ("age por") não olha para quem são os representantes, mas para o que eles fazem. Pitkin pensa que essa categoria serve melhor para pensar sobre a representação política, mas ela também reconhece que enfrenta a "controvérsia do mandato independente", visto que os representantes podem agir para os cidadãos como delegados e então serem compelidos a seguir suas instruções ou, como fideicomissários, cujo "age por" é uma questão de fazer o que eles pensam ser o melhor para aqueles que eles representam.

O escopo da representação

Essa controvérsia é melhor descrita, sustenta Pitkin, como um paradoxo envolvido na verdadeira concepção de "representação", na qual há alguma coisa representada em que ao mesmo tempo aquilo que faz a representação tem características de si mesmo. Então, o melhor que se pode fazer é estabelecer limites para a representação política a fim de delimitar o seu escopo. Isso significa impedir situações extremas nas quais alguém de fato não seria melhor do que um oligarca, cujas ações não estão relacionadas aos desejos dos representados, e aquelas nas quais o representante é simplesmente um instrumento, sem espaço para uma discricionariedade independente.

Para determinar o escopo da representação dentro desses limites amplos, Pitkin invoca como guia que os representantes sejam livres de exercer a discricionariedade, mas que se esforcem para fazê-lo no interesse de seus representados, os quais, por sua parte, são pensados como capazes de julgamentos independentes e não somente como encargos dos quais eles devem tomar conta. Visto que os interesses (objetivos) do povo e seus desejos (subjetivos) tendem a coincidir, os representantes devem ultrapassar demais ou com muita frequência os desejos dos representados, mas quando eles persistentemente o fizerem, serão obrigados a explicar e a justificar isso aos representados (Cap. 7 e o Sumário nas p. 209-210). Ao se fazer julgamentos sobre o equilíbrio correto entre delegação e fideicomisso ter sido ou não afetado, não há espaço para debates teóricos adicionais, especialmente entre aqueles com mais ou menos concepções "objetivas" de interesses (Pitkin discute com Edmund Burke e James Madison).

As posições de Pitkin nessa matéria são contestadas. Um problema é decidir o que é uma questão de debate teórico nos limites da representação adequada e o que é um debate sobre esses limites. Um exemplo é a diferença entre Mill e Pitkin concernentes aos valores básicos da filosofia social de alguém. Mill pretendeu eximir tais "convicções fundamentais" da representação discricionária, mas elas estão, provavelmente, entre as coisas sujeitas a debate teórico entre os pontos de vista representacionalistas aceitáveis por parte de Pitkin. Naturalmente, pode também haver debate sobre o que exatamente constitui uma convicção fundamental para a posição de Mill. Uma resposta dada por Thomas Christiano é que os representantes legisladores devem se engajar em deliberações de longo alcance sobre *meios* para fins socialmente determinados, sendo que com respeito aos próprios fins, eles devem agir como delegados dos cidadãos (1996, p. 215-219).

Para Christiano, isso significa que a representação com respeito a objetivos sociais é um mandato dado pelo eleitorado para deliberar (incluindo negociar) com outros representantes sobre os melhores meios de efetivar os fins escolhidos pelos votantes. Como diferentes votantes muitas vezes irão favorecer diferentes fins, isso levanta uma questão sobre o que Christiano chama de "objeto de responsabilidade" de um representante, que pode ser ou aqueles que votaram para ele ou para ela, ou todos no distrito de votação do representante, ou toda a sociedade dos cidadãos (p. 214-215). Assumindo que seja claro o fim ordenado, também será claro em seu ponto de vista que os representantes devam ser responsáveis frente àqueles que votaram para eles executarem o ordenado. Isso é factível na prática, ele pensa, se as pessoas votarem para partidos políticos, cada um disputando sob plataformas que se conformam a fins alternativos e se os assentos alocados para a casa legislativa forem proporcionais à percentagem de votos recebidos por partido (p. 227-229).

A posição de Cristiano está em tensão com a de Pitkin, para quem a representação proporcional é uma forma de "está por" estática, concepção à qual ela opõe seu ponto de vista ativo da representação (1967, p. 60-66). Está também em tensão com os críticos da concepção "mandatária" da representação em geral, como a de Przeworski. Esboçando a mesma decisão sobre a literatura teórica que, como observado no Capítulo 4, tornou William Riker cético sobre discernir uma vontade popular (e, então, identificar mandatos), e observando que, "não existindo democracia, os representantes estão sujeitos a instruções vinculantes" (1999, p. 35), Przeworski recomenda rejeitar um conceito "mandatário" de representação e aceita uma concepção "responsabilizadora", de acordo com a qual um governo é considerado como tendo representado um público se ele sobrevive ao teste da reeleição (1999; ver a introdução à coleção de 1999 que ele coeditou com Manin e Stokes e seu importante artigo nela). Essa crítica da representação proporcional não é, deve-se observar, de modo algum similar àquela de Pitkin, cujos pontos de vista Przeworski olha como "incoerentes", porque, ainda que a representação requeira para ela a conformidade das ações dos representantes aos interesses dos cidadãos, ela rejeita os dois únicos métodos admitidos por ela para determinar essa conformidade, a saber, a ação do governo de acordo com as instruções dos votantes ou a sobrevivência eleitoral (1999, p. 33).

Os objetos de representação

Ainda um outro aspecto da tentativa de caracterizar a representação concerne à questão do *que* deve ser representado. Para Pitkin, os objetos da representação são os interesses das pessoas; contudo, interesses podem ser sustentados por classes diferentes de agentes. Como Ross Harrison informa, o pensamento clássico de um Whig sobre os interesses foi sustentado por agrupamentos sociais (pense-se em interesses mercantis, agrícolas e assim por diante), colocando-os, desse modo, em desacordo com utilitaristas como

Benthan e James Mill, para quem os interesses foram sustentados por pessoas individuais (Harrison, 1993, p. 100). Pode-se pensar que interesses de grupo podem sempre ser analisados como interesses individuais, mas (mantendo-se a preocupação de Truman nesse objetivo) fazer isso poderia perder de vista os interesses específicos para um grupo. E são esses interesses, em vez de um grande número de interesses que poderiam ser sustentados por qualquer indivíduo, aos quais, sob o ponto de vista de Truman, políticas democráticas e ações podem e devem ser sensíveis.

O que quer que seja tomado como portador de interesses, não é claro exatamente quais interesses seriam (como essa discussão de interesses objetivos deve tornar claro) ou que os próprios interesses seriam os únicos ou os mais importantes para a representação democrática. Assim, Iris Young distingue *interesses* ("o que afeta ou é importante para os planos de vida das pessoas, ou para os objetivos da organização"), *opiniões* ("os princípios, valores e prioridades" de alguém) e *perspectivas* (em virtude das quais "pessoas com posições diferentes têm experiência, história e conhecimento social diferentes") – 2000, p. 135-136). Todos os objetos merecem representação de acordo com Young, mas cada um a seu modo. Em particular quando "princípios liberais da liberdade de expressão e associação devem governar a representação de interesses e opiniões" (p. 147), medidas públicas ativistas são necessárias algumas vezes para assegurar a representação das perspectivas sociais.

Representação de grupo especial

O interesse de Young e outros defensores da representação de grupo especial não é uma preocupação geral de como assegurar que todos os modos de os indivíduos poderem ter necessidades ou interesses especiais consigam representação no governo. Tal ponto de vista "espelhado" dificilmente pode ser realista, exceto, talvez, em pequenas jurisdições democráticas em que a participação direta democrática possa remover a necessidade de qualquer, ainda que mínima, estrutura de representação. Além disso, o resultado espelhado poderia ser mais facilmente obtido escolhendo-se representantes por meio de sorteio, como de fato um teórico contemporâneo, John Burnheim, recomendou (1985, Cap. 3). As recomendações deles são, em vez disso, medidas especialmente designadas para tratar o que eles de modo variado descrevem como marginalização persistente, opressão ou exclusão de pessoas em virtude de sua filiação a categorias de indivíduos, como de mulheres ou de minorias raciais, cuja filiação não justifica ter que suportar essas desvantagens. Devido "à miríade e aos modos sutis nos quais princípios e processos equitativos ostensivamente podem reproduzir desigualdades estruturais", como afirma Williams, tais situações clamam por medidas especiais (1998, p. 194).

As pessoas estrutural ou sistematicamente excluídas ou marginalizadas ficam, os teóricos em questão insistem em dizer, presas em espirais decrescentes nas quais a sub-representação no governo, devido a atitudes discriminatórias e à falta de acesso a recursos políticos, facilitam a falta de atenção do governo às suas necessidades econômicas, educacionais e outras, isso torna, por sua vez, ainda mais difícil para elas adquirirem recursos políticos, ajudando a alimentar a discriminação. De acordo com isso, a representação especial de grupo é vista como uma parte de campanhas para deter essas espirais decrescentes e substituí-las por crescentes. Sobre a questão de a representação especial, sendo bem sucedida nesse empreendimento, dever, então, ser ou não desmantelada, os teóricos não têm a mesma opinião.

Tipos de grupos

Kymlicka distingue, de um lado, minorias nacionais, como os aborígines ou os franco-quebequences no Canadá, cujas aspirações de manter sua cultura nacional e integridade são impedidas pela sua condição minoritária em um Estado bi ou multinação e que requerem alguma medida de autogoverno autônomo para superar esse impedimento e, de outro lado, grupos em desvantagem étnica, de gênero ou raciais, que frequentemente buscam autogoverno e não poderiam exercê-lo se o realizassem. Provisão para o autogoverno nacional é apropriada à primeira categoria de pessoas, e se pode esperar que persista em alguma forma de arranjo constitucional permanente. Medidas especiais para outros tipos de grupos de representação, contudo, são necessárias somente na medida e pelo período requeridos para libertar as pessoas de barreiras sistemáticas para a igualdade efetiva em processos políticos cegos aos grupos (1995, Cap. 7).

Young é cautelosa com relação a pretensões de autodeterminação quando elas estão associadas a grupos nacionais, tendo medo que isso possa fomentar sentimentos nacionalistas nos quais as necessidades e perspectivas de uma variedade de grupos diferentes de "povos" fiquem soterrados (2000, p. 251-255). Ao mesmo tempo, sua proposta é mais condutiva do que a de Kymlicka a alguma forma de representação permanente de grupo em arenas públicas. Ainda que ela diga que os princípios que ela favorece "clamem por uma representação específica somente de grupos oprimidos ou em desvantagem" (1990, p. 187), Young resiste a uma visão ideal de "liberação como a transcendência da diferença de grupo" (ibid., p. 168) e defende a representação de grupo de forma positiva para conduzir a perspectivas alternativas para um "público heterogêneo" para o qual, presumivelmente, precauções necessitariam ser asseguradas, mesmo em um mundo pós-opressão (ibid., p. 190).

Modos de representação de grupo

Assim como para os modos pelos quais grupos podem ser representados, William providencia uma lista para as recomendações mais comuns (1998, p. 221-233). Algumas medidas se aplicam às eleições e compreendem representação proporcional; reservar assentos em corpos legislativos para membros de grupos marginalizados sub-representados; redesenhar as zonas eleitorais quando grupos sub-representados estiverem concentrados em áreas geograficamente determinadas ou providenciar distritos multimembros quando apropriado; providenciar cotas para grupos subrepresentados em listas de candidatos de partidos políticos. Outras medidas são especialmente designadas para encorajar a deliberação inclusiva nas casas legislativas. Em contraste com Pitkin, que olha o "está por" simbólico, em grande medida, como uma forma impraticável de representação, Williams sustenta que a mera presença de pessoas de grupos marginalizados em fóruns legislativos vai de algum modo encorajar a deliberação inclusiva. Medidas mais pró-ativas são o encorajamento de coalizões de representantes de vários grupos marginalizados e regras de votação requerendo mais do que uma simples maioria. Williams não endossa a recomendação sugerida por Young em sua influente obra *Justice and the Politics of Difference* (1990, p. 184), ainda que não em seu mais recente *Inclusion and Democracy*, 2000), de dar poder de veto a representantes de grupos marginalizados, na medida em que isso poderia ser causa de divisão dos grupos.

A terceira categoria de William dos modos de representação concerne à relação dos representantes aos representados. Como outros teóricos antiopressão (por exemplo, Phillips, 1991, p. 77-83), ela vê isso como problemático, devido à heterogeneidade nos grupos excluídos sistematicamente, de tal forma que mulheres são de classes econômicas e raças atribuídas diferentes, pessoas da classe trabalhadora são de nacionalidades e gêneros diferentes, e assim por diante. De acordo com William, nem o modelo por meio do qual os representantes são imputáveis frente a seus representados, mas que não são seus delegados estritos (a posição de Pitikin), nem o modelo (favorecido por Mill e Christiano) no qual eles são delegados para representar os valores fundamentais de seus representados ou seus objetivos favoritos, são suficientes. Em vez disso, ela recomenda promover fóruns como encontros nas prefeituras ou grupos com foco eletrônico nos quais os representantes ou potenciais representantes e outros de seus grupos possam mutuamente formular concepções dos objetivos e dos respectivos meios para tais objetivos, a serem tomados nas casas legislativas (p. 231-232).

Desafios para a representação de grupos

Além de apresentar o problema de quais grupos merecem representação, uma crítica que recobre a representação especial de grupo é que ela viola o princípio democrático da igualdade individual. Como afirma Nathan Glazer no que se refere aos programas de ação afirmativa impostos legalmente com bases raciais ou étnicas, "pretensões individuais a considerações sob a base da justiça e equidade" são substituídos por "um interesse por direitos para grupos raciais e étnicos determinados ou publicamente determinados" (1975, p. 197). Esse interesse é normalmente rejeitado pelos defensores da representação de grupos sob o fundamento de que não há método de votar no sistema representativo que possa ser completamente neutro no que se refere a quem ganha uma quantidade de representação. Por exemplo, regras de votação de representação proporcional em um sistema multipartidário podem providenciar uma representação maior dos interesses das minorias do que aquele que for mais votado em uma votação majoritária distrital bipartidária. Selecionar representantes de distritos geográficos raramente mapeia o tamanho das populações distritais, e os interesses ou grupos que ficam representados dependem em grande medida de como os limites dos distritos são desenhados (Williams, 1998, p. 26; Young, 2000, p. 143; Kymlicka, 1995, p. 135). O problema de decidir quais grupos merecem representação especial é alcançado, como indicado, pelo uso de um critério que se refere a desvantagens contínuas e sistemáticas.

Todos os proponentes de representação especial de grupo sabem que há mérito nas críticas dirigidas contra propostas específicas, e eles, de acordo com isso, qualificam suas recomendações; por exemplo, na insistência de que as medidas para representação especial sejam implementadas somente onde não houver alternativa aceitável e que não sejam empregadas por mais tempo do que o necessário. Da árvore das três críticas específicas, umas relacionadas às outras, é recorrente afirmar-se que a representação especial balcaniza[*] as pessoas; que "essencializa" as pessoas por pensá-las justamente em termos de uma de suas identificações grupais; e que enfrenta o problema da relação entre os representantes de grupos e os grupos que eles têm que representar.

Um modo em que a representação de grupo é pensada para enfrentar o risco de balcanização é por legitimar a marginalização: dar reconhecimento oficial a grupos solapa um dos maiores objetivos que se supõe que a representação especial de grupo supere, a saber, a estigmatização de ter sido singularizado (ver o sumário e as referências de Young, 1990, p. 169). Uma outra manifestação de balcanização é endereçada por Kymlicka (1995, p. 139-140) quando

---

[*] N. de RT. Expressão criada pela teoria política para designar a faxina étnica que houve nas bálcas.

ele anota a tendência da representação especial de grupo de conduzir as pessoas de grupos relativamente privilegiados (por exemplo, homens ou pessoas de classe média) a se sentirem exoneradas de levar em consideração as necessidades de menos privilegiados e, inversamente, para pessoas de grupos especialmente representados a cuidarem somente de seus interesses. Teme-se que a balcanização nesse sentido conduza a uma forma de poder político em que os representantes não se preocupam com o bem comum (Elshtain, 1993, Caps. 2, 3; Phillips, 1995, p. 24). A acusação essencialista é a de que, ao se garantir representação especial na base de uma característica, por exemplo, gênero, assume-se falsamente que todos os membros de um grupo exclusivamente ou primariamente se identificam com aquela característica e que partilham os mesmos valores (ver o sumário e referências de Young, 2000, p. 87-92.

Phillips vê uma hipótese essencialista também no que ela chama de "política da presença" ou a posição de que ficando (em seu exemplo) as mulheres incluídas no governo, os interesses delas seriam representados (1995, Cap. 3). Isso levanta a questão de como os especialmente representados e seus representantes devem ser relacionados. Um modo de sublinhar o problema aqui é comparar um método de reserva de lugares em corpos governamentais para pessoas de grupos marginalizados como o método alternativo de assegurar que ao menos algumas plataformas políticas de alguns partidos retratem interesses de grupos marginalizados (isso seria uma forma do que Phillips chama "a política das ideias"). A primeira estratégia garante que as pessoas de grupos sub-representados estejam no governo, mas tem de ser permitido que eles possam não lutar para representar interesses específicos de seus grupos. A disciplina de partido torna mais fácil manter representantes eleitos responsáveis na segunda estratégia, mas mesmo com representação proporcional, não há garantia de sucesso eleitoral. Nem, a menos que os partidos incluam listas de grupos, há uma garantia de que os eleitos sejam de um grupo marginalizado relevante (ver Kymlicka, 1995, p. 147-149 para uma discussão análoga).

Uma revisão completa dos debates futuros impulsionados por esses desafios está além do escopo desta discussão, que concluirá pela indicação das respostas iniciais dadas pelos defensores da representação especial de grupos aos argumentos contra tal representação. A reação de Williams à acusação de estigmatização é típica, provavelmente, de quando ela contrapõe que um grupo marginalizado é um fato estigmatizante nas sociedades contemporâneas que não é criado pelo reconhecimento político de necessidades especiais e interesses dos marginalizados (1998, p. 211). No entanto, como Kymlicka argumenta, tais práticas, como o desenho de zonas eleitorais para coincidir com certos representados com necessidades especiais (por exemplo, rural e agrícola), não são completamente novas à política democrática. O que é novo é que há novas demandas para introduzir medidas como essas para grupos sub-representados, como os negros nos Estados Unidos (1995, p. 135-136). Uma reação similar é expressa por Young às outras acusações de balcanização de que a representação de grupo distancia a política da procura do bem comum, quando ela mantém que nos fóruns políticos, como correntemente estruturados, "grandes privilégios e posições dominantes permitem a alguns grupos articularem o 'bem comum' em termos influenciados por suas perspectivas e interesses particulares" (1990, p. 118).

Em seu livro mais recente, Young reitera essa visão e a suplementa para insistir no potencial desses fóruns em buscar o bem comum, visto que quando a deliberação é sinceramente dirigida a esse fim, os corpos deliberativos necessitam ser desenhados com base nas experiências e perspectivas de todos os cidadãos (2000, 82-83). Kymlicka preenche o encargo de um modo que significa virar a mesa, ao menos daqueles que sustentam isso de uma posição liberal-democrática. A maior confiança de seu argumento é que a representação especial de grupo não está sozinha no confronto das dificuldades teóricas e práticas e que não é "inerentemente não-liberal ou não-democrática" (1995, p. 151). Em um argumento similar de mudança de rumo, Williams trata de teóricos que estão interessados em que os bens comuns sejam buscados nos fóruns democráticos e argumenta que uma concepção do "bem comum em direção a qual a política pública deveria visar tem de incorporar um foco consciente nos bens dos grupos, cujo bem tenha sido sistematicamente negligenciado no passado" (p. 195).

Para enfrentar as outras críticas, os teóricos têm recomendado reorientações no modo como a representação geralmente é olhada. Assim, Young introduz a sua distinção entre interesses, opiniões e perspectivas para enfrentar a acusação de que um tratamento especial essencializa grupos de acordo com isso. Apesar de mulheres, pessoas da classe trabalhadora, negros e outros grupos como esses conterem pessoas de cada grupo de interesses identificações de grupo e de opiniões amplamente variáveis, todos partilham determinadas perspectivas devido a suas "posições sociais estruturais", e isso é especialmente assim quando pessoas "estão situadas em lados diferentes das relações de desigualdade estrutural" (2000, p. 136). Na teoria tradicional, a representação ou é de pessoas ou é de interesses (objetivos), ou opiniões (subjetivas) pensados como comuns a um eleitorado representado. Pela mudança da atenção primária para perspectivas, Young pensa que pode evitar as armadilhas de quaisquer dessas alternativas, visto que perspectivas são comuns a grupos de pessoas que são, caso contrário, individualmente complexos, tendo, portanto, uma variedade de interesses e opiniões, muitas vezes divergentes.

Uma mudança similar de pensamento pode ser vista na posição de Phillips e Williams do problema que a própria Phillips levanta sobre como grupos marginalizados devem ser representados sem assumir um essencialismo não realista ou perder a vantagem de ter representantes imputáveis desses grupos em fóruns legislativos. Phillips especula que os problemas da imputabilidade derivam de se assentar uma "política da presença" e uma "política das ideias" em oposição mútua, de tal forma que ou as "ideias são tratadas como totalmente separadas das pessoas que as executam" ou as "pessoas dominam a atenção, não se pensando suas políticas ou ideias" (1995, p. 25). A sua solução é recomendar a busca simultânea das duas espécies de política. Isso sugere uma posição pragmática na qual, por exemplo, se uma ou a outra, ou algumas combinações dos assentos reservados, ou as plataformas estratégicas dos partidos como já descritas, são empregadas, isso depende das circunstâncias locais. Para William, a mudança-chave no pensamento sobre a representação é prestar atenção primária sobre as interações entre representados e representantes em que eles têm o potencial de mudar um ao outro. Isso, por sua vez, desloca o debate sobre a natureza da representação e da responsabilização para os fundamentos práticos de se facilitar a "comunicação entre representantes e representados" (1998, p. 231; Young, 2000, p. 129).

Todos os autores citados que defendem a representação especial de grupos concordam que nem fóruns e procedimentos governamentais cegos para grupos, nem conflito entre interesses de grupos tradicionais, são suficientes para fazer uma democracia representativa equitativa. Ainda que eles concordem com os pluralistas clássicos em que a teoria democrática não deve exatamente se preocupar com estruturas formais de governo, mas deve prestar atenção a formulações e atividades das pessoas na sociedade civil, as atividades que têm em mente não são aquelas do poder político ao redor do autointeresse; são mais semelhantes às atividades transformadoras defendidas pela democracia participativa. Nós nos voltamos para esses teóricos no Capítulo 7, depois de analisar uma escola que está ainda mais distante dos teóricos que focam em grupos oprimidos do que os pluralistas clássicos estão.

6
CATALAXE

Uma avaliação da literatura democrático-teórica corrente provavelmente revelaria, ao menos no mundo de fala inglesa, uma predominância de trabalhos de democratas deliberativos e de teóricos da escolha social (ou "pública" ou "coletiva"). A democracia deliberativa será o objeto do Capítulo 9. A literatura da escolha social, contudo, não constitui exatamente uma *teoria* única da democracia. Ao contrário, ela emprega técnicas que se supõem serem capazes de explicar qualquer comportamento no qual os indivíduos tomam decisões coletivas e as aplica às práticas democráticas – em particular àquelas associadas com a votação majoritária de cidadãos ou legisladores –, empregando um modelo ideal de comportamento político. O objetivo é identificar problemas (como o problema da maioria cíclica discutido no Capítulo 2) e fazer, algumas vezes, recomendações sobre como solucioná-los. E dependendo de quão confiantes os teóricos forem de que os atores políticos reais combinam com o modelo, eles podem tentar também fazer previsões.

A teoria da escolha social é uma espécie de teoria da "escolha racional" mais geral, e é algumas vezes simplesmente referida por esse nome quando se entende que decisões coletivas estão sendo tratadas. Teóricos da escolha social preocupados com o comportamento político concordam sobre a parte principal de seu modelo ideal: um indivíduo racional chega a uma situação política que clama por uma decisão coletiva com preferências ordenadas sobre possíveis resultados e escolhe aquele curso de ação (geralmente, votar de um modo ou outro ou se abster de votar) considerado melhor para realizar as suas preferências mais altamente ordenadas ou suas preferências possíveis, dadas as regras de tomada de decisão daquele lugar, a antecipação dos comportamentos dos outros indivíduos e outras limitações semelhantes.

Um postulado metodológico que guia a teoria da escolha social é que a racionalidade opera somente se as pessoas assumem meios apropriados para seus fins preferidos. Os próprios fins não são nem racionais nem irracionais, mas são simplesmente tomados como dados para avaliar a racionalidade daqueles que agem para promovê-los. Um segundo postulado maior é que os indivíduos são as unidades básicas de análise, de tal forma que, quando a "racionalidade" dos grupos é discutida, entende-se que o comportamento do grupo pode ser analisado a partir do comportamento dos membros do grupo. Aplicações da teoria da escolha social à política democrática partilham com o pluralismo clássico a suposição "realista" de que a política tem a ver principalmente com conflitos entre os atores políticos autointeressados, e a democracia com competição eleitoral, mas este postulado "metodológico individualista" cria uma diferença importante expressa pela crítica de Mancur Olson a Bentley, Truman e a outros pluralistas por fazerem dos interesses de grupos suas unidades básicas de análise. Ele vê uma falha fatal em sua posição: supõe-se que os grupos ajam para melhorar os interesses comuns dos indivíduos que os demandam, mas entre esses interesses está aquele econômico, de minimizar os custos requeridos para providenciar recursos para o grupo como um todo; assim, cada indivíduo tentará evitar incorrer nesses custos e não irá "voluntariamente fazer sacrifício algum para ajudar seu grupo a obter seus objetivos políticos – públicos ou coletivos" (1971, p. 126).

Refinamentos e explicações da teoria da escolha social exibem complexidades (por exemplo, insistem em que, para preservar a racionalidade, a ordem das preferências seja transitiva) e revelam diferenças entre teóricos da escolha racional (por exemplo, se preferências altruísticas podem ser tomadas em consideração). Entre as vantagens vistas pelos teóricos da escolha social da sua posição está a de ela se prestar à formalização e a representações gráficas. Quando estão reconstruindo ou projetando a decisão racional de dois ou mais indivíduos que estrategicamente antecipam os cálculos um do outro, os teóricos da escolha social se beneficiam das técnicas da teoria do jogo, que são especialmente designadas para tais situações. Os sumários das teorias da escolha racional e social por Donald Green e Ian Shapiro (1994, Cap. 2) e as contribuições para coleções editadas por Jon Elster (1986a) e Hylland Aanund e Elster (1986) analisam algumas dessas complexidades. Eles também providenciam pontos de partida para uma literatura extensa, como fazem os textos de Russell Hardin (1982), especialmente na teoria do jogo, de Peter Ordeshook (1992).

OS TEÓRICOS DA CATALAXE

Mais tarde neste capítulo irei retornar à questão de saber se a organização de um tal modelo e o uso de técnicas racionais para escolha confinam alguém a uma teoria democrática única. Pode ser encontrada evidência de que não o faz, na diversidade de orientações entre aqueles que estão à vontade nessa proposta, incluindo conservadores políticos como David Gauthier e teóricos da esquerda política, como Elster ou John Roemer. Contudo, se se focar nos ancestrais imediatos dos praticantes da escolha social contemporânea, uma proposta mais unificada se torna clara. Tais orientações estão no que Dennis Mueller chama de "primeira geração" dos teóricos da "escolha pública", como distintos (ainda que não consistentemente) dos teóricos da "escolha social" e dos precursores do século XIX, Condorcet e Borda, referidos no Capítulo 4. Isso está em uma introdução de Mueller a uma proveitosa coletânea de ensaios sobre diferentes aspectos da teoria da escolha pública (1997). Esses teóricos ancestrais da escolha pública estão diretamente na linha de Schumpeter, cuja concepção de democracia tomam como ponto de partida. Os maiores entre eles são Anthony Downs, James Buchanan e Gordon Tullock.

A proposta que eles desenvolvem é algumas vezes chamada "catalática" com referência ao termo apropriado por Friedrich Hayek (1976, Cap. 10) de um teórico da economia do século XIX, Richard Whatley, que adotou o verbo grego "troca" para descrever a essência da economia política. (A proposta é algumas vezes atribuída à "Virginia School" em reconhecimento à presença de Tullock no Centro Thomas Jefferson da Universidade da Virgínia, quando colaborou com Buchanan.) O aspecto remarcável de qualquer sociedade humana de qualquer tamanho para além da tribo, para Hayek, é que sem encontros face a face para se entenderem sobre a distribuição de bens e serviços, distribuições mutuamente aceitáveis são, no entanto, feitas por pessoas com uma ampla variedade de objetivos de vida que são desconhecidos uns dos outros. Isso é possível devido à troca em mercados impessoais, sendo que Hayek usou o termo "catalática" para descrever a ciência da troca *per se*. Essa ciência "descreve a única ordem em toda parte que compreende quase toda a espécie humana" (p. 113). Subsequentemente, "catalaxe" foi usado para se referir à aplicação das teorias e métodos econômicos ao estudo da política.

Isso está de acordo com a orientação de Downs, que em seu *An Economic Theory of Democracy* buscou aplicar os métodos da teoria econômica à política para descobrir "uma regra de comportamento generalizada ainda mais realista para um governo racional, similar às regras tradicionalmente usadas pelos consumidores e produtores racionais" (1957, p. 3). Um governo é racional nessa proposta pela mesma razão que um indivíduo pode ser racional no modelo da escolha racional, a saber, quando ele busca meios apropriados para um determinado fim. Esse fim não é difícil de localizar para Downs: seguindo a Schumpeter, ele assevera que, visto ser a "função política das eleições em uma democracia ... selecionar um governo, (portanto) o comportamento racional em conexão com as eleições é um comportamento orientado para esse fim e não para outro" (p. 7).

Partidos políticos

Porque são os partidos políticos que competem nas eleições, entender a "regra de governo" é entender o comportamento dos partidos políticos. Estes, por sua vez, são constituídos de políticos, que não buscam mandato com vistas a implementar políticas de proteção, mas, sim, agem somente "para obter a renda, o prestígio e o poder que advém da ocupação do cargo", finalidade para a qual eles se unem com outros em um partido político para competir pelos espólios do governo (p. 24-31). Downs, assim, descreve sua "tese principal", de que os "partidos na política democrática são análogos a empreendedores em uma economia que busca lucro" na formulação de "qualquer política que eles acreditam que irá ganhar a maioria dos votos, exatamente como empreendedores produzem qualquer produto que eles acreditam que irá obter os maiores lucros" (p. 295). Governos têm de desempenhar certas funções sociais (coletar taxas, manter serviços públicos, ter em vista a segurança nacional e assim por diante), e um partido no governo deve manter um número adequado de votantes suficientemente satisfeitos para ser reeleito, de tal forma que na troca os cidadãos ganham alguma coisa em compensação por seus votos. Contudo, esses são subprodutos do objetivo motivador de conseguir se eleger e permanecer no poder (p. 28-29), do mesmo modo que fornecer a um consumidor um carro é um subproduto de um vendedor de carro fazer uma venda.

Uma das conclusões que Downs retira desse modelo catalático de política diz respeito à distribuição de ideologias entre os partidos políticos de um país. Ao passo que alguns votantes analisam as políticas específicas de um partido que compete pelos seus votos e avalia seus candidatos, muitos, senão a maioria, não tira o tempo ou se esforça para fazer isso (absolutamente racional para Downs, como será visto em breve). Ao contrário, eles seguem a prática que consome menos tempo para votar contra ou a favor de um partido, na base de sua ideologia declarada, quer dizer, da sua imagem de uma boa sociedade e da forma de obtê-la como é projetada em sua plataforma e em seus *slogans* de campanha. Conhecendo isso, os partidos publicizam ideologias como propaganda. Visto que o objetivo de um partido é justamente se eleger, seus líderes não se preocupam com o valor intrínseco das ideologias, mas publicizam somente o que eles pensam que irá atrair o maior número de votantes.

Em contraste com esse pano de fundo, Downs adota um modelo simplificado e sua representação gráfica de um economista antigo (Harold Hotelling), que toma como protótipica a observação de que em cidades com somente duas mercearias, as duas são geralmente muito perto uma da outra e próximas ao centro da cidade. A explicação evidente é que uma loja perto do centro da cidade pode atrair mais consumidores pedestres do que uma distante do centro, de tal forma que cada dono da loja tentará se mudar o mais possível para perto do centro, com o resultado de que as lojas ficarão próximas uma da outra. Uma sociedade com uma grande classe média e valores políticos moderados partilhados pela maioria da população, sustenta Downs, é análogo ao modelo de Hotelling, sendo que o resultado é que se pode esperar dois partidos políticos predominantes, esposando ideologias distinguíveis, mas vagas e similares. Isso atrairá o maior número de votantes para cada partido, e, além disso, não interessando qual deles ganhe as eleições, será capaz de satisfazer seus votantes sem alienar grandemente a massa dos que apoiam o outro partido, e o governo será estável.

Em contraste, se uma sociedade é ideologicamente polarizada, dois partidos serão de novo a norma, mas eles serão tão distantes um do outro na ideologia que, uma vez eleito um partido, não poderá manter satisfeitos os que votaram nele e a minoria que votou contra; o governo será instável ao ponto de convidar a uma revolução. Ou, novamente, em um país no qual as pessoas são atraídas por várias ideologias, em número mais ou menos igual, um sistema multipartidário irá resultar, com cada partido apelando para diferentes segmentos da população. As ideologias em um tal sistema serão finalmente definidas, mas em parte por essa razão, as coalizões necessárias para governar encontrarão dificuldade para realizar políticas aceitáveis a seus votantes principais e aos outros votantes, e o governo será ineficaz (Capítulos 8 e 9). Downs atribui a estabilidade política dos EUA à sua aproximação ao modelo das duas mercearias: fosse ele responder ao exercício no Capítulo 1, ele não hesitaria em destacá-lo como o melhor exemplo de uma democracia eleitoral.

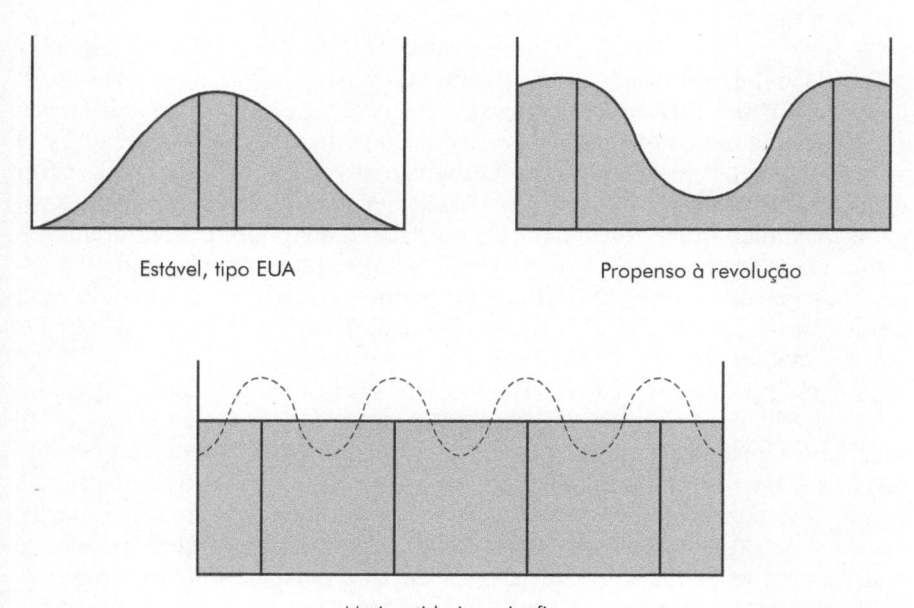

Estável, tipo EUA

Propenso à revolução

Mutipartidarismo ineficaz

Figura 6.1
Nota: *áreas sombreadas representam a distribuição de votantes por sua inclinação ideológica. Linhas verticais representam partidos políticos.*

Abstenção de votar

Ao se aproximar a eleição presidencial americana do ano 2000 (ela mesma moída por vários moinhos teórico-democráticos), um jornal do meio-oeste convidou vários estudantes do ensino médio a enviarem cartas sobre a apatia dos votantes. A maior parte das respostas citava qualidades não inspiradoras dos líderes eleitos ou outra qualidade desprezível. Alguns se referiram ao desencorajamento devido à quebra de promessas de campanha e à suspeita de que os políticos serviam aos poderosos, a interesses minoritários; outros lamentaram a mídia ou seus pais por falarem mal de seus líderes eleitos. Uma pessoa identificou as próprias atitudes dos votantes como a causa e admoestou os cidadãos a mudarem suas atitudes: "muitas pessoas não percebem que podem fazer diferença [contudo] votar não custa nada a você, mas se você não o fizer, pode custar a você tudo" (*Indianapolis Star*, 26 de maio de 2000).

Downs devota um capítulo de seu livro seminal para esse tópico e concorda com o ponto de vista citado pelo estudante, exceto por um aspecto. Ele anota que votar toma "tempo para se registrar, para descobrir que partidos estão concorrendo, para deliberar, para ir votar, para marcar a cédula", e visto que o "tempo é um recurso escasso, votar é inerentemente custoso" (1957, p. 265). Para algumas pessoas, como aquelas sem carro ou que vão perder o dia pago de trabalho para votar, esses custos são mais altos do que para outros, e isso adiciona um desincentivo para votar. Ademais, algumas pessoas são indiferentes, tanto a partidos quanto a candidatos, e elas também detestarão votar. Essas duas variáveis – custo relativo e grau de indiferença – são centrais para a explicação de Downs da racionalidade da abstenção de voto: "quando os cidadãos balanceiam seus custos e vantagens, alguns votam e outros se abstêm" (p. 274). Assumindo-se que agentes racionais querem em geral maximizar ganhos e minimizar perdas, alguém que for indiferente ao resultado de uma eleição irá sofrer uma perda por ter tomado tempo para votar. Uma pessoa que não for indiferente também poderá sofrer uma perda se o seu custo para votar for alto, razão pela qual o comparecimento às eleições entre os pobres é baixa.

A essa proposição básica, Downs acrescenta duas mudanças (p. 267-272). Os cidadãos têm um suporte para manter a democracia eleitoral, na medida em que este é o único modo pacífico de mudar os líderes governamentais, e visto que a perpetuação desse sistema requer que ao menos alguns votem, mesmo os votantes indiferentes ao resultado de uma votação específica têm uma razão para lançar uma cédula. Essa razão pode ter mais valor se o custo para votar for alto; contudo, adicionar a segunda mudança também pode ter mais valor pelo que os outros teóricos da tradição da escolha racional chamam de considerações do *free-rider*. Em um sentido os cidadãos estão corretos em duvidar que "eles possam fazer a diferença", porque a chance de qualquer um dos votantes dar o voto decisivo é muito baixa. Isso é especialmente verdadeiro quando o resultado em questão for simplesmente o número suficiente de pessoas para não atrofiar o sistema eleitoral. Então, os cidadãos racionais calcularão que os benefícios desse sistema chegarão até eles sem incorrer nos custos de votar. Downs alude à natureza paradoxal desse cálculo que em uma sociedade de cidadãos racionais ninguém votaria a menos que pensassem que ninguém mais o faria, mas se todo mundo pensasse desse modo, então cada um novamente pensaria que os outros poderiam votar e então seria racional se abster. Ele então põe esse enigma à parte para reiterar que votar é uma questão de pesar custos relativos e benefícios.

Tomada de decisão democrática

Buchanan e Tullock começam seu livro, *The Calculus of Consent* (1962), notando uma disparidade entre a economia e a teoria política tradicional. Economistas admitem que o comércio é um modo dos indivíduos com diferentes interesses cooperarem, e objetivam explicar como isso acontece, ao passo que os teóricos políticos admitem a existência de algumas "verdades" na política, em particular sobre o que é o interesse público geral e buscam modos pelos quais métodos democráticos (ou não democráticos) de tomada de decisão podem descobrir ou promover esse interesse. Como Schumpeter, eles negam que haja uma coisa como interesse público sobre e acima das vantagens mútuas a serem ganhas pela cooperação, de tal maneira que de uma forma catalática, Buchanan e Tullock recomendam modelar a teoria política a partir da Economia na qual não é requerido a assunção de um fim social.

Usando a história de Daniel Defoe sobre Robinson Crusoé e Sexta-feira como ocupantes de uma ilha, Buchanan e Tullock ilustram a paridade entre a economia e a política que eles têm em mente. Crusoé é o melhor na pesca e Sexta-Feira na coleta de coco, de tal forma que os dois "acham isso mutuamente vantajoso ... especializar e entrar na troca": isso é uma relação econômica. Ao mesmo tempo, cada um reconhece a vantagem de viver em uma fortaleza comum; então, eles entram em troca "política" e cooperam na sua construção e manutenção (1962, p. 19). Uma tarefa maior da teoria política informada por esse modelo é tratar do problema "constitucional" de determinar as regras para tal cooperação. Para os teóricos schumpeterianos da escolha pública, isso significa calcular quais regras de votação indivíduos racionais selecionariam em circunstâncias específicas – unanimidade, regra da maioria ou outra proporção de votos requerida para uma decisão vinculante.

Sendo uma sociedade de duas pessoas, a ilha de Crusoé/Sexta-feira oferece poucas alternativas. (Buchanan e Tullock abstraem do fato de que, na história de Defoe, Sexta-Feira é o servo de Crusoé, o que simplesmente faria de Crusoé um ditador, a menos que a habilidade de Sexta-Feira de ferir fosse tão ameaçadora para Crusoé quanto qualquer poder que Crusoé tivesse,

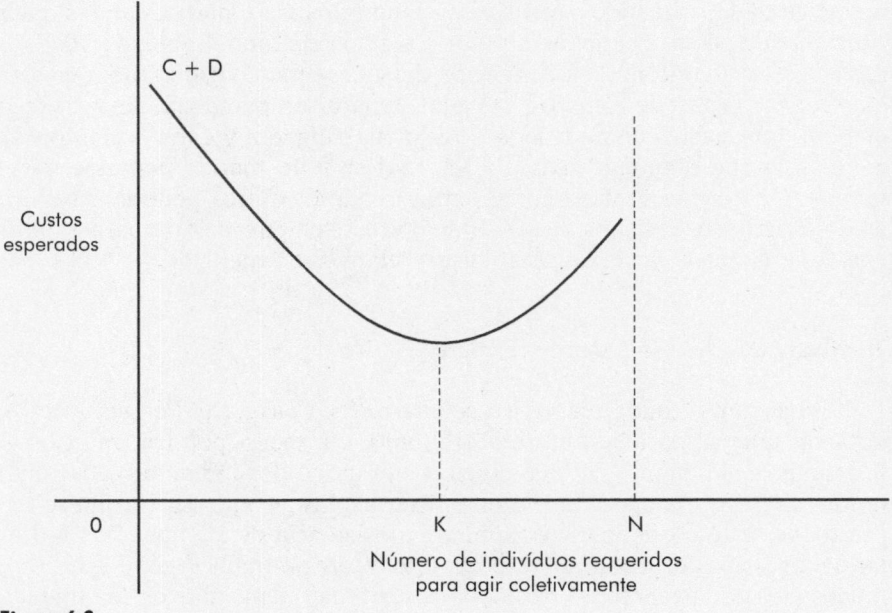

Figura 6.2

que o mantivesse como o "mestre", o fosse para Sexta-Feira). Em grandes sociedades, as regras de votação com que os indivíduos racionais poderiam concordar seriam uma função do número de pessoas requeridas para tomar uma decisão e de duas categorias de custos. Se uma pessoa pode tomar decisões vinculantes, os custos para todos os outros indivíduos que são esperados como resultado de sua falta de controle sobre um produto ("custos externos") serão muito altos. Se a unanimidade é requerida, esse custo será reduzido a zero, visto que cada indivíduo terá o poder de veto sobre resultados não desejados, mas o custo de devotar tempo e outros recursos tentando convencer todos os outros a votar com alguém ("custos da tomada de decisão") será muito alto. Entre esses extremos (e abstraindo da intensidade das preferências), os dois tipos de custos variarão em proporção ao número de pessoas requeridas para tomar a decisão. As pessoas racionais irão, assim, optar por uma regra que minimize a soma dos dois custos.

Implicações prescritivas

Ostensivamente, os teóricos da catalaxe empregam um modelo idealizado do comportamento racional com propósitos explanatórios, como oposto ao prescritivo. C. B. Macpherson reconhece esse sentido e geralmente sustenta os pontos de vista de teóricos como Downs e outros na tradição de Schumpeter que representam com precisão o que transpira sob o nome de políticas democráticas em sociedades e mercados competitivos. Sua conclusão é que sustentar isso é pior para as sociedades que alimentam essas políticas (Macpherson, 1977, Cap. 4). Quaisquer que sejam os méritos empíricos dos teóricos da catalaxe, não é muito difícil ver que em suas posições focos descritivos ou explanatórios sombreiam recomendações prescritivas. Um lugar em que isso é evidente é na discussão de Downs sobre incerteza e informação.

Agentes racionais querem ser informados de tal forma que possam remover tanto quanto possível incertezas sobre como melhor realizar seus fins (isto é, deixar a maioria fora do governo, manter o outro na parte dos votantes e também se manter a si mesmos no poder político dos governos). Contudo, ao mesmo tempo votantes e governo quererão evitar os custos requeridos para adquirirem informação. Já que na divisão social do trabalho, sem mencionar devido à distribuição de riquezas, será mais fácil e menos custoso para alguns indivíduos do que para outros adquirir informação politicamente relevante, haverá então desigualdades inevitáveis nas habilidades de usar informação para influenciar o governo ou realmente para conhecer como votar. Do seu lado, a incerteza política nos governos, isto é, as incertezas sobre que partes da população são mais importantes para eles agradarem com vistas a maximizarem as chances para reeleição, levá-los-á a formular políticas em reação aos mais vigorosos e poderosos "representantes" da população. Mesmo conhecendo que lobistas e líderes do trabalho, negócios e outras organizações tentarão exagerar a força de seu apoio, a incerteza dos governos e partidos aspirantes ao governo sobre o sentimento popular torna a reação preferencial aos mais vigorosos desses representantes o mais custoso modo para eles se conduzirem.

Downs reitera versões desse ponto de vista em vários lugares em seu livro. Um sumário seria: "consequentemente, a racionalidade sob condições de incerteza leva o governo a construir políticas que geralmente visam mais ao bem de poucos votantes do que ao bem de todos ou mesmo da maioria" (1957, p. 93). Tomada literalmente, essa é uma outra posição descritiva, não prescritiva. Tal é o anúncio na passagem citada a seguir de que "agir de outro modo seria irracional", como são as pretensões de que qualquer "conceito de democracia baseado em um eleitorado de cidadãos igualmente bem informados" pressupõe que eles se "comportem irracionalmente" e que as "fundações do poder político diferenciador em uma democracia estejam arraigadas na natureza real da sociedade" (p. 236) ou que "seja irracional para um governo democrático tratar todos os homens como se fossem politicamente iguais" (p. 83). Uma leitura forçada poderia ser que Downs deseja que a democracia possa tratar as pessoas como politicamente iguais e lamenta o fato de que isso flutue na face da racionalidade; contudo, a não ser que ele esteja intencionado a recomendar a irracionalidade na política, as implicações prescritivas de seu ponto de vista têm de resistir aos esforços de promover a igualdade política.

Conclusões descritivas que são similares a implicações prescritivas evidentes perpassam *The Calculus of Consent* (Buchanan e Tullock, 1962). Decisões democráticas são apropriadas quando for racional tomar ações coletivas: se matérias-primas fossem tão abundantes na ilha de Crusoé e Sexta-Feira que os esforços organizacionais requeridos para cooperar na construção de uma fortaleza comum, mais o tempo perdido por devoção a outros projetos (custos de "oportunidade"), tivessem mais peso do que o custo de cada um construir sua própria fortaleza, seria irracional se engajar em um esforço conjunto. Visto que um dos custos da tomada de decisão democrática depende do tamanho da população relevante ("N" na Figura 6.2), isso significa que um aumento nesse número não somente irá se ligar à racionalidade de qual regra de votação selecionar, mas também se é simplesmente irracional se engajar na ação coletiva democrática: "*ceteris paribus*, quanto maior o tamanho do grupo, menor deverá ser o conjunto das atividades empreendidas coletivamente" (1962, p. 81).

Outra implicação concerne à regra da maioria. Uma vez que a ditadura e a unanimidade forem dispensadas, a regra mais racional de votação dependerá da soma de custos "externos" e de "decisão" ("K" na Figura 6.2), sendo que Buchanan e Tullock enfatizam que "não há nada na análise que aponte para qualquer unicidade na regra que requeira que uma maioria simples seja decisiva" (ibid.). A opinião comumente sustentada que dá lugar de honra à regra da maioria deriva do fato de que a maior parte das teorias democráticas prévias foi desenvolvida em "termos não econômicos, não individualistas, não positivistas" (p. 82). Buchanan descreveu mais tarde um dos "maiores objetivos de *The Calculus of Consent*" como a "remoção da sacrossanta posição atribuída ao voto majoritário" (1986, p. 243) e, a esse respeito, as implicações prescritivas de sua teoria partem de uma presunção liberal-democrática padrão em favor da regra da maioria. Em outro aspecto, contudo, a proposta endossa uma ênfase liberal-democrática na democracia representativa, em vez da participativa. A razão para isso é que os "custos de decisão" da democracia direta são proibitivos para qualquer grupo, exceto pequenos, e delegar representantes para negociarem entre si é, portanto, um custo praticável para os cidadãos, em contraste com a tentativa de fazer isso entre si mesmos (Buchanan e Tullock, 1962, p. 213-214).

O modelo de Downs estipula que o indivíduo racional é também egoísta, ainda que reconheça que isso seja uma construção ideal (p. 27). Buchanan e Tullock negam que as pessoas sejam estimuladas somente por motivos egoístas a entrar em uma troca como a do mercado ou de outro modo a interagir entre si. Contudo, na medida em que o comportamento político das pessoas é como a troca econômica, deve-se assumir que elas tomam somente seu próprio interesse em consideração (p. 17-18). Isso tem uma certa plausibilidade no caso do comportamento econômico no sentido ordinário. Normalmente não se paga mais por um item do que o necessário, não se levando em consideração o bem-estar do fabricante ou do vendedor. Contudo, o ponto da catalaxe é estender o modelo econômico ao comportamento político democrático, de tal forma que, quando alguém vota, concorre nas eleições ou busca certas políticas quando no mandato, isso não se dá sem consideração para com o bem público.

No último capítulo de seu livro *The Politics of the Good Society*, Buchanan e Tullock justificam essa posição de um modo que provavelmente revela a estratégia normativa subjacente da teoria catalática. Eles admitem que a busca da regra de ouro ou a promoção da liberdade igual são moralmente vantajosas. Contudo, se o indivíduo for um agente livre, "não se pode assumir que ele quererá sempre seguir as regras morais que os filósofos concordam serem as necessárias para a vida social harmoniosa". Isso, eles sustentam, "leva-nos diretamente à questão central" de se "a sociedade deve ser organizada para permitir aos que se desviam da moral se beneficiarem às expensas de seus colegas" ou se as instituições ou "normas de organização" devem ser construídas com a possibilidade sempre presente do comportamento egoísta em mente, de tal forma que ele "possa ser canalizado em uma direção tal que se torne benéfico em vez de prejudicial aos interesses dos membros da comunidade". Os mercados econômicos conseguem esse resultado em parte porque se baseiam na premissa da hipótese de um comportamento puramente autointeressado. Por implicação, os arranjos políticos recomendados pelos teóricos cataláticos têm o mesmo resultado pela razão de que eles têm a mesma premissa (p. 303-304).

NEOLIBERALISMO

Em defesa do axioma do "autointeresse", Downs cita, aprovando o ponto de vista de Adam Smith de que o benefício mútuo não é necessariamente o resultado do altruísmo mútuo: "não é da benevolência do açougueiro, do cervejeiro ou do padeiro que nós esperamos nosso jantar, mas de sua consideração por seu próprio interesse". O raciocínio de Smith, acrescenta Downs, "se aplica igualmente bem à política" (Downs, 1957, p. 28; Smith, 1937 [1776], p. 14). Dessa forma, Smith prefigurou o pensamento "neoliberal" durante os anos de Reagan e Thatcher e seu renascimento depois do colapso do comunismo na União Soviética e no Leste Europeu. De acordo com Hayek, uma vez que seja abandonada a noção de que políticas públicas podem ser ordenadas por referência a algum bem público geral, o papel do governo deve ser visto como facilitador da busca pelos indivíduos de seus vários interesses, que ele vigorosamente argumenta serem mais bem realizados permitindo-se ao mercado funcionar livre de interferência estatal.

O mercado livre resultante é descrito por Hayek como "o jogo da cataláxia", no qual, como em outros jogos, o resultado para qualquer jogador é determinado por uma "mistura de habilidade e sorte". Ainda que competitivo e sujeito à má sorte, o jogo catalático não é um "jogo de resultado zero", em que alguns têm que perder se outros ganharem, mas um "jogo criador de riquezas", em que, em princípio, todos podem ganhar e, de qualquer modo, têm uma chance melhor de ganhar do que sob um sistema feudal ou em uma democracia com um Estado intervencionista. Isso é verdade mesmo se a intervenção for para compensar o risco, incluindo a má sorte de ter nascido em circunstâncias desvantajosas, visto que a intervenção irá crescer, e mesmo esse grau dela irá interferir com o funcionamento do mercado livre (Hayek, 1976, Cap. 10; 1979, Cap. 15). Em adição ao policiamento, à defesa nacional e à garantia do cumprimento dos contratos (mais os tributos para esses objetivos) o papel do Estado deve ser mínimo.

Macpherson vê uma conexão histórica íntima entre a catalática e os pontos de vista "realistas" similares sobre a democracia e a advocacia do capitalismo smithiano: esses serão em geral vistos como plausíveis quando houver relativa prosperidade, as divisões de classe forem escondidas e a dominação de uma economia por relações de mercado competitivas promover uma cultura política do individualismo possessivo (1977, Cap. 4). Isso pode expor por que e quando as pessoas que são atraídas para a catalaxe são também atraídas pelo neoliberalismo (e em minhas experiências em sala de aula tenho visto uma invariável associação por parte dos estudantes), mas isso não estabelece uma conexão necessária, conceitual entre eles. *Modelar* a política pela economia não advoga automaticamente substituir as relações políticas pelas econômicas. De fato, Downs (1957, p. 22-23) e Buchanan e Tullock (1962, p. 65-66, Cap. 14; Buchanan, 1975, Cap. 6) permitem alguma intervenção governamental. Assim faz Hayek, mas ele estipula que a intervenção tem de ser aliada do livre mercado. Por exemplo, o governo deve financiar a educação universal provendo vales para usar nas escolas privadas e se certificar de que coisas como produtos de alimentação ou serviços médicos são seguros, mas não proibir a venda de bens ou serviços não certificados (1979, p. 61-62).

Governo predador

Um modo de estabelecer uma conexão firme entre a catalaxe e o neoliberalismo é justificar uma *presunção* contra um governo que intervenha mais do que o mínimo nos assuntos humanos. Essa proposição é provocada pela estrutura de todo o argumento de Buchanan e Tullock, que envolve crucialmente realizar análises de custo/benefício em arranjos políticos alternativos. Assim, eles apontam que a ação coletiva (isto é, o Estado) é aceita com vistas a reduzir os custos "externos", por exemplo, para regular uma usina com uma chaminé que impõe "custos externos aos indivíduos por sujar sua roupa lavada"; contudo, ele se apressa a acrescentar que "esse custo não é mais externo aos próprios cálculos privados dos indivíduos do que os tributos impostos a eles a contragosto para financiar tal ação e outros serviços públicos" (p. 65-66). Como observado anteriormente, quanto maior for um corpo para tomada de decisão, mais alto será para os indivíduos nele o "custo da decisão", de tempo e de esforço. Assim, como os custos são adicionados a custos de tributos externos, benefícios compensatórios das ações regulatórias ou outras ações serão de modo crescente excedidas em valor.

Essa consideração não estabelece automaticamente uma presunção contra a ação do Estado, na medida em que custos externos que somente podem ser realizados por intervenções coletivas são tão altos, que eles raramente, senão nunca, poderiam ser compensados por outros custos; além disso, como Tullock mais tarde opinou, o custo do governo poder ser reduzido pelo "melhoramento do desenho do governo" (1970, p. 128). Contudo, outro ponto de vista de Tullock e Buchanan pode ser invocado para inclinar as balanças. Tullock em particular é bem conhecido e respeitado entre os teóricos da economia da persuasão catalática por desenvolver um conceito, tecnicamente rotulado por outros de "busca de lucro", para descrever o que ele viu como um aspecto essencialmente destrutivo de qualquer governo (Tullock, 1980 [1967]; ver também o sumário de Tollison, 1997).

Despesas dos empreendedores para assegurar acesso a bens ou serviços de propriedade privada e o aluguel desses recursos por aqueles que os possuem são atividades normais de busca de lucro que ao longo do tempo criam valor por estimular a iniciativa e por induzir a alocação eficiente de recursos. Contudo, quando os empreendedores têm de competir pelo acesso a recursos sobre os quais um governo tem controle monopolista, o aluguel que eles pagam é "artificial", "não adicionando nada ao produto social", sendo que seu "custo de oportunidade constitui perda de produção para a sociedade" (Tollison, 1982, p. 576). Um exemplo favorito é o custo do lobi. Isso não somente tem um custo direto de oportunidade àqueles que competem pelo favorecimento do governo pela negação de recursos que eles poderiam pôr em uso produtivo; cria também, a longo prazo, o desperdício de custos sociais, como os empregos dados aos advogados pelas necessidades de lobi que "gerarão um desequilíbrio no mercado para os advogados, com a implicação de que haverá entrada excessiva no sistema legal" (ibid., p. 578; e ver Tollison, 1997).

A declaração original de Tullock sobre os monopólios do governo que ocasionam o comportamento de busca de lucro descreve a renda extraída como uma forma de furto, e um teórico cita, aprovando, esse ensaio como um "exame do governo como um instrumento predatório" (Wagner, 1987). Em acordo com a posição amoral deliberada dos teóricos cataláticos, termos como "furto" e "predação" devem ser considerados técnicos e econômicos. De outro modo, análises de custos/benefícios éticos ou morais turvariam as águas. Contudo, concordando-se com a pretensão de Tullock de que a intervenção do governo sob a forma de regulamentação ou monopolização de bens e serviços está determinada a ser um desperdício social, isso pode ser suficiente para criar uma suposição contra tal intervenção, de tal forma que a obrigação de argumentar está sempre nos ombros dos que advogam ações coletivas do Estado, e uma espécie de conexão entre a catalaxe e neoliberalismo poderia ser estabelecida.

A impossibilidade racional da ação estatal

Um segundo modo de estabelecer uma conexão forte entre a catalaxe e o neoliberalismo não é um que os teóricos cataláticos analisados neste capítulo poderiam saudar, mas sua dependência da teoria da decisão racional convida a isso. Ao reconstruir os cálculos do indivíduo racional, eles distinguem entre decisões para adotar alguma regra de votação específica ("decisões constitucionais") e o exercício de tais regras, uma vez que se tenha decidido adotá-las. Embora as regras específicas possam ordenar o voto majoritário, ou mais ou menos que isso, uma decisão sobre qual dessas regras adotar tem de ser unânime, se uma regra específica for para ser seguida com segurança. Buchanan e Tullock não estão argumentando que as pessoas se submetam a um contrato social original geral, como teóricos ao estilo de Hobbes sustentam, mas que todos os indivíduos racionais verão que é de seu interesse a longo prazo se vincular a algumas regras específicas.

Citando David Hume como apoio, Buchanan argumenta que aderir a regras constitucionais é seguro mesmo que os indivíduos saibam que algumas vezes será de seu interesse desrespeitá-las, visto que "cada indivíduo tem de reconhecer que, se ele fosse livre para violar a convenção, outros teriam que ser similarmente livres", e ele iria, de acordo com isso, escolher aceitar restrições para seu próprio comportamento para evitar o caos que resultaria (apêndice a Buchanan e Tullock, 1962, p. 314-315; Hume, 1978 [1740], livro 3, seção 3). Porém, isso vai contra o famoso problema teórico da decisão, o dilema do prisioneiro: a dois prisioneiros acusados de cometer um crime juntos é dada a opção de confessar ou não confessar, sabendo que, se nenhum confessar, ambos terão uma sentença branda; se um confessar e o outro não, aquele que confessar ficará livre e o outro receberá uma sentença muito pesada; e se ambos confessarem, cada um receberá uma sentença medianamente pesada. Nessas circunstâncias, cada prisioneiro irá concluir que é racional confessar (para evitar uma sentença pesada se o outro confessar ou se ficar livre se o outro não confessar). Portanto, ambos irão confessar, recebendo, assim, sentenças mais pesadas do que aquelas que sabiam ser possível se nenhum confessasse. O ponto é mostrar como a racionalidade pode sabidamente levar a resultados desfavoráveis.

Teóricos da catalaxe não podem apelar a coisas como costume ou encorajamento social da confiança para escapar ao dilema, visto que explicitamente põem de lado tais considerações "psicológicas" (Downs, 1957, p. 7). Se não há solução para esse problema nos modelos cataláticos, pode-se argumentar que ações coletivas são racionalmente impossíveis e devem ser substituídas por ações puramente individuais do mercado. Isso, recordando o Capítulo 4, foi o tipo de argumento que Russell Hardin, citando o paradoxo da votação e o problema do *free-rider*, deu para o "capitalismo anômico" como uma alternativa para a democracia em confronto com conflitos étnicos. Assim, os argumentos de que ações de governo coletivas não podem escapar desse dilema e de que um comportamento puramente individual, dirigido pelo mercado livre, é exequível e livre de problemas analogamente condenatórios e envolvem vários passos, mas sua sanidade poderia providenciar uma outra ligação conceitual entre a catalaxe e o neoliberalismo.

Racionalidade a serviço da competição

Ainda um outro argumento que conecta catalaxe e neoliberalismo procede por uma argumentação de Hayek, histórica e evolucionária, que liga mercado competitivo e racionalidade (1979, p. 75-76). Sobre a história ele esboça as poucas pessoas que estão habilitadas para assumirem os meios apropriados para conseguir seus fins dados (isto é, habilidade no pensamento racional) e que irão ter ganhos em competição, assim obrigando outros a "disputá-los com vistas a preponderar", de tal forma que "métodos racionais serão progressivamente desenvolvidos e difundidos por imitação": não é a "racionalidade que é requerida para fazer a competição funcionar, mas a competição ... que irá produzir o comportamento racional". Esse desenvolvimento, porém, supõe que a "maioria tradicionalista" não pode ludibriar a competição, que, de acordo com Hayek, é "sempre um processo no qual um pequeno número torna necessário para um grande número fazer o que eles não gostam". Assim, não somente a inovação econômica, mas o estímulo da própria racionalidade, requer a entrega, tanto quanto possível, a interações de mercado espontâneas.

A defesa completa desse ponto de vista, como aquele derivado do dilema do prisioneiro, poderia requerer muitos passos e envolver várias suposições sobre a natureza e a evolução da economia humana, as práticas políticas e a racionalidade. Realmente, se as teorias da escolha pública são suspeitas de um ponto de vista científico-social (como argumenta, por exemplo, Lars Udehn, 1996), elas fariam bem em evitar hipóteses causais como a de Hayek, em favor da mais vigiada alegação de que eles estão oferecendo um modelo designado para iluminar um aspecto do comportamento humano (Downs, 1957, p. 6-7). Ademais, mesmo que fosse aceito que a racionalidade humana seria um produto da competição econômica, ainda assim teria de ser mostrado que isso justificaria restrições libertárias no escopo da democracia, visto que poderia acontecer, ainda que a racionalidade nesse sentido puramente instrumental tivesse origens competitivas, de ela dialeticamente ter se tornado de uso cooperativo. O argumento também levanta a questão sobre a relação da catalaxe à teoria da escolha social em geral.

TEORIA DA ESCOLHA SOCIAL E CATALAXE

Têm sido feitas alusões a um modo em que a teoria da escolha social pode se comprometer com a catalaxe. Se a democracia não for considerada outra coisa senão votação autointeressada, o paradoxo da votação e o dilema do prisioneiro são problemas especialmente ameaçadores. Se não houver maneiras de enfrentá-los, então pode-se argumentar que a única alternativa deixada para a coordenação das atividades humanas será submeter-se à autoridade ditatorial (a solução impalatável de Hobbes), seguir de forma acrítica a tradição (tarde demais no mundo moderno) ou confiar no livre mercado, na "regulação" da mão invisível, isto é, na catalaxe de variedade neoliberal.

O paradoxo e o dilema certamente apresentarão problemas para os teóricos da escolha racional no que se refere à sua relação com a ação coletiva, isto é, para teorias da escolha social ou pública. Sua importância, não obstante, diferirá dependendo de a teoria da escolha social ser olhada normativa ou descritivamente. Como um esforço para explicar ou predizer o comportamento dos votantes ou legisladores, os dilemas e paradoxos funcionam como *partes das* explicações para identificar circunstâncias nas quais a ação coletiva seria abandonada, errática ou bloqueada. Os teóricos da escolha social têm sido contundentemente amedrontados por demonstrações, como as de Donald Green e Ian Shapiro (1994), das muitas falhas de previsão e outras falhas empíricas de sua posição assim organizada.

Uma justificativa para essa posição é classificar falhas de previsão não como derrotas, mas como provocações para a inovação, seja para a caracterização da racionalidade, seja para a identificação das circunstâncias que possibilitam a ação racional. Um exemplo da primeira inovação é uma sugestão apontada por Buchanan (1986, p. 233-236) de que votar é principalmente uma questão de expressar sentimentos (ver a discussão de Christiano dessa teoria "expressiva" da votação – 1996, p. 157-159). O segundo tipo de inovação é exemplificado pelos refinamentos de Gerald Strom (por exemplo, levando em conta a venda de votos, o controle da agenda e as distribuições alternativas da classificação das preferências), quando confrontados com o fato de que a votação legislativa se aproxima mais das preferências da maioria do que a teoria prevê (Strom, 1990).

Como a maioria dos teóricos da decisão racional que tratam de ações coletivas, Elster insiste que a proposta é primariamente normativa (1986b, p. 1). Assim, os dilemas e paradoxos apresentam ameaças mais graves, visto ser de valor dúbio recomendar às pessoas que ajam de maneira que, ainda que racional do ponto de vista individual, haverá, inevitavelmente, portanto, consequências irracionais do ponto de vista social (como um efeito indesejado em detrimento dos próprios indivíduos e, portanto, sendo irracional para eles, apesar de tudo, intentarem). A questão a ser aqui tratada, entretanto, é se os problemas têm de levar um teórico da escolha social à catalaxe, e a resposta depende, em parte, de qual finalidade tem tal teórico.

Uma comentadora, Emily Hauptmann, distingue "teoria da escolha pública" de "teoria da escolha social", notando que, embora cada uma seja modelada sobre a economia, elas seguem posições econômicas diferentes e têm objetivos diferentes (1996, p. 2). Em seu ponto de vista, o objetivo de teóricos da escolha pública como Buchanan e Tullock é analisar as instituições democráticas sob o modelo do mercado econômico livre, com um olho na transformação das instituições em uma direção neoliberal. Teóricos da escolha social, ou ao menos aqueles que ficam mais aborrecidos com os paradoxos da tomada de decisão democrática, veem a teoria da escolha racional como potencialmente de ajuda em um esforço utilitarista de conseguir a satisfação de cada pessoa de suas preferências mais importantes em uma sociedade, de forma compatível com os outros que desfrutam do mesmo sucesso. Eles, desse modo, buscam maneiras de obter "o grau ótimo de Pareto" (que leva o nome do teórico italiano da economia Vilfredo Pareto e descreve situações que não podem ser modificadas para satisfazer as preferências mais importantes de qualquer um, sem contrariar a preferência de uma outra pessoa já satisfeita na situação) e modelam a sua posição na economia do bem-estar. Esses teóricos da escolha social perguntam se o voto majoritário pode agregar preferências para obter esse resultado.

Tais teóricos podem interpretar o comportamento político de uma maneira catalática e podem mesmo concluir a partir da intratabilidade putativa dos dilemas constitucionais e dos paradoxos da votação, que o livre mercado faz qualquer coisa, exceto tornar desnecessário um governo mínimo, visto que pode atingir, sozinho, o grau ótimo de Pareto. Contudo, se seu fim for estritamente o do bem-estar, eles podem não necessitar se preocupar com qualquer teoria geral do comportamento político ou desenhar essas conclusões neoliberais. Por exemplo, eles podem argumentar que aos especialistas deve ser confiada a tarefa de calcular o que é a distribuição ótima de bens e que as constituições não requerem um contrato imaginado, ou muito menos real, entre os votantes, mas, sim, que podem ser feitas fora dos recursos políticos existentes por líderes públicos informados motivados pela preocupação com o bem-estar do corpo político a longo prazo. Essa é mais ou menos a posição de Mill sobre o governo representativo, sendo uma versão disso expressa por Jonathan Riley em seu uso da teoria da escolha racional para defender o "utilitarismo liberal", quando ele argumenta que algumas das regras de Arrow para uma decisão coletiva democrática deveriam ser quebradas para assegurar escolhas que fossem "competentes e justas de um ponto de vista liberal" (1988, p. 300).

Se uma tal posição está disponível para os teóricos da escolha social depende de como eles concebam a natureza humana e quão "totalitários" eles pensam que a teoria da escolha racional tenha de ser. Alguém que pense que os humanos são autointeressados por natureza, ou que pensam que somente o comportamento autointeressado seja racional e que somente uma teoria social focada na adoção dos meios apropriados a esses fins possa providenciar uma base adequada para fazer prescrições políticas provavelmente será conduzido ou ao liberalismo catalático ou ao desespero. No que diz respeito à recomendação de Mill, por exemplo, tal teórico veria os especialistas e líderes públicos não altruístas, mas irracionais ou racionais, contudo não preocupados com o bem público. Com relação às constituições, pode-se saber que elas tipicamente se desenham sobre hábitos políticos e normas preexistentes e são forjadas por líderes reconhecidos informalmente; porém, para o teórico da escolha racional totalitário, explanações sociológicas e históricas dessas coisas são incompletas e inadequadas para fundamentar prescrições políticas, a não ser que sejam reduzidas ou pelo menos suplementadas com reconstruções de decisões autointeressadas instrumentalmente racionais da parte dos indivíduos.

Elster (1986, p. 127) parece ter uma concepção estreita e totalitária em mente quando observa que à teoria econômica da democracia subjaz a teoria da escolha social (usada no sentido que Hauptmann quer reservar para a teoria da escolha pública). Contudo, mesmo nessa concepção, Elster sugere um modo pelo qual os teóricos da escolha pública podem evitar a completa catalaxe. Ele contrasta duas concepções de democracia política: "o mercado" e "o fórum". Na concepção do mercado, o objetivo da democracia e da política em geral é "econômico", isto é, dirigido para avançar interesses dos indivíduos, sendo o funcionamento normal da política para cada um votar nesses interesses, tipicamente por voto secreto e, portanto, "privadamente". O objetivo da democracia em um fórum, em contraste, é um objetivo não instrumental de encorajar a própria participação pública. Tal democracia funciona por discussão pública na expectativa de que os interesses das pessoas possam mudar como um resultado do consenso e com o propósito de obtê-lo. A posição favorecida por Elster na política poderia misturar o fórum e o mercado, ao passo que é fundamental para uma catalaxe plena que o envolvimento dos cidadãos na política democrática seja não mais do que votar em interesses preexistentes.

Ainda que distinga as teorias da escolha pública daquelas da escolha social, Hauptmann é igualmente crítica de cada uma e considera suas similaridades com respeito à teoria democrática mais fortes do que suas diferenças. Seu foco é no papel central que elas atribuem à escolha. Em qualquer aplicação da teoria da escolha racional, a democracia é centralmente uma questão de a sociedade fazer escolhas coletivas, e essas escolhas são, novamente, analisadas e valoradas em termos das escolhas dos indivíduos. Em seu livro, *Putting Before Democracy*, ela sustenta que essa orientação supõe que a "democracia seja valiosa porque ela honra a escolha individual", mas não provê motivação "para tornar as escolhas políticas significativas de se fazer" (1996, p. 12). Como evidência para isso ela nota que Buchanan e Tullock sancionam um conluio entre políticos ou negociação de votos que, como eles sabem, constitui compra e venda de votos. Portanto, o verdadeiro coração da democracia para eles, a escolha individual de votar, se torna uma mercadoria (Hauptmann, 1996, p. 26-6, Buchanan e Tullock, 1962, p. 122-123, Cap. 10). Uma crítica compatível é dirigida contra o liberalismo em geral por Samuel Bowles e Herbert Gintis, por verem a ação humana como exclusivamente uma questão de "escolha", em vez de "aprendizado" (1986, Cap. 5).

Além da argumentação de que aos teóricos da escolha racional falta a habilidade de guiar e justificar escolhas, Hauptmann também sustenta que a escolha democrática especificamente endossada por esses teóricos, a saber, a habilidade de votar, é de importância secundária e pode mesmo ser dispensada no caso de seleção de legisladores que podem ser selecionados por sorteio (Cap. 3; e ver Burnheim, 1985). Em seu ponto de vista alternativo, a democracia é para ser valorada por encorajar a "participação popular e o compromisso político apaixonado" (p. 90). Pode-se replicar que, ainda que não seja ordenada, tal aspiração é permitida na teoria da escolha racional, visto que não exclui o desejo de se engajar na atividade política com os outros como uma prioridade máxima de alguns ou mesmo de todos os membros da sociedade política. Essa réplica é provavelmente satisfatória a qualquer simpatizante das críticas de Hauptmann que rejeite o inteiro paradigma da teoria da escolha racional em favor da orientação participativo-democrática, que será o objeto do Capítulo 7.

PROBLEMAS DA DEMOCRACIA

Não obstante a complexidade de seus argumentos e cálculos, os teóricos da catalaxe trabalham com uma concepção simples de democracia: a habilidade das pessoas de votar a favor ou contra legisladores e dos legisladores de votar contra ou a favor de legislações propostas, mais, no caso de Buchanan e Tullock, o endosso constitucional de regras de votação específicas. Qualquer que seja a perda no poder para acomodar o que advoga uma orientação mais robusta em direção à pretensão da democracia de ser de valor nisso (criação de um espírito cívico, promoção do diálogo e deliberação, educação para as virtudes e habilidades para participação, promoção de valores e diretrizes politicamente igualitários), essa concepção parcimoniosa provê alguns meios diretos para tratar de problemas e objeções exemplares à democracia. Por exemplo, referente ao problema da ineficácia, será relembrado que para Schumpeter o governo é mais efetivo quando os cidadãos se envolvem pouco na política. Para os teóricos da catalaxe, é racional para os cidadãos fazerem isso, porque se incorre em custos pelo interesse para com a política. Uma população racional de votantes, portanto, deixará aqueles que forem bons o suficiente para governar serem eleitos ou reeleitos e deixará fazer política com pouca interferência.

Irracionalidade e conflito

Algumas respostas a esses problemas foram sumarizados no Capítulo 4. Riker enfrenta a acusação de a democracia ser irracional, devido a coisas como o paradoxo da votação, mantendo que isso somente poderia prejudicar se o objetivo da votação fosse agregar preferências. Porém, elas não são prejudiciais se, de acordo com o ponto de vista de Schumpeter sobre a democracia, o objetivo da votação for justamente manter uma ameaça de dispensar os líderes políticos nas eleições. Hardin oferece como uma solução ao problema dos conflitos étnicos o "capitalismo anômico" global. Nenhuma dessas soluções, no entanto, é em si livre de problemas. No Capítulo 4 algumas suspeitas foram expressas com respeito à solução do capitalismo anômico ao conflito étnico. Aqueles que concordam com essas suspeitas quererão evitar as premissas neoliberais nas quais estão baseadas e irão, de acordo com isso, seja tentar prevenir a catalaxe ou a teoria da escolha racional geralmente de conduzir alguém ao neoliberalismo, seja rejeitar essas posições com a finalidade de evitar esse compromisso. Mesmo sendo classificada como uma espécie de teoria da escolha pública que não visa à agregação de preferências, os críticos notam que a teoria de Riker não escapa inteiramente ao problema da "irracionalidade" (Coleman e Ferejohn, 1986). Em um sistema multipartidário, o caráter cíclico pode ainda contaminar a eleição de líderes, como poderia mesmo em um sistema bipartidário no nível das nominações partidárias.

Tirania da maioria

Como para os outros problemas da democracia, se ou quão bem a posição da catalaxe pode resolvê-los depende em parte da distribuição de preferências e valores políticos entre uma população votante. A tirania da maioria seria o mais grave se um dos dois modos na distribuição "inclinada à revolução" representada na Figura 6.1 fosse muito maior do que a outra (caso em que o perigo poderia ser um golpe de Estado da minoria). Os problemas da tirania da maioria existem para aqueles representados nas duas extremidades da curva em forma de sino na distribuição "estável", mas além de afetar poucas pessoas, supõe-se encontrar essa distribuição em sociedades sem diferenças ideológicas profundas do tipo que iniba coisas como coalizões de troca de votos, por meio das quais uma minoria pode se resguardar de ser completamente excluída. Atribuindo essa solução a Buchanan e Tullock, James Hyland identifica-a como uma versão da reação pluralista clássica à tirania da maioria referida no Capítulo 5. A deficiência de ambas as posições, de acordo com Hyland, é que elas não tratam de situações quando as minorias não estão em posição de se engajar em conchavar ou de outro modo influenciar aqueles em uma maioria, que são justamente as situações quando o problema da tirania da maioria tem mais necessidade de uma solução (Hyland, 1995, p. 90-91).

Demagogia

Como observado no Capítulo 4, Riker avisou que os cidadãos devem ser educados na teoria da escolha racional, pois assim irão entender que o conceito de soberania popular é incoerente. Até o ponto em que tal projeto tem sucesso poderia certamente evitar o problema dos demagogos que pretendem representar o povo como um todo. Um subproduto dessa campanha, aparentemente não reconhecido por Riker, poderia ser exacerbar uma dimensão da "massificação da cultura popular", problema que preocupou a Tocqueville. Esse poderia ser o caso se atitudes de cálculo auto-interessado e uma posição punitiva em relação à liderança política se esparramassem na cultura popular em geral, afetando o ponto de vista das pessoas sobre seus amigos, família e colegas cidadãos, fomentando uma orientação instrumental na qual os produtos culturais fossem primariamente vistos em termos de seus custos ou dos proveitos que eles podem ordenar. Quanto a saber se a campanha que Riker recomenda poderia ser bem-sucedida, o impedimento deveria ter reconhecido que os políticos poderiam não vê-la como de seus interesses. A racionalidade para eles poderia bem prescrever o uso dos poderes especiais do Estado para promover uma certa medida de irracionalidade entre a população, incluindo a crença na soberania popular. É menos custoso para fins eleitorais pretender representar "o povo" do que tentar calcular a que constelação de preferências auto-interessadas específicas servir.

Essa perspectiva ilumina um aspecto da teoria catalática e da escolha pública em geral que alguns têm visto como questionável. Em tal teoria, as preferências, e a presença ou ausência de racionalidade na ação nelas, são vistas como partes de um determinado pano de fundo contra o qual cálculos políticos de custo/benefício são feitos. Desse modo, as preferências e os hábitos racionais estão fora, ou "exógenos", ao processo político. Mas se a própria atividade política pode internamente ou "de forma endógena", afetar preferências e a racionalidade, essa hipótese é desafiada. A introdução de sofisticações, tais como aprender por meio de esforços repetidos a tomar decisões coletivas (chamada de participação em "jogos estratégicos de influência") pode dar conta de algumas mudanças externas do processo político, mas não é claro como isso possa acomodar mudanças em preferências dadas, já ordenadas, ou em quão racional alguém é. No entanto, mesmo essa complicação prejudica a simplicidade e a clareza descritiva que atraem muitos à posição da catalaxe. (Um tratamento pertinente da formação das preferências endógenas nos mercados econômicos com referência à democracia está em Bowles e Gintis, 1993.)

Contra esse desafio, teóricos da escolha pública podem alegar que, do ponto de vista dos cidadãos confrontados com opções políticas, as preferências que se têm na época de votar devem ser consideradas como fixas, ao menos pelo votante. De outro modo, as pessoas poderiam sempre criticar a si mesmas sobre quais poderiam ser as suas preferências como resultado de votar de um modo ou de outro. Além de não ser realista, isso poderia tornar a tomada de decisão extraordinariamente difícil, senão impossível. Entrementes, do ponto de vista do governo, pensar em termos de preferências endógenas é um convite a tentar manipulá-las ou de desculpar comportamentos não democráticos pela alegação de que respondem não ao que as preferências das pessoas são, mas ao que elas serão. (Se diligenciado, eu suspeito que esse debate poderia levar rapidamente a âmbitos metafísicos, relacionado à natureza da pessoa, não diferentemente de disputas sobre se um objeto material pode ser identificado independentemente de suas relações a outras coisas ou processos.)

Regras opressivas

Críticos da catalaxe da esquerda, como Macpherson, veem isso não somente como incapaz de prevenir regras opressivas por uma minoria, mas também como cúmplices da dominação capitalista. Que os sentimentos dos teóricos principais da catalaxe tenham sido pró-capitalistas não pode haver dúvida. Buchanan e Tullock consideram as pretensões do governo em relação à propriedade privada dos indivíduos a "ameaça mais básica" à liberdade (1962, p. 56, 97). Como Friedman e Hayek, eles viajaram até o Chile depois do golpe de Estado de 1973 para dar consultoria econômica ao governo militar. Realmente, o general Pinochet manteve um encontro pessoal com Hayek, e Buchanan deu uma palestra no quartel general do almirantado em Vena del Mar, onde o golpe de Estado (aproximadamente) se originou (narrado, respectivamente, em *La Tercera*, 18 de janeiro de 1978, e *El Mercurio,* 7 de maio de 1980). William Scheuerman (1999a, Cap. 7) argumenta que Schumpeter punha a si mesmo na esquerda somente porque temia o fim do capitalismo como inevitável e pensou que poderia reduzir esse risco como um democrata catalático social. (Scheuermann cita um ensaio de Schumpeter de 1920 como apoio, juntamente com referências de louvor dele a Franco, bem como uma crítica da imprensa germânica por ter sido muito severa com Hitler antes de ele ter tomado o poder – p. 324).

Essas observações sozinhas não provam que a catalaxe inerentemente sanciona ou mascara a opressão, pois isso requer razões além das biográficas. A discussão no Capítulo 4 sobre a democracia liberal e o socialismo serem ou não compatíveis é aqui pertinente. Ao estender as observações naquele capítulo à catalaxe, algumas das mesmas complexidades sobre como a catalaxe e o socialismo ou o capitalismo devem ser interpretados se aplicam, como também as hipóteses sobre se o capitalismo é realmente opressivo ou se uma alternativa socialista menos opressiva está disponível. Assim, um teórico como Hayek não terá problemas para endossar uma extensão neoliberal da catalaxe, sob o fundamento de que é a forma menos desvantajosa de organização humana e de que, se as forças do livre mercado funcionarem do jeito que deveriam, não prejudicariam simplesmente a ninguém. Os motivos dos cidadãos e dos políticos no esquema neoliberal podem ainda ser interpretados em um modelo econômico; contudo, visto que o Estado é mínimo para o neoliberal, o peso da prova de sua alegação ficará em pé ou cairá com suas teorias econômicas, não com as políticas. Nessa interpretação, motivos democráticos podem ser atribuídos mesmo para apoiar o golpe de Estado chileno. Reconhecendo que ele depôs de forma violenta um governo eleito democraticamente e usou medidas brutais extraordinárias para suprimir a oposição, o golpe poderia ser justificado em nome da democracia sob o fundamento de que foi requerido para prevenir o projeto socialista de bloquear o funcionamento verdadeiramente democrático do livre mercado. Esse seria um tipo de pró-capitalismo análogo a defesas do autoritarismo socialista como necessário para alcançar a democracia superior de uma sociedade sem classes. Nessa interpretação benigna dos motivos dos teóricos da catalaxe nesse caso, eles ainda podem ser faltosos por não aprenderem as lições das primeiras experiências da esquerda, que tomando um passo democrático para trás em antecipação a dois passos para frente no futuro, assumem falsamente que a democracia é como um torneira de água que pode ser fechada e então aberta novamente sem danos severos a ela. É digno de nota que o aplauso do Chile desde a renúncia de Pinochet foca principalmente nas suas assim chamadas realizações econômicas. (Para uma consideração crítica dessas realizações, ver Collins e Lear, 1995).

Considerações diferentes pertencem a um teórico que endossa o método da catalaxe, mas pretende que ela pare fora do liberalismo. A razão para querer mais do que um mero Estado "guarda-noturno" são as seguintes: manter bens e serviços que o setor privado não pode ou não quer tornar acessíveis; regular as empresas do setor público e privado no interesse público; prevenir a desordem da competição equitativa pelo monopólio. (Como a maioria dos neoliberais, Hayek reconhece a necessidade presumida somente da última tarefa; no entanto, pensa que isso poderia ser feito não compelindo os monopólios, mas formulando regras imparciais para competição – 1979, p. 85.) Para os teóricos da catalaxe recomendarem isso de forma consistente, certas pretensões de Downs e de Buchanan e Tullock teriam de ser abandonadas. Em particular, a aprovação implícita de Downs do tratamento preferencial pelos servidores do governo para aqueles com alguma coisa especial a oferecer é um óbvio convite para os ricos comprarem favores do governo. Isso poderia ser descrito como *antidemocrático*, não como uma parte normal do funcionamento da democracia. Similarmente, visto que a provisão pelo governo de bens, serviços e proteções é geralmente mais importante em sociedades de larga escala do que nas pequenas, a recomendação de Buchanan e Tullock de que a ação do governo é menos apropriada quanto maior for a sociedade é também eliminada.

Tendo feito tais ajustes, algumas razões ainda vêm à mente para pensar que a catalaxe de algum modo aprova atividades opressivas por parte de uma minoria de interesses poderosos. Um argumento é que ela justifica os aspectos mais propensos à opressão da democracia liberal. Deve ser relembrado que teóricos antiopressão temem que a opressão por interesses minoritários poderosos seja facilitada quando a democracia liberal restringe-se a não mais do que endosso formal dos direitos democráticos e desencoraja a participação em favor de uma tênue democracia representativa imputável. A catalaxe endossa exatamente tal concepção restrita e adicionalmente dá razões para justificar uma imputação fraca e uma apatia dos votantes.

Outra suspeita pertence à cultura política. Pensar a política democrática em termos de cálculos autointeressados dos indivíduos é aviltar o modo como a democracia é olhada, e convida à sua subversão. Os cidadãos para quem a política democrática está justamente para calcular o quanto vale seu tempo para votar em alguém que possa dar a eles alguma coisa em troca, ou punir alguém que os desagradou, não estão, provavelmente, comprometidos de forma suficiente com a democracia para defendê-la (mesmo nesse sentido schumpeteriano estreito) contra as acusações, ou resistir a medidas antidemocráticas que poderiam beneficiá-los. Políticos para quem a democracia é justamente uma oportunidade de engrandecer a si mesmos vão similarmente ter pouco incentivo para defendê-la ou preservá-la se a recompensa por vender a democracia for suficientemente alto. Contra essas considerações, poder-se-ia citar a declaração de Buchanan e Tullock, anteriormente referida, segundo a qual, visto que algumas pessoas quererem de fato pensar desse modo, é mais seguro engrenar as instituições e políticas democráticas a elas.

Bowles e Gintis (1993), como muitos outros críticos da esquerda, veem isso como outra instância da criação endógena de preferências e replicam que desenhar políticas para as piores pessoas irá despertar o pior nas pessoas.

Relacionada ao argumento sobre a cultura política está a alegação de que, ao mesmo tempo, a catalaxe promove uma cultura política perniciosa e desencoraja alimentar uma cultura alternativa que coloca no centro o compromisso cívico com os bens públicos e o envolvimento entusiasta em questões públicas. Esse é o centro da objeção à catalaxe e a várias outras posições sobre a democracia, da parte dos democratas participativos, a cujos pontos de vista nós agora nos voltamos.

7
DEMOCRACIA PARTICIPATIVA

A teoria participativo-democrática é o polo oposto da catalaxe, e se concebe também contra todas as versões de democracia liberal que veem a política ativa como o domínio do governo e (como no caso dos pluralistas clássicos) de líderes de grupos de interesse. Ainda que essas proposições vejam uma larga medida de apatia e inatividade política da parte dos cidadãos ordinários como essencial à democracia, os democratas participativos consideram a apatia como uma falha e como uma tarefa maior dos democratas maximizar o engajamento ativo do cidadão. Como outros teóricos informados pela escola realista de Schumpeter e seus seguidores, a democracia para a catalaxe e para o que Peter Bachrach chamou de escola "elitista democrática" (1967) é exatamente votar, ao passo que para os democratas participativos a representação e a votação competitiva em eleições formais são vistas, no melhor dos casos, como males necessários que eles pretendem substituir, quando possível, por tomada de decisão pela discussão moldada pelo consenso. Ao passo que Hayek desacredita o "acordo na busca de objetivos comuns conhecidos" como um vestígio de tribalismo (1976, p. 111), a democracia participativa aplaude o forjamento da solidariedade como uma virtude principal da democracia.

A democracia participativa não está apenas conceitualmente em desacordo com a catalaxe e o elitismo democrático, mas também com seu oponente histórico. De acordo com Jane Mansbridge, o termo "democracia participativa" foi cunhado por Arnold Kaufman em 1960 (Mansbridge, 1995, p. 5). Isso foi na véspera do poderoso movimento dos estudantes nos EUA, sendo os seus objetivos registrados em um documento, o "Port Huron Statement", preparado por radicais da Universidade de Michigan (Kaufman era um de seus conselheiros), servindo como ponto de referência para estudantes no país e além dele. Esses estudantes estavam pedindo simultaneamente participação na universidade e em outros locais de governo e criticando os pontos de vista antiparticipativos de seus professores, dentre os quais os neoschumpeterianos eram proeminentes (Teodori, 1969, p. 163-172; Kaufman, 1969 [1960]).

ROUSSEAU

Quase sem exceção os teóricos da democracia participativa têm apelado como suporte aos trabalhos de Jean-Jacques Rousseau, e em particular ao seu *Do Contrato Social* (publicado em 1762). Rousseau colocou-se contra os primeiros teóricos modernos do contrato, especialmente Hobbes. Sob o ponto de vista de Hobbes, indivíduos autointeressados no estado de natureza são motivados por medo mútuo a se submeterem a uma autoridade soberana em troca de segurança. Tanto para Hobbes, quanto para Locke, a liberdade pessoal é o primeiro motivo para se entrar em um pacto, e o seu resultado é a submissão à autoridade soberana, seja a um rei, ou, como em Locke, a um governo da maioria. Rousseau se pergunta como a liberdade e a submissão podem ser reconciliadas: "sendo, porém, a força e a liberdade de cada indivíduo os instrumentos primordiais de sua conservação, como poderia ele empenhá-los sem prejudicar e sem negligenciar os cuidados que a si mesmo deve?". Isso traz o problema-guia de *Do Contrato Social*, a saber, "encontrar uma forma de associação ... pela qual cada um, unindo-se a todos, só obedece contudo a si mesmo, permanecendo, assim, tão livre quanto antes" [Rousseau, 1950a [1762], p. 13-14, livro I, Cap. vi).[1]

Ao passo que os maiores desafios postos a Hobbes por outros teóricos do contrato questionaram seu ponto e vista de que o soberano deveria ser um monarca absoluto, Rousseau focou no ato anterior por meio do qual os indivíduos no estado de natureza concordam em se submeter a uma forma qualquer de autoridade política. Ele argumenta que, para ser legitimamente vinculante, ela tem de ser unânime, e que, para atingir seus objetivos, as pessoas têm de desistir de todos os seus poderes. Se alguma coisa fosse deixada de fora do controle público potencial, poder-se-ia insistir que outras coisas poderiam ser eximidas, e o objetivo do contrato de criar uma autoridade pública poderia ser frustrado. Juntas, essas condições significam que um contrato legítimo e efetivo envolve cada pessoa desistir de todos os seus poderes a todos os outros. O efeito é a criação de um "corpo moral e coletivo, composto de tantos membros quantos são os votos da assembleia, e que, por esse mesmo ato, ganha sua unidade, seu *eu* comum, sua vida e sua vontade" (p. 15, livro I, cap. iv).[2]

A vontade que esse corpo político ou "pessoa pública" adquire é a famosa (ou, para a crítica de Rousseau, infame) "vontade geral", e é por referência a ela que Rousseau pensa que pode resolver o problema que se propôs. A

---

[1] N. de T. Citação de Rousseau feita a partir da tradução L. S. Machado de ROUSSEAU, Jean-Jacques. *Do contrato social*. [Du contrat social]. 2.ed., São Paulo: Abril Cultural [Os pensadores], 1978, p. 32.
[2] N. de T. Ibid, p. 33.

chave é que a vontade geral encarna um imperativo moral para as pessoas promoverem interesses comuns. Exatamente como (ou se) esse mandado é derivado do contrato originário é uma questão de disputa contínua entre os especialistas entre si mesmos com referência à teoria de Rousseau, mas assumindo que faz sentido dizer que dando seus poderes reciprocamente as pessoas experimentam a promoção e a preservação de seus interesses comuns, Rousseau pode alegar que elas sejam simultaneamente *ligadas* uma às outras (na procura do bem comum) e *livres* (visto que o imperativo de agir desse modo é alguma coisa que elas mesmas criaram por acordo).

Tentou-se aplicar às cidades-Estado as prescrições políticas que Rousseau retirou dessa teoria, como, por exemplo, aos cantões de sua nativa Suíça. Realmente, essas cidades deveriam ser "muito pequenas", visto que poderiam ser governadas por um legislativo constituído por todas as pessoas se reunindo periodicamente (Rousseau, 1950a [1762], p. 90-91, 96, livro III, caps xiii, xvi). Rousseau geralmente reserva o termo "democracia" para se referir justamente a uma composição possível de um executivo (no qual o povo inteiro ou uma maioria dele executa as leis tão bem quanto as constrói). A execução democrática das leis é, no melhor dos casos, só aproximada, e quanto maior o Estado, menos exequível ela é (p. 63-66, livro III, cap iii, iv). Usando o termo "democracia" de forma vaga com respeito ao sentido técnico da referência aos líderes do governo selecionados pela população (em vez de liderança por aristocratas ou monarcas), Rousseau pensa que idealmente a seleção por sorteio seja superior às eleições (p. 107-109, livro IV, cap. iii); em qualquer caso, os governos estão estritamente determinados a executar exatamente a vontade da legislatura e, então, a terem somente poderes administrativos (p. 93-96, livro III, cap. xvi). Quando as pessoas estão no modo legislativo, a maioria dos votos alcança a vitória e se assume que a maioria exprimirá a vontade geral (p. 106-107, livro IV, cap. ii).

Uma leitura crítica de Rousseau vê em sua concepção de vontade geral as sementes do totalitarismo (por exemplo, Talmon 1970). Em particular, essa concepção é declarada como especialmente suscetível ao perigo proporcionado pelo "espaço vazio" da democracia descrito no Capítulo 2. Os críticos invariavelmente apoderam-se de uma tese central de Rousseau de que alguém pode ser "forçado a ser livre". Ele consente que as ações das pessoas não estão sempre de acordo com a vontade geral, visto que, "com efeito, cada indivíduo pode, como homem, ter uma vontade particular, contrária ou diversa da vontade geral que tem como cidadão"; e, se ele se recusa a obedecer à vontade geral, pode ser "constrangido por todo um corpo". Em tal caso, é-lhe negada a liberdade de buscar seus interesses particulares, mas como um cidadão sua liberdade foi intensificada (p. 17-18, livro I, cap. vii).[3]

---

[3] N. de T. Ibid, p. 35-36.

ROUSSEAU E PARTICIPACIONISMO

A tese de Rousseau realmente parece difícil de enquadrar com os pontos de vista fortemente democráticos dos participacionistas, mas também não pode ser dispensada como não essencial a essa teoria. A esse respeito, ela difere, pode-se sustentar, do sexismo de Rousseau, que o leva a excluir as mulheres do contrato social sob o fundamento de que as mulheres são feitas somente para servirem os homens (Rousseau, 1979 [1762], livro V). Por isso, Carole Pateman, uma feminista e uma das principais representantes da teoria participativo-democrática, pode apelar à parte central de sua teoria, ao mesmo tempo em que considera o seu sexismo uma aberração (Pateman, 1985, p. 157-158). Se os democratas participativos forem consistentemente atraídos pelos pontos de vista de Rousseau, isso deve ser porque eles podem interpretar suas teorias de modos úteis a seus fins, e de fato se pode ter uma causa: várias de suas teses, incluindo aquela de forçar as pessoas a serem livres, admitem tal interpretação. Assim, não obstante a natureza democraticamente problemática de algumas de suas noções e se pondo de lado questões de interpretação, como a tese de Andrew Levine de que há uma tensão sistemática em *Do Contrato Social* entre a ética abstrata, a política e a prefiguração da teoria política marxista mais concreta, o resto deste capítulo explicará a teoria participativo-democrática com um pano de fundo rousseauniano.

Povo soberano e governo representativo

Anarquistas são democratas participativos que pensam que a democracia plena requer que as pessoas governem diretamente a si mesmas sem a mediação das agências ou servidores do Estado (por exemplo, Michael Taylor, 1982, bem como as contribuição a Benello e Roussopoulos, 1972). Pateman representa de forma mais estreita a maioria dos democratas participativos pela sua posição próxima ao anarquismo, do qual, contudo, ela explicitamente se distancia (1985, p. 134-142). Em vez disso, ela endossa o ponto de vista de Rousseau de que o governo é encarregado de realizar os desejos das pessoas, não sendo assim mais do que uma ferramenta administrativa (p. 150-152). Isso claramente põe a visão dela e a de Rousseau em desacordo com a dos teóricos da catalaxe e dos democratas liberais na tradição de Schumpeter, tal como Riker, para quem os governos são eleitos sob o entendimento de que eles terão uma mão quase livre para governar do modo como pensam ser conveniente. Da mesma forma, há diferenças teóricas com versões mais robustas da democracia liberal.

A objeção dos participacionistas à democracia representativa é mais forte do que a reclamação de que governos representativos normalmente quebram promessas de campanha e prestam pouca atenção às preocupações dos cidadãos, exceto de modo superficial, e, portanto, somente quando as eleições se aproximam. Esses conflitos são geralmente manifestados por democratas liberais defensores da democracia representativa. De forma similar, entre as várias medidas participativas discutidas por Joseph Zimmerman, estão referendos, revogação e legislação de iniciativa dos cidadãos (1986). Contudo, em contraste às outras medidas de que ele trata (casas legislativas municipais e administração voluntária de vizinhança), esses são, acima de tudo, modos de realizar o que os representantes eleitos deviam estar fazendo, mantendo-os honestos, e não tanto alternativas ao governo representativo. A objeção participacionista fundamental a qualquer teoria para a qual a democracia representativa seja central ecoa o ponto de vista de Rousseau de que a soberania "não pode ser representada" (1950a, p. 94, livro III, p. xv) e de que não pode haver contrato entre os governados e o governo (p. 96-98, livro III, cap. xvi).

Na perspectiva participativo-democrática, a democracia é o controle pelos cidadãos de seus próprios afazeres, que algumas vezes, embora nem sempre, envolve instruir os corpos governamentais a realizar os desejos dos cidadãos. Essa perspectiva conota uma relação de continuidade entre pessoas e governo que é quebrada quando este é visto como um representante daquelas. É, então, um passo curto para conceber o governo como um corpo com seus próprios interesses e revestido de poderes estatais especiais e com os quais os cidadãos têm de negociar ou fazer contratos. O resultado é refletido no título da crítica de Philip Resnick da democracia no Canadá, *Parliament vs. People*, no qual ele argumenta que a seção "Carta de direitos e liberdades" da Constituição do Canadá, intitulada "Direitos democráticos" deveria ser renomeada para "Direitos do eleitor" ou "melhor ainda 'Os direitos do parlamento'" (1984, p. 53).

Estado e sociedade civil

Uma implicação das observações precedentes é que, para a democracia participativa, Estado e sociedade civil não são entidades distintas. Não há linha dividindo um Estado que governa e os cidadãos na sociedade civil que são governados. Isso se reflete no argumento de Rousseau de que há somente um contrato, aquele que cria o corpo político. Nesse corpo, governado e governadores são idênticos: o corpo político "é chamado por seus membros de *Estado* quando passivo e *soberano* quando ativo" (1950, p. 15, livro I, cap. vi). O "negócio principal" dos cidadãos é o serviço público, e "quanto melhor for a constituição de um Estado, mais as questões públicas interferem com o privado nas mentes dos cidadãos" (p. 93, livro III, cap. xv). Essas e outras passagens afins têm abastecido a crítica a Rousseau de ser um protototalitarista, em que a distinção entre público e privado é obliterada e se espera das pessoas que sirvam ao Estado.

Uma resposta participativo-democrática é gravitar em torno de uma posição anarquista e manter que, sob a perspectiva de Rousseau, há muito pouco de um Estado para as pessoas servirem. Em réplica, os críticos podem argumentar que se restar alguma coisa de um Estado, seus servidores podem ainda exercitar poderes ditatoriais em nome da vontade geral ou, se o Estado for realmente marginalizado, então a opressão estatal será substituída por aquela da opinião pública ao modo da tirania dos costumes da maioria de Tocqueville. Essas reações serão tratadas no momento oportuno. Os participacionistas tipicamente consideram a acusação de estatismo mais plausível em abstrato do que em concreto. Sua preocupação principal é que a democracia seja promovida fora do governo formal em todas as instituições da sociedade civil.

Mantendo-se com a Declaração de Port Huron, um alvo principal de atenção para os primeiros participacionistas foram as universidades, sobre as quais os estudantes radicais insistiram e algumas vezes asseguraram uma democratização parcial, envolvendo estudantes na tomada de decisão no nível das aulas, bem como em comitês e coisas semelhantes como políticas curriculares e de graduação. Similarmente, democratas participativos propuseram modos de democratizar locais de trabalho, família (incluindo a formação de alternativas para a família tradicional, para viver e cuidar das crianças), mídia, vizinhança, escolas pré-universitárias e creche, e tomada de decisão sobre as relações humanas com o meio ambiente. Todas essas situações constituem "sistemas políticos" em sentido amplo do que tem a ver com o Estado, e são assim sujeitos à democratização (Pateman, 1970, p. 35; Bachrack, 1967, p. 70-78).

A reação participacionista à crítica de que poucas pessoas estão interessadas em devotar tempo a conselhos nos locais de trabalho ou comitês de vizinhança ilumina um segundo grupo de recomendações pertinentes ao tópico corrente. Citando estudos empíricos como apoio (Almond e Verba, 1965; Verba e Nie, 1972), os democratas participativos argumentam que a relutância pública de se envolver diretamente em atividades locais é largamente uma função da não indisponibilidade ou da inefetividade de fóruns por meio dos quais exercitar essa habilidade. Como afirma Barber, as pessoas são "apáticas porque não têm poder, e não sem poder por serem apáticas" (1984, p. 272). Discutindo a "democracia na indústria", Pateman ilustra essa declaração quando distingue a participação "parcial" da "plena", em que, na primeira, o administrador consulta os trabalhadores sem qualquer obrigação de prestar atenção em seus conselhos, ao passo que, na segunda, "cada membro individual de um corpo de tomada de decisão tem igual poder de determinar o resultado das decisões" (1970, p. 71). A apatia pode ainda persistir mesmo com oportunidades para participação plena no nível dos trabalhadores de uma fábrica se as decisões puderem ser contrariadas ou forem severamente reprimidas por níveis de administração superiores, sendo a razão pela qual ecoa em Pateman muitos participacionistas ansiando autoadministração completa dos trabalhadores (p. 85).

Em sua discussão da autoadministração dos trabalhadores na (ex) Iugoslávia comunista – o lugar mais importante em que isso foi tentado em larga escala –, Pateman observa que as evidências para seus efeitos benéficos sobre as atitudes e efetividade dos trabalhadores são inconclusivos, devido a toda a estrutura governamental do país, de alto a baixo (1970, p. Cap. 5). Isso ilumina a dimensão das recomendações participacionistas pertencentes à tomada de decisão. A democracia é apropriada quando soluções alternativas a situações problemáticas estão disponíveis; contudo, a tomada de decisão democrática é de valor limitado quando problemas ou soluções alternativas são definidos por pessoas diferentes daquelas que se presume que devam tratar delas e/ou quando há um pequeno controle sobre como ou se soluções aceitas serão implantadas.

Firmas de trabalhadores autoadministrados na ex-Iugoslávia frequentemente pensavam que eram limitados em um ou ambos desses modos por um Estado, que era, no melhor dos casos, apenas levemente responsável democraticamente. A participação plena requer, assim, o envolvimento dos cidadãos em todos os estágios da tomada de decisão democrática. Referindo-se especificamente aos problemas do meio ambiente, Arthur Schafer (1974) identifica seis desses estágios: identificação e definição de um problema, angariação de soluções alternativas, proposta de uma solução específica, decisão sobre adotar ou não a proposta, formulação de um plano de implementação e implementação do plano. Seu ponto mais importante é que excluir da tomada de decisão pessoas que confrontam o problema em questão em qualquer desses estágios enfraquecerá a participação efetiva e o entusiasmo para participar nos outros. Considerações similares são levantadas por democratas participativos como precaução contra propostas para a "democracia direta" por meio do uso extensivo do referendo lastreado na tecnologia eletrônica de votação. "Alguém", como afirma Macpherson, "deve fazer as questões" (1977, p. 95; ver também Barber, 1984, p. 289-290; para uma defesa qualificada da democracia direta com ajuda eletrônica, ver McLean, 1990; e Budge, 1993).

A vontade geral e a vontade de todos

Em uma passagem central de *Do Contrato Social*, Rousseau anuncia que "há comumente muita diferença entre a vontade de todos e a vontade geral", explicando que "esta se prende ao interesse comum", ao passo que aquela está ligada ao interesse privado e "não passa de uma soma das vontades particulares" (1950a, p. 26, livro II, cap. iii).⁴ Essa passagem torna impossível interpretar a vontade geral simplesmente como aquilo com que todos poderiam concordar ou como aquilo para o que a maioria vota a favor. Rousseau observa que a vontade geral é a opinião da maioria, mas isso se obtém somente quando os cidadãos estão usando seus votos para expressar uma opinião sobre se a proposta "está de acordo com a vontade geral" e somente quando "todas as qualidades da vontade geral ainda residem na maioria" (1950a, p. 106-107, livro IV, cap. ii). Nem pode a vontade geral simplesmente ser aquilo sobre o que há acordo unânime, visto que isso pode ser obtido pelas pessoas visando somente a interesses privados, mas conduzindo a um resultado comum, tal como o contrato orientado pelo medo no esquema de Hobbes (Harrison, 1993, p. 55).

No Capítulo 4 foi observado que, conquanto nem todos os democratas liberais vejam a agregação de interesses como o objetivo da democracia, há um elemento inescapável de agregação na teoria liberal-democrática: de acordo com o pluralismo, supõe-se que as pessoas votem sob a base de interesses antecedentes e geralmente diversos, a mistura dos quais determinará a distribuição dos votos. Para Rousseau, tais resultados refletem não mais do que a vontade de todos, visto que as pessoas que simplesmente votam na base de suas preferências, mesmo em base a muitas preferências altruístas, não estão "agindo de acordo com a vontade geral", que as obriga a tentar determinar o que o bem comum requer quando votam, ou de outro modo tomam decisões coletivas. Rousseau é justamente classificado na tradição do republicanismo cívico (ver Capítulo 4) no seu ponto de vista de que os cidadãos devem primeiro buscar os bens comuns e que, fazendo isso, constituem-se como "associações" e não como "agregações" (p. 12, livro I, cap. v). A tomada de decisão coletiva democrática para Rousseau é, portanto, exatamente este comprometer-se a encontrar e a promover o bem público. Na forma, tal tomada de decisão é mais bem vista como um esforço na construção de um consenso, em vez de uma disputa entre os votantes para quem os procedimentos democráticos são como as regras de um jogo que cada um espera vencer. É por essa razão que Mansbridge intitula o seu livro sobre esse assunto *Beyond Adversary Democracy* e que os democratas participativos veem a deliberação construtiva para se obter consenso como um modo superior de tomar decisões democráticas para votar, que Barber chama "o último ato significativo de um cidadão em uma democracia" (Mansbridge, 1983, p. 187; e ver Pateman, 1985, p. 185).

Levine ilustra a diferença entre a associação rousseauniana e uma agregação com o exemplo das pessoas tentando decidir onde uma estrada para

---

⁴ N. de T. Ibid., p. 46-47.

conectar duas cidades deve ser construída (1993, p. 156-157). No que Mansbridge chama de modelo competitivo e Levine de corrente em voga, o ponto de vista liberal-democrático, os cidadãos da jurisdição em questão irão votar cada um de acordo com suas preferências anteriores e o resultado será considerado democrático mesmo se não for o melhor lugar para construir a rodovia, por exemplo, de um ponto de vista ecológico ou da demografia a longo prazo. Os utilitaristas divergem, embora levemente, do ponto de visa predominante, visto que eles têm uma ideia de onde a rodovia tem de ser construída, a saber, no lugar em que satisfaria ao maior número de pessoas. Votar não é um modo seguro de estabelecer o que é isso, mas a não ser que seja impedido por maiorias cíclicas, abstenção *free-rider* ou coisas semelhantes, é geralmente confiável para esse propósito. Na perspectiva de Rousseau, em contraste, os votantes vão tentar estabelecer o que é melhor para a comunidade, compreendidas as duas cidades e aqueles que vivem entre elas.

Mesmo Levine duvida de que haja sempre uma resposta a tais questões, mas Ross Harrison pensa que pode construir uma resposta geral fora do igualitarismo, refletido no comentário de Rousseau de que "a vontade geral tende para a igualdade" (Rousseau, 1950a, p. 23, livro II, cap. i). Na interpretação de Harrison, o fato de as pessoas descobrirem o bem comum da comunidade é entender o que poderia beneficiar igualmente a todos (1993, p. 56-57). Uma objeção que vem prontamente à cabeça é que pode haver várias alternativas, de tal forma que é ainda necessário para os que deliberam de forma associada singularizar uma delas. Para Pateman, essa não é uma séria objeção, visto ser suficiente apelar para a vontade geral interpretada de forma igualitária para descartar certas alternativas, aquelas de consequências não igualitárias (1985, p. 155-156). Em particular, ela aproveita a crítica de Rousseau da desigualdade material e econômica, eloquentemente defendida no *Discourse on the Origins of Inequality* (1950b [1755]) e a que se apela em *Do Contrato Social*, onde ele descreve "o maior de todos os bens" como a liberdade e a igualdade, e onde a igualdade ordena que "nenhum cidadão seja suficientemente opulento para poder comprar um outro e não haja nenhum tão pobre que se veja constrangido a vender-se" (1950a, p. 49-50, livro II cap. xi).[5]

Outra objeção é que, devido aos conflitos básicos de interesse, pode não haver bens comuns a serem descobertos e que, devido à escassez de recursos, a igualdade substantiva que os participacionistas como Pateman veem como uma precondição para a busca de bens comuns seja inalcançável. Uma resposta da parte dos democratas participativos é negar que esses problemas sejam intransponíveis. Conflitos do tipo jogo com soma zero não são vistos

---

[5] N. de T. Ibid., p. 66.

como aspectos inevitáveis da sociedade humana, mas como um resultado da insuficiência de sentimentos comunitários de compromisso com bem comum, sendo isso, por sua vez, o resultado dos isolamentos perpetuados pela falta de oportunidade para participação efetiva e progressiva. Escassez, na perspectiva de Rousseau, é em grande medida uma questão de má distribuição de recursos existentes, mas é também causada pelas necessidades de consumo aumentadas, que, como um individualismo vazio de espírito comunitário, é também suscetível a ser corroída pela participação. Assim, Pateman alega que a saída de "modos individualistas possessivos de pensamento e ação" (a frase de Macpherson para descrever o consumismo e o egocentrismo) é facilitada por uma mudança nos valores que resultam da própria participação política (1985, p. 156).

Barber oferece uma variante dessa defesa do participacionismo. Ao passo que Mansbridge distingue duas formas de democracia – a da competição e a unitária –, Barber oferece uma classificação tripartite. A "democracia representativa", também caluniosamente etiquetada de "fraca" por Barber, é aquela sob o modelo schumpeteriano: a cidadania é somente uma questão legal; as pessoas são mantidas juntas por contratos autointeressados e são politicamente passivas. Um modelo alternativo Barber chama de "democracia unitária", de acordo com o qual as pessoas são mantidas juntas por ligações íntimas de sangue ou ligações análogas pré-políticas; a cidadania ideal é a de irmandade; e a política envolve submissão autoabnegada ao grupo. A terceira categoria é a "democracia forte", título do livro de Barber, cuja tese principal é a de que os críticos enganosamente assumem que a democracia participativa tenha de ser da variedade unitária. Nesta categoria, os cidadãos se relacionam entre si como "vizinhos", mantidos juntos como participantes ativos em atividades partilhadas (1984, Cap. 9).

Cada forma de democracia é "fundada" no consenso, mas de tipos radicalmente diferentes. A democracia fraca é sustentada por um contrato no qual se entra independentemente da antecipação de vantagem mútua, autointeressada. O fundamento para a democracia é o "consenso substantivo" em torno de valores definidos comunitariamente que precedem o governo e dão aos indivíduos sua identidade. Isso deve ser distinguido do "consenso criativo" da democracia forte, que "advém da fala comum, da decisão comum e do trabalho comum" e tem como premissas os "cidadãos" ativos e a participação perene na transformação dos conflitos, mediante a criação de consciência comum e julgamento político (Barber, 1984, p. 224; e ver Mansbridge, 1983, Cap. 18). A concepção de Barber de uma democracia forte significa equipar a teoria participativo-democrática com um modo de reconhecer a diversidade de interesses. Os cidadãos nos quais "a qualidade da vontade geral" reside irão ver as divergências como problemas a serem trabalhados entre todos, procurando um consenso criativo.

Forçados a serem livres

Em um estado de natureza as pessoas são motivadas por instinto e usufruem de "liberdade natural" quando têm sucesso em obter o que quer que seus instintos incitam-nas a querer. As pessoas que são cidadãs em um corpo político são motivadas por seu senso de dever a promover o bem comum. A ação feita por dever é autoimposta ou é um exemplo de senhorio sobre si mesmo, em vez de ser um resultado do "mero impulso do apetite", e então constitui uma espécie única e superior de "liberdade civil" (Rousseau, 1950a, p. 18-19, livro I, cap. viii). Essa é uma imagem da ação humana na qual à noção de ser forçado a ser livre se dá supostamente uma interpretação não perniciosa. Aqueles que são obrigados pelas leis do corpo político a agirem contra sua liberdade natural são, assim, "forçados" a agir como eles não gostariam; contudo, ao serem obrigados a agir de acordo com sua liberdade civil, eles não estão somente agindo livremente, mas de forma verdadeiramente livre. Deve ser óbvio que essa proposição está aberta ao debate – e tem havido muito dele – sobre se ou até que ponto a descrição de Rousseau abre a porta para o abuso autoritário. O problema acontece em situações nas quais as pessoas em posse do poder do Estado (ou em uma associação não-governamental de apoiadores do poder) julgam que os cidadãos não estão motivados pelo dever cívico, e então suspendem o que os líderes consideram as liberdades meramente naturais dos cidadãos, negando ao mesmo tempo que isso seja uma infração de sua liberdade no sentido superior.

Eu não conheço nenhum defensor da democracia participativa que endosse uma tal versão de paternalismo, e não é essa a situação que eles focam em Rousseau. Antes, eles são atraídos a dois temas sugeridos em sua discussão em torno da tese do "ser forçado a ser livre". Uma dessas preocupações diz respeito ao objetivo da democracia participativa. Os comentadores dessa teoria têm se preocupado corretamente em saber como a participação deve ser interpretada e valorada. Um destes, Donald Keim (1975), vê uma diferença básica entre teóricos tais como Bachrach (1967), para quem o participacionismo requer principalmente que os domínios nos quais as pessoas possam (efetivamente) se engajar sejam em tomadas de decisões coletivas a serem ampliados e que valoriza isso para aumentar a autonomia individual; e aqueles teóricos (Keim cita Robert Pranger, 1968) que pensam que a participação seja agir essencialmente em acordo mútuo com outros, criando assim uma comunidade ao redor de bens comuns e, portanto, ser merecedor de ser valorado "por si mesmo". Contudo, como George Kateb observa, os estudantes radicais da Declaração de Port Huron foram motivados por *ambos*: o "desejo por senhorio de si mesmo e a sede por comunidade" (1975, p. 93). Pode-se dizer que estavam buscando objetivos consistentes com ambas as cepas de republicanismo cívico: o ciceroniano e o aristotélico, como foram descritas no Capítulo 4. A atração dos teóricos participacionistas para a ideia do ser "forçado a ser livre" de Rousseau foi, então, por ele ter encontrado um modo de integrar esses dois objetivos.

O outro tema atrativo aos participacionistas na discussão de Rousseau concerne ao seu ponto de vista sobre *como* as pessoas chegam a escapar de sua "servidão aos instintos" e a adquirem a virtude cívica. "A passagem", como Rousseau começa o seu capítulo sobre a liberdade cívica, "do estado de natureza para o estado civil determina no homem uma mudança muito notável, substituindo na sua conduta o instinto pela justiça e dando às suas ações a moralidade que antes lhes faltava" (1950a, p. 18, livro I, cap. viii).[6] No último estado, as pessoas são ainda forçadas a serem livres, mas de um modo mais defensável do que o anteriormente descrito: alguém que tenha previamente só considerado a si mesmo agora percebe que é "forçado a agir sob princípios diferentes e a consultar a sua razão antes de ouvir as suas inclinações". Pateman realça que o termo "forçado" nessa passagem deve ser interpretado como "reforçado", em que a força de olhar para o bem comum "é provida pela transformação da consciência do [cidadão] que é gradualmente conduzido a processos participativos" (1985, p. 156). Para marcar ainda uma outra diferença polar entre catalaxe e participacionismo, as preferências para Pateman, como para todos os democratas participativos, são formadas por meio dos processos políticos nos quais as pessoas estão engajadas (ou "endogenamente" a eles, como essa noção foi discutida no Capítulo 6).

Ambos os componentes do ponto de vista de Rousseau sobre esse tópico são centrais à teoria participativo-democrática: a ideia de que os valores e as motivações das pessoas estão sujeitos a uma transformação radical e a tese de que a participação política pode efetuar essa transformação como uma espécie de rotina do programa de treinamento democrático. Assim, a maior parte do texto mais importante de Pateman sobre a democracia participativa (1970) é devotada a esclarecer esses pontos de vista nas obras dos primeiros teóricos democráticos, incluindo Mill e G. D. H. Cole, bem como Rousseau, e a ilustrá-los nos casos da democracia industrial da autoadministração dos trabalhadores.

As diferenças principais entre as três espécies de democracia de que Barber trata é que a democracia fraca "deixa os homens como os encontra", a saber, negociadores autointeressados, enquanto a democracia unitária "cria uma força comum, mas não faz isso destruindo completamente a autonomia e a individualidade". Somente na democracia forte os indivíduos são transformados de tal forma que busquem o bem comum ao mesmo tempo em que preservam a sua autonomia, "porque a sua visão de sua própria liberdade e interesses foi dilatada para incluir outros" (1984, p. 231). A pedagogia formal pode ajudar a realizar essa transformação, assim como a participação em ati-

---

[6] N. de T. Ibid., p. 36.

vidades locais da esfera privada, como escolas, igrejas, famílias, clubes sociais ou grupos culturais, ao passo que a participação política direta em questões públicas é o mais efetivo fórum de transformação de acordo com Barber, que cita Tocqueville, bem como Mill e Rousseau, como apoio (p. 233-237). As prescrições que se seguem dessa perspectiva são claras: fóruns para participação devem sempre ser encorajados onde quer que seja; inibidores de participação, tais como a privação econômica ou a falta de tempo e o elitismo ou os valores possessivos-individualistas, devem ser identificados e combatidos.

PROBLEMAS DA DEMOCRACIA

Opressão

O "problema da democracia" que os participacionistas explicitamente delimitam para tratar é que os procedimentos democráticos facilitam e propiciam encobrimento para regras opressivas baseadas em classe, gênero, raça ou outros domínios de exclusão contínua e subordinação. As razões que eles veem para isso não são que representantes eleitos podem ser comprados e que a maioria das pessoas tem pouco controle sobre o comportamento dos partidos políticos e das agendas legislativas. Nem é exatamente que os arranjos liberais-democráticos deixam estruturas opressivas intactas nos reinos privados. Ainda mais debilitador é que as pessoas, cuja experiência de autodeterminação coletiva é confinada principalmente ao voto, não adquirem nem o conhecimento, nem as habilidades, nem a esperança de tomar conta de suas vidas, aquiescendo assim com sua própria opressão. A participação direta, inicialmente em arenas pequenas e localizadas, é requerida para romper o círculo resultante da passividade política e da continuidade da subordinação.

Irracionalidade

Um efeito da alternativa recomendada à democracia exclusivamente eleitoral, representativa, é que alguns outros problemas da democracia são também tratados. Um é a irracionalidade putativa, visto que para os democratas participativos esse é um problema inteiramente autoimposto por aqueles que equiparam a democracia a votar, pensada como um procedimento empregado por cidadãos autointeressados em produzir política social ou governos eleitos. Até o ponto em que esse problema requer uma solução, é facilitada a transformação dos indivíduos em cidadãos com mente cívica e a expansão do ato de votar da democracia ao esforço coletivo de buscar consenso. Sob o ponto de vista participacionista, o problema da apatia ("democracia anômica", como a Comissão Trilateral a etiquetou) resulta largamente também daquilo que eles veem como o efeito despolitizador da democracia representativa. Tal democracia também construiu nisso uma cultura política do conflito, que, diferentemente do ímpeto em direção ao consenso procurado pela democracia participativa, exacerba o conflito.

A tirania da maioria e o espaço vazio

Essas soluções proferidas ilustram o modo como as ideias sobre a democracia estão incrustadas em concepções da natureza e da sociedade, já que não são provavelmente para serem vistas como soluções, exceto por alguém que aceita princípios participativo-democráticos centrais. Soluções participativo-democráticas aos problemas da tirania da maioria e do espaço vazio da democracia também podem ser localizadas nessa categoria. Para alguns, é óbvio que a democracia participativa não somente não oferece soluções a esses problemas, mas também ostensivamente convida a eles. A minoria que dissente é facilmente tomada como evidência da falta de vontade ou habilidade de buscar consenso e, portanto, como evidência de ser um mau cidadão. Assim, haveria uma pressão enorme para se conformar ao sentimento majoritário em uma comunidade participativo-democrática. Supondo-se que esse tipo de comunidade vise ao bem comum, os partidários do autoritarismo podem também facilmente pretender conhecer o que é o bem e assim falar em nome da comunidade verdadeira.

Para os teóricos participativo-democratas, contudo, isso não é visto como um problema intransponível. Para eles, tem de ser assim porque silenciar a opinião minoritária ou aquiescer com declarações autorizadas de conhecimento dos bens da comunidade é incompatível com participação permanente e transformativa, e tal participação é exatamente o que se toma por democracia. Em adição, há um contra-ataque implicado. Na literatura participativo-democrática, muito pouca atenção é dedicada ao tópico dos direitos. Direitos figuram de modo proeminente nas considerações sobre a política de Hobbes e Locke, para quem Rousseau procurou uma alternativa. Quando problemas de conflitos sociais têm de ser resolvidos por apelo a direitos que protegem alguns membros da sociedade de outros, isso é evidência de que a sociedade falha em ser uma comunidade genuína e é uma causa perpétua para as pessoas não se esforçarem para construir uma, visto que em uma cultura política dos direitos as pessoas se veem reciprocamente como inimigas potenciais e usam os direitos como escudos ou armas. O contra-argumento implicado é que, ao se focar no problema da tirania da maioria e, para resolver isso, orientar as políticas públicas em torno dos direitos, fecha-se as pessoas na situação conflituosa que cria o problema da necessidade de protegê-las umas das outras. (Elementos dessa posição são sugeridos por Barber, 1984, p. 137, 160).

Cultura popular

Se a democracia participativa contém recursos para tratar adequadamente do problema (alegado) de que a democracia degrada a cultura, isso depende mais de pretensões contestadas de forma empírica do que de forma teórica. Implícito na dimensão igualitária da perspectiva participativo-democrática não está exatamente uma prescrição para a igualdade econômica, mas uma hipótese da igualdade relativa aos talentos e habilidades humanos: a participação não pode extrair o melhor de cada um se não houver nada de valor para ser extraído. Se esse é o caso concernente aos talentos culturais e aos poderes de apreciação, não é o tipo de coisa que possa ser determinado por uma teoria geral da natureza humana, por exemplo, uma que afirme que talentos são um recurso escasso. Mansbridge (1995) reconhece que o estudo sistemático dessa questão com respeito aos talentos políticos é esparso e apela para a sua própria experiência no empreendimento da democracia participativa, como evidência a favor de sua conclusão otimista. Uma observação similar é sem dúvida aplicável a aptidões culturais. (Eu notei que aqueles, como eu mesmo, que cresceram em cidades pequenas o suficiente para alguma interação em pé de igualdade entre diferentes setores da população, por exemplo, em escolas com classes sociais misturadas, são frequentemente mais generosos em suas estimativas de como difundir talentos culturais do que aqueles com histórias e experiências mais enclausuradas e elitistas).

Efetividade e capital social

Assim como para a questão da efetividade governamental, a hipótese que Robert Putnam assume de James Coleman referente ao "capital social" é verossímil. Por capital social eles entendem "aspectos da organização social como confiança, normas e redes de trabalho, que podem melhorar a eficiência da sociedade facilitando a coordenação das ações". Um exemplo é uma comunidade agrícola em que os agricultores confiam uns nos outros e então estão mais inclinados a compartilhar equipamentos e a ajudar uns aos outros com a colheita, permitindo, assim, a cada um realizar mais com menos investimento de tempo e dinheiro do que gastaria quando estivesse faltando a confiança (Putnam 1993, p. 167; Coleman, 1990). Essa perspectiva é o oposto daquela favorecida pelos defensores do capitalismo do *laissez-faire* na tradição de Adam Smith, de acordo com o qual valores cooperativos alimentam a preguiça, ao passo que a competição rude é exigida pela eficiência; contudo, tal cooperação é completa na tradição participacionista, de acordo com a qual o envolvimento dos cidadãos cooperativos em atividades conjuntas nutre exatamente aqueles valores que conduzem à acumulação de capital social e, portanto, na tese de Putnam e Coleman, à efetividade do empreendimento dos projetos humanos.

REALISMO

A acusação de que a democracia participativa é não realista e utópica algumas vezes tem como premissa uma teoria da natureza humana como aquela aludida por Smith. O próprio Rousseau parece estar aceitando a acusação quando ele anuncia que, se houvesse "um povo de deuses, governar-se-ia democraticamente" mas que um "governo tão perfeito não convém aos homens" (1950a, livro III, cap. iv)[7] ou quando ele recomenda o voto secreto sob o fundamento de que em um mundo politicamente imperfeito é requerida uma sebe contra procedimentos eleitorais corruptos e, em um argumento não diferente dos teóricos da catalaxe Tullock e Bucham, Rousseau atribui a longevidade da democracia veneziana ao seu desenho das leis "adequadas somente para os homens que são maus" (1950a, p. 120, livro IV, cap. iv).

Essas pretensões dependem de perspectivas sobre a natureza humana que a democracia participativa dos dias atuais não precisa aceitar e que, além disso, muitos dos seus teóricos contestam em parte, invocando as próprias teorias de Rousseau. Mais difícil para os participacionistas, do ponto de vista do realismo, é o problema da extensão. Assumindo-se que a teoria participativo-democrática tenha uma posição viável para os conflitos da sociedade, sua aplicação aos conflitos internacionais é menos clara, visto que seu foco e ponto forte são grupos pequenos o suficiente para admitirem uma interação direta. Isso apresenta um problema também no nível do Estado ou em subestados locais, como regiões ou mesmo municipalidades de tamanho médio.

Tratando desse problema, Macpherson projeta "um sistema de conselho piramidal" no qual se começa com "discussões face a face e decisão por consenso ou maioria" no nível local da vizinhança e/ou lugar de trabalho, onde delegados podem ser eleitos para "compor um conselho no nível seguinte mais inclusivo, por exemplo, bairro, distrito ou município", e assim por diante, até o nível da nação. Esse esquema poderia ser similar ao sistema dos sovietes na ex-União Soviética (ao menos como projetada), com a grande exceção de, em vez de ser superposta com um partido político autocrático único, o sistema de conselho poder incluir partidos políticos em competição, desde que sejam abertos e internamente democráticos (Macpherson, 1977, p. 108-114; e ver Resnick, 1984, Cap. 9; e Callinicos, 1993).

---

[7] N. de T. Ibid., p. 86.

De forma menos oponente, Barber conclui seu livro com um capítulo listando o que ele vê como medidas institucionais requeridas para se chegar a uma democracia forte nos EUA, incluindo assembleias de vizinhos, eleições locais por sorteio, democracia nos locais de trabalho e outras medidas como estas (1984, p. 307). Ainda uma outra posição, algumas vezes invocada por participacionistas, é encontrada na teoria "associativo-democrática", sendo algumas de suas versões suficientemente bem trabalhadas para merecerem um tratamento mais extenso.

DEMOCRACIA ASSOCIATIVA

Longe de ver a devolução do poder político aos níveis locais como utópica, teóricos que se autointitulam democratas "associativos" ou "associciacionais" veem isso como realista e como um modo de revigorar a democracia em geral, tanto em sociedades políticas de larga escala quanto em instituições locais. Joshua Cohen e Joel Rogers informam terem cunhado o termo "democracia associativa" (simultânea e independentemente de John Mathews – Cohen e Rogers, 1995, p. 8; Mathews, 1989). Eles explicam uma versão da teoria visando mostrar de forma que o fortalecimento do poder discricionário de associações locais, voluntárias e autogovernadas iria fortalecer o modo como a democracia nos EUA funciona, pelo combate aos "prejuízos das facções", facilitando políticas estatais informadas e legítimas, e promovendo a justiça social (1995, p. 11). Entrementes, Paul Hirst (1994) articula uma versão dessa posição menos favorável ao Estado, desenhada sobre precursores do século XIX e início do século XX. Exatamente como a democracia associativa não pode ser diretamente classificada como uma espécie de pluralismo clássico, assim, seria falta de acurácia conceber o associacionismo simplesmente como uma aplicação da teoria participacionista. Contudo, apelar a ela pode ser atrativo para aqueles que desejam resolver a acusação de que a democracia participativa é não realista.

No pano de fundo profundo dessa teoria, Hirst enxerga teóricos inclinados ao anarquismo e especialmente Pierre-Joseph Proudhon, que defendia uma reorganização "recíproca" das economias em torno de cooperativas de trabalhadores ou artesãos em federações de Estados descentralizados (1979 [1863]). Mais recentemente estão os teóricos britânicos John Neville Figgis, Harold Laski e G. D. H. Cole. Em uma introdução de sua seleção de escritos por estes autores (1989), Hirst destaca três temas maiores: crítica da soberania parlamentar, "democracia funcional" e antiestatismo. O primeiro tema representa um certo afastamento de Rousseau. De acordo com Laski, a ideia de que as pessoas de uma sociedade inteira possam estar possuídas pela soberania é, no resumo de Hirst, "um mito que os Estados modernos herdaram das primeiras autocracias monárquicas modernas", de tal forma que, quando os parlamentos pretendem representar um povo soberano, eles reduplicam tal autocracia em uma forma moderna. O poder popular não pode ser representado por uma instituição única, mas "é federativo por natureza" e deve ser visto em várias associações da sociedade para fins e atividades comuns (Hirst, 1994, p. 28; Laski, 1921).

Ao passo que a democracia representativa clássica envia membros a casas legislativas para ostensivamente representar os interesses dos indivíduos em distritos eleitorais geográficos, a forma de representação defendida por Cole é "funcional". Focando na organização industrial, Cole advogou a recuperação de um análogo das guildas medievais, o que para ele significa que as tarefas da sociedade ampla, como a defesa nacional, poderiam ser realizadas por assembleias para as quais cada uma das grandes indústrias da sociedade apontaria delegados (então, a representação é determinada pela função industrial), que ele chamou de "socialismo de guilda" (Cole, 1980 [1920]; Hirst, 1989, p. 30-39). Em campanhas como aquela de Figgis (1914) de que as igrejas e outras instituições da sociedade civil devem ser, tanto quanto possível, independentes de regulamentação ou direção por um Estado central, Hirst vê uma diferença importante entre esse tipo de posição funcional e aquelas dos corporativistas, como a de Hegel e dos fascistas europeus contemporâneos de Cole (Hirst, 1989, p. 16-19; Hegel, 1942 [1821], p. 152-155, 200-202, parágrafos 250-256, 200-202 e a nota do tradutor 366). Corporativistas partilham a noção de que o governo deve dar poder para as maiores corporações da sociedade funcionalmente determinadas, de forma mais importante, para o trabalho e o capital, mas também para instituições como cooperativas agrícolas, associações de pequeno comércio, igrejas e empreendimentos culturais. O que Cole e outros resistiram foi à perspectiva corporativista adicional de que as atividades dessas instituições deveriam ser dirigidas e coordenadas por um Estado central forte.

Hirst não concorda com todos os princípios desses precursores. Em particular ele pensa que o sistema de guilda de Cole deveria ter dado maior reconhecimento para a representação regional, que ele ficou confinado demais em um modo "trabalhista" de funcionar relacionado ao trabalho industrial e que mesmo com referência às indústrias, ele não possibilita novas representações funcionais criadas por mudanças rápidas na tecnologia ou divisões do trabalho (1994, p. 107; 1993, p. 126-128). No entanto, Hirst pensa ser importante e possível que associações gradualmente "se tornem os meios primários de governo democrático dos assuntos sociais e econômicos" (1994, p. 20). A ligação óbvia com o participacionismo é que as associações que ele e outros têm em mente são voluntárias e autogovernadas. Os exemplos que Hirst dá são uniões locais, associações de proprietários de pequenos agricultores, trabalhadores voluntários religiosos dentro das cidades, grupos étnicos em desvantagem procurando desenvolvimento econômico e controle da comunidade, grupos de feministas e homossexuais visando fugir da discriminação e criando suas próprias comunidades e grupos de defesa da ecologia (1994, p. 43). Outros exemplos frequentemente mencionados por democratas associacionistas são associações de vizinhos e de pais e mestres e grupos de consumidores.

Associacionistas são contrários a prescrever métodos detalhados pelos quais tais associações podem assumir responsabilidades de governo em um Estado central, porque eles consideram essa uma questão altamente sensível ao contexto. Hirst pensa que a habilidade de associações locais voluntárias para resolver problemas sociais ou econômicos melhor do que Estados centralizados planejadores e do que o mercado irá encorajar os Estados a facilitarem sua formação e a investir nelas com responsabilidades de governo (1994, p. 41). Cohen e Rogers dão o exemplo de planejar, interpretar e administrar políticas referentes aos padrões do meio ambiente, da saúde e da segurança do trabalho, do treino vocacional e da proteção do consumidor. Em todos eles, "esforços associativos podem providenciar uma alternativa bem-vinda ou complemento para esforços regulativos públicos", devido à sua habilidade superior de "juntar informações locais, monitorar comportamento e promover cooperação" (1995, p. 44). Quanto a quais associações devem adquirir poderes "semipúblicos" e como podem assegurar o financiamento necessário, Philippe Schmitter (1995) avança uma sugestão, endossada por Hirst (1994, p. 62), por meio da qual seriam distribuídos vales a cidadãos individuais que eles poderiam transferir para quaisquer associações que eles quisessem, desde que essas se conformassem a certos padrões, incluindo abertura para ser membro, democracia interna, transparência financeira e proibição de coisas como violência, racismo ou comportamento criminoso.

Democratas associacionistas contemporâneos enfatizam que eles não defendem o desmantelamento de um Estado central ou advogam o Estado mínimo à maneira dos neoliberais. Os padrões para os associacionistas há pouco mencionados requerem um legislativo central e instituições legais a serem assentadas e impingidas, e os Estados são necessários em face das tarefas de coordenação de uma sociedade ampla ou de necessidades para as quais não existam associações voluntárias para servi-las. Com essas preocupações em mente, Hirst representa a democracia associativa não como uma alternativa exclusiva, mas como "um suplemento e saudável competidor" para o que ele vê como as "formas correntes de dominação da organização social: a democracia representativa de massa, o Estado do bem-estar burocrático e as grandes corporações" (1994, p. 42). Isso põe um problema para alguém que deseja recorrer à democracia associativa: o de mostrar como a democracia participativa pode ser realista.

O problema é evidente na exposição de Cohen e Roger e nas reações críticas a ela (proveitosamente incluídas por eles em seu manifesto de 1995 da teoria). O mérito teórico principal que eles pretendem para a democracia associativa é de que ela poderia fortalecer a soberania popular (no sentido de "toda a sociedade", sobre a qual Hirst, seguindo Laski, é cuidadoso) e promover a igualdade política, distributiva e a consciência cívica de acordo com valores que eles consideram liberais democráticos e em meio a Estados democrático-liberais (1995, p. 64-69). As vantagens práticas e políticas que eles veem são para minimizar o partidarismo e facilitar a eficiência econômica e a competência do governo. Para esse fim, eles veem como importante reconhecer que as associações são "artefatos", significando que, ainda que não sejam simplesmente criações políticas, políticas de governo podem afetar as espécies de associações que podem existir (p. 46-47). No entanto, visto que tal política pode ajudar a moldar a natureza e a distribuição das associações da sociedade de maneira boa ou ruim, "o embuste da democracia associativa" é usar "ferramentas políticas convencionais para dirigir o sistema de grupo para um sistema que, por problemas particulares, tenha o tipo correto de aspectos qualitativos" (p. 50) para eles, portanto, um que promova a igualdade, a consciência cívica, e assim por diante.

Qualquer que seja o sucesso que essa imagem possa ter para persuadir os democratas liberais (ao menos aqueles com propensões social-democráticas) das virtudes realistas da democracia associativa, ela não foi bem recebida pelos mais radicais dos comentadores de Cohen e Rogers. Schmitter e Iris Young acusam-nos de diminuírem o papel dos movimentos sociais formados espontaneamente, os quais, como insiste Young, têm alguma coisa de "natural" neles por não serem artefatos de política pública (Young, 1995, p. 210). O papel central e controlador que Cohen e Rogers assinalam ao Estado leva Levine a ver um inquietante elemento de corporação em suas posições (1995, p. 160). Hirst partilha ambas as preocupações, particularmente vendo na proposta traços da versão durkheimiana do neocorporativismo, de acordo com a qual a democracia envolve essencialmente comunicação efetiva entre o Estado e as organizações representativas dos grupos ocupacionais maiores da sociedade (1995, p. 104; Durkheim, 1957, Capítulos 1-9).

PARTICIPACIONISMO COMO UM PROJETO

Uma reação dos democratas participativos a esse debate poderia ser, naturalmente, posicionar-se ao lado de Cohen e Rogers e classificar a democracia associativa como uma versão da democracia liberal, embora uma versão que forneça mais espaço para a participação cidadã do que outras. Outra reação é tentar testar os detalhes de um esquema mais totalmente participativo-associacional capaz de ser implementado no mundo atual. Uma terceira orientação mais pragmática se aplica a qualquer esforço para dar uma interpretação concreta à teoria participativo-democrática. Macpherson interpreta os problemas enfrentados pela tentativa de implementar ideias participacionistas como desafios, em vez de obstáculos necessariamente insuperáveis – "o problema maior sobre a democracia participativa não é agora como operacionalizá-la, mas como chegar a ela" (1977, p. 98); assim, a tarefa da democracia participativa é identificar obstáculos para a realização de suas prescrições e encontrar oportunidades de superá-los.

Os dois maiores obstáculos que Macpherson vê são uma cultura popular que incorpora largamente valores possessivo-individualistas (portanto, a aceitação pelos cidadãos de um governo representativo fraco, desde que estejam bem supridos de bens de consumo) e as grandes desigualdades econômicas, que ainda agem como desincentivos à participação, mesmo em níveis locais. Isso cria um círculo vicioso no qual Macpherson procura "fendas" que possam oferecer fundamentos de esperança, dos quais ele identifica três. Degradação do meio ambiente e ameaças aos recursos naturais fizeram muitas pessoas questionar a sabedoria do crescimento econômico indefinido e o consumismo como finalidade da vida, e tal questionamento corrói valores individualistas. As falhas das corporações privadas e dos governos eleitos em confrontar problemas que afetam as pessoas onde elas vivem e trabalham conduziram à formação de associações voluntárias, de vizinhos, de ativistas e à pressão para a democracia em locais de trabalho. E o padrão de vida para porções crescentes da população caiu em face do crescimento da riqueza para uma minoria extrema, instigando, assim, demandas por políticas na direção da igualdade econômica (1977, p. 98-108).

Barber toma uma posição similar, identificando como análogas das fendas de Macpherson o que ele vê como alternativas à tomada de decisão ética na política liberal-democrática tradicional. Tal ética é aquela da competição – de forma prototípica, votar para candidatos ou políticas que competem. Uma alternativa que Barber chama de modelo "coassociativo" de tomada de decisão baseada em acordos amigáveis; e a outra é aquela da "interpretação autoritária", na qual, por exemplo, o "sentido da reunião", que é identificado pelo seu presidente, substitui os votos e "previne a necessidade de se formarem facções ao redor de interesses contrários". Essas práticas apontam na direção de um modelo democrático forte em que a tomada de decisão política não é vista como uma questão de fazer a "escolha certa", dadas as preferências de alguém, mas como a tarefa de "querer estar em um mundo que a comunidade experimenta em comum" (1984, p. 199-200).

Denunciar essas reações como utópicas é uma orientação geral em direção às relações entre o real, o possível e o desejável na política. Ainda que os teóricos da escola realista vejam como a força de sua posição tomar a sociedade e as pessoas como elas são, em vez de como outros possam desejar que eles sejam, o ponto de vista participacionista vê essa posição como capitulação ao *status quo*. Pateman articula uma perspectiva alternativa em seu contraste entre o contrato social de Rousseau e o que ela vê como os contratos antiparticipacionistas, liberais, de Hobbes e Locke. Isso serve para "justificar relações sociais e instituições políticas que já existem", ao passo que o contrato rousseauniano provê um "fundamento para uma ordem política participativa do futuro" (1985, p. 150).

PARTICIPACIONISMO EM CONTEXTO

Em harmonia com a decisão de considerar em conjunto especulações políticas ou históricas sobre as origens das posições sobre a teoria democrática, este capítulo focou no conteúdo do participacionismo. Contudo, pode ser apropriado concluir notando que as principais exposições norte-americanas da democracia participativa foram produzidas durante duas décadas e abertamente inspiradas por tarefas políticas opostas começando em meados dos anos de 1960. Não é difícil entender por que isso pode ser o caso. Os direitos civis dos estudantes, das mulheres, e os movimentos pacifistas daquela época se formaram precisamente porque seus membros verificaram que as instituições existentes da democracia representativa eram inadequadas como canais para a expressão política efetiva de suas preocupações. No entanto, o sucesso relativo desses movimentos em inserir essas preocupações na consciência pública e em reformar algumas instituições públicas e privadas foi conseguido exatamente por aquele tipo de engajamento direto de grande número de pessoas unidas em causas comuns, geralmente prescritas pela teoria participativo-democrática.

Evidência de que o entusiasmo pelo participacionismo cresce e diminui com a popularidade de tais movimentos (como oposto a ter uma origem puramente teórica) é que os interesses mais correntes neles são expressos por partidários do ambientalismo (por exemplo, Paehlke, 1989; Naess, 1989; Mason, 1999). Também ecos da teoria participativo-democrática podem ser encontrados em posições mais recentes sobre a teoria democrática, como aquelas da parte de alguns dos democratas associacionistas e os pontos de vista dos democratas deliberativos, em que os temas participacionistas são recuperados, embora de uma forma muda e de um modo mais favorável às instituições do que na parte principal da teoria participativo-democrática. Antes de voltar para a democracia deliberativa (no Capítulo 9), os temas pragmáticos levantados no final deste capítulo serão novamente tratados no Capítulo 8.

8
PRAGMATISMO DEMOCRÁTICO

Neste capítulo levantarei uma dificuldade na teorização da democracia, adicional àquelas apontadas nos dois primeiros capítulos, e cumprirei a promessa de explicar (um pouco) minha própria perspectiva de pensamento da democracia. O que eu chamo de pragmatismo democrático não é muito reconhecido como uma teoria da democracia do modo que, por exemplo, a democracia participativa ou o pluralismo clássico são, mas como uma orientação sobre a política que pode ser integrada com elementos de outras teorias. Assim, este capítulo seguirá até certo ponto um formato diferente dos demais, não tentando aplicar o pragmatismo diretamente aos problemas da democracia (ainda que, mais para o final do Capítulo 11, essa orientação será diretamente aplicada às dimensões problemáticas da globalização).

As dificuldades observadas no Capítulo 1 são de que, nas tentativas de entender e avaliar as teorias democráticas, não se pode abstrair completamente das situações históricas e sociais em que elas são propostas; e de que as teorias não diferem exatamente em suas conclusões, mas também em se e como elas põem mais ênfase na avaliação da democracia, nas concepções de seu significado ou em pontos de vistas sobre como a democracia realmente funciona. A complicação adicional é que concepções funcionais de democracia afetam o modo como as teorias sobre ela são entendidas e criticamente tratadas, levantando, assim, perigos de má percepção e preferência. Eu não penso que esses perigos possam ser inteiramente evitados; contudo, pela descrição das concepções, ao menos os leitores podem tomá-los em consideração na construção de seus pensamentos sobre as teorias analisadas. As concepções são chamadas "funcionais" porque podem ser sensíveis a alterações na perspectiva dos exames que elas guiam. Realmente, alguns aspectos de minhas primeiras ideias sobre a democracia e sobre a teoria da democracia mudaram na preparação deste livro.

O meu pensamento sobre a democracia e, portanto, sobre as teorias democráticas, é largamente influenciado por C. B. Macpherson e John Dewey, e os seus componentes mais importantes podem ser etiquetados de "pragmáticos" segundo a escola da qual Dewey foi um membro defensor. Um breve resumo dos temas pertinentes na obra maior de Dewey sobre a democracia, *The Public and Its Problems*, servirá para introduzir esses componentes. Um "povo", segundo o uso que Dewey faz, é formado quando as pessoas reconhecem que suas ações têm consequências "duráveis e amplas" para cada um e para outras pessoas indefinidas nas circunstâncias que elas partilham. A "democracia política" existe na medida em que as pessoas assim constituídas tomam medidas coletivas para regular essas ações e seus efeitos pela escolha de líderes para expedir regulamentações apropriadas (p. 12-17). Um povo é deficiente na democracia política quando os líderes ou as políticas são impostos pela força ou aceitos inquestionavelmente pelo costume ou, quando por outros meios selecionados, os líderes usam de suas posições para buscar fins privados (Cap. 3). Mais ampla do que a política democrática é o que Dewey chama de "democracia como uma ideia social", que consiste em pessoas "tendo uma participação responsável de acordo com a capacidade de formar e dirigir" atividades dos vários grupos sobrepostos aos quais cada um pertence (p. 147).

Lida de uma maneira, a noção deweyniana de povo e seus problemas evoca claramente a tomada de posições substantivas em questões específicas do debate entre teóricos democratas. Por exemplo, os democratas participativos têm de resistir ao papel importante que atribuem à liderança política, e os teóricos da catalaxe e alguns pluralistas clássicos terão de rejeitar a ideia de que a democracia requer líderes para buscar bens públicos. Eu me vejo como simpático a Dewey em ambos esses aspectos, da mesma forma como sou simpático no que se refere a seus esforços (segundo minha interpretação, bem-sucedidos) de evitar, na teoria política normativa, escolhas excludentes entre o coletivismo de Rousseau e o individualismo de Locke (54: 87-8) ou entre seus análogos sociais-científicos na conceitualização da relação entre indivíduos e grupos (23: 69). Eu também sou simpático a seus pontos de vista, partilhados por Macpherson, de que um grupo que funciona de forma democrática deve ser valorado especialmente pela liberação do desenvolvimento das potencialidades de todos os indivíduos nele (Dewey, 1927, p. 147; Macpherson, 1973, Cap. 3, 1977; Cap. 3), e ao ponto de vista de cada teórico de que o igualitarismo – e, no caso de Macpherson, o ponto de vista explicitamente socialista – requer políticas para se aproximar deste objetivo.

Contudo, essas questões específicas não são as que eu primariamente tomei dessa posição como uma perspectiva útil, para, a partir das quais tratar da democracia e da teoria democrática em geral. Antes, são as quatro teses seguintes da teoria que, juntas, definem a orientação em questão:

- A democracia é de escopo ilimitado
- A democracia é sensível ao contexto
- A democracia é uma questão de grau
- A democracia é problemática

A DEMOCRACIA É DE ESCOPO ILIMITADO

Com os participacionistas, Dewey insiste em que as relações entre o povo e os líderes governamentais de modo algum exaurem a democracia. Em seu ponto de vista a democracia é apropriada para "todos os modos de associação humana: a família, a escola, a indústria, a religião", ou qualquer outro local de interações entre as pessoas, amplas e duráveis, que as afetem mutuamente (p. 143).

A DEMOCRACIA É SENSÍVEL AO CONTEXTO

A formação filosófica de Dewey foi inicialmente hegeliana, e algumas vezes se pode detectar algum grau de perfeccionismo hegeliano em *The Public and Its Problems*. Um exemplo é a observação de que a história chega a um fim; então, todas as formas de Estado podem ser comparadas, e uma única forma pode ser identificada como a melhor (p. 33), mas isso está fora de linha em relação à maioria das discussões de Dewey das variações nas formas de Estados, uma análise das quais mostra, ele mantém, que a "diversificação temporal e local é uma marca primeira das organizações políticas" (p. 47). Tentativas de um povo de regular seus assuntos comuns (o coração da democracia política, para Dewey) são "experimentais" e irão "diferir amplamente de uma época a outra e de um lugar a outro" (p. 65).

O ponto que tomo da discussão de Dewey das formas de Estado é que os modos para realizar progresso democrático ou inibir seu regresso depende de circunstâncias (sociais, econômicas, culturais, e assim por diante) dentro das quais isso é importante; como essas circunstâncias mudam, assim também mudarão as instituições, políticas e práticas democráticas apropriadas. Tal orientação é central para as influentes lições publicadas por Macpherson, *The Real World of Democracy*, nas quais ele argumentou que cada uma das sociedades desenvolvidas capitalistas, socialistas, e sociedades em desenvolvimento, contém aspectos democráticos e antidemocráticos específicos a elas, apresentando assim possibilidades e desafios democráticos únicos (Macpherson, 1965; e minha discussão, 1994, Cap. 1).

A DEMOCRACIA É UMA QUESTÃO DE GRAU

Dizer que a democracia é uma ideia social não é dizer que ela frequentemente ou nunca se realizou de forma completa (p. 148-149), e Dewey reconhece que algumas vezes o povo se engaja em atividades socialmente perniciosas (p. 15). Isso significa que se pode valorar a democracia, ainda que se reconheça que ela, algumas vezes, possa estar em conflito com outros valores e que nunca seja perfeitamente realizada. A democracia sob esse ponto de vista é um ideal no sentido de ser um modelo por referência ao qual práticas e instituições alternativas (imperfeitas) que aperfeiçoam a democracia podem ser identificadas. O ponto metodológico essencial aqui é que, em vez de olhar a democracia como uma qualidade que um local social tem ou não tem, pode-se focar em "povos" para perguntar quão democráticos (ou não democráticos) eles são, quão democráticos eles poderiam (ou deveriam) ser e como a democracia entre eles pode ser aperfeiçoada.

Ian Shapiro observa que o escopo ilimitado e os aspectos sensíveis ao contexto da posição de Dewey significam que nem a regra de votação majoritária associada com as eleições formais, nem o requerimento de um consenso universal ou unanimidade para constituir estruturas e regras democráticas são essenciais para a democracia em todas as situações. Como observado no Capítulo 6, Buchanan e Tullock elaboram um ponto de vista superficialmente singular, mas Shapiro observa que tanto para eles quanto para os teóricos contratualistas, a ordem presumida ou a regra-padrão para aqueles que limitam a democracia à votação formal é o consentimento unânime com relação às regras constitucionais que regulam isso. Ele argumenta que, nos domínios relativamente raros da vida social em que as relações são criadas *ex nihilo* e cooperativamente, a unanimidade é apropriada, mas usualmente o grau e a natureza do assentimento requerido para as decisões democráticas dependem de circunstâncias locais (1999a, p. 31-39).

Pode ser adicionalmente observado que a criação formal de uma constituição nunca tem lugar em um vácuo social ou histórico. Tais empreendimentos, em vez disso, crescem de acordo, e pressupõem atividades coletivas pre-existentes de "povos" relevantes. De uma perspectiva pragmática, um problema que irritou alguns teóricos, de como a democracia constitucional poderia nunca sair do chão (ver Mueller, 1979: 298), não é visto como teoricamente grave, ao menos na medida em que há algumas práticas favoráveis à democracia e atitudes sobre as quais construí-la; e isso, de acordo com Dewey, será sempre o caso para aqueles para os quais a democracia é "a ideia da própria vida da comunidade" (1927, p. 148).

A DEMOCRACIA É PROBLEMÁTICA

Um aspecto básico do pragmatismo é que as questões humanas são mais bem vistas como processos de resolução de problemas, que, no entanto, são sem fim porque cada solução cria novos problemas. Isso não é menos verdadeiro da política do que da ciência, da educação, da arte e das interações da vida diária. Problemas contínuos que desafiam os "povos", de acordo com Dewey, são reconhecerem a si mesmos como povos e regular suas questões comuns de tal maneira que liberem os potenciais dos indivíduos. Quando isso clama por democracia política, um problema criado é manter os líderes honestos e outro é revestir os líderes com discricionariedade, sem refrear o engajamento e a iniciativa dos cidadãos. Esforços de todos para exercitar e desenvolver suas potencialidades são com frequência impedidos por conflitos (por exemplo, sobre o acesso a recursos limitados), de tal forma que esse é um outro problema. Quando Dewey afirma que "não é assunto da filosofia e da ciência política o que em geral o Estado deve ou tem de ser" (p. 34), ele quer dizer que os teóricos políticos devem situar a si mesmos em processos contínuos de suas sociedades e usar suas habilidades especializadas para ajudar o povo em sua confrontação com os problemas, pela ajuda na criação de métodos tais que a experimentação de soluções "possa ir menos cegamente, menos à mercê de acidentes, mais inteligentemente, de tal forma que os homens possam aprender a partir de seus erros e tirar proveito de seus sucessos" (p. 34).

Uma interpretação radical dessa orientação, fortemente expressa por Richard Rorty (1990), subordina inteiramente a filosofia política à política, de tal forma que o papel dos teóricos é principalmente o de articular valores existentes ou objetivos das sociedades nas quais eles se encontram. Uma interpretação mais fraca e mais palatável possibilita um questionamento crítico dos objetivos aceitos socialmente e a projeção de alternativas, mas reconhece que se esses devem ter efeitos sociais ou políticos, eles devem ser desenhados sobre aspectos e tendências já detectáveis nas práticas e valores existentes, mesmo que estejam em tensão com outros valores e com alternativas práticas. Talvez o ponto de vista de Walzer sobre os modos como a filosofia política deve ser buscada "dentro da caverna" seja dessa variedade pragmática fraca (1983), como é a apropriação crítica de Dewey por parte de Richard Bernstein (1791, parte 3) e Cornell West (1989, Cap. 3).

Em meus escritos prévios, tentei organizar os conceitos dessa orientação para tratar o problema de como projetos políticos de igualdade econômica poderiam evitar o autoritarismo que flagelou os socialismos do passado, integrando-os com os esforços de defender e expandir a democracia (1987; 1994). Eu penso que se possa aceitar a maioria das análises deste livro sem concordar com esse projeto político de esquerda, ainda que deva estar claro quando eu assumo a acurácia de alguns de seus princípios-chave. Como observado em capítulos anteriores, isso é especialmente evidente em minha avaliação da adequação das teorias para evitar o problema de a democracia mascarar ou perpetuar "opressões", visto que, como o termo foi definido no Capítulo 2, são principalmente os teóricos da esquerda os que consideram isso um problema.

Uma conexão mais íntima entre meus pontos de vista políticos e a democracia pragmática é a convicção de que, com o ressurgimento do capitalismo agressivo desde a queda do comunismo na ex-União Soviética e Leste Europeu, não somente se faz necessária a defesa de valores e políticas igualitários, ou na frase de Macpherson, a sua "recuperação", mas também a defesa do compromisso e entusiasmo pela própria democracia que está em perigo de atrofia devido ao cinismo público, provocando a subversão óbvia dos fóruns e instituições democráticos por interesses poderosos endinheirados. Isso, portanto, levanta outro problema da democracia: que são exigidos esforços para manter e causar interesse por ela e para provocar um pensamento inovador sobre ela.

Pondo-se de lado perspectivas especificamente políticas, a vantagem que eu reivindico para a orientação pragmática que eu desenhei é que ela facilita tomar uma posição ecumênica para as teorias democráticas. Uma razão para isso é que a orientação não está ancorada em um conceito particular de democracia. Isso porque o conceito central não é "democracia", mas "mais (ou menos) democrático". Eu avancei, portanto, versões diferentes de uma definição admitidamente tosca de acordo com a qual um local de interações de influência mútua (um país, uma vizinhança, uma região do mundo, um sindicato, uma escola ou universidade, uma cidade, uma igreja e assim por diante – brevemente, um povo ou grupo deweyniano) se torna mais democrático quanto mais gente que faz parte do povo vem a ter controle sobre o que acontece para ele e nele por meio de ações comuns que toma para essa finalidade (1987, Cap. 3; 1994, Cap. 3).

Nessa perspectiva, uma situação idealmente democrática seria uma na qual, por meio de suas ações comuns, as pessoas direta ou indiretamente conduzissem aspectos de seu meio ambiente social a concordarem com seus desejos não reprimidos (sejam aqueles que eles levam consigo para os projetos coletivos ou aqueles gerados no processo de interação) ou quando negociassem um compromisso mutuamente aceitável. Uma democracia ideal, em uma dessas alternativas, ainda não seria livre de problemas, pois uma coisa como realizar tal democracia por um povo pode bloquear ou inibir esforços democráticos de outros povos. Ademais, para preservar a democracia em curso, o consenso positivo não deve ser obtido de tal modo que iniba negociações no futuro, como quando, por exemplo, a vida comum ou arranjos em funcionamento algumas vezes criam pressões para simular acordo. Nem deve a negociação impedir consenso futuro, o que algumas vezes acontece quando, por exemplo, barganha coletiva ou conchavos legislativos fecham as avenidas para a construção de um consenso futuro ou bloqueiam pessoas em atitudes de suspeita mútua. Proteger o maior escopo possível para a democracia e manter as opções de consenso e negociação abertos são, assim, problemas gerais para a democracia.

Quando nem o consenso nem a negociação de uma resolução aceitável são possíveis, o problema que domina a democracia pragmática é identificar métodos para chegar a um resultado que, nas circunstâncias, promoverá melhor ou ao menos não inibirá a construção do consenso ou negociação em outras questões ou para outras pessoas no futuro. Votar é uma possibilidade, mas assim abandona-se a decisão à sorte, por exemplo, esboçando sorteios ou delegando tomadas de decisão a um partido independente. (Realmente, mesmo combater ou duelar, para tomar exemplos extremos ilustrativos do caráter infinito desse conceito, não podem ser eliminados *em princípio*, ainda que pareça mais provável que esses métodos tornariam o consenso ou a negociação futura extraordinariamente difícil ou, devido à morte de uma das partes, demasiadamente fácil.)

Talvez, foi dito o suficiente sobre a democracia como uma questão de grau sensível ao contexto, ao menos em minha concepção, para ilustrar como algumas de tais noções possuem uma vantagem para ver as virtudes em uma variedade de teorias alternativas da democracia, mesmo aquelas tipicamente construídas umas contra as outras. Por exemplo, ainda que votar não exaura a democracia nessa concepção, em muitos contextos é o mais apropriado, ou somente o modo mais realista para tomar decisões coletivas. Os teóricos da escolha social, para quem votar não exaure a tomada de decisão democrática, têm, seguramente, levantado dúvidas céticas sobre a coerência dos procedimentos de votação, como nas casas legislativas e nos modos indicados de evitá-las. Entrementes, democratas participativos e deliberativos sugerem modos de ampliar a noção de ação coletiva, além simplesmente da votação. Os teóricos da catalaxe podem ser imperfeitos por abrigar um ponto de vista excessivamente estreito e inspirado na média dos motivos dos políticos na política representativo-democrática, mas ninguém pode duvidar de que eles têm iluminado fatos sensatos sobre como tais políticas são freqüentemente exercidas na realidade.

DESAFIOS AO PROGRESSO DEMOCRÁTICO

A natureza do pragmatismo como um ponto de vista orientador sobre a democracia e as teorias democráticas pode ser clarificado referindo-o a alguns argumentos de Robert Dahl. Um capítulo de seu *Dilemmas of Pluralist Democracy* (1982) intitulado "Mais democracia?" questiona um ponto de vista comum dos pró-democratas, incluindo Dewey (p. 144), a saber, que os problemas que confrontam a democracia, incluindo alguns causados por ela, podem ser enfrentados pela ampliação da própria democracia. Dahl interpreta isso como significando que em uma democracia perfeita não deveria haver mais problemas para resolver, e produz dois exemplos para ilustrar que uma democracia ideal, mesmo uma habitada somente por cidadãos pró-democratas, poderia ainda apresentar problemas insuperáveis por meios democráticos (Dahl, 1982, Cap. 5).

Um desses problemas é que a democracia poderia requerer igual poder de fato e formalmente, mas tal poder é exercido de forma mais efetiva por organizações; para lhes dar poder igual seria requerida uma política utópica de tornar iguais os recursos organizacionais, incluindo habilidades de liderança e níveis de participação como membros. O outro problema é que, quando há controvérsia sobre os limites apropriados para determinar quais pessoas têm direitos exclusivos de tomada de decisão democrática sobre quais áreas geográficas ou sobre quais questões, isso não pode ser decidido democraticamente, porque qualquer seleção daqueles que irão tomar a decisão vai pressupor que o corpo para tomada de decisão apropriada será já conhecido e estaria, portanto, já predisposto a um resultado.

A objeção de Dahl poderia ter força como uma teoria "democrática" que sustentasse que todos os problemas sociais admitem uma resolução completa por meio da ampliação da democracia, mas a orientação pragmática já delineada não obriga ninguém a um tal democratismo. Sua principal força é encorajar a flexibilidade quando busca soluções democráticas, sem assumir que todos os problemas sociais possam ser adequadamente resolvidos desse modo ou que uma democracia perfeita nunca poderia ser alcançada. Flexibilidade significa coisas como procurar por soluções democráticas específicas para as circunstâncias de um problema (o componente "sensível ao contexto" dessa perspectiva) e evitar posições tudo ou nada, de acordo com as quais as circunstâncias ou soluções possíveis seriam inteiramente democráticas ou inteiramente não democráticas (o componente da "democracia como grau").

Assim, de uma perspectiva pragmática é fútil tentar estabelecer uma solução geral ao problema da desigualdade entre as organizações descritas abstratamente. Importa, por exemplo, o que as organizações são no cenário político e social real e se elas têm fins potencialmente compatíveis, caso em que as soluções democráticas podem ser melhor obtidas pelo diálogo entre líderes de organizações como recomenda a democracia associativa, ou, mantendo-se com a perspectiva deliberativo-democrática a ser sumariada no Capítulo 9, por discussão e debate em espaços públicos comuns pelos membros ordinários das organizações. Se, contudo, objetivos organizacionais estão em conflitos irreconciliáveis, então negociações do tipo que o pluralismo clássico vê como a norma podem estar em ordem ou, mais ambiciosamente, pró-democratas na organização podem buscar o projeto recomendado por pluralistas radicais (a ser discutido no Capítulo 10), de interpretar os objetivos organizacionais para seus pares de tal maneira a serem compatíveis com um compromisso partilhado com a própria democracia pluralista. Em nenhum caso, no entanto, deve ser pensado que a solução tenha de ser completa ou permanente ou que deficiências em uma solução signifiquem que ela não possa absolutamente ser democrática.

Observações similares pertencem ao problema de estabelecer limites, que serão menos intratáveis na prática do que na sua descrição abstrata. A forma como as soluções deverão ser buscadas diferirá dependendo de se estar tentando estabelecer limites entre poderes federais, estaduais ou provinciais (decidir, por exemplo, quem deverá formular padrões educacionais ou de saúde), limites de geração (por exemplo, estabelecer uma idade de votação) ou limites entre áreas de Estados ou de superestados (um problema que será tratado no Capítulo 11). Dahl justifica cada um desses como exemplos de sua preocupação, como se todos fossem resolúveis (ou irresolúveis) do mesmo modo e no mesmo grau; porém, como no caso dos poderes organizacionais, esses problemas admitem tipos diferentes de tentativas na solução democrática (mais ou menos). Contudo, estabelecer os limites apropriados de um contexto não é entalhá-los em pedra, nem preclui haver modos menos ou mais democráticos de conduzir a política dentro deles, como ilustra a discussão de Shapiro sobre "governar crianças" (1999a, Cap. 4).

Como muitos teóricos democratas dos tempos modernos, Dahl defende a democracia, vendo, assim, as dificuldades que ele relata como limitações inevitáveis e não como combustível para argumentar contra ela. A posição de Dewey concorda que a política democrática sempre se confrontará com limitações problemáticas, mas vê cada uma como desafios para se encontrar a ação e o pensamento criativos. Quiçá, haja alguns desafios que não possam ser adequadamente resolvidos de forma democrática, ou simplesmente nunca resolvidos. Contudo, nessa perspectiva, descrições abstratas dos desafios não podem decidir se eles são intratáveis; isso será descoberto somente na "experimentação" concreta. O pragmatismo democrático concorda enfaticamente com Dahl em sua avaliação positiva da democracia, por exemplo, como, quando e onde soluções democráticas possíveis para problemas de um povo devem ser preferidas às soluções alternativas.

A associação de Dewey com o termo "pragmatismo" não deve prejudicar seu compromisso mais importante com a democracia. Em um sentido não técnico do termo, etiquetar algo de "pragmático" é identificá-lo como não melhor (ou pior) do que qualquer outro meio para algum fim. Esse não é o sentido que pragmatistas como Dewey têm em mente. Em um dos seus primeiros escritos, ele observa que quando analisada "externamente" a democracia pode ser vista como "uma peça da maquinaria, a ser mantida ou jogada fora ... com base na sua economia e eficiência"; no entanto, vista "moralmente", a democracia corporifica o ideal de "um bem que consiste no desenvolvimento de todas as capacidades sociais de todo membro individual da sociedade" (Dewey e Tufts, 1908, p. 474; ver também 1985 [1932], p. 348-350). Lastreado nessa concepção, Macpherson também descreve o "critério básico da democracia" como "o direito efetivamente igual dos indivíduos viverem da maneira mais completa que eles possam querer" (1973, p. 51).

Análises detalhadas desse ponto de vista e de perspectivas alternativas sobre o valor maior da democracia são uma tarefa demasiadamente ambiciosa para os limites deste livro. Contudo, como é um tópico maior da teoria democrática, eu deverei dizer alguma sobre isso na discussão que se segue.

DISCUSSÃO: O VALOR DA DEMOCRACIA

A tese sobre o igual desenvolvimento dos potenciais expressa por Dewey e Macpherson é algumas vezes classificada junto com aquela da democracia participativa vista no Capítulo 7 como pontos de vista que vêem a democracia como um "fim em si mesma", ou como tendo valor "intrínseco", como opostos a ter apenas valor "instrumental" (por exemplo, Miller, 1983, p. 151). Um motivo político para insistir que a democracia possa ser considerada intrinsecamente valorosa é protegê-la de ser sacrificada no interesse de alguma coisa, em razão da qual ela é pensada como instrumental, por exemplo, ao mercado, se o que for tomado como intrinsecamente importante for a escolha individual no livre mercado de troca, ou a medidas de um Estado autoritário para assegurar a ordem social, se este for o objetivo valorizado. Outro motivo político, frequentemente proposto pelos participacionistas, é evitar o que eles vêem como a erosão de atitudes comuns da parte dos cidadãos, o que poderia levá-los a pensar que a democracia seria uma ferramenta dispensável.

Críticos da interpretação da democracia como "valor intrínseco" algumas vezes simplesmente dispensam-na como irrealista em razão de estar em desacordo com o modo como a política é realmente conduzida ou, em um comentário impiedoso de Brian Barry, como uma vaidade "do radical chique do corredor Boston-Washington e do triângulo London-oxbridge" (Barry, 1978, p. 47). Razões políticas para evitar a perspectiva do valor intrínseco são mais frequentemente avançadas por aqueles que temem a tirania da maioria ou o despotismo tirando vantagem do "espaço vazio" da democracia, tal como essa preocupação foi exposta no Capítulo 2. Se a democracia for vista como valiosa em si mesma e especialmente se for tomada como o valor político último, isso, teme-se, ajudará a justificar a desconsideração de direitos individuais e providenciará uma cobertura moral para demagogos que pretendam ser uma incorporação da vontade democrática do povo.

Fato, valor e significado, novamente

Como uma questão de análise estrita dos termos deste debate, é estabelecido de forma demasiadamente fácil a posição contrária ou favorável àqueles que vêem a democracia como um fim em si mesma. Se, por exemplo, a democracia for vista como tendo um valor intrínseco quando envolver participação ativa e direta, então o que é valoroso é o que é considerado valioso na participação – a solidariedade ou o sentimento de companheirismo que imbui os participantes, seus efeitos salutares sobre os caracteres das pessoas, e assim por diante –, e a democracia obviamente não é valorizada em si mesma, mas porque conduz a esses objetivos. Esse malogro da posição do valor intrínseco pode, contudo, ser evitado, definindo a "democracia" por referência aos objetivos implicados na participação, caso em que ela será considerada um fim em si mesma para qualquer um que valorize esses objetivos; contudo, então, o caso foi ganho por uma decisão teórica. Nós confrontamos, assim, mais uma vez, o triângulo "fato/valor/significado" característico dos tratamentos da teoria democrática. Em seu tratamento das normas democráticas, Charles Beitz confina sua atenção na "igualdade política", precisamente para evitar os debates "amplamente infrutíferos" sobre a definição da democracia (1989, p. 17, n. 22); contudo, naturalmente, isso transpõe exatamente o debate para a relação entre democracia e igualdade política.

Uma posição alternativa é adotar uma definição provisória na avaliação de pontos de vista alternativos sobre o valor da democracia, entendendo que os resultados de uma avaliação podem conduzir a refinar ou mesmo a alterar muito a definição. Para esse objetivo eu empregarei uma caracterização de David Beetham (1999, p. 33; 1993, p. 55), de acordo com a qual a democracia é "um modo de tomada de decisão sobre regras vinculantes coletivamente e políticas sobre as quais as pessoas exercem controle", ao que ele acrescenta, de forma consistente com a perspectiva do grau da democracia, que "o arranjo mais democrático [é] que todos os membros da coletividade desfrutem direitos iguais de tomar parte diretamente em tal tomada de decisão". Beetham, também de forma confiante, representa essa concepção como "incontestável", mas reconhece que sua generalidade deixa muito espaço para debates sobre o "quanto a democracia é desejável ou praticável e como ela pode ser realizada em uma forma institucional sustentável". Assim, deixe-nos acrescentar a ela que qualquer outro modo de participação que possa ser visto apropriadamente como democrático inclui ou pode sempre recuar ao voto de acordo com procedimentos reconhecidos formal e informalmente e a regras de votação.

Contra o pano de fundo dessa concepção (ou alguma variante dela), as teorias sobre o valor da democracia podem ser classificadas de vários modos. Uma estratégia, empregada por Carl Cohen, é distinguir argumentos "vindicativos" de "justificativos", em que os primeiros visam mostrar como a democracia conduz a consequências desejáveis, ao passo que justificar argumentos visa demonstrar sua "correção, baseada em algum princípio ou princípios cuja verdade é evidente ou universalmente aceita" (1971, p. 241). Uma dificuldade com essa estratégia (reconhecida por Cohen, 1971, p. 267) é que ela desperta os argumentos céticos clássicos sobre o valor da democracia, antes que qualquer argumento seja proposto: argumentos vindicativos requerem os justificativos, visto que, para evitar o regresso infinito das vindicações, a desejabilidade de situações a qual se supõe que a democracia sirva necessita ser justificada; porém, a justificação pressupõe a hipótese de que haja princípios fundantes universais, filosóficos (e essa pretensão tem seus próprios problemas de regresso/circularidade), bem como a esperança perdida de que se possa levar todo mundo a reconhecer os mesmos princípios primeiros.

Um modo de parar o regresso cético é construir argumentos baseados em crenças que em si mesmas não requerem justificação, como Descartes fez quando apelou à crença na própria existência para ancorar um sistema filosófico geral. James Hyland sugere tal caminho em uma de suas justificações da democracia, concebida por ele como "o reconhecimento público da posição igual e da extensão a todo mundo dos direitos de serem iguais participantes na tomada de decisão política". Ele sustenta que, vista desse modo, a democracia seria "intrinsecamente valiosa para as pessoas", como seria evidenciado pela observação de que elas rejeitariam a situação contrária em que seriam "publicamente proclamadas como inferiores, incapazes de aptidão para um autogoverno" (1995, p. 189-190). Por mais persuasivo que esse argumento possa ser para muitos, falta-lhe a força do argumento de Descartes de que não se pode duvidar da própria existência, visto existirem exemplos de pessoas que têm sinceramente (mesmo que de forma errada) nutrido pontos de vista autodepreciativos sobre sua aptidão para governar.

Ademais, o que o argumento estabelece é somente que a democracia definida desse modo deve ser valorada, então esse valor seria de alguma maneira intrínseco a ela, de tal forma que a democracia ainda deveria ser justificada contra os elitistas antidemocráticos, os quais não têm problema em imaginar que algumas pessoas são incapazes de autogoverno e portanto em negar o valor da democracia, se este for considerado intrínseco a ela ou de qualquer modo assim considerado. Realmente, em adição ao seu apelo aos "aspectos constitutivos da democracia", o próprio Hyland fornece outros argumentos que apelam aos seus efeitos diretos na satisfação das preferências das pessoas e a consequências indiretas, incluindo a promoção da abertura do governo e o desenvolvimento da autonomia individual (Cap. 7).

Deixando de lado o argumento do valor intrínseco de Hyland ou estratégias alternativas para justificar a democracia por meio da invocação de princípios "aceitos universalmente" a leitores dispostos a procurá-los e a desenvolvê-los, esta discussão, em vez disso, irá classificar argumentos favoráveis à democracia em consonância a se eles apelam para considerações extramorais, "prudenciais" ou normativamente "morais", em que os argumentos morais podem algumas vezes, mas nem sempre, invocar princípios éticos fundacionais putativos (por exemplo, que a felicidade humana deve ser maximizada ou que os indivíduos são igualmente merecedores de respeito). Essa distinção tem a vantagem de evitar a redução do debate sobre o valor da democracia àquele de saber se tal valor é intrínseco ou instrumental ou sobre os méritos do fundacionalismo filosófico, ou ao menos adia tais debates no interesse de catalogar concepções do valor da democracia. Em cada uma das categorias prudencial ou moral os argumentos podem ser classificados entre aqueles que apelam ao uso ou valor da democracia para os indivíduos e aqueles que apelam a entidades grupais como as comunidades ou Estados. Portanto, os argumentos podem ser localizados (ainda que nem sempre clara ou exclusivamente) em uma das partes do quadro seguinte.

	Prudencial	Moral
Individual	A	C
Grupal	B	D

Razões para valorizar a democracia

Figura 8.1

A melhor aposta para a maior parte dos indivíduos

Para Aristóteles a democracia é uma forma desviante de governo, visto que objetiva promover o auto-interesse de um grupo particular, a saber, a maioria. A sua avaliação da democracia como a menos pior dentre outras maneiras desviantes de governar é feita a partir do ponto de vista do que é prudencialmente melhor para as sociedades, mas quando ele alega que a maioria seja sempre composta pelos necessitados (1986 [c.320 a.C.], p. 110; 1290b) ele sugere uma outra razão comum para defender a democracia. Pode-se pôr do seguinte modo: qualquer um que não seja um autocrata, nem rico o suficiente para assegurar serviços (ou mesmo quem tem medo de algumas vezes ser privado deles), estará bem orientado a defender o governo democrático. Isso poderia ser uma boa orientação inatacável se, como Aristóteles aparentemente pensou, houvesse um interesse de classe homogêneo de todos os membros da maioria; não obstante, mesmo havendo conflitos dentro da maioria, uma tal pessoa poderia ainda apoiar a democracia, porque sendo outras coisas iguais, ele ou ela teria uma chance melhor de estar na maioria do que na minoria com respeito a certas matérias específicas. Essa seria uma justificação no quadrante A.

Um modo de contestar esse argumento é sustentar que as maiorias podem oprimir minorias. Dada a conotação moral da "opressão", isso ordena um contra-argumento do quadrante C. Uma réplica prudencial é que os membros de uma maioria poderiam não ser suficientemente educados ou inteligentes para votar nos seus melhores interesses, como Mill temeu quando endossou uma maior importância para os votos das pessoas das classes educadas. Um outro exemplo prudencial contrário é aquele dos libertários, que afirmam que essa justificação tenha força somente em um Estado mínimo, visto que estruturas e atividades de governo para além da proteção da vida, propriedade e contratos são desvantajosas, mesmo para os indivíduos "necessitados" na maioria, cujo apoio para Estados pró-ativos inibe o crescimento econômico, que seria, ao final, em seu benefício. Aqueles teóricos da escolha social que duvidam que a votação majoritária possa depender da vontade majoritária expressa são céticos sobre esse argumento sob fundamentos tratados anteriormente (o problema das maiorias cíclicas, a manipulação da agenda, a ausência de um modo único de agregar as preferências individuais).

Mantendo os líderes responsáveis

Com base nesse ceticismo, William Riker (1982) e Adam Przeworski (1999) endossam o ponto de vista schumpeteriano de que a democracia deve ser preferida às alternativas, por causa de seu potencial de responsabilizar os líderes eleitos devido à ameaça de removê-los do cargo. Talvez essa observação possa ser considerada prudencial e endereçada aos indivíduos, aos quais se diz que eles têm, assim, uma chance melhor de se livrarem de líderes de que não gostam em uma democracia do que teriam de qualquer outro modo; porém, visto que o modo de se livrar de tais líderes é pelo voto, o problema da confiabilidade da votação majoritária volta a ocorrer. Ricker tem consciência desse problema, mas sustenta que o mero fato de que haverá eleições, não importando se irão falhar em agregar as preferências daqueles na maioria, é suficiente para impedir o comportamento de auto-serviço da parte dos eleitos. No entanto, como alguns indivíduos verão seus interesses como em acordo com aqueles dos líderes (e na hipótese da teoria de Riker não há modo para esses indivíduos saberem que a votação ajudará a manter os eleitos ou os partidos no governo, não mais do que aqueles que desagradam o governo sabem que votar não irá retirá-los do cargo), essas considerações não tratam facilmente os indivíduos.

Preservar a paz

O desenvolvimento do ponto de vista schumpeteriano feito por Przeworski coloca-o no quadrante B, visto que sua maior alegação é de que manter os eleitos responsáveis promove a paz na sociedade democrática. Eleições têm esse efeito, em parte pela mesma razão que teria esse efeito para determinar um governo arremessar uma moeda a cada número de anos: cada partido em disputa poderia estar mais inclinado a ter um chance de formar um governo por eleição (ou lance de moeda) do que pelo emprego de violência conseguir ou manter o poder. Przeworski sustenta que derramamento de sangue é evitado "pelo mero fato de que ... as forças políticas esperam se revezar" (1999, p. 46). Ademais, ele sustenta que as eleições têm a vantagem não partilhada pelo lance de moeda de que elas induzem moderação pela parte dos agentes do governo e mitigam a violência entre os eleitores pela manifestação aos partidos em disputa da força da oposição potencial. Deve ser observado que os teóricos que avançam esse argumento têm em mente a paz interna de uma comunidade democrática. Eles não tratam do problema de governos que buscam políticas exteriores belicosas, seja em resposta a um sentimento público, seja em esforços cínicos para se desviar das críticas internas, seja em resposta a pressões de "interesses de grupo" como dos fabricantes de armas.

Boa liderança

Deve ser lembrado que, para Tocqueville, um dos piores aspectos da democracia é que ela conduz à mediocridade na liderança política. Contra essa opinião estão as posições dos participacionistas e dos pluralistas clássicos. Para os pluralistas, a democracia *permite* boa liderança, devido à apatia pública ou à relutância de se engajar na política, enquanto, ao mesmo tempo, inibe lideranças incompetentes ou totalmente no auto-interesse, pela manutenção de canais abertos para as pessoas se tornarem politicamente ativas se motivadas a fazerem isso. Os participacionistas rejeitam o elitismo do ponto de vista de Tocqueville e veem como uma virtude maior do aumento da participação dos cidadãos que ela energiza os talentos e se desenha sobre eles e sobre as experiências de toda a população da sociedade. Desse modo, pluralistas e participacionistas oferecem argumentos adicionais na categoria B, ainda que baseados em perspectivas absolutamente diferentes.

Sabedoria nos números

Aristóteles levantou um argumento semelhante quando examinou criticamente (e não desconsiderou inteiramente) uma afirmação de que a maioria poderia fazer bons governantes, não porque qualquer pessoa ordinária seja sábia, mas devido ao conjunto de experiência e conhecimentos dos muitos indivíduos (87-8, 1281b). Uma vantagem putativa similar da democracia foi proposta pelo Marquês de Condorcet, que defendeu o "teorema do júri", segundo o qual, pressupondo-se haver alguma decisão que poderia ser a melhor para a sociedade tomar e que cada um dos votantes da sociedade tem chance melhor do que 50% de selecioná-la, quanto mais ampla a maioria de votos por uma opção particular, mais provavelmente é aquela a melhor opção para ser votada (ver o sumário da prova de Codorcet para isso em David Estlund, 1997, p. 202, n. 21). Esse teorema toma seu nome da votação em júris nos quais os jurados partilham o objetivo de encontrar um veredicto correto e votam de acordo com sua consideração do que isso seja.

Przeworski objeta à teoria de Condorcet, pela razão de que, diferentemente de júris, as democracias modernas são marcadas por conflitos sobre os próprios objetivos, de tal forma que falha a hipótese de um bem comum objetivo (1999, p. 26-29). Estlund (1997) introduz uma distinção pertinente nessa conexão entre situações nas quais há padrões morais independentes, objetivos, por referência aos quais discordâncias sobre objetivos podem ser julgados, e situações nas quais não há tais padrões. Com respeito às últimas situações, ele argumenta que tudo o que se pode esperar é que haja um procedimento equitativo para chegar a uma decisão, sendo o voto majoritário um de tais procedimentos. Quando há padrões objetivos, "procedimentos epistêmicos" são requeridos, e procedimentos daquela espécie que as pessoas possam ter confiança de que os seguindo serão levadas, ainda que não infalivelmente, à descoberta de padrões e do que os satisfaça. Esses procedimentos incluem a discussão pública imparcial, que está no centro da teoria deliberativo-democrática a ser revisada no Capítulo 9.

Estabilidade

Os pluralistas clássicos consideram a maior virtude da democracia a promoção da estabilidade, sem o requerimento da homogeneidade de interesses. Porém, como os autores do relatório da Comissão Trilateral sustentam (ver Capítulo 2), e os pluralistas reconhecem, mesmo quando ponderado e temperado por grupos sobrepostos, conflitos sociais ainda têm tendências desestabilizadoras e, então, necessita-se mais do que simplesmente tentar ponderar interesses em oposição. Em particular, a estabilidade requer que cada cidadão esteja preparado para respeitar o governo, ao menos para obedecer as suas leis, mesmo quando este aja contra o que os cidadãos tomam como seu autointeresse ou quando se pensa que o governo esteja adotando políticas objetáveis moralmente. Em uma sociedade regulada por tradições inquestionadas ou em uma sociedade hierárquica na qual certas pessoas, como os reis, são ainda consideradas como melhores conhecedoras do modo como a sociedade deva se comportar, ou se, mesmo que não se pense que elas tenham uma sabedoria especial, os cidadãos considerem a obediência a elas como um dever muito importante, isso não seria um problema. Mas em uma democracia, supõe-se que as leis derivem sua autoridade ou, para usar os termos mais frequentemente associados com esse debate, sua "legitimidade", de aspectos da própria democracia. É em parte por essa razão que os pluralistas insistem que a democracia requer uma cultura política pró-democrática.

Esse ponto de vista pode ser formulado como uma defesa da democracia relacionada ao grupo prudencial: em uma sociedade democrática as pessoas estão dispostas a acreditar que o governo é legítimo, sendo isso requerido para a promoção estável da obediência às leis, incluindo as regras que governam os próprios procedimentos democráticos. Tomado em seu sentido pleno, não importa para alguém defender esse argumento se os governos democráticos realmente são legítimos, mas simplesmente que as pessoas pensem que eles são legítimos. Daí o contra-argumento tal como aquele do filósofo anarquista Robert Paul Wolff (1976), de que as pessoas não estão justificadas em acreditar que tenham qualquer obrigação de obedecer a um Estado democrático (ou de qualquer outra espécie). Pode-se, em princípio, retorquir que isso é irrelevante na medida em que as pessoas não acreditam na conclusão de Wolff. Os anarquistas tipicamente mantêm que os servidores do governo e aqueles em instituições que apóiam o que eles veem como estatismo objetável, incluindo as escolas e a imprensa, devotam muito de seus esforços em um modo instrumental, puramente amoral, para iludir as pessoas a acreditarem na legitimidade do Estado. Teóricos democratas, porém, comumente tentam enfrentar esse desafio ofertando argumentos morais (em uma ou ambas as categorias C ou D) de que a democracia realmente confere legitimidade. Quando ela cessa de desempenhar essa função, a sociedade é propriamente arremessada no que Jurgen Habermas chama de "crise de legitimação" (1975), momento em que os cidadãos retiram sua lealdade ao Estado.

Legitimidade

Wolff trata daqueles que pensam a autonomia individual como importante, em que as ações autônomas requerem que as pessoas julguem por si mesmas o que fazer. Quando elas agem em obediência a comandos do Estado, ele argumenta, as pessoas não exercitam tal julgamento, sendo que é o Estado, e não os indivíduos, o responsável pela ação que elas tomam. Wolff mantém que esse é o caso se os comandos do Estado foram gerados ditatorialmente ou emitidos por voto majoritário, ou mesmo se tiveram apoio unânime, visto que, do ponto de vista da ação, as pessoas penalizam a sua autonomia obedecendo a decisões coletivas, em vez de agir por seus próprios julgamentos. Dizer, na tradição de Rousseau, que agir de acordo com a vontade democrática do povo é a realização mais completa da autonomia de um indivíduo é adotar uma concepção de autonomia absolutamente diferente daquela de Wolff, e uma que ele está especialmente empenhado em criticar. Uma tréplica similar à perspectiva de Wolff é que em uma democracia as pessoas prontamente concordam em apoiar decisões tomadas por maioria de votos ou por algum outro procedimento democrático, mesmo quando elas não concordam com o conteúdo dessas decisões. Na formulação de Peter Singer, elas dão um "quase-consentimento" aos resultados dos procedimentos democráticos, pelo simples ato de voluntariamente participar deles (1974, p. 47-50).

Tais teóricos vêem um paradoxo nessa defesa da democracia: se eu votar com base em minhas opiniões morais ou prudenciais, eu pensarei que o governo deveria dar força de lei a políticas para as quais eu votei, e se eu estiver comprometido com a democracia, acreditarei também que a política do Estado deva ser qualquer uma que a maioria decida; assim, quando eu for vencido em uma questão específica, eu deverei defender e não defender o resultado (Wolheim, 1964; e ver uma avaliação de Goldstick, 1973). No seu sumário e no resumo do desafio de Wolff, Keith Graham (1982) assinala que isso não é um paradoxo, mas, algumas vezes, um conflito inevitável entre valores em competição. Teóricos políticos que podem viver com tensões serão menos transtornados do que outros sobre esse conflito, mas qualquer teórico que defenda a democracia irá dar boas-vindas a argumentos para mostrar que uma das motivações que gera o "paradoxo" – compromisso com a democracia – é justificada. Tais argumentos também servirão senão para eliminar a tensão entre a autonomia no sentido de Wolff e a democracia, ao menos para fornecer razões de por que a democracia deva ser preservada, ainda quando ela limite a autonomia.

Maximização do bem-estar

O argumento da democracia como aquele que oferece a melhor aposta para um indivíduo, referido há pouco, é prudencial, visto que apela somente ao autointeresse dos indivíduos, sendo que não há nada moralmente louvável em si mesmo, em qualquer pessoa ou qualquer número de desejos das pessoas serem satisfeitos. O argumento pode, contudo, ser recordado como argumento social moral pela adoção da posição utilitarista de que a melhor sociedade seria uma que maximizasse o bem-estar social. Dentre os muitos debates entre os teóricos utilitaristas (por exemplo, se e como distinguir prazeres superiores de inferiores ou levar em conta preferências informadas ou não informadas), um deles é como interpretar o "bem-estar". A maioria dos teóricos da democracia que justificam-na sobre fundamentos utilitaristas referem este termo à satisfação das preferências e vêem o voto como um modo de revelar as preferências agregadas e, portanto, o bem-estar da maioria. Essa pretensão é o alvo principal de crítica pelos teóricos da escolha social referidos no Capítulo 6, sob o fundamento de que os procedimentos de votação não podem agregar preferências de forma confiável ou revelá-las.

Sapatos apertados e estômagos vazios

Um análogo do argumento utilitarista, menos acossado pelos problemas de definir "bem-estar" e outros afins ou pelo confronto do enigma do paradoxo do eleitor, é aquele dos "sapatos apertados", de que na democracia os mais insatisfeitos em uma sociedade irão ao menos ter um modo de fazer os seus descontentamentos conhecidos. Um argumento similar é dado por Jean Drèze e Armatya Sen em seu livro *Hunger and Public Action* (1989), no qual eles identificam as vantagens da democracia por confrontar a fome e a pobreza em geral, especialmente no mundo em desenvolvimento. Mais importante dentre essas vanatagens é que a competição política aberta e a imprensa livre forçam a responsabilidade dos governos. Diferentemente de Riker e Prezworski, Sen e Drèze não limitam a democracia ao voto, mas vêem a participação ativa em assuntos locais também como exercícios democráticos. Tal atividade, eles concluem, também ajuda a confrontar a fome e outros problemas como esses pelo incentivo da vontade das pessoas a colaborarem reciprocamente e dos governos a confrontá-los (1989, p. 276-278, Cap. 5).

Justiça social

John Rawls sustenta que seu "princípio de justiça", a saber, que as pessoas devem desfrutar de iguais direitos à maior liberdade possível, requer e é ajudado por uma constituição baseada na participação igual dos cidadãos e pela manutenção de iguais oportunidades formalmente, de participação política contínua, bem como por pré-requisitos substantivos para seu uso efetivo (1971, p. 224-228). Por meio disso, ele exemplifica um segundo argumento popular para a democracia no quadrante D. Como descrito eloquentemente por Tocqueville, a democracia é associada com a justiça, em que isso é interpretado em um ou mais dos três sentidos de igualdade. O acesso ao voto ou aos cargos políticos deve ser distribuído para toda a população dos cidadãos, em vez de ser uma prerrogativa restrita, por exemplo, àqueles com nascimento nobre: esta é a *igualdade política*. A *igualdade social* proíbe *de facto* a restrição de tais oportunidades na base de coisas como discriminação de raça ou gênero. E a *igualdade econômica*, algumas vezes, é adicionada como uma precondição para a igualdade social e política efetivas.

Rawls vê uma conexão forte, teórica, entre a democracia e a igualdade política, mas como ele se recusa a dar uma interpretação concreta ao "segundo princípio da justiça" – de que desigualdades sociais e econômicas devem se vincular a cargos ou posições abertas a todos e são permitidas somente se beneficiarem os mais desfavorecidos (1971, p. 60) –, assim, ele se contém em especificar o que são as exigências sociais e econômicas para a participação política igual. As especulações de "sociologia política" que ele oferece (por exemplo, sobre os efeitos maléficos para a democracia de grandes disparidades de riquezas ou da necessidade de assegurar financiamento equitativo das campanhas políticas – p. 226) mantêm-se juntas com outras formas de igualitarismo social e econômico, vigorosamente defendidas por outros teóricos da democracia, como por exemplo Amy Gutmann (1980) ou Philip Green (1985, 1998), entre muitos outros.

Igualitaristas econômicos e sociais assumem tipicamente a concordância da desejabilidade da igualdade econômica para a democracia e tentam mostrar como certas espécies ou medidas igualitárias são pré-requisitos para ela funcionar bem. O argumento de Rawls pode ser construído como o caso inverso, de alguém que concorde que a justiça requer que as pessoas tenham iguais direitos de liberdade deva também concordar com a democracia na medida em que ela apenas inclui essencialmente o direito dos cidadãos desfrutarem igualmente liberdades políticas importantes (por exemplo, votar e ocupar cargos). Para se pretender um caso similar com relação à igualdade social e econômica, um argumento menos direto é requerido. Assumindo-se que essas coisas são desejáveis, a questão que advém é como elas podem ser alcançadas ou sustentadas sem um paternalismo censurável ou, pior, manipulação auto-interessada da política pública pelo modo como os líderes do Estado ou burocratas impõem e administram políticas sociais ou econômicas. Esse é o desafio sumariado no Capítulo 3 que Robert Nozick apresenta para os igualitaristas, que sua posição impediria "atos capitalistas entre adultos que podem consentir". A resposta de G. A. Cohen a Nozick é que esse problema não aconteceria em uma sociedade igualitária que fosse escolhida como tal por seus cidadãos (Cohen, 1995, Cap. 1).

O argumento implicado concernente à democracia é que aqueles que defendem a justiça social e econômica, mas que reconhecem o perigo que acompanha a sua imposição, devem desejar medidas igualitárias livremente escolhidas e monitoradas pelos cidadãos, que, visto tais medidas serem matéria de política pública da sociedade em escala ampla, requerem formas democráticas de governo. Naturalmente, esse argumento pressupõe que uma população com poderes democráticos pode ser persuadida a endossar políticas igualitárias, a respeito das quais os igualitaristas já foram muito mais sanguíneos na sua defesa do que são atualmente. Quando postos juntos com argumentos para a igualdade baseados democraticamente, a posição também confronta o problema do ovo ou da galinha, de que a democracia requer igualdade e a igualdade requer democracia. Minha própria reação a esse problema gira em torno de considerar a democracia e a justiça como uma questão de grau, de tal forma que elas possam se apoiar ou se excluir mutuamente. Deste ângulo, o problema pode ser redefinido como um mandamento de procurar condições que conduzam ao seu progressivo reforço (Cunningham, 1997b; ver também Shapiro, 1999a, Caps. 1 e 2). Tem-se de reconhecer, contudo, que isso transpõe um problema teórico para o terreno prático de um modo que os teóricos políticos pragmáticos acharão mais atrativo do que outros.

Pretensões morais sobre o valor da democracia referentes ao indivíduo (quadrante C) defendem ou assumem um ponto de vista sobre o comportamento ou o tratamento individual desejável moralmente e tentam mostrar que a democracia realiza ou facilita isso. Um exemplo é o argumento de William Nelson de que uma razão maior para defender a democracia é que seu sistema de debate aberto nutre "o desenvolvimento de uma moralidade pública" (1980, p. 129). Um outro é o ponto de vista do apelo de Singer à eqüidade ao se estabelecerem compromissos (1974, p. 30-41). O argumento mais comum da variedade C apela a alguma versão da liberdade ou da igualdade. Cada uma dessas noções têm associações de longa data com a democracia na consciência popular e nas lutas históricas, em que a democracia tem sido ligada com justiça e frequentemente definida como ela, quando participa de questões coletivas (igualdade), ou como autodeterminação dos indivíduos por meio da participação em ações coletivas (liberdade). Mais de um argumento para o valor da democracia pode ser desenhado a partir dessas associações, algumas vezes vistas como complementares, outras vezes em oposição, dependendo de como a própria liberdade e a igualdade são interpretadas. No que segue, eu sumarizarei dois argumentos como modo de ilustração.

Igual respeito

Thomas Christiano desenvolve um argumento a partir da igualdade baseada no igual respeito ou, como ele chama, "igual consideração". A premissa normativa central do argumento é que a vida das pessoas é igualmente importante, de tal forma que, de um ponto de vista moral, não há boas razões "para organizar as coisas de tal maneira que a vida de alguns irão melhor do que a dos outros" (1996, p. 54). Isso significa que os interesses das pessoas em dirigir as suas vidas como elas escolhem viver, incluindo seus interesses em serem hábeis para tomar decisões informadas a esse respeito, merecem igual consideração. Christiano conecta isso com a democracia por meio da noção de conflito sobre a distribuição de bens públicos: como eles afetam o bem-estar de qualquer um na sociedade, coisas como a regulamentação da poluição ou do comércio e a distribuição de recursos educacionais ou de cuidados com a saúde clamam por construção de políticas coletivas, e uma vez que os interesses das pessoas com respeito a essas matérias diferem, uma questão que advém é se a alguns interesses pode ser dado um peso especial. Sob o princípio de que os interesses das pessoas merecem igual consideração, a resposta tem de ser que os interesses devem ser igualmente considerados, sendo que isso é obtido somente quando decisões coletivas são democraticamente tomadas (p. 59-71).

Quando se refere à igualdade econômica e social (ou "cívica"), Christiano aceita que decisões democráticas possam ter resultados não igualitários, por exemplo, ao sancionarem políticas econômicas que mantenham disparidades de ganhos. Contudo, a democracia não requer acordo sobre princípios da justiça econômica, sobre a qual "sempre haverá desacordo", mas requer acordo sobre os princípios da justiça democrática que governam as decisões coletivas. Essencial é que "mesmo aqueles que pensam que eles perderam algo, estejam aptos a verem que está sendo dada igual consideração a seus interesses" na tomada pública de decisão (p. 80-81). Desse modo, o seu argumento para a democracia apela a isso como a um *procedimento*, oposto a seus *resultados* plausíveis. Para democratas participativos e para teóricos como Dewey e Macpherson, tais considerações processuais não expressam o que é mais valioso sobre a democracia, a saber, que ela promove a liberdade em um certo sentido da moralidade.

Liberdade positiva

O argumento prudencial referido anteriormente de que a democracia dá aos indivíduos (maioria) a melhor chance de obterem as políticas ou líderes que eles preferem é baseado em um conceito de liberdade simplesmente como a habilidade das pessoas de fazerem o que elas quiserem. Dewey e Macpherson têm uma concepção alternativa, "positiva", descrita no Capítulo 3, em mente quando veem o valor da democracia como facilitadora do desenvolvimento das potencialidades das pessoas. Carol Gould elabora um argumento baseado nesse conceito de liberdade, paralelo ao argumento de Christiano, a partir da igual consideração. A tese moral central em sua posição é de que as pessoas devem, tanto quanto possível, estar capacitadas a desenvolverem suas potencialidades ou capacidades. Disso se segue que as pessoas devam ser provisionadas com os meios requeridos para desenvolverem essas potencialidades.

Isso inclui recursos sociais e econômicos, mas também tem implicações especificamente democráticas, visto que, de acordo com os participacionistas, ela sustenta que a "atividade social ou conjunta, por agentes, é um modo fundamental no qual eles alcançam seus objetivos comuns, bem como individuais, e por meio do qual eles desenvolvem suas capacidades" (Gould, 1988, p. 316). A igualdade de participação é justificada por Gould porque uma capacidade que todos partilham, a simples habilidade de fazer escolhas, é igualmente possuída por todos; portanto, "nenhum agente tem mais o direito de exercer essa ação do que qualquer outro" (ibid., e p. 60-64). O valor da democracia, especialmente na caracterização de Beetham "na qual todos os membros da coletividade desfrutam diretos iguais efetivos de tomar parte em ... tomadas de decisão direta", é, portanto, seu papel essencial no desenvolvimento dos potenciais de todos. (Bentham vê essa caracterização e justificação da democracia como uma combinação de igualdade e autonomia – 1999, Cap. 1.)

Christiano aponta duas críticas a essa defesa da democracia por Macpherson e Gould: ela não explica por que especificamente a participação política é requerida para o autodesenvolvimento, visto que alguns podem escolher evitar a política com vistas a desenvolverem os seus potenciais, e a democracia será incompatível com a liberdade daqueles que ganham em uma tomada de decisão coletiva (1996, p. 19). Como Gould e Macpherson, em acordo com Dewey, sustentam que interações "políticas" tenham lugar não exatamente em contextos eleitorais formais, mas onde quer que as pessoas tratem de tarefas como um povo, eles podem classificar muito mais atividades como democráticas do que Christiano. Confrontados com pessoas que evitam todas as formas de participação, eles podem reagir sustentando ser importante manter canais de participação abertos, de tal forma que, quanto mais as pessoas se aproveitarem deles, mais a sociedade se tornará democrática. A segunda objeção não pode ser tão facilmente evitada, visto que conflitos, mesmo no reino informal da família, da escola, da vizinhança ou do local de trabalho, irão significar que quase toda decisão democrática não será do gosto de todos os participantes.

Uma resposta é que a participação democrática ao longo do tempo nutre atitudes de autoconfiança, solidariedade, tolerância, e assim por diante, as quais a longo prazo encorajam mais o autodesenvolvimento do que o desencorajamento por desapontamentos quando uma decisão não sai do jeito que se queria. Contudo, uma tal resposta supõe que os conflitos não sejam profundos e recorrentes. A reação de Macpherson é sustentar que aquilo ele chama de "verdadeiros potenciais humanos" não conduzem por si mesmos ao conflito. Em lugar de uma prova, ele produz uma lista de amostras desses potenciais, incluindo as capacidades para o entendimento racional, a criação estética ou a contemplação, a amizade, o amor e a experiência religiosa, que têm a propriedade "surpreendente" de que seu exercício "por um membro de uma sociedade não evita que outros membros possam exercer os seus" (1973, p. 53-54). Em uma de suas formulações do "ideal democrático", Dewey antecipa um modo de resolver o contra-argumento óbvio de que, mesmo se as capacidades humanas verdadeiras pudessem ser exercidas de forma geral, ainda haveria competição sobre recursos escassos requeridos para seu desenvolvimento, por exemplo, espaços limitados em instituições de aprendizado superior ou suplementos escassos para os serviços médicos.

Para Dewey a democracia inclui o direito igual de participar na tomada de decisões coletivas (o "lado individual" da democracia) e o mandamento de desmantelar obstáculos formais e informais ao pleno desenvolvimento humano, por exemplo, os baseados no nascimento, na riqueza, no gênero ou na raça, sendo parte deste "lado social" da democracia demandar "cooperação em lugar da coerção, a partilha voluntária em um processo de dar e receber mútuos em vez de uma autoridade imposta de cima" (Dewey e Tufts, 1985 [1932], p. 348-349). A relevância dessa perspectiva para o problema em mãos é que, para Dewey, esse lado da democracia "como todo verdadeiro ideal" significa "alguma coisa a ser feita em vez de alguma coisa já dada" (p. 350). Assim, em vez de ver a competição como uma prova contra a habilidade da democracia de liberar os potenciais dos indivíduos, o processo democrático deve ser visto como incluindo um imperativo de trabalhar à distância neutralizando instituições e atitudes que promovem conflitos que impedem essa liberação.

Talvez, essa linha de debate tenha sido seguida longe o suficiente para ilustrar as complexidades de se argumentar na defesa do valor da democracia. Mesmo quando posições alternativas partilham o mesmo terreno (isto é, têm lugar no mesmo "quadrante"), elas envolvem pontos de vista alternativos sobre o que a democracia é, sobre o que é realista, e a situação pode ser ainda mais complicada por diferenças sobre o quadrante apropriado em que focar. Em adição, os próprios termos do debate são contestados. Assim, proponentes ou críticos de defesas igualitárias da democracia podem ter concepções alternativas de igualdade em mente, três das quais (política, social e econômica) foram mencionadas, e cada uma delas, por sua vez, está sujeita a análises mais finas e a interpretações alternativas. Similarmente, há a diferença entre as concepções "positiva" e "negativa" de liberdade e, na defesa de uma concepção "republicana" de democracia como a habilidade dos cidadãos estabelecerem políticas públicas em questão, Philip Pettit cita a "ausência de senhorio por outros" (1999, p. 165) como ainda uma terceira espécie de liberdade. No Capítulo 10 nós veremos que alguns teóricos acreditam que os debates dentre e entre diferentes defensores da democracia igualitários e baseados na liberdade simplesmente não admitem qualquer resolução teórica, mas refletem uma disputa inevitável interna à própria política democrática.

9
DEMOCRACIA DELIBERATIVA

A noção de democracia deliberativa de acordo com Joshua Cohen "está enraizada no ideal intuitivo de uma associação democrática na qual a justificação dos termos e das condições de associação procede por meio de argumento e raciocínio público entre cidadãos iguais" (1997b, p. 72). Descrevendo essa noção como "uma condição necessária para se obter legitimidade e racionalidade com relação à tomada de decisão coletiva", Seyla Benhabib (1996, p. 69), outra democrata deliberativa eminente, torna claro que essa é uma concepção *normativa*, como faz Cohen quando especifica que a deliberação sob condições corretas é um modelo ideal de que as instituições democráticas devem tentar se aproximar (ibid., p. 73). Uma terceira dimensão central é enfatizada por Habermas (visto por muitos como o pai filosófico dessa teoria) na descrição de decisões e instituições legítimas, como aquelas com as quais devem concordar os envolvidos em um procedimento democrático "se eles puderem participar como livres e iguais na formação discursiva da vontade" (1979, p. 86).

O CORAÇÃO DA TEORIA

Admitindo variações, todos atualmente nesta popular escola da teoria democrática poderiam concordar que essas formulações articulam o coração da democracia deliberativa. A posição contrária – algumas vezes identificada pelos democratas deliberativos como "liberal" e algumas vezes como a teoria da escolha social – descreve os cidadãos como entrando no processo político democrático com preferências fixas que eles visam promover pelo uso das instituições e regras democráticas. Essas instituições e regras funcionam para agregar preferências diferentes dos cidadãos, sendo legítimas quando as pessoas ao menos tacitamente consentem em serem obrigadas por elas. A alternativa deliberativo-democrática discorda veementemente dessa descrição referente à legitimação, às preferências fixas e à agregação.

Legitimação

Não é suficiente para o democrata deliberativo que as pessoas simplesmente concordem com o processo democrático, visto que isso pode o ser o resultado de uma variedade de motivos, incluindo (o que na sua descrição eles resistem) aquiescência passiva ou cálculo autointeressado. Antes, os processos democráticos são legítimos quando eles permitem e encorajam a deliberação sobre questões específicas e também sobre "as próprias regras do procedimento discursivo e o modo como elas são aplicadas" (Benhabib, 1996, p. 70; ver Manin, 1987, p. 352). Para que tal deliberação confira legitimidade ao procedimento democrático e a seus resultados, razões devem ser publicamente oferecidas e trocadas em fóruns adequados para esse propósito, e os participantes têm de ser aptos para livre e igualitariamente chegarem a preferências informadas e a adquirirem e exercitarem as habilidades requeridas para a participação efetiva nos fóruns.

Preferências fixas

A deliberação democrática é chamada quando há desentendimento entre os cidadãos sobre o que devem ser as políticas públicas ou sobre como se deve chegar a elas e como dar-lhes força de lei. Isso inclui não somente desentendimentos prudenciais sobre os melhores meios para avançar bens comuns, mas também, e especialmente, desentendimentos morais sobre os próprios bens (Gutmann e Thompson, 1996, p. 40-41). Confrontados com desentendimentos, os cidadãos podem se submeter a um procedimento imparcial, como votar, e ter esperança de que suas preferências irão vencer o debate, ou eles podem barganhar reciprocamente para chegar a um resultado negociado que seja aceitável. Esses dois métodos para enfrentar o desentendimento partilham a característica de que as pessoas entram na votação ou negociação sem qualquer expectativa de que suas preferências irão mudar nesses processos e, realmente, os processos não são desenhados para encorajar mudanças nas preferências.

Em contraste, aqueles engajados em práticas deliberativo-democráticas têm de estar preparados para questionar e mudar seus próprios valores e preferências. Em tais práticas, cada um oferece razões para seus pontos de vista iniciais com o objetivo de persuadir os outros a adotá-los. É central para essa teoria a tese de que essa aspiração tenha embutida nela o que Amy Gutmann e Dennis Thompson (Cap. 2) chamam "reciprocidade": eu não posso esperar que você acolha minhas razões de forma respeitosa e com uma mente aberta a mudar seus pontos de vista, a menos que eu esteja preparado para acolher as suas razões no mesmo espírito. Como Cass Sunstein diz, "um sistema democrático em bom funcionamento se fundamenta não em preferências, mas em razões" (1997, p. 94).

Agregação

Foi observado no Capítulo 4 que nem todos os teóricos democrático-liberais sustentam que o objetivo da democracia seja agregar preferências. Essa noção está associada, antes, com aqueles teóricos do utilitarismo ético que valorizam a democracia pelo que eles vêem como seu potencial para maximizar a utilidade geral, medida por referência à satisfação das preferências. Como observado no Capítulo 4, contudo, há um sentido *descritivo* no qual, na medida em que restringem a democracia somente ao voto, democratas liberais, utilitaristas ou não-utilitaristas, não podem evitar de ver isso como uma questão de agregação de preferências: visto supor-se que o Estado não deve forçar ou doutrinar as pessoas a viverem de acordo com uma visão comum de uma sociedade ou vida boa, mas deve facilitar a acomodação pluralista de pessoas com valores diferentes, o resultado de votar refletirá a ponderação de várias preferências que fluem em parte de valores divergentes.

Democratas deliberativos frequentemente não distinguem entre esses dois modos de ver a agregação, mas está claro que eles objetam a ambas as pretensões. Sunstein explicitamente liga a sua crítica dos pontos de vista sobre a democracia com base em preferências à agregação, que, ao tomarem as preferências como dadas, falham "em fazer o que a democracia deveria fazer – isto é, oferecer um sistema no qual as razões são partilhadas e avaliadas" (ibid., p. 94). O ponto-chave aqui é que a democracia, na concepção deliberativa, deve ser mais do que votar, e deve servir a algum outro propósito além do que simplesmente registrar preferências. (Uma questão de teoria ética não tratada aqui é se isso é compatível com o utilitarismo, o que seria possível se o democrata deliberativo pudesse sancionar um cenário em que os cidadãos se convencem reciprocamente do utilitarismo e concordam que, sobre algumas opções políticas em disputa, senão sobre todas, a deliberação seja posta de lado e se vote sobre preferências que não foram "processadas" por uma deliberação prévia).

Consenso e o bem comum

Analisando, então, a democracia como uma atividade dirigida a fins, uma questão permanece: que fim ou fins se supõe que ela sirva. Há respostas diferentes a essa questão se ela for interpretada como demandando o que supostamente a democracia realizaria em última análise. Gutmann e Thompson valorizam a democracia deliberativa pela sua habilidade em permitir aos cidadãos e aos políticos "conviverem com desacordos morais de um modo moralmente construtivo" (1996, p. 361). Em alguns escritos Habermas vê a "política discursiva" como requerida para superar e prevenir crises de legitimidade política (1975), e mais recentemente ele especifica que "políticas deliberativas" são essenciais para integrar em um Estado constitucional as dimensões da vida pragmática, moral e a definição da comunidade/identidade – "ética" (1998). Benhabib e Bernard Manin vêem a democracia deliberativa como central para legitimar arranjos políticos e resultados, mas para Benhabib a legitimidade está ligada à racionalidade (1996, p. 72), ao passo que para Manin a igual participação em processos deliberativos confere legitimidade (1987, p. 359; ver Estlund, 1997, p. 177-181).

Quaisquer que sejam as diferenças que possa haver entre os democratas deliberativos sobre os fins últimos, eles concordam que, ao menos como fim imediato, a deliberação democrática sincera encoraja os cidadãos a procurarem consenso sobre os bens comuns. O processo de articular razões e de ofertá-las em fóruns públicos "força o indivíduo a pensar sobre o que poderia contar como uma boa razão para os outros envolvidos" (Benhabib, 1996, p. 71-72). Cohen argumenta que isso é incompatível com a apresentação de argumentos que só servem ao próprio eu, visto que as razões têm de ser dadas para mostrar que um resultado é no interesse de todos (1997b, p. 75-77).

De um lado, a acusação dos críticos da democracia deliberativa de que ela subestima os conflitos irreconciliáveis é apropriada (Gould, 1996, p. 174; Mouffe, 2000, Cap. 3; Shapiro, 1999b). Se conflitos intratáveis estão dispersos, então há poucos bens comuns sobre os quais as pessoas poderiam concordar, e o escopo dos processos democráticos encorajando as pessoas a buscar consenso seriam também limitados por ser de muito pouco uso. Porém, quando os críticos concluem que os democratas deliberativos ignoram o conflito ou assumem que as pessoas sempre podem chegar ao consenso, eles interpretam mal a teoria. Esclarecendo a afirmação de que a deliberação visa ao consenso, Cohen admite que "mesmo sob condições ideais não se assegura que razões consensuais irão aparecer", então pode ser necessário votar; contudo, nessas circunstâncias, "os resultados do voto entre aqueles que estão comprometidos a encontrar razões que são persuasivas para todos" irão diferir daquelas das pessoas que não estão assim comprometidas (1997b, p. 75).

Gutmann e Thompson sugerem o que tal diferença possa ser quando listam os principais obstáculos para alcançar consenso. São eles escassez de recursos, exclusivo autointeresse ("generosidade limitada"), desacordos morais básicos e "entendimento incompleto" do que é melhor interesse individual e coletivo. Eles argumentam que *esforço* sincero para procurar consenso baseado em razões, mesmo quando o êxito é impedido por essas maneiras, tem os efeitos de encorajar as pessoas a tentar viver civilizadamente, mesmo competindo sobre recursos escassos; tomar perspectivas mais amplas, que em retorno tornam as pessoas mais generosas umas com as outras; inibir o amoralismo e a imoralidade enquanto reconhece diferenças morais; e educar as pessoas para seus verdadeiros interesses (1996, p. 41-44; e ver também 1999, p. 248-250).

PARTICIPACIONISMO/REPUBLICANISMO ENFRAQUECIDO OU LIBERALISMO FORTIFICADO?

Dentre várias coleções de ensaios sobre a democracia deliberativa, há uma editada por Jon Elster na qual a maioria dos contribuintes concebem-na principalmente como uma maneira de tomar decisões coletivas por meio da discussão que promove o consenso. Por exemplo, na contribuição de Elster ele lista as circunstâncias que contribuem para a deliberação e aquelas que desviam disso na tomada de decisões constitucionais (1998b, p. Cap. 4). Adam Przeworski vê os impedimentos para os cidadãos tomarem decisões vinculantes criados por coisas como a incerteza sobre que decisões cada um irá tomar. Em sua visão, essas dificuldades confrontam as pessoas que de outra maneira concordam sobre metas básicas e que são, por conseguinte, ignoradas pelos democratas deliberativos, o qual ele vê como preocupados principalmente com discordâncias sobre metas (1998, Cap. 6). Diego Gambetta (Cap. 1) sustenta que a deliberação tem a vantagem de promover uma cidadania informada, mas é crítico dela por perder tempo, dando margem para a argumentação eloquente, e falhando em dar conta de culturas nas quais as pessoas são rápidas em anunciar opiniões e obstinadamente relutantes em mudá-las (ele cita a Itália e a América Latina).

Pode haver substância em algumas dessas afirmações (ainda que Gambetta não documente suas – a meu juízo – duvidosas generalizações culturais), mas elas dependem de concepções da democracia deliberativa como um artifício para gerar decisões de políticas públicas. Os principais proponentes da democracia deliberativa não poderiam negar-lhe tal papel, mas nem a descrevem como motivada principalmente por esse objetivo. Realmente, uma das críticas a Habermas é que a tomada de decisão como uma atividade central do autogoverno é obscura nisso (Gould, 1996, p. 176). Antes, as principais virtudes da democracia deliberativa como apresentada por seus defensores estão próximas daquelas dos participacionistas e republicanos cívicos: por encorajar as pessoas a procurar bens comuns, a deliberação estimula e cria preferências que juntam as pessoas de forma cooperativa e incita a igualdade e o respeito mútuo. Abraçar esses valores participacionistas e republicanos é, entretanto, contrário a uma interpretação da democracia deliberativa (também na coleção de Elster), em que o valor de fazer das pessoas "melhores cidadãs" ou aumentar o "senso de participação comunitária" das pessoas é descrito como inadequado para justificar a deliberação, a menos que possa ser mostrado que eles "promovem resultados políticos" (Fearon, 1998, p. 60).

Variações

Ao mesmo tempo, há algumas diferenças entre democratas deliberativos, de um lado, e participacionistas e republicanos cívicos, de outro. Se as diferenças são suficientemente significantes para fazer a democracia deliberativa contar como uma versão da teoria democrática liberal ou como uma forma de participação e/ou republicanismo cívico qualificado pelos princípios democráticos liberais, essa é uma questão sobre qual as opiniões irão sem dúvida se diferenciar. Também há variações pertinentes entre os próprios democratas deliberativos que conduzem a esse juízo.

Uma diferença entre os notáveis democratas deliberativos e republicanos cívicos é a visão de Benhabib, que reconhece que conflitos sobre valores e visões do bem não podem ser resolvidos "pelo estabelecimento de um código religioso e moral fortemente unificado, sem abandonar liberdades fundamentais". Essa posição está em aparente tensão com a sua reivindicação de que o "desafio para a racionalidade democrática" é "alcançar formulações aceitáveis do bem comum". A solução, segundo Benhabib, é que a concordância deveria ser procurada "não no nível das crenças substantivas, mas nos procedimentos, processos e práticas para atingir e revisar crenças" (1996, p. 73). Entretanto, Cohen distingue sua visão daquela dos participacionistas, que defendem a democracia direta e local argumentando que partidos políticos (desde que sejam estabelecidos publicamente) constituem arenas superiores daquelas "organizadas em linhas de temas especiais, seccionais e locais", que conduzem à deliberação (1997b, p. 84-85).

Se a democracia deliberativa cai simplesmente na prescrição de que partidos políticos (desde que publicamente fundados) sejam encorajados a conduzir discussões políticas de escopo amplo e que a concordância deveria ser procurada nos procedimentos democráticos, haveria pouco para diferenciá-la da opinião democrática liberal vigente. Contudo, poucos democratas liberais defendem tais visões sem ressalvas (por exemplo, pela insistência de Cohen em financiamento públicos dos partidos), existindo diferenças entre as teorias sobre esses assuntos. Gutmann e Thompson distinguem a sua concepção de deliberação do que eles veem como o procedimento excessivamente estreito de Benhabib sobre as bases que justificam deliberações racionais e encorajam adquirir valores substantivos, tais como aqueles que favorecem mais do que tão somente a liberdade e a igualdade formais (1996, p. 17, 366, n. 19). E em um ensaio tratando dessa questão, "Procedure and Substance in Deliberative Democracy" (1997b, Cap. 13), Cohen argumenta que a tolerância religiosa e outras coisas não justificadas em fundamentos processuais democráticos são engendradas pela deliberação.

Considerando os fóruns para a deliberação, poucos teóricos os restringem a partidos políticos, e isso inclui o próprio Cohen, que, como apontado no Capítulo 7, é um defensor da democracia associativa. A menos que as associações, das quais ele trata, sejam consideradas como internamente ausentes nas diferenças de opiniões, o que é improvável, elas são claramente candidatas a serem arenas importantes para a deliberação. Legisladores e tribunais são vistos pela maioria dos democratas deliberativos também como fóruns apropriados, como são as arenas não-governamentais, tais como a mídia, lugares de trabalho e de vivência, associações profissionais, sindicatos, instituições culturais e movimentos sociais (Gutmann e Thompson, 1996, p. 358-359; Benhabib, 1996, p. 75).

Dado esse caráter de face de Janus, não é surpresa concluir que a mais forte crítica à teoria da democracia deliberativa difere, dependendo de qual lado ela focar. Por exemplo, em uma maneira típica da democracia liberal, James Johnson critica a democracia deliberativa (ainda que não a rejeitando inteiramente) por ignorar ou supor também um consenso demasiado sobre valores básicos (1998, p. 165-168); enquanto William Scheuerman, atacando Habermas, de uma maneira consistente com a teoria participativo-democrática, reclama que instituições formais, legislativas, judiciárias e executivas, largamente isoladas da deliberação pública, são ainda os atores políticos efetivos (1999b, p. 168-172). Uma crítica similar de Habermas é apontada por James Bohman (1996, p. 205-211). Bohman, entretanto, é um adepto da democracia deliberativa e consequentemente não vê isso como uma fraqueza fatal da teoria, mas como um defeito remediável derivado de uma união rígida desnecessária feita por Habermas das normas públicas com a sociedade civil, e exigências políticas ("fatos") com a administração institucionalizada. (A visão criticada por Scheuerman e Bohman estão em Habermas, *Betwen Facts and Norms,* 1998, especialmente nos Capítulos 8 e 9).

Transcendência das divisões teóricas

Há também interpretações mais ou menos caridosas do duplo aspecto da democracia deliberativa. Um ponto de vista não caridoso a vê como um esforço para combinar teorias que não são combináveis. A interpretação mais caridosa, dada pelos próprios líderes da democracia deliberativa, é que sua abordagem *anula* as oposições tradicionais dentro da teoria democrática e que a percepção das tensões deriva da incapacidade de elevar-se acima delas. Benhabib expressa essa visão quando ela descreve a democracia deliberativa como "transcendendo totalmente a oposição entre a teoria liberal e a democrática" (1996, p. 77). Esse é também o próprio entendimento de Gutmann e Thompson de que a abordagem deles é uma alternativa para o processualismo democrático defendido de forma prototípica por Dahl e para o constitucionalismo liberal de um tipo que eles consideram ter sido exposto principalmente por Dworkin e Rawls (1996, p. 27-28, 361).

Habermas descreve a abordagem "teórico-discursiva" da democracia como uma alternativa para o liberalismo e o republicanismo e como um meio-termo entre eles, e explica uma maneira pela qual a democracia deliberativa pode ser considerada como um esforço para transcender essas oposições tradicionais na teoria democrática. Ele desenha a distinção entre liberalismo e republicanismo de uma maneira similar à distinção de Benjamin Barber (descrito no Capítulo 7) entre democracia fraca e unitária: o liberalismo considera a política como a administração de interesses privados em competição entre cidadãos que possuem direitos negativos exclusivos, enquanto o republicanismo tenta estruturar o direito e o governo para procurar o consenso positivo sobre valores morais e criar solidariedade entre os cidadãos. Habermas contrasta sua visão alternativa, deliberativa da política democrática com o liberalismo e o republicanismo considerando o direito, a democracia e a soberania popular.

Em vez de ver o direito como não mais que uma maneira de regular a competição (liberalismo) ou como uma expressão da solidariedade social (republicanismo), a primeira função das constituições para Habermas é institucionalizar as condições da comunicação deliberativa. A democracia, para o liberal, simplesmente legitima o exercício do poder político, enquanto para o republicano supõe constituir uma sociedade como uma comunidade democrática. A democracia, segundo a teoria do discurso, é mais forte que a primeira, mas mais fraca que a segunda em tornar as ações da administração do Estado razoáveis ("racionalizá-las"). Finalmente, enquanto a soberania popular na concepção liberal é simplesmente o exercício da autoridade do Estado propriamente autorizada, e para o republicanismo isso reside na vontade geral popular, a abordagem deliberativa vê a soberania como um contínuo processo de "interação entre formação da vontade institucionalizada legalmente e o público mobilizado culturalmente" (Habermas, 1996, retrabalhado em 1998, p. 295-302).

FUNDAMENTOS PARA CONFIANÇA

Enquanto essas críticas do liberalismo e do republicanismo são similares às de Barber, a alternativa de Habermas difere da "democracia forte" favorecida mais tarde no papel proeminente que ele atribui às instituições governamentais que agem para proteger e promover o direito constitucional. Carol Gould apresenta aqui um problema geral para os democratas deliberativos. Como observamos anteriormente, cidadãos, para eles, não são pensados simplesmente para deliberar sobre políticas específicas, mas também sobre processos de tomada de decisões democráticas formais e informais e sobre os próprios valores importantes de proteção constitucional. Referindo-se especificamente à formulação de Benhabib e focando sobre os direitos constitucionais, Gould vê um dilema: se a deliberação tem de tomar lugar dentro dos limites dos direitos já estabelecidos, então em vez de as pessoas raciocinarem sobre valores importantes, um consenso preexistente sobre os valores é pressuposto ou eles são impostos. Por outro lado, se, como um resultado da deliberação pública, "os direitos são realmente contestáveis, então uma possibilidade seria que eles pudessem ser abolidos" (Gould, 1996, p. 178). Um dilema similar pode ser construído com respeito aos processos, por exemplo, perguntar se um critério independente de deliberação poderia ou não ditar quando a negociação ou a votação deveria substituir a procura pelo consenso.

Uma outra maneira de pôr esse desafio é perguntar se os democratas deliberativos pressupõem alguma teoria fundacional filosófica da ética por referência à qual diretrizes para a deliberação deveriam tomar lugar. Os democratas deliberativos resistem em unir suas prescrições políticas com uma teoria fundacional porque eles vêem como uma virtude da democracia deliberativa que ela permite debates racionais sobre questões normativas sem comprometer ninguém com alguma teoria filosófica fundacional contestada (Gutmann e Thompson, 1996, p. 5; Sunstein, 1997, p. 96). Mas mesmo estando o fundacionismo filosófico correntemente fora da atenção entre os intelectuais profissionais, debates persistentes e que causam divisão entre os membros do público em geral, não raramente envolvem "partidos que procuram se desafiar reciprocamente em um nível completamente 'fundamental' ou até 'existencial'" (Johnson, 1998, p. 165); então a questão permanece, se, ou como, alguns de tais pontos de vista poderiam ser excluídos da deliberação pelo temor de que eles possam vencer a batalha. O democrata deliberativo é, assim, contra a versão do "paradoxo da tolerância" revisado no Capítulo 3.

Consenso hipotético

Uma solução é sugerida por Habermas na organização de uma "teoria discursiva da ética" (que será resumida mais completamente a seguir), por meio da qual se apela às condições de comunicação ideal, na avaliação dos modos reais de deliberação. A abordagem democrática deliberativa desenhada sobre tais idealizações para tratar do problema à mão poderia ser similar à teoria clássica do contrato social, que, por sua parte, tem nas ameaças democráticas e à democracia dimensões paternalistas. Não obstante, o fato de que o teórico do contrato, Thomas Hobbes, tenha defendido a monarquia absoluta, o monarca de seu tempo (especialmente Carlos II) não apreciava essa visão, visto que ele desejava que sua autoridade fosse um resultado da vontade divina, em vez de resultado de um contrato entre pessoas. Dessa maneira, a teoria do contrato é protodemocrática. De outra maneira, entretanto, ela não é democrática.

Quando o contrato social não é visto de modo irrealista como um evento histórico, mas como um acordo imaginado em circunstâncias ideais (entre indivíduos racionais que são ignorantes de sua sorte na sociedade, como Rawls expõe em sua primeira formulação da teoria da justiça – 1971, Cap. 3), recomendações políticas decorrentes disso raramente refletem as opiniões e preferências realmente sustentadas pelos cidadãos, mas aquelas que eles poderiam tomar se estivessem vivendo de acordo com sua racionalidade potencial (e fossem devidamente informados). Isso fornece uma maneira de justificar prescrições políticas sob fundamentos de que elas representam interesses reais dos cidadãos, que, apesar de não determinar estritamente um paternalismo antidemocrático, determina estágios para isso. É uma coisa exigir sob a base, por exemplo, de alguma teoria ética que as pessoas deveriam buscar interesses diferentes do que aqueles que elas buscam, e uma outra coisa sustentar que, concebido de forma adequada, as pessoas realmente têm os interesses segundo os quais um teórico sustenta que elas deveriam agir.

Analogamente, apelar para um contrato social ideal, um modelo deliberativo democrático pode ser invocado para argumentar que, se a democracia deliberativa tivesse sido conduzida no espírito e sob as condições requeridas para sua realização ideal, então os participantes poderiam defender instituições e políticas favoráveis às deliberativo-democráticas. O problema com essa abordagem é o mesmo da formulação ideal da teoria do contrato, a saber, evitar o paternalismo. Recomendações institucionais e políticas são feitas em nome das pessoas, não como elas são, mas como elas poderiam ser em um mundo ideal. Um exemplo desse modo de pensar pode ser encontrado em um argumento do teórico do direito, Robert Howse, que usa a linguagem democrática deliberativa em defesa de intervenções políticas pela Corte Suprema do Canadá (nos debates sobre a possível secessão do Quebec). Ele descreve a Corte como "a quintessência do elemento deliberativo-racional", cujo único papel é sustentar a racionalidade contra "as paixões indomáveis da democracia" (1998, p. 46; para uma visão contrastante do papel das cortes por um democrata deliberativo, ver Sunstein, 1998).

Aplicação limitada

Uma reação alternativa para o problema que Gould levanta é simplesmente estipular, como Gutmann e Thompson fazem, que práticas deliberativo-democráticas são apenas apreciadas entre aqueles que são preparados para raciocinar juntos no espírito adequado. Isso poderia eliminar o amoralista puramente egoísta e o fanático moral intratável ou o fundamentalista. Ao considerar a primeira categoria de pessoas, Gutmann e Thompson admitem que as recomendações deliberativo-democráticas não se aplicam a elas (1996, p. 55). Uma justificativa para essa exclusão é que esse grupo não é tão amplo quanto poderiam fazer acreditar aqueles teóricos que alegam que os humanos seriam por natureza egoístas que barganham. Uma outra justificativa é que nenhuma prescrição política, incluindo uma baseada no próprio egoísmo que barganha, poderia conseguir a adesão de pessoas completamente amorais, então se a teoria política normativa deve simplesmente funcionar, ela tem de direcionar-se a um público diferente. Como para a intratabilidade do fundamentalista, uma virtude de *Democracy and Disagreement* de Gutmann e Thompson é que trata de casos relevantes na prática, em que os protagonistas estão mais provavelmente engessados dentro de suas posições, com a finalidade de mostrar que uma deliberação respeitosa, senão um acordo, é ainda possível.

Por exemplo, considerando o debate do aborto, Gutmann e Thompson estão preparados para sustentar que aqui se confronta com um desentendimento moral (sobre o feto ser ou não um humano que merece proteção constitucional), em que não é possível conclusivamente provar que um lado está correto; portanto, nesse sentido, ele é intratável. Mas a democracia deliberativa não requer que o acordo possa ser atingido, somente que partidos opostos ofereçam e estejam abertos a razões e se respeitem reciprocamente (p. 74-79). Alguém está engajado em tal deliberação quando for consistente (por exemplo, garantias contra pobreza infantil poderiam ser promovidas por qualquer um que quisesse garantias da vida dos fetos); quando reconhecer a sinceridade do seu oponente; e quando eles estão preparados para fazer concessões, como Gutmann e Thompson pensam que tenha acontecido na Suprema Corte dos EUA em Roe vs. Wade, na qual, embora recusando tornar o aborto ilegal, permitiu aos Estados proibirem abortos no terceiro trimestre ou quando os adversários do aborto fazem uma exceção para vítimas de estupro (p. 82-90). A força dessas considerações para o presente propósito é focar no que tem de finalmente ser um argumento empírico, mostrar que a proporção das pessoas em uma sociedade para quem a democracia deliberativa é suficientemente pequena que essa teoria democrática tenha aplicação geral. Quanto mais (ou menos) pessoas houver para cada questão intratável do debate público aos quais se aplica o critério de Gutmann e Thompson, mais (ou menos) aplicável será a teoria.

Equilíbrio reflexivo

Ainda uma outra resposta para o problema sob consideração, também desenvolvido por Gutmann e Thompson, não deixa ao acaso determinar quantos são qualificados para a deliberação. Isso significa sustentar que as pessoas podem ser convencidas de forma deliberativa pelo raciocínio deliberativo. A deliberação requer que os cidadãos apresentem razões uns para os outros em fóruns públicos. A publicidade obriga-os a irem ao encontro e, por conseguinte, a ouvirem os argumentos dos outros. Os debates frequentemente se dirigem às condições da própria deliberação, os quais realçaram a importância do respeito mútuo e do acesso igual aos meios para a deliberação efetiva. Todas essas coisas, de modo crescente, apontam para um *éthos* de respeito recíproco em uma operação de "autossuperação" (Gutmann e Thompson, 1996,

p. 351-352). É claro, tal exercício terá um resultado oposto se a familiaridade deliberativa produzir desrespeito. Isso poderia acontecer se os princípios para sustentar que oponentes sejam publicamente forçados a se retirarem tornam-se parcialmente definidores de suas identidades de uma tal maneira que eles não possam retornar de uma tal posição sem perda humilhante do seu semblante ou se os princípios chegam a marcar as fronteiras fixas entre amigos e inimigos, como não é infrequente o caso, por exemplo, em antagonismos étnicos ou nacionais.

Gutmann e Thompson não têm um argumento conclusivo para mostrar que a deliberação irá ameaçar razões respeitosas, em vez do oposto, exceto para notar que não há argumentos decisivos para provar de outro modo e que a visão deles "ajusta-se com juízos ponderados sobre casos particulares" e "provê uma maneira coerente e aproveitável de pensar sobre e praticar políticas democráticas" (1996, p. 353). A linguagem aqui é aquela do princípio do "equilíbrio reflexivo" de Rawls. Para esse princípio, o progresso é alcançado no raciocínio moral político testando teorias em relação a intuições morais, com a expectativa de que as intuições e as teorias mudarão na reação entre elas, na medida em que são aplicadas nos casos concretos (Rawls, 1971, p. 20-21). Gutmann e Thompson sustentam que essa forma de raciocínio é usada por não-teóricos nas circunstâncias políticas reais, e por essa razão a teoria deliberativa democrática é apropriada para influenciar atores políticos reais (1996, p. 377-378). Mas se a democracia deliberativa pode, por esse meio, "parcialmente constituir sua própria prática", isso é algo que não pode depender justamente dessa forma de raciocínio. Cidadãos comuns não estarão abertos à persuasão pela teoria deliberativa, a menos que exista uma base para isso nos valores ou modos de raciocínio que eles já nutrem ou empregam. Mais apropriado que o equilíbrio reflexivo para aqueles que procuram garantias fortes nessa questão é alguma versão da argumentação "transcendental".

TRANSCENDENTALISMO

Quando Cohen escreve que a deliberação "carrega consigo um comprometimento com a fomentação do bem comum e com o respeito para com a autonomia individual" (1997a, p. 75), ele não quer dizer que isso seja verdade por definição, o que poderia reivindicar uma implausível conexão forte entre a deliberação e os valores que os democratas deliberativos esperam dos cidadãos. Ao mesmo tempo, dado o papel crucial que os democratas deliberativos dão à busca do bem comum, alegando que, como uma questão de fato empírica, aqueles que se engajam na deliberação estão aptos para adquirir os valores corretos, têm também uma conexão fraca, para muitos deles. Hipóteses teóricas de psicologia ou de sociologia podem ser empregadas para subscrever uma conexão empírica, ainda que isso possa vincular a democracia deliberativa à teoria social-científica contestada. Uma alternativa é o "transcendentalismo" na tradição de Kant, uma variante da qual é a abordagem de Habermas.

O método central empregado por Kant em seu desafio para salvar das dúvidas céticas, especialmente daquelas levantadas por Hume, a moralidade, a ciência e, mais mundanamente, a confiança que as pessoas colocam em sua percepção diária e nos poderes dos raciocínios e das instituições morais, foi a argumentação transcendental. Em vez de perguntar *se* a ciência, o raciocínio ordinário ou a moralidade são possíveis (visto que há, obviamente, exemplos de êxito na ciência, nos raciocínios cotidianos e nas interações morais entre as pessoas), Kant perguntou *como* essas coisas são possíveis. Ele concluiu que a ciência e o raciocínio ordinário são tornados possíveis pela formas da percepção e pelas categorias do entendimento que são parte do aparato da percepção humana/raciocínio humano tais que, por exemplo, as coisas sejam vistas em relação espacial uma para com a outra e entendidas em termos de causa e efeito. A moralidade é possível porque as pessoas estão de posse de uma habilidade para agir de acordo com valores que não são do autointeresse, mas admitem uma aplicação geral, aos quais elas escolhem livremente se submeter. Portanto, dependência causal e outras relações gerais mantidas entre as coisas, ou que as pessoas possam voluntariamente agir de maneira moral, não são hipóteses que necessitem de prova empírica; ao contrário, elas são precondições do pensamento e da ação em si mesmos.

Desde o século XVIII tardio, quando Kant as escreveu, as *Críticas*, aquelas nas quais ele fez "deduções transcendentais" para revelar essas precondições para o pensamento racional e para as ações morais (e uma terceira crítica que investigou como a apreciação do belo é possível), têm sido, defensavelmente, os textos filosóficos do mundo moderno mais influentes, senão problemáticos e difíceis. Gerações subsequentes de filósofos têm tentado resolver questões que Kant não tratou satisfatoriamente, como qual a relação que há exatamente entre o mundo "como experienciado" e como ele é "em si mesmo" ou como a moralidade e a ciência estão relacionadas, sendo que eles têm desenvolvido concepções alternativas das precondições kantianas para o pensamento e a ação humanos, de forma mais importante para entender o desenvolvimento habermasiano do que ele chama "quase" transcendentalismo ou transcendentalismo "fraco" (1973, p. 8; 1990, p. 32), multiplicando-os.

Filosofia social crítica

Habermas tem sido uma figura principal da escola "crítica" da filosofia social centrada em Frankfurt; entre seus fundadores estão Max Horkheimer e Theodor Adorno. Com a ascensão do fascismo na Europa, esses teóricos, como todo intelectual atento daquele tempo, puseram-se a procurar esclarecimentos de como a Europa e em particular a Alemanha, que se orgulhava de ter realizado as promessas da razão e da moralidade do Esclarecimento e tendo construído a constituição liberal-democrática da República de Weimar, ainda que de vida curta (na qual tinham trabalhado os intelectuais mais talentosos da época), puderam cair no barbarismo e no totalitarismo.

Na *Dialética do Esclarecimento* (1972 [1947]), Adorno e Horkheimer ofereceram como parte de uma explicação que, enquanto o Esclarecimento "almejava a libertação do homem do medo e estabelecia sua soberania" (p. 3), essas metas eram obstaculizadas devido em grande medida a uma concepção de razão e conhecimento inicialmente pensados como "domínio da natureza", mas rapidamente generalizados de tal forma que a razão foi simplesmente considerada como um instrumento tecnocrático: "A razão é o órgão do cálculo, do planejamento; ela é neutra em relação aos fins; seu elemento é a coordenação" (p. 88). Nessa maneira de pensar, o único princípio normativo universal é aquele da autopreservação, de tal forma que, então, o "burguês, nas formas sucessivas de proprietário de escravos, empresário e administrador, é o sujeito lógico do Esclarecimento" (p. 83). O liberalismo, na visão de Adorno e Horkheimer, é parte e parcela desse modo de pensar, visto que, a não ser pela autopreservação, ele evita o comprometimento com qualquer fim e não é, assim, baluarte contra os valores atavistas e (também de acordo com o pensamento do Esclarecimento) contra os conformistas do totalitarismo (p. 86-93; e ver o sumário de Bohman, 1996, p. 193-197).

Horkheimer e Adorno não concebem a sua análise da ex-rotulada "razão instrumental" (Horkheimer, 1974 [1967]) como um exercício de dedução transcendental, embora eles tornem-se próximos no elogio de Kant, por este entender que "*a priori* o cidadão vê o mundo como a matéria a partir da qual ele mesmo o manufatura", dessa forma vaticinando "o que Hollywood conscientemente coloca em prática" (Adorno e Horkheimer, 1972 [1947], p. 84). Entretanto, a forma de raciocínio deles é consistente com aquela dos transcendentalistas pós-kantianos: conceber o mundo social e político através das "lentes" da razão instrumental torna possível sancionar práticas amorais e manipuladoras, mesmo aplaudindo a natureza emancipatória da razão e sustentando o indivíduo como o centro da autonomia. Adorno, e parcialmente Horkheimer, foram pessimistas sobre as possibilidades para escapar da razão instrumental, que, como o seu companheiro membro da Escola de Frankfurt, Herbert Marcuse, vira as pessoa como fechadas em uma vida "unidimensional" opressiva – e auto-opressiva (Marcuse, 1964). Como o líder da segunda geração dessa escola, Habermas foi menos pessimista (ver sua crítica da *Dialética do Esclarecimento*, 1987, Cap. 5).

Ação comunicativa

Para Habermas, o problema que adveio do Esclarecimento não foi a razão instrumental *per se,* a qual tem seu lugar quando as pessoas estão preocupadas consigo mesmas – nas questões de política, organização institucional e todas as interações diárias, bem como nas questões científicas ou tecnológicas –, com o planejamento de encontrar ou ajustar os meios apropriados para fins aceitos. Mas as categorias instrumentais não são as únicas ou as primeiras pelas quais orientar o pensamento e a ação. Um objetivo principal de Habermas tem sido desafiar a visão de seus colegas seniores e dos primeiros pensadores influentes, como Max Weber, de que a política tem de ser amplamente, senão exclusivamente, buscada de acordo com a razão instrumental (ou o que Weber chamou "racionalidade com relação a fins"). Quando a razão instrumental é dominante, projetos e interações humanas tornam-se "estratégicos": as metas não são criticamente interrogadas, e as pessoas procuram manipular ou constranger o comportamento dos outros. Em todos os seus extensos escritos sobre esse tópico, Habermas explicou (com impressionante erudição e empolgante complexidade) e defendeu uma maneira alternativa de pensar, algumas vezes chamada por ele de "racionalidade prática" (por exemplo, 1975, p. 140-141), que é apropriada para a ação "comunicativa" como oposta à "estratégica".

O objetivo da ação comunicativa é buscar um acordo a respeito de fatos sobre o mundo e sobre normas de interação social e alcançar um entendimento mútuo confiável pelas pessoas sobre suas visões de um mundo único e sobre as percepções de si mesmos (Habermas, 1984, p. 86; 1990, p. 136-137). A razão instrumental é inapropriada para a ação comunicativa, em que as pessoas "são coordenadas não por meio de cálculos egocêntricos de êxito, mas de ações que visam ao entendimento" e procuram "buscar suas metas individuais sob condições nas quais elas possam harmonizar os seus planos de ação" (p. 285-286). A tarefa filosófica que Habermas se propõe é mostrar que tal harmonia é possível pela identificação e justificação de princípios sobre os quais as pessoas podem concordar. Referindo-se especificamente a normas morais de interações sociais, Habermas, aprovando, refere-se ao método de Rawls do equilíbrio reflexivo (1990, p. 116); contudo, observando que esse método depende de instituições morais ligadas a culturas específicas e, portanto, que elas não podem justificar normas universais, ele argumenta pela defesa de um método "transcendental-pragmático" alargado, embora não um método com as conclusões imutáveis e diretamente demonstradas das deduções de Kant (ver 1990, p. 62-68).

Essa demonstração quase-transcendental da possibilidade da ação comunicativa procede por meio de uma análise da linguagem comum. Para esse objetivo, Habermas faz uso dos trabalhos da filosofia da linguagem (particularmente de John Austin e John Searle) para mostrar que os princípios mais importantes da ação comunicativa estão pressupostos na comunicação linguística (1984, p. Cap. 3). Em uma das muitas aplicações, Habermas toma o exemplo da argumentação ordinária entre as pessoas que sinceramente desejam assegurar acordos (como oposto para tentar estrategicamente intimidar ou manipular um ao outro no acordo). Ele pensa que a análise linguística tem mostrado que, desse modo, as pessoas pressupõem ou estão compromissadas por certas "regras do discurso", sob pena de se exporem como insinceras se não aderirem a elas. As regras que ele cita nesse exemplo são as seguintes: todos aqueles que têm a capacidade para entrar na argumentação podem fazê-lo todos podem questionar qualquer afirmação de um outro e expressar suas próprias opiniões, desejos ou necessidades; e "nenhum falante pode ser impedido, pela coerção interna ou externa, de exercitar" esses direitos (1990, p. 89).

Habermas usa esse método para justificar uma "teoria discursiva da ética" segundo a qual uma "situação ideal de fala" é imaginada, onde os participantes estão propensos e são capazes de se empenhar na busca de um consenso em consonância com as regras implícitas na linguagem, e os juízos morais são avaliados segundo a sua possibilidade de serem aceitos pelos participantes em tal discurso. Uma vez que o engajamento na ação comunicativa pressupõe certos princípios, a saber, que as pessoas são livres e iguais na participação, esses princípios são garantidos transcendentalmente como critério moral legítimo: "qualquer um que participe da argumentação já aceitou essas condições normativas substantivas – não há alternativas a elas" (1990, p. 130). Habermas reconhece que especialmente nas controvérsias marcadas politicamente, as condições ideais para o discurso comunicativo raramente são alcançadas ou procuradas pelos participantes. Confrontada com tal discurso "distorcido", a tarefa da teoria crítica é defender praticamente condições que conduzam para um discurso não distorcido tal como a disponibilidade dos espaços públicos para a deliberação e também políticas que favoreçam liberdades apropriadas e a igualdade. Filosoficamente, a tarefa dos teóricos é justificar as regras com as quais as pessoas estão comprometidas, mesmo se elas não reconhecem este comprometimento.

A aplicação do método de Habermas especificamente à democracia é mais extensivamente desenvolvida em *Between Facts and Norms** (1998), que retorna em vários contextos a seus (quase-transcendentalmente deduzidos) princípios de que "as únicas regulamentações e a maneiras de agir que podem reivindicar legitimidade são aquelas que todos que sejam possivelmente afetados poderiam consentir nos discursos racionais" (1998, p. 458). Embora aberta à entrada de dados provindos de corpos não-governamentais na

---

* N. de T. HABERMAS, Jurgen. *Direito e democracia: entre faticidade e validade.* [2 v.]. [Trad. F. B. Siebeneichler: Faktizität und Geltung: Beiträge zur Diskurstheorie des Rechts und des demokratischen Rechtsstaats]. Rio de Janeiro: Tempo Brasileiro, 1997.

espera pública, a democracia deliberativa na sua visão deveria ser pensada como restrita (na maneira que inquieta Scheuerman e Bohman) ao lado "regulamentador" desse princípio, a saber, como os processos formais e regras constitucionais dentro dos quais as pessoas esforçam-se coletivamente para procurar o acordo sobre como alcançar metas comuns e resolver conflitos (Habermas, 1998, p. 110, 158-159). Assim considerado, quase todas as precondições identificadas por Cohen e outros democratas deliberativos são endossadas – participação política plena, igual, informada e sem coerção, por pessoas que desfrutam das liberdades e oportunidades necessárias para esse fim (p. 305-307).

Dessa maneira, o transcendentalismo oferece uma base mais segura para os tipos de consenso importantes para a democracia deliberativa do que algumas alternativas, e é muito mais sofisticado filosoficamente do que o análogo das teorias do contrato social ideal. Se isso propende para o paternalismo, como (defensavelmente) fazem os últimos, é uma questão de debate. Também sujeito a controvérsia são os méritos especificamente filosóficos dessa abordagem, concernentes ao seu método "quase-transcendental" (ver as críticas de Cheryl Misak, 2000, p. 42-45) e ao seu conteúdo filosófico (criticamente apontado por David Rasmussen, 1990, Cap. 3).

DEMOCRACIA DELIBERATIVA E ALGUNS PROBLEMAS

Se a teoria deliberativo-democrática é considerada motivada para tratar um dos "problemas" da democracia, é o do conflito. Como os democratas liberais clássicos e os pluralistas, os deliberativos reconhecem a persistência de conflitos não exatamente sobre coisas tais como recursos escassos, mas, mais profundamente, sobre assuntos com referência aos quais há diferenças de valores morais. Quando acusados de um idealismo irreal, esses teóricos podem replicar que, enquanto a acusação pode se aplicar ao republicanismo cívico ou ao participacionismo, a abordagem realista deles trata de tais conflitos pelo encorajamento de fóruns formais e informais que conduzem à busca de acordos, pela descrição de condições que tornem possível a sua busca para todos e pela identificação de princípios de acordo com os quais a deliberação deveria ser conduzida. Essa solução (se for uma) é compatível com abordagens implícitas ou explícitas para outros problemas da democracia. Essas abordagens todas resultam do que Gutmann e Thompson descrevem como a "concepção moral de democracia" da democracia deliberativa (1996, p. 7).

Tirania da maioria

Especificamente tratando da liberdade de expressão, Cohen sustenta que a tentativa da teoria democrática liberal de resolver o problema da tirania da maioria pela reivindicação de que a liberdade de expressão seja requerida por um público informado (como argumentou Mill) falha, visto que a maioria pode preferir restrições a quaisquer benefícios que a liberdade da minoria possa trazer. Portanto, o democrata liberal tem de justificar medidas para proteger a minoria por medidas extrademocráticas liberais. Esse problema acontece porque as preferências são consideradas como formadas fora de políticas democráticas, ao passo que a "concepção deliberativa constrói políticas tendo por finalidade, em parte, a formação de preferências" (Cohen, 1997b, p. 83) em deliberação por meio dela. Visto que entre as condições para a deliberação livre e igual está a habilidade das pessoas expressarem suas opiniões sem medo de represálias formais ou informais, os direitos das minorias são, nesse sentido, defendidos internamente à democracia deliberativa como uma de suas precondições.

Benhabib generaliza esse argumento ao aplicar aos outros direitos dos indivíduos que conduzem os liberais a se preocuparem com as maiorias democráticas, e ela sustenta que a democracia deliberativa é bem disposta não exatamente para defender direitos liberais, mas para gerá-los. A deliberação democrática pressupõe atitudes de "respeito universal" e "igualdade recíproca" entre os participantes na deliberação, mas isso não pressupõe que todos os participantes completa ou firmemente partilhem esses valores ou que exista uma lista fixa de liberdades específicas ou direitos de igualdade que sejam apropriados para lhes serem dados força de lei. Antes, processos de deliberação são autoconstruídos, e a especificação de direitos é uma questão sobre a qual as deliberações tomam lugar. Para os processos terem esses efeitos, indivíduos e minorias têm de ser capazes de livremente chegarem (ou negarem) a um consenso; então, enquanto as práticas deliberativo-democráticas forem seguidas consistentemente, o medo da tirania da maioria será infundado (1996, p. 78-79 e 93, n. 41).

Irracionalidade

Será relembrado que a democracia considerada como a tomada de escolhas sociais por meio do voto majoritário é considerada como sendo endemicamente não confiável devido a coisas tais como a possibilidade sempre presente de uma maioria cíclica ou porque processos de votação alternativos podem produzir resultados diferentes. Assim como outros democratas deliberativos, David Miller sustenta que mesmo uma comunidade dedicada a procurar acordos pela deliberação irá às vezes ser obrigada a decidir por voto majoritário. Ele também concebe que, quando a democracia é considerada como uma questão de agregação de preferências pelo voto, os problemas da escolha social são insuperáveis. Entretanto, o voto no esquema deliberativo-democrático acontece somente *depois* de as pessoas terem tentado encontrar acordos dando-se razões reciprocamente, o que significa que as suas preferências tornar-se-ão transparentes entre eles e que algumas irão mudar como um resultado da deliberação (Miller ,1993, p. 80-84).

Entre as preferências que são filtradas pela deliberação (desde que sejam tomadas de acordo com a teoria) estão aquelas baseadas na ignorância dos fatos relevantes, incluindo fatos sobre as preferências dos outros e preferências puramente autointeressadas. Mill pensa que a eliminação de tais preferências tem um longo caminho em direção ao tratamento do problema da maioria cíclica, a qual, na formulação de Arrow, assume a condição de um "domínio ilimitado" de que a votação possa ser exercida sobre todas as preferências. Maiorias cíclicas podem ainda sobreviver a essa limpeza inicial quando os assuntos estejam ligados de tal forma que votar a favor de um curso de ação irá evitar a tomada de outros. A deliberação irá revelar quais as prioridades diferentes em relação a várias de tais ações possíveis e permitir aos participantes procurar caminhos para desfazerem ligações em uma série de votos para evitar a circularidade.

Similarmente, considerando a escolha de métodos de voto, a deliberação prévia a uma votação irá indicar se o assunto à mão pode ser tratado mais apropriadamente por uma série de votos majoritários (o método de Condorcet), por um voto segundo preferências ponderadas (a contagem de Borda), ou algum outro método. Miller reconhece que um votante estratégico pode tentar deliberativamente ligar assuntos de uma maneira que levará ao empate ou empurrará um processo de votação para um resultado desejado, mas tais esforços autointeressados são justamente aquilo em que a deliberação racional aberta é melhor em expor. (Além disso, para o argumento de Miller, ver o argumento similar em Mackie, 1998).

O espaço vazio

A preocupação com o espaço vazio apresenta à teoria democrática um dilema: ou a soberania popular é considerada como central para a democracia, caso em que a entidade mítica "o povo" provê um encobrimento para a tirania demagógica; ou a democracia é reduzida a um instrumento para produzir políticos, como os schumpeterianos poderiam conceber, desnudando-a, por meio disso, da espécie e do grau de apelo requerido para engendrar compromissos e engajamentos democráticos populares. Habermas trata desse desafio em seu ponto de vista de que a democracia deliberativa supera a alternativa exclusiva entre republicanismo e liberalismo (1996, p. 29-30; 1998, p. 300-301). Essencial para a democracia é que o raciocínio deliberativo gere e subscreva políticas, permitindo, assim, um ponto de vista da democracia política mais diferenciada e complexa do que permitem o republicanismo ou o liberalismo. Sob o ponto de vista do primeiro, a democracia é o exercício da soberania pelo povo, enquanto para a democracia liberal ela é o voto de acordo com os processos e obrigações prescritas constitucionalmente.

A visão mais complexa de Habermas procura evitar ambas essas visões. Uma "arena para a detecção, identificação e interpretação daqueles problemas que afetam a sociedade como um todo" é exibida de acordo com os princípios constitucionais, mas isso não dita o resultado da deliberação realmente levada a termo. Ao mesmo tempo, as pessoas organizadas nas associações da sociedade civil interagem com processos formais e instituições do Estado, e "o poder comunicativo", que não é nem governado por pessoas indiferenciadas, nem simplesmente regrado por políticos eleitos, resulta da interação entre essas esferas públicas e políticas.

Como notamos, alguns democratas deliberativos pensam que Habermas dê importância demasiada aos processos formais estatais, mas essa resposta ao problema do espaço vazio não depende de quão importante se suponha ser o papel do Estado. Em geral, o democrata deliberativo pode ser visto como substituindo a ideia do poder do povo por aquela da habilidade dos indivíduos de tomarem decisões sob a base das deliberações que eles têm empreendido como cidadãos livres e iguais procurando acordos, isto é, com o poder comunicativo de Habermas. O exercício do poder comunicativo reflete o fato de que as pessoas alcançaram uma certa unidade, ao menos em torno dos valores pressupostos pela deliberação, mas isso não coloca "o povo" como a entidade indiferenciada que preocupou Tocqueville e Lefort. Certamente, por essa ser uma solução viável, o democrata deliberativo tem de evitar mistificar o próprio poder comunicativo, como é acusado pelos críticos que pensam que a teoria abre a porta para alguns alegarem, de uma maneira paternalista, que eles falam pelas pessoas como elas deveriam ser se elas estivessem deliberando adequadamente.

Opressão

Quase todos os democratas deliberativos podem traçar a formação de suas visões a partir de alguma versão da ala esquerda de posições teóricas estabelecidas, tal como a postura amistosa (ainda que não acrítica) em relação ao marxismo da primeira Escola de Frankfurt e a crítica da "democracia capitalista" de Cohen em um livro popular que ele editou com Joel Rogers (1983). Os democratas deliberativos são também conhecidos por apoiar o ativismo social das mulheres e de outros movimentos sociais, como nos casos de Benhabib, Gutmann e Thompson. É justo, provavelmente, dizer que na mente dos seus maiores teóricos a democracia deliberativa seja principalmente designada para justificar valores e políticas anti-opressivos. Por isso Cohen insiste que a igualdade substantiva de recursos é requerida para uma participação deliberativa efetiva igual (1997b, p. 74) e que "justificações convencionais, históricas, para a exclusão ou desigualdade de direitos políticos" baseados em coisas tais como raça ou gênero são incompatíveis com a deliberação pública (1997a, p. 423).

Alternativamente expressada, a teoria democrático-deliberativa pode ser vista como uma maneira de superar o formalismo da democracia liberal: pela introdução da ideia de deliberação e de suas condições, o conteúdo substantivo para os direitos democráticos abstratos pode ser justificado. Uma questão que se apresenta é se a democracia deliberativa poderia não ser em si mesma tão formal. "A deliberação pode ocorrer", Przeworski observa, "somente se alguém paga por ela", e isso dá uma vantagem deliberativa para as corporações privadas e para os partidos políticos capaz de levantar dinheiro suficiente (1998, p. 148; e ver Stokes, 1998). Alguns democratas deliberativos esperam regrar esse impedimento óbvio segundo as condições para a deliberação. Então, em *Between Facts and Norms*, Habermas nota a necessidade de uma esfera "não subvertida" do poder político e uma esfera pública informal "que emergiu dos limites das classes e deixou o obstáculo milenar da estratificação social" (1998, p. 308). Entretanto, como Scheuerman, ao citar outras passagens no mesmo livro, argumenta (1999b, p. 161-168), Habermas poderia ter qualificado de forma demasiadamente severa essa afirmação para escapar da acusação de formalismo. Ademais, nem todos os democratas deliberativos são tão socialistas quanto Habermas concernente aos recursos econômicos. Por exemplo, Sunstein defende que os democratas deliberativos acreditam "em uma norma de igualdade política – *não econômica* (1997, p. 94, ênfase minha).

A discussão da igualdade por Gutmann e Thompson ilustra uma dimensão teórica dessa questão. Eles sustentam que, entre as precondições para a democracia deliberativa, está que "todos os cidadãos podem se assegurar dos recursos de que eles precisam para viver uma vida decente", mas que, devido à escassez e à falta de informação definitiva sobre onde alocar os recursos quando decisões difíceis precisam ser tomadas (eles se referem a decisões que enfrentaram os legisladores no Arizona no final dos anos de 1980: ou financiar transplantes caros de coração ou fígado ou estender a saúde básica para os trabalhadores pobres), essas decisões poderiam ser o resultado da deliberação pública. Ao mesmo tempo, Gutmann e Thompson sustentam que as precondições de oportunidade rejeitam o libertarianismo estrito e que o requerimento para deliberação evita assumir simplesmente que algum nível de escassez seja inevitável, por exemplo, tal que seria impossível aumentar tributos no Arizona para custear ao mesmo tempo transplantes e saúde básica (1996, p. 217-223).

O problema teórico é ocasionado pela visão deliberativo-democrática referida anteriormente de que certas supostas condições para a deliberação e mesmo princípios da própria deliberação deveriam ser sujeitos à deliberação. Mesmo se, como Gutmann e Thompson defenderam, uma oposição geral libertária em relação à tributação (considerada uma forma de furto) pudesse ser excluída como uma opção deliberativa viável, restrições severas à tributação, justificadas pelo princípio da dispersão, poderiam não ser eliminadas no começo, e se seus proponentes vencessem, o princípio das oportunidades básicas poderia ser tornar impotente. Ademais, se a deliberação sobre princípios deliberativos é permissível, os desafios libertários deveriam ser sancionados não somente para pretensões sobre o que é requerido para a deliberação, mas (como os libertários em arenas políticas reais estão habituados a argumentar) para a reivindicação de que tais requerimentos deveriam ser providos pelo Estado.

Carol Gould (referindo-se à defesa dos direitos de Benhabib) sustenta que o democrata deliberativo é aqui confrontado com um outro dilema: se os direitos justificados como condições para a deliberação são contestáveis, a possibilidade da sua ab-rogação deve ser admitida, mas se eles não são, então, eles devem "ter a sua autoridade em alguma outra coisa diferente do processo discursivo" (1996, p. 178). Uma resposta concebível poderia ser empregar os argumentos transcendentais para mostrar que a consistência requer de qualquer um que se engaje no raciocínio político que rejeite coisas como o libertarianismo ou a teoria da dispersão, mas isso poderia levar o método para questões de política específica, de uma maneira que mesmo o arquitranscendentalista Kant resistiu. Uma outra resposta é sugerida por alguns teóricos da ala esquerda, tal como Nancy Fraser e Iris Young, que, enquanto críticas dos democratas deliberativos atuais, são simpáticas a dimensões centrais da teoria. Isso é admitir que coisa alguma é um jogo equitativo para a deliberação, mas que a deliberação efetiva deveria não ser confinada principalmente no legislativo ou nos fóruns legais, nos quais os ricos, os homens e as culturas e raças dominantes são super-representados, e que tais fóruns deveriam ser dramaticamente reformados (ver Fraser, 1989; 1997, Cap. 3; Young, 1990; 1993). Talvez, uma razão para os próprios democratas deliberativos da corrente em voga não perseguirem vigorosamente essa linha é temerem alienar atores políticos pró-*establishment*, que eles esperam atrair para a transformação opera sobre o valor pela deliberação.

Fraser e Young lançam uma outra crítica, especialmente a Habermas, concernente à esfera pública. Desde os seus primeiros escritos ele argumentou pela recuperação de uma esfera pública de discussão não coercitiva que foi desgastada durante o desenvolvimento do capitalismo pela apatia e pela manipulação da opinião pública pelo Estado e pelas forças econômicas (1989 [1962]). Fraser sustenta que a esfera pública, na interpretação de Habermas, é demasiadamente fraca ao ter apenas efeitos indiretos sobre políticas por meio da influência sobre os legisladores, e a sua suposição da esfera pública como um local para procurar acordos harmoniosos mascara o fato de que essa esfera inclui "contra-públicos subalternos", frequentemente organizados nos movimentos sociais dedicados a combater forças estabelecidas, tanto dentro do público quanto na esfera política formal (1997, p. 81). Young impulsiona essa crítica e a estende para a democracia deliberativa em geral (assim, ela prefere falar de "democracia comunicativa") pela crítica das "normas da deliberação" que foram envolvidas nas esferas para discussão pública, porque elas são "culturalmente específicas e frequentemente operam como formas de poder que silenciam ou desvalorizam a fala de algumas pessoas" (1996, p. 123). Ela também resiste à pintura deliberativa da esfera pública como um lugar para procurar o bem comum, visto que isso tem o efeito de pedir aos menos privilegiados "para colocarem de lado a expressão da sua experiência" no interesse de "um bem comum cuja definição está inclinada contra eles" (ibid., p. 126).

Em *Between Facts and Norms* (1998), Habermas faz referência à visão de Fraser e, segundo Scheuerman (1990b, p. 159), devota não uma pequena parte de sua análise para tentar acomodar as suas preocupações pelo reconhecimento do papel dos movimentos sociais de oposição na esfera pública e dar a essa esfera um papel mais proeminente no processo democrático, discursivo, de "formação da vontade". Benhabib argumenta que "a democracia comunicativa" como defendida por Young não é, na base, diferente da democracia deliberativa, visto que os padrões de imparcialidade e equidade sobre os quais insistem os democratas deliberativos são aqueles requeridos contra a marginalização de grupos subordinados nas esferas públicas (Benhabib, 1996, p. 82). Se os democratas deliberativos podem com sucesso acomodar preocupações desse tipo, expressadas por Fraser e Young, é uma questão de disputa contínua.

Fraser e Young partilham, com a corrente atual dos democratas deliberativos, a visão de que *se* as pessoas pudessem vir a concordar sobre o bem comum (em uma maneira que protegesse a liberdade e a igualdade substantivas para todos os participantes), isso seria uma boa coisa; por isso existe um motivo para Habermas e os outros acomodarem tais preocupações. Tal motivo é, entretanto inexistente no caso da preocupação expressa por Chantal Mouffe, argumenta, contra a democracia deliberativa, que as disputas sobre quais são os bens comuns não são apenas difíceis de resolver, mas insolúveis e, além disso, são *essenciais* para as políticas democráticas (2000, p. 45-49). Essa é uma crítica a partir do ponto de vista do pluralismo radical, ao qual o Capítulo 10 é dedicado.

10
PLURALISMO RADICAL

Assim como os pluralistas clássicos, os radicais como Chantal Mouffe, Ernesto Laclau, Claude Lefort e William Connolly preocupam-se com o conflito e, como os primeiros teóricos do poder político de interesses de grupo, esforçam-se para transformar o conflito em uma de suas virtudes, visto por alguns como um problema da democracia. Não somente o conflito é um fato inevitável da vida social e política, mas o reconhecimento e a institucionalização desse fato na cultura, nas práticas e nas instituições democráticas são uma proteção necessária contra a autocracia. Entretanto, como se verá, as prescrições dos pluralistas radicais divergem daquelas dos pluralistas clássicos. Isso é devido em grande medida às diferentes maneiras como os dois campos teóricos concebem o poder e as identidades políticas.

Para os pluralistas clássicos (examinado brevemente), o poder é considerado no primeiro instante como possuído por grupos que empregam o que têm dele para realizar aqueles interesses que os definem de forma única. O perigo de conflitos mútuos destrutivos é evitado pela cessão de alguns desses poderes para um Estado encarregado de proteger a paz. Esses pluralistas, então, têm como ponto de partida essa visão, que de outro modo seria do cenário hobbesiano, rejeitando as recomendações políticas autoritárias do último, em favor da democracia, a qual se supõe capaz de regular conflitos e evitar que alguns grupos cooptem o poder do Estado. Na perspectiva dos pluralistas radicais essa imagem é profundamente *apolítica* em dois sentidos: o Estado é visto como recipiente do poder derivado dos grupos de interesses pré-políticos; e os interesses que definem esses grupos determinam as suas interações políticas, em vez de serem construídos politicamente.

Como os seus predecessores clássicos, os pluralistas radicais recomendam alguma versão da democracia liberal, em vez de alternativas participativas ou deliberativas. Entretanto, a sua maneira de conceituar a democracia liberal (ao menos na versão exposta por Mouffe) difere dos tratamentos típicos desta. De acordo com sua raiz madisoniana, o pluralismo clássico visa conter o conflito nas organizações formais e institucionais, tal como os sistemas de governo de peso e contrapeso. Que esses sejam para funcionar em uma estrutura liberal-democrática é inquestionável. Os pluralistas, como outros democratas liberais, reconhecem que nessa estrutura há maneiras diferentes de conceber a relação entre liberalismo e democracia. Como discutido no Capítulo 3, isso varia do auxílio mútuo, como na visão de Mill, até a restrição liberal da democracia, como Riker ou Hayek a veem, sendo uma tarefa teórica principal identificar a melhor ou mais apropriada relação dentro de tal âmbito. Mouffe, entretanto, nega que haja qualquer melhor ou mais apropriada relação entre liberalismo e democracia. Antes, a relação é em si mesma sempre sujeita a contestação, o que acontece não somente ou primariamente entre teóricos, mas dentro dos próprios conflitos políticos e sociais contínuos (2000, p. 2-5, Cap. 1). Nesse sentido, o conflito atinge a verdadeira estrutura organizacional onde as contestações sociais têm lugar e é, por isso, mais completa nessa perspectiva pluralista radical do que para os clássicos ou para os democratas liberais em voga, geralmente.

O ESPAÇO VAZIO DA DEMOCRACIA E OS CONFLITOS

Para os pluralistas radicais, se há qualquer problemática para a teoria democrática sobre o conflito não é a sua restrição, mas a tentativa de negar isso. Para ver como se chega a essa reivindicação, será profícuo retornar ao problema do "espaço vazio" da democracia, como foi apropriado por Lefort e discutido no Capítulo 2. Tocqueville percebeu que a democracia é única, visto que nela o poder político "foi libertado da arbitrariedade de um governo pessoal" (tal como um rei), o que significa que "parece não pertencer a ninguém, exceto ao povo em abstrato", e que Tocqueville temia, "ameaçava tornar-se ilimitado, onipotente, adquirir uma ambição de tomar conta de todo aspecto da vida social" (Lefort, 1988, p. 15). Lefort não pensa que a democracia seja, portanto, inevitavelmente opressiva, mas pela razão de o espaço do poder político ser "vazio", há o risco de tornar-se uma tirania quando um indivíduo, tal como um demagogo populista ou um partido político autocrático, se de direita como no fascismo, ou de esquerda, como no bolchevismo, "ocupam" o espaço reivindicando incorporar ou expressar o "povo como um único".

O conflito na política democrática envolve competição entre os vários grupos em uma sociedade para direcionar o poder do Estado para a consecução de seus próprios fins, sendo que um dos principais desafios para as democracias é permitir isso, ao mesmo tempo evitando qualquer grupo de ocupar e, portanto, destruir o espaço que torna possível a mudança e a limitação da organização do poder do Estado. Os direitos humanos, tais como aqueles declarados na Proclamação dos Direitos Humanos em 1791 na França revolucionária ou a Declaração dos Direitos Humanos das Nações Unidas, são citados por Lefort como os exemplos mais gerais de como o espaço político-democrático é simultaneamente vazio e contestado: a abstração das declarações desses direitos os conduz a interpretações diferentes sobre as quais há disputas contínuas.

Termos como "direito" são, para usar a expressão que foi apropriada pelos pluralistas radicais de Jacques Lacan, "significantes flutuantes". Um direito, sob algumas interpretações específicas (um exemplo que vem à mente é um direito ao uso exclusivo de alguma coisa como oposto a uma reivindicação sobre algum recurso), determina o que é legítimo (naquela época, aqueles que defendiam a interpretação vencedora), mas a democracia é salvaguardada na medida em que os partidos em competição reconhecem "a legitimidade de um debate como dirigido para o que é legítimo e para o que é ilegítimo" (Lefort, 1988, p. 39, itálico omitido). Nessa perspectiva, o Estado democrático tem o poder de dar força de lei aos direitos, mas esse poder não é visto como uma quantidade de força previamente ligada a grupos de interesses; antes, a inauguração do Estado democrático cria um lugar do poder político, novo e qualitativamente diferente, aquele do espaço vazio.

O esvaziamento do espaço do poder político, enfatiza Lefort, é um evento histórico (especialmente a Revolução Francesa e as subsequentes transformações que ela inspirou) que provém de – e, por sua vez, reforça – culturas políticas nas quais o dogma previamente assumido de que a sociedade tem "fins últimos" e de que as que pessoas estão "marcadas para funções e posições específicas" é posto em questão. Lefort, assim, considera a democracia "um fenômeno duplo", em que o poder político é separado de pessoas específicas e em que "as marcas, que em épocas anteriores permitia às pessoas se situarem em relação umas as outras de uma determinada maneira, desapareceram" (p. 34). Os contrastes que Lefort tem em mente são as ordens feudais substituídas pelas revoluções democráticas do século XVIII e pelos totalitarismos do século XX que, ao se declararem encarnações do povo e ao pretenderem alimentar "os fins últimos" da sociedade (servir à pátria, alcançar a completa harmonia comunista de interesses), empenha-se em fixar o lugar dos cidadãos em categorias rígidas, sociais ou políticas: amigo ou inimigo da missão nacional, proletários ou burgueses. Na democracia moderna não há metas da sociedade – ou antes, muitas de tais metas podem ser propostas, mas nenhuma por alguém que tenha tido sucesso (ou sucesso completo) em ser aceito como a encarnação de um povo como único.

Isso significa que há contestações sobre quais fins específicos uma sociedade deveria perseguir e que, dependendo das configurações dos diferentes fins em tais contestações, as identificações dos participantes são formadas e mudadas. Na interpretação de Laclau e Mouffe, uma maneira disso acontecer é pela entrada das pessoas nas arenas políticas, com interesses particulares para defender e, como alianças são formadas e "cadeias de equivalências" estabelecidas entre eles em oposição a adversários comuns, elas passam a se identificar com metas partilhadas consideradas por elas universalmente. Isso pode simplesmente ser a meta de superar a repressão, como Laclau nota em referência a muitos grupos bem diferentes que se opunham ao regime militar na sua nativa Argentina nos anos de 1960, ou a sua, mais tarde, identificação populista com Perón e o peronismo (Laclau, 1997, p. 371-372). Mais ambiciosamente, ele e Mouffe anteveem a possibilidade, mas isso não significa a necessidade de cadeias de equivalência entre as pessoas ao redor de um projeto comum da própria democracia pluralista. Entre outras coisas, isso poderia envolver uma identificação com valores e instituições democráticas, e mais especificamente, liberais-democráticas, deslocando, assim, identidades políticas anteriores da esquerda radical, o que as põe em oposição à democracia liberal como essencialmente opressiva (Laclau e Mouffe, 1985, p. Cap. 4).

ALGUNS TEMAS PÓS-ESTRUTURALISTAS

Se a teoria pluralista clássica é conduzida mais convenientemente a uma interpretação hobbesiana em termos de princípios filosóficos pressupostos, o pluralismo radical explicitamente desenha-se sobre conceitos-chaves dos filósofos pós-estruturalistas, tais como Jean-François Lyotard, Michel Foucault e Jacques Derrida. Esses pensadores, e a própria teoria pluralista radical, são às vezes também classificados como "pós-modernos" e, na medida em que rejeitam as ideias do Esclarecimento sobre uma natureza fixa e universal, sobre normas morais fundamentadas, isso é justificado. Mouffe, entretanto, resiste a tais classificações, visto que ela pensa que o foco dos pós-modernistas sobre as identidades pressupõe suas próprias maneiras de fixidez ou "essencialismo" e que eles projetam uma analogia do democrata deliberativo ou participativo, a saber, uma harmonia livre de conflito alcançada quando as pessoas afirmam com sucesso as suas identidades (2000, p. 129-130; 1993, p. 7, 15). Uma breve revisão de alguns princípios dos teóricos aos quais apelam mais frequentemente os pluralistas radicais (qualquer que seja o modo em que sejam classificados) irá ajudar Lefort a explicar o conceito de poder político e de identidades, bem como os pontos de vistas especificamente teórico-políticos a serem resumidos subsequentemente.

Metanarrativas

Lyotard define a atitude pós-moderna como "incredulamente voltada a metanarrativas", em que por uma metanarrativa ele significa um esforço para explicar e justificar regras de acordo com as quais uma prática é conduzida pela designação de um lugar ou papel para ela em uma "grande narrativa". Embora as práticas às quais Lyotad explicitamente se refere na introdução desse conceito sejam aquelas da ciência e da tecnologia, os exemplos que ele dá de justificações de metanarrativas – "a dialética do espírito, a hermenêutica do significado, a emancipação do sujeito racional ou trabalhador, ou a criação de riqueza" – levam igualmente, e em alguma instância mais obviamente, para práticas políticas (1984 [1979], p. XXIII). Assim, Hegel explicou e justificou polícias monárquicas e corporativistas por referência a seus supostos papéis em sua história filosófica da chegada à autoconceitualização do espírito do mundo e Marx explicou e justificou a organização política da classe trabalhadora como central para um processo histórico em direção à completa autodeterminação coletiva humana.

No domínio da ciência, metanarrativas são tipicamente construídas ao redor de paradigmas (tais como a pintura newtoniana do mundo) em que vários tipos de fenômenos são explicados "de forma homóloga" por referência a um núcleo paradigmático único (por exemplo, a matéria em movimento obedecendo às leis clássicas da física). Aos cálculos homólogos, Lyotard contrasta modos "paralógicos" em que uma variedade de abordagens frequentemente incomensuráveis são simultaneamente tomadas para diferentes assuntos, que não são admitidos como partes de um todo unificado, mas preferivelmente da maneira em que os inventores tratam pragmaticamente de desafios específicos sem tentar unificar todos eles ou derivar suas ideias inventadas de teorias científicas universais (ibid., Cap. 13). A analogia da homologia nas práticas éticas e políticas é procurar consenso sobre normas universais.

Tais esforços supõem "a narrativa do Esclarecimento, na qual o herói do conhecimento trabalha em direção a um bom fim ético-político – a paz universal" (p. XXIII-IV). Essa passagem alude a Kant (que pensava que a história fora envolvida exatamente dessa maneira – 1988 [1784]), mas Lyotard também tem em mente Habermas. Enquanto Lyotard vê o apelo aos valores do Esclarecimento universal como tendo potencial totalitário, realizado no comunismo soviético, para justificar a centralização política e a supressão do conflito e da individualidade, Habermas argumenta contra o pós-modernismo que os valores do Esclarecimento são baluartes essenciais contra os perigos do niilismo político, do tipo que sustentou o nazismo (Habermas, p. 1987). Deve ser notado que enquanto Habermas pode ser localizado na tradição kantiana ampla e Lyotard alude à teoria da histórica de Kant como um exemplo de uma metanarrativa modernista, ele também adere a Kant para sustentar seus próprios pontos de vista, embora se referindo principalmente à estética de Kant (Lyotard, 1989; McKinlay, 1998).

Teóricos democratas como Lefort são atraídos pela crítica de Lyotard, visto que inscrevendo a política nas metanarrativas que descrevem um objetivo para a democracia e apontam o papel dos atores políticos com respeito a ele, limitam o "espaço" da democracia. A desconfiança de Lyotard dessas narrativas e dos paradigmas privilegiados são frequentemente referidos como a rejeição do "fundamentalismo" na ciência, na filosofia, ou na política: abordagens fundacionalistas aspiram a parar fora (ou ficar acima ou abaixo) de um assunto para identificar os primeiros princípios que unificam e explicam isso à maneira de uma metanarrativa. Pluralistas radicais são também atraídos pelas visões de Lyotard que sustentam a não-fixidez das identidades políticas. Sua crítica mais sutil a Habermas pertence à última noção resumida no Capítulo 9, de que a comunicação linguística carrega consigo a suposição do consenso sobre normas universais, tal como o respeito mútuo. Referindo-se a Nietzsche e a Heráclito, Lyotard argumenta que falar deve ser visto sob o modelo de uma disputa, em vez de uma cooperação racional. Ele usa o termo "agonístico" ou um "torneio medieval" para descrever esse modelo: "falar é lutar, no sentido de jogar, sendo que os atos de fala caem sob domínio de um agonismo geral" (1984, p. 10).

Jogos de linguagem

Crucial na defesa de Lyotard dessa reivindicação é a referência ainda a um outro filósofo frequentemente mencionado pelos pós-estruturalistas: Ludwig Wittgenstein. É atraente para eles a sua ideia de que os termos (portanto, os conceitos) são significativos exatamente em virtude de como eles são usados na conjunção com outros termos, similarmente à maneira como movimentos em um jogo têm "sentido" apenas no contexto de outros movimentos daquele jogo. Exatamente como não há mega ou metajogo que explique princípios básicos das regras para todos os jogos, assim, não há uma estrutura de mundo única ou fundação básica pela qual possa ser dado sentido universal aos termos pelo uso do qual as pessoas conseguem e dão sentido para suas vidas (Lyotard, 1984, p. 9-11; Wittgenstein, 1953). A fala assim concebida é "agônica", visto que diferentes "jogos de linguagem" carregam consigo seu próprio critério de legitimidade, e não há algo como padrões de legitimidade gerais, cujo apelo poderia eliminar desacordos entre as pessoas, cujos mundos têm significados diferentes (Lyotard, 1988 [1983], p. XI). Essa noção se adapta à ideia de Lefort de que a política democrática sempre envolve disputa, não somente sobre assuntos tais como quem deveria desfrutar qual direito, mas sobre como os próprios direitos devem ser concebidos.

Identificações

A visão de Lyotard sobre a linguagem e o significado junta-se a algumas teses correlatas de Derrida e de Foucault que são também importantes no pano de fundo do pluralismo radical. Em um intrigante argumento de que a escrita ilustra os poderes únicos da linguagem de forma melhor do que a fala, Derrida se apropria da teoria do linguista Ferdinand Saussure (a quem ele também critica pela atenção exclusiva à fala) de que a linguagem adquire sua habilidade para significar apenas em virtude do jogo de diferenças entre os signos. Derrida generaliza isso para argumentar que a identidade de qualquer coisa – que, em acordo com Wittgenstein, ele considera como construído linguística ou "discursivamente" – depende de suas diferenças de outras coisas e, consequentemente, é constituída pelo que está fora dela (Derrida, 1978 [1967]; 1998 [1967]).

Para a teoria pluralista radical isso significa que, em razão de dependerem de relações que mudam e são contingentes reciprocamente, identidades não são fixas. Assim, eles rejeitam o que chamam de uma posição "essencialista" que atribui papéis fixos para os sujeitos políticos do tipo que Lyotard viu como sendo apontado por metanarrativas. Isso também significa que identidades políticas envolvem exclusões, segundo Connolly, ou, mais dramaticamente, "antagonismos", na formulação de Laclau e Mouffe. Porque para Connolly identidades são crucialmente mantidas e formadas em contraste com identidades alternativas e porque "estabelecer uma identidade é criar o espaço social e conceitual para ela ser de maneiras que colidem nos espaços disponíveis para outras possibilidades", a "política da identidade" deve sempre envolver previsão de espaço para algumas identificações e exclusão de outras. Por exemplo, proteger valores familiares (para aqueles com identidade patriarcal) milita contra coisas como a ação afirmativa para as mulheres (Connolly, 1991, p. 160).

Laclau e Mouffe focam sobre uma instabilidade inevitável constante nas identidades e sobre os contextos eivados de diferenças em termos do que elas são construídas. Se um tal contexto é fechado, então as identidades formadas "dentro" dele são fixas, mas se os contextos são completamente abertos, então nenhuma identidade poderia se formar. O que torna as identidades possíveis, então, é que um "contexto" (Laclau, 1997, p. 367-368) ou uma "sociedade" (Laclau e Mouffe, 1985, p. 125-127) é limitada por seu contraste a um contexto ou sociedade exterior a ela, e quando o contraste exterior se torna ameaçador da identidade, eles cessam de ser meras diferenças e são "antagonistas". A situação é instável, visto que os contextos não podem ser completamente "exteriores" entre si se tiverem relações entre si, mesmo definidas negativamente, mas nem podem eles ser incorporados um pelo outro se tiverem que reter seu caráter determinador de contexto; o resultado é que uma sociedade "nunca consegue ser completamente uma sociedade" (ibid., p. 127).

Tarefas políticas com respeito a identidades irão sempre envolver antagonismos, mas eles podem ser classificados se antagonismos que preservam identidade são retidos ou se há esforços para forjar novas identidades por referência a antagonismos alternativos. Um exemplo do primeiro tipo dado por Laclau e Mouffe é a política quiliasta da Inglaterra do século XVIII, quando as várias identificações das pessoas rurais tornam-se integradas em virtude de um antagonismo comum dos habitantes urbanos. Laclau e Mouffe descrevem tais situações como aquelas em que identidades diversas foram "suturadas" ou em que "cadeias de equivalência" foram estabelecidas entre elas. Em contraste, no século seguinte, a política conduzida por Disraeli foi bem-sucedida na quebra de equivalências que dividiram as pessoas da Inglaterra naquelas que são pobres e naquelas que são ricas pelo estabelecimento de uma equivalência entre ricos e pobres nos termos da nacionalidade inglesa comum, agora em oposição às pessoas de outras nações (ibid., p. 129-130).

Poder e hegemonia

Um tema central nos escritos de Foucault se relaciona a essa concepção de política. Como outros filósofos na tradição pós-moderna, ele rejeitou a noção de "um sujeito kantiano soberano" não construído com uma natureza fixa e a visão correlata do Esclarecimento de que as verdades científicas e éticas estão lá para serem descobertas e então usadas na causa da emancipação do ser humano em geral (1973 [1966]). Em contraste com esse pensamento do Esclarecimento, Foucault avança a provocativa tese de que as "pessoas" (ou, mantendo-se em acordo com sua rejeição da noção de sujeitos soberanos, "posições do sujeito") estão sempre enredadas em relações de dominação e de subordinação, quer dizer, em relações de poder, e aquilo que passa por verdade na ciência ou na filosofia está a serviço do poder (1972 [1969]; 1980). Pertinente ao pluralismo radical é a maneira como Foucault conecta essas duas teses. *Grosso modo*, é que a verdade serve ao poder pela criação de posições do sujeito dominante/subordinado: o "individual não deve ser concebido como uma espécie de ... matéria inerte sobre a qual o poder se amarra [em vez disso] é um dos primeiros efeitos do poder que certos gestos, certos discursos, certos desejos vêm a ser identificados e construídos como indivíduos" (1980, p. 98).

Essa é a concepção de poder que diferencia o pluralismo radical do pluralismo clássico, sendo central para o papel proeminente que Laclau e Mouffe dão à "hegemonia". Como empregado por Mouffe e Laclau – que tomaram este termo de Antonio Gramsci –, hegemonia não significa a habilidade de impor a própria vontade sobre o outro pela força, mas, ser capaz de forjar uma vontade política (1985, Cap. 1 e passim). Uma interpretação comum de hegemonia distingue um sentido militar de coação pela força de um sentido político de formação de consenso. Nenhum lado dessa distinção captura o uso pluralista-radical do termo, no qual a hegemonia política envolve centralmente o exercício do poder, mas do poder no sentido foucaultiano da construção de identidades políticas. Como Mouffe afirma: "[nós] devemos conceitualizar poder não como uma relação *externa* que tem lugar entre duas identidades pré-constituídas, mas como a construção das identidades em si mesmas" (1996, p. 247). Quando ou em que os atores políticos (como os quiliastas ou Disraeli nos primeiros exemplos) conseguiram forjar identidades equivalentes por referência a alguma divisão antagônica, eles estão exercendo hegemonia.

AS POLÍTICAS DO PLURALISMO RADICAL

Duas categorias amplas de recomendações políticas são desenvolvidas a partir dessas duas posições teóricas. A primeira expressão sistemática da teoria foi feita por Laclau e Mouffe em *Hegemony and Socialist Strategy* (1985). Esse livro, tanto quanto suas obras anteriores e subsequentes, foram focadas em duas características do cenário da esquerda política: a organização marxista e as práticas políticas, que eles criticaram como resultando de uma perspectiva na qual o trabalho de classe é o agente necessário da mudança social progressiva, e a emergência de novos movimentos sociais (em torno de questões das mulheres, do ambientalismo, do antirracismo, e assim por diante), aos quais eles deram boas-vindas.

Reducionismo

O reducionismo de classe marxista, em sua visão, exibiu todas as falhas do essencialismo e do fundacionalismo, corretamente criticados pela teoria pós-estruturalista. Na medida em que o marxismo havia sido hegemônico (de forma que ser um radical era ser alguma variedade de marxismo), ele impediu o pluralismo dentro da esquerda e forçou as pessoas a formas de opressão ou subordinação degradantes não baseadas em classe, ou tentou forçá-las a moldes de luta de classes limitadoras ou inteiramente inapropriadas. Entretanto, como qualquer outra forma de essencialismo radical, o reducionismo classista ameaçou fechar o espaço vazio da democracia, como teve sucesso em fazer no mundo socialista. Isso não foi apenas antidemocrático em si mesmo, mas colocou a esquerda contra a democracia, deixando assim o terreno à direita política ou ao centro. A alternativa que Laclau e Mouffe recomendaram foi abandonar essa ou qualquer outra forma de essencialismo de esquerda, por exemplo, como naquelas correntes dos movimentos das mulheres que endossavam analogamente visões reducionistas com relação a gênero. Em vez disso, eles estimularam muitos e variados componentes da esquerda para construir cadeias de equivalência entre si mesmos ao redor de um projeto político comum (e por isso a identidade) de aprofundar e expandir a democracia liberal existente, quer dizer, ao redor do projeto que eles chamaram de "democracia radical e plural" (Laclau e Mouffe, 1985, p. 176; e ver Mouffe, 1993, p. 70-71).

Democracia liberal e capitalismo

A segunda categoria de recomendações políticas segue dessa, mas elas são direcionadas principalmente aos teóricos políticos liberais-democratas contemporâneos. Laclau e Mouffe descrevem um "discurso liberal-conservador" que trata do *status* hegemônico no qual a defesa neoliberal de uma economia de livre mercado é articulada com "a cultura profundamente anti-igualitária e o tradicionalismo social do conservadorismo" (1985, p. 175-176). Contra isso, eles prescrevem um esforço contra-hegemônico empreendido na teoria e prática liberal-democrática com a pretensão de mudar a democracia liberal dessa direção conservadora. Concretamente, isso requer a defesa da democracia liberal de seus críticos da esquerda e da direita, enquanto enfrenta e providencia alternativas para as interpretações conservadoras dos significantes flutuantes da democracia liberal – liberdade, igualdade, público e privado, e assim por diante.

Democracia liberal e Carl Schmitt

Esse esforço é às vezes retratado por Mouffe como o projeto de se opor às teorias de Carl Schmitt. Ela começa um livro intitulado *The Return of the Political* (1993) aprovando a referência à posição de Schmitt de que a política sempre e inevitavelmente envolve antagonismos. A política surge quando as pessoas veem as suas identidades não exatamente como diferentes daquelas dos outros, mas ameaçadas por eles: "desse momento em diante, todo tipo de relação nós/eles, seja religiosa, étnica, nacional, econômica ou outra, tornar-se-á o local de um antagonismo político" (1993, p. 3). O próprio Schmitt viu a democracia liberal como um esforço condenado a negar antagonismos ou a expulsá-los do reino da política, que é, então, reduzida principalmente a uma fútil disputa parlamentar, sendo que ele prescreve, em vez disso, a altiva adoção do antagonismo da parte de um povo unido homogeneamente em relação a outras pessoas, o qual se expressa e age decisivamente por liderança política não limitada por restrições liberais. Na visão de Schmitt, evitar tais restrições era uma virtude partilhada pelo bolchevismo e pelo fascismo (1988[1923], p. 16, 29-30), e ele mesmo abraçou o último.

Mouffe concorda com Schmitt que os antagonismos não podem ser expurgados da política, mas ela nega que a democracia liberal precise ou deva tentar fazer isso. Consequentemente, ela critica a tendência atual dos teóricos liberais-democratas por seus esforços de suprimir o reconhecimento político de conflitos antagônicos ou de insular a política deles. Tais esforços são "a ameaça real da democracia" porque eles conduzem à violência ao não serem reconhecidos, em vez de serem reconhecidos e confrontados politicamente (1996, p. 248). Mouffe foca especialmente sobre as abordagens dos teóricos democrático-liberais (como revisadas no Capítulo 3) do problema de como a neutralidade pública pode ser preservada em face de conflitos de valor no domínio privado. "Políticos liberais", tais como Larmore ou Rawls, reconhecem a persistência de conflitos do tipo que estão profundamente implicados nas identidades das pessoas, mas eles tentam confiná-los à esfera privada, anulando, assim, o domínio público do que é distintivo sobre a política. "Liberais de valor" admitem valores substantivos na política, e alguns deles, como Joseph Raz, admite até mesmo uma medida de conflito sobre esses valores como um objeto legítimo do debate político. Mas mesmo para ele, como para outros liberais importantes, o ideal é o consenso como uma meta para se aproximar (Mouffe, 1993, p. 124-128, Cap. 9; e ver Connolly, 1991, p. 160-161).

A alternativa de Mouffe é promover o "pluralismo antagônico" no qual os conflitos antagônicos, que se espera serem contínuos, são contidos e dissipados pela submissão às "regras do jogo" liberais e democráticas (1993, p. 4). Isso, ela reconhece, requer que atores políticos antagônicos se submetam a essas regras, mas antes de verem isso como o obtido por colocarem de lado diferenças para o propósito da interação política (a noção de política liberal) ou pela aquisição de valores consensuais que substituem os antagônicos (como liberais importantes o fariam), ela pensa que o que é requerido é forjar identificações, por parte dos partidos conflitantes, com a própria democracia pluralista, isto é, "estabelecer a hegemonia de valores e práticas democráticos" (p. 151). O sucesso nesse esforço não transforma inimigos em amigos, mas nem os deixa os mesmos antagonistas, não obstante alguns aceitarem novas restrições. A tarefa, antes, é proporcionar condições que irão reconstruir as identidades daqueles em conflito de tal maneira que eles não sejam, assim, ameaçados por um outro que eles deixem preso em relações antagônicas não limitadas pela adesão aos valores liberais e democráticos.

Teorias alternativas

Uma teoria definitivamente rejeitada é aquela de Habermas e dos democratas deliberativos, os quais, baseando-se em uma teoria sobre uma pressuposta base ética comum para a comunicação humana criticada por Lyotard, são vistos como tentativas de anular o conflito na política (Mouffe, 1993, p. 10; 2000, Cap. 4). Mouffe tem mais simpatia pelos republicanos cívicos porque eles sustentam que os valores formadores de identidade sobre a vida boa ou a sociedade deveriam ser vistos como centrais para a política e porque eles vêem o envolvimento nas comunidades políticas como uma virtude substantiva. Ela também aprova o antiessencialismo do comunitarismo do republicanismo cívico. Entretanto, ela é também crítica do "pré-modernismo" do republicanismo cívico, por falhar na tentativa de integração nas identidades políticas de coisas tais como o pluralismo e a defesa da liberdade individual (1993, p. 61-63).

Embora partilhe da orientação pós-estruturalista de Richard Rorty, Mouffe é também crítica do que ela vê como seu desnecessário paroquialismo. Rorty toma o partido de Rawls na argumentação sobre a prioridade de valores políticos liberais-democráticos comuns, que, como um antifundacionalista, ele justifica sob as bases do comunitarismo, o qual, imbuído como está com os valores de sua nativa América, esses valores são simplesmente recebidos como centrais para a sua "identidade moral" (Rorty, 1990). Rorty descreve esses valores herdados como aqueles do "liberalismo burguês" (Rorty, 1983). A crítica genérica de Mouffe é que, similarmente aos comunitaristas do republicano cívico, Rorty retrata a cultura política de sua própria democracia liberal como monolítica e livre de conflito antagonístico interno a si mesma. Em particular, por considerar interligados, sem problemas, o capitalismo e a democracia, ele falha em dar conta de uma tensão persistente nas democracias liberais entre "liberalismo político" e "liberalismo econômico" e então finaliza simplesmente se desculpando pelo capitalismo americano (Mouffe, 1993, p. 10). Mesmo se alguém concordasse com a política de Rorty (ele se descreve como um socialdemocrata que defende o "capitalismo controlado governamentalmente, mais o Estado do bem-estar" 1987, p. 565), isso seria objetável de um ponto de vista do pluralista radical. A razão para isso é que seu retrato da democracia liberal é considerado obscurecedor de linhas políticas de diferenças em tal formulação, assim impedindo "a constituição de identidades políticas distintas", fomentando uma desafeição pelo engajamento político que impede a democracia (Mouffe, 1993, p. 5).

REAÇÕES AO PLURALISMO RADICAL

Laclau e Mouffe aparecem na cena da teoria política por lançarem críticas severas à esquerda tradicional, cujos teóricos foram zelosos em tomar e combater os novos revisionistas. O principal assunto teórico focado na crítica deles foi o essencialismo, que os críticos pensaram que negava ao pluralismo radical a habilidade de identificar a classe trabalhadora ou qualquer outro grupo social como um agente confiável de mudança social progressiva, e foi a rejeição do fundacionalismo, que os críticos consideram como equivalente a abraçar o relativismo epistemológico e moral. Uma amostra desses debates pode ser encontrada em uma troca de ideias entre Norman Geras (1987) e Laclau e Mouffe (1987).

Uma linha da crítica ao pluralismo radical que vem à mente, desse lado da teoria liberal-democrática em voga, é que, por incitar as pessoas a partilharem valores comuns favorecendo a visão do pluralismo de Mouffe, ela não difere daquela de qualquer democrata liberal, exceto por abandonar um esforço para justificar a defesa desses valores por referência a princípios fundacionais filosóficos. Se essa reivindicação é acurada depende de como a análise de Mouffe da hegemonia é vista. Se ela pensa que ser hegemônico implica que as confianças do pluralista radical têm de substituir ou ter prioridade sobre posturas e identidades antagônicas, a objeção poderia atingir o alvo. Uma réplica implícita está na distinção de Mouffe entre um "inimigo" e um "adversário". Para o pluralismo radical, ser hegemônico não significa substituir ou suplantar as identificações adversárias, mas inserir na comunidade política a cultura segundo a qual um "oponente deveria ser considerado não como um inimigo a ser destruído, mas como um adversário cuja existência é legitimada e tem de ser tolerada" (1993, p. 4; 2000, p. 13).

Perseguir essa linha de resposta mais além poderia igualmente conduzir de volta aos debates sobre a possibilidade do fundacionalismo ou a sobre construção da teoria política sob a base de princípios filosóficos primeiros. Mouffe não argumenta que o antifundacionalismo tenha de levar ao pluralismo radical: ele pode ser usado a serviço da defesa de Rorty da política vigente dos EUA ou mesmo das políticas direitistas extremas de Schmitt. Em contraste, alguns que favorecem as prescrições políticas do pluralista radical esperam endossá-las em bases fundacionais. Fred Dallmayr, por exemplo, procura fundar os pontos de vista políticos do pluralismo radical como uma versão do hegelianismo (1989, Cap. 6), e talvez tentativas similares pudessem ser feitas a partir de outras perspectivas filosóficas mais simpáticas ao fundacionalismo do que são Mouffe e Laclau.

Eu não prenderei os leitores nas águas filosóficas onde o debate sobre esse tópico necessitaria ser perseguido, mas quero voltar a um segundo aspecto da reivindicação de que a posição de Mouffe não difere daquela do núcleo dos teóricos liberais-democráticos. Mantendo-se em acordo com a noção referida anteriormente de que não pode haver um modo fixo teoricamente de relacionar liberalismo e democracia, a visão de Mouffe sobre como valores alternativos e conflituosos podem coexistir com as obrigações pluralistas para com a democracia liberal não é *articulada* na maneira do padrão das prescrições teóricas liberais-democráticas: permitir haver neutralidade na política; ou deixar as pessoas concordarem em valores comuns para guiar seu comportamento político. Em vez disso, as propostas são visadas como projetos contínuos de política cultural. Além disso, para marcar outra diferença, esse projeto não é executado exclusivamente ou mesmo primeiramente em molduras formais como os parlamentos ou as cortes, mas deveria ser tentado em "tantas relações sociais quanto possíveis" (Mouffe, 1993, p. 151). Nessa maneira de tratar, a orientação do pluralismo radical tem alguma coisa em comum com a abordagem pragmática da teoria democrática resumida anteriormente (ver Capítulo 8).

PLURALISMO RADICAL E OS PROBLEMAS

Como no caso de outras teorias examinadas, nem todos os problemas listados no Capítulo 2 encontram tentativas explícitas de solução nos escritos do pluralismo radical. Connolly vê como uma virtude da "democracia antagonista" que ela resiste em tentar forçar as pessoas a entrarem em moldes coletivos únicos e as convida a reconhecerem as contingências de suas identidades. Dessa maneira, longe de alimentar uma mentalidade de rebanho (uma maneira de interpretar o problema da massificação), a democracia pode facilitar o questionamento radical pelas pessoas de suas próprias identidades e a superar a mesquinhez, a complacência e o ressentimento, de modo que mesmo (um higienizado) Nietzsche poderia aplaudir (Connolly, 1991, Cap. 6). Mouffe partilha com os democratas deliberativos a rejeição de uma visão da democracia como somente a agregação de preferências (2000, p. 96), e na medida em que o problema da "irracionalidade" depende dessa visão, os pluralistas radicais podem ser vistos como partilhando essa reação comum a ele.

O espaço vazio e o conflito

Uma candidatura para um problema fundamental da teoria pluralista radical é o perigo do espaço vazio da democracia e outro é aquele do conflito. O primeiro desses é abordado, como visto, pela insistência de que "o caráter vazio" do espaço da democracia seja mantido. A teoria pode ajudar a fazer isso na medida em que contestar a abordagem participacionista ou outras abordagens que retratam a soberania popular como representante de uma vontade comum ou de uma identidade política homogênia. Connolly vê essa orientação também como central para romper as dimensões destrutivas do conflito. Uma tese central de sua obra *Identity/Difference* (1991) é que a democracia tem o potencial para permitir a ação política coletiva das pessoas baseada nas identidades derivadas de grupo, enquanto, ao mesmo tempo, impede interações destrutivas resultantes de uma tendência da identificação de grupo de alimentar o dogmatismo e o ressentimento. Mas a democracia tem esse potencial somente se ela for "agonística", termo pelo qual Connolly significa que ela permite e convida à "contestação de identidades estabelecidas", a qual, por sua vez, provê "o melhor meio político por meio do qual incorporar a disputa na interdependência e cuidado na disputa" (1991, p. 193).

Opressão

A abordagem de Mouffe para o problema da soberania é mais direto do que o de Connolly e, na forma, é como aquele dos pluralistas clássicos, a saber, abraçar o conflito como uma característica essencial da democracia. Uma questão levantada pela sua postura é se o abraço pode ser muito firme. Não somente o conflito, mas a "dominação" e a "violência" são reconhecidos por Mouffe como aspectos não erradicáveis da "especificidade da democracia moderna" e, por isso, coisas devem ser "contestadas e limitadas", mas não superadas (1996, p. 248). É claro que Mouffe quer uma abordagem pluralista radical da democracia para combater coisas como o sexismo e as subordinações racistas (ibid., p. 247); ela inclui um capítulo em seu *The Democratic Paradox* criticando Anthony Giddens e outros defensores de uma "terceira via" dos seguidores de Blair, por dar ajuda e conforto para um neoliberalismo pró-capitalista que ela rejeita (2000, Cap. 5). Ainda, pode-se argumentar que, ao ver a dominação e a violência como não erradicáveis, as atitudes pelas quais elas são fatalisticamente aceitas são reforçadas.

A reação de Mouffe a uma tal acusação é clara. Reconhecer antagonismos não é condenar qualquer forma deles, sendo que os esforços para negar a possibilidade sempre presente, mesmo de conflitos fortes e potencialmente destrutivos, é converter o que poderia e deveria ser uma política que visa à contenção ou mesmo à transformação de tais antagonismos em uma política fútil de "diálogo ou prédica moral" (p. 15). Em contraste, quando se reconhece que qualquer "articulação hegemônica 'do povo'" cria uma relação de inclusão e exclusão, é reconhecido também que tal articulação é contingente e, por isso, sensível à mudança (p. 49). Em particular, Mouffe pensa que isso envolve o esforço referido anteriormente de transformar "inimigos", entre os quais valores liberais e democráticos não partilhados para reprimir sua inimizade, em "adversários" que partilham esses compromissos. A sua maneira de expressar esse ponto é argumentar que uma política de "antagonismo" seja transformada naquela de "agonismo" (p. 101-105).

A TIRANIA DA MAIORIA

Comentários similares se aplicam a uma postura pluralista radical sobre o problema da tirania da maioria. A reação de Mouffe a esse problema é que ele não admite seja uma solução teórica, seja uma solução prática final. Embora propostas em termos gerais, as recomendações dos liberais para estabelecer limites sobre o que uma maioria pode fazer são de fato exemplos de mudanças específicas nos intermináveis conflitos entre liberalismo e democracia. Ela afirma que os direitos individuais e da maioria deveriam ser assegurados contra uma possível tirania da maioria, mas mantém que "o perigo oposto também existe", quando certas liberdades (ela provavelmente tem em mente as liberdades econômicas do mercado) se tornam "naturalizadas" e têm o efeito de "fomentarem muitas relações de desigualdade" (2000, p. 150-151).

O problema da "tirania da maioria" é assim generalizado por Mouffe para o problema de como as igualdades democráticas e as liberdades liberais devem ser relacionadas, sendo isso uma questão de uma negociação "precária e necessariamente instável" entre pretensões contestadas, liberdades e formas de igualdades (p. 11). Exceto por notar que tais negociações deveriam tomar lugar em uma variedade de fóruns onde as pessoas politicamente (portanto, de forma conflituosa) interagem, Mouffe não explicita como isso poderia ser empreendido. Similarmente, poucas indicações são dadas por Mouffe sobre como as transformações de uma política antagonista a uma política agonista podem ser alcançadas; nem Connolly trata dos modos específicos de como, na democracia agonista, identidades de grupos dogmáticas e hostis de forma ressentida podem ser combatidas. Se essas omissões são vistas como uma fraqueza grave na teoria ou como um convite para exercitar a imaginação na busca de tal política, cuja natureza dependerá de circunstâncias específicas, sem dúvida depende, novamente, de quão confortável se está com abordagens pragmáticas da política democrática.

11
APLICANDO AS TEORIAS DEMOCRÁTICAS: GLOBALIZAÇÃO

Embora esta introdução às teorias democráticas tenha sido organizada em torno de problemas, poderia também ter sido organizada em torno de "problemáticas". Uma problemática (frequentemente escrito em francês como problematique em textos de língua inglesa para destacar seu caráter técnico) é uma dificuldade central, a tentativa de superar abordagens teóricas que se encontram em algum assunto. Em parte, os encontros dos cursos que geraram as listas das situações menos e mais democráticas relatadas no Capítulo 1 foram dedicados a assuntos escolhidos pelos membros da aula. Alguns deles foram tópicos teóricos (teoria dos direitos, abordagens de falsa consciência, conceito de si mesmo, ética e democracia e afins), mas mais frequentemente foram selecionadas as situações do mundo real, políticas ou de movimentos: cidadania, multiculturalismo, nacionalismo, religião, educação, feminismo, mídia, transformações democráticas, racismo e meio ambiente. Cada um desses tópicos apresentou à aula uma ou mais problemáticas.

Por exemplo, uma problemática que foca muito o debate sobre o multiculturalismo dentre as teorias democráticas é expressa por Bhikhu Parekh em "como criar uma comunidade política que é tanto coerente politicamente quanto estável, e satisfaz as aspirações legítimas das minorias culturais" (1999, p. 109; e ver dele 2000, Cap. 7). Analogamente ao triângulo "fato/valor/significado" visto permear abordagens de problemas democráticos, as declarações de problemáticas quase sempre apontam na direção geral de resoluções favoráveis. Então, a problemática-guia de *We are All Multiculturalists Now* (1997 [1977]), de Nathan Glazer, poderia mais apropriadamente ser apresentada "como a unidade nacional pode ser preservada em face das forças colocadas sobre ela pela diversidade cultural?". Parekh, um crítico do individualismo liberal, favorece políticas de maior apoio à proteção e preservação de minorias culturais do que faz o individualista Glazer. Mas os debates sobre o tópico não são adequadamente caracterizados por divisões simples.

O desejo de Kymlicka seria endossar a maneira de Parekh formular a problemática do multiculturalismo; entretanto, ele é um defensor do individualismo liberal, enquanto Charles Taylor, escrevendo de uma posição mais próxima de Parekh do que de Kymlicka, poderia preferir uma formulação nos seguintes termos: "como o respeito e o reconhecimento mútuos entre grupos culturalmente divergentes pode ser alcançado?" (1995; 2001).

Uma problemática que motiva muitas obras teóricas sobre a democracia e o meio ambiente é: "já que as reuniões são inventadas pelos humanos, como podem outros animais, muito menos florestas ou lagos, chegarem à representação democrática?". Como no caso de declarações de uma problemática multicultural, isso deveria ser impedido por aqueles que questionam se as mudanças ambientais podem ser simplesmente satisfeitas democraticamente (Ophuls, 1992). Mas deixando de lado esse tipo de teórico (e, é claro, alguém que duvida que haja mudanças ambientais significantes, para esses tratar dessa problemática ou da maneiras de formulá-las são exercícios inúteis), pró-democratas nos dois maiores "campos" ambientais – biocêntrico ou "profundamente ecológico" (Naess, 1989) e antropocêntrico (Bookchin, 1990) – poderiam concordar que essa é no mínimo uma problemática central. Tal concordância é também possível para aqueles que evitam se alinharem com esses dois campos (Paehlke, 1989) ou tentam pragmaticamente deslocar as controvérsias entre seus adeptos (Light e Katz, 1996).

Alguns assuntos podem ser abordados pelas lentes de mais de uma problemática. Um exemplo é a cidadania, que pode inicialmente ser direcionada a indagar a questão "o que é (realmente) um cidadão?". A primeira problemática convida o teórico a decidir se a cidadania é simplesmente uma questão de designações e de responsabilidades legais ou traz consigo compromissos morais e cívicos e também identificações. Um ponto para entrar no tópico abordado neste ângulo está na coleção *Theorizing Citizenship* (Beiner, 1995a). Uma outra indagação é especialmente pertinente devido à crescente permeabilidade das fronteiras estatais e da frequente migração forçada, que traz a questão de quem merece direitos de cidadania e em que condições e quão urgentemente. Esse problema e alguns com ele relacionados são usualmente tratados no estilo daquele do relatado pela teoria democrática de Veit Bader (1997) e Joseph Carens (2000), entre muitos outros autores, aos quais eles fazem referência. Obviamente, reações à problemática o "que é um cidadão" e "quem é um cidadão" terão implicações recíprocas.

GLOBALIZAÇÃO

O tema da cidadania está implícito naquele da globalização, e o livro irá concluir com o exame de algumas abordagens alternativas para esse tópico, com uma seleção de teóricos da democracia contemporâneos. O propósito do exame é proporcionar uma melhor percepção de como teorias democráticas são aplicadas em situações problemáticas do que podem ser propagadas em cápsulas prontas. O tratamento desse tema irá também ilustrar como as "problemáticas" da globalização são diferentemente concebidas, e além disso, irão indicar como interagem as pretensões sociais ou político-científicas sobre o que é possível, sobre juízos de valor e sobre concepções de como a democracia deveria ser concebida.

A "problemática" tratada por (o último) Claude Ake é "como a democracia pode ser salva da globalização". Em sua opinião, a globalização está "tornando a democracia irrelevante, e nisso ela põe uma ameaça mais séria ainda na história da democracia" (1997, p. 285). Ake tem em mente a globalização econômica, em que matérias de política estatal formalmente aperfeiçoáveis para a tomada de decisão democrática pelos cidadãos são ou severamente restringidas pela conciliação econômica global contemporânea ou ordenadas por agências econômicas extra-estatais. Um exemplo de coação que ele tem em mente são as ameaças da fuga de capitais para evitar políticas, mesmo com um largo apoio majoritário quando elas são consideradas contrárias aos interesses ao crescimento inconstante das empresas de manufaturas. Um exemplo da ordenação externa é o poder das agências como o Banco Mundial para aumentar ou impedir a ajuda econômica ou para baixar ou aumentar uma avaliação de crédito de um país, dependendo se esse segue as políticas internas ditadas, por exemplo, com respeito à tributação ou aos serviços sociais.

A concepção de Ake de globalização como práticas e instituições econômicas internacionais democraticamente imunes é pejorativa, assim como é um outro conceito comum pertencente à cultura global. A globalização, em um sentido cultural e ainda pejorativo, refere-se à homogeneização das culturas do mundo de tal forma que hábitos locais, hábitos do dia-a-dia autóctone e formas de recreação são suplantados pelo gosto de filmes de Hollywood e pela televisão dos EUA, ao mesmo tempo em que valores populares ao redor do mundo estão se conformando ao típico consumismo dos países mais ricos e industrializados. Críticos da globalização nesse sentido, tal como Benjamin Barber – que chama o resultado de "McWorld" (1995) – vê isto como igualmente imposto devido à dominação dos mercados de entretenimento do mundo principalmente por filmes baseados nos EUA, televisão e mídia impressa e ao domínio de corporações internacionais, como a Organização Mundial do Comércio (OMC), que proíbe o suporte estatal ou a proteção da cultura nacional, sob o fundamento de que inibe o livre-comércio (ver Held e McGrew, 2000, parte 3).

Ulrich Beck reserva o termo "globalismo" para descrever os efeitos antidemocráticos do mundo do mercado capitalista descritos por Ake e Barber.

Para tal, ele contrasta "globalidade", que usa em um sentido neutro simplesmente para se referir à interconectividade dos países (2000, p. 9-10). Similarmente neutra é a concepção de globalização de David Held como um "alongamento e aprofundamento das relações sociais" de tal forma que atividades do "dia-a-dia são de modo crescente influenciadas por eventos acontecendo no outro lado do globo", em que "as práticas e decisões de grupos locais ou comunidades podem ter repercussão global significante" (Held, 1999, p. 92; e ver Held et al., 1999, parte 1). Além disso, para a economia e a cultura, Held lista outros domínios dentro dos quais esse alongamento e aprofundamento toma lugar, a saber, o meio ambiente, o direito, a defesa, e ele poderia ter acrescentado a tecnologia das comunicações. Embora Held não partilhe do foco exclusivo de Ake ou Barber sobre as dimensões negativas da globalização, ele identifica problemas para a democracia.

Os Estados e o globo

A problemática que Held e muitos outros estudantes de relações internacionais preocupados com o discurso da democracia tratam é que os cidadão têm meios para ações democráticas dentro dos Estados, e graças à globalização há crescentes limitações sobre a atual soberania dos Estados. Isto provoca o que ele chama "disjunturas" entre forças globais que se impingem aos cidadãos e a habilidade destes de afetar essas forças. Uma disjuntura é entre cidadãos e a forças econômicas do tipo que preocupou Ake. Outra é que, em muitas partes do mundo, a soberania efetiva dos Estados é limitada por sua pertença a organizações globais tais como o Fundo Monetário Internacional ou a Comunidade Europeia e a alianças militares como a OTAN. Held também lista como uma fraca, mas crescente restrição sobre a soberania dos Estados as leis internacionais, como as regulamentações em tratados ou as provisões para os indivíduos apelarem diretamente à Corte Europeia dos Direitos Humanos (1991a, p. 212-222).

As disjunturas de Held sublinham principalmente problemas práticos. Uma tarefa (que é tomada por Held) reconhece o enfraquecimento da autonomia dos Estados e *aplaude* o resultado potencial da erosão do confinamento da democracia dentro dos limites estatais e aspirações para a soberania do Estado que sustenta tal limitação, visto que essas coisas impedem uma luta para democratizar e superar domínios intra e superestatais. Uma tarefa contrastante é a urgência de *fortalecer* a soberania (democrática) dos Estados defendendo suas estruturas políticas internas contra a coação e a interferência externas. Vamos rapidamente retornar a essas alternativas, mas primeiro um problema teórico mais profundo será analisado.

Limites da democracia

Como notamos no Capítulo 8, Robert Dahl observa (1982, p. 97-99) que qualquer democracia irá excluir algumas pessoas da participação nos processos democráticos (por exemplo, crianças e não-cidadãos), por isso tais procedimentos serão, nessa medida, deficientes na democracia se requererem que os afetados pela decisão tenham uma voz. Para definir limites democráticos pelo voto popular, supõe-se que os votantes apropriados tenham já sido selecionados, assim o critério extrademocrático deve ser empregado. Dahl pensa que este problema é um insolúvel "embaraçamento da democracia, ou poderia ser se não fosse ignorado" (1982, p. 97-99). Em alguns casos, um critério que pressupõe uma teoria ética, tal como o utilitarismo, será empregado, mas teorias éticas são contestáveis. A limitação de tomada de decisão democrática dentro das fronteiras estatais é citada por Dahl como uma limitação especialmente arbitrária, que ele pensa simplesmente repousar sobre "ligações primordiais", e ainda, ele sustenta, nada poderia ou deveria razoavelmente defender a inclusão democrática estendendo-a para toda a humanidade, e ele mesmo mais tarde argumenta que a democracia é apropriada apenas dentro de Estados (Dahl, 1999).

A reflexão sobre esse problema teórico põe em evidência problemas da prática democrática envolvidos no confronto com a globalização. Esse é claramente o caso para aqueles que desejam preservar completamente a autonomia estatal, uma vez que precisam justificar a exclusão daqueles de fora de um país que são afetados por essas ações na participação das decisões do país. Não obstante, os problemas são também indicados por teóricos em pesquisas de fóruns superestatais. A menos que eles estejam preparados para endossar um governo mundial forte, onde e como devem ser estabelecidas as fronteiras? Uma orientação, denominada "exógena" por Susan Hurley (1999, p. 273-274), prescreve somente fazer o melhor de quaisquer estruturas ou instituições que conduzam para a democracia e que estejam à disposição, sejam contidas no Estado, sejam transestatais, ou alguma combinação destas. Robert Cox critica esta abordagem sustentando que a coação política democrática ou as circunstâncias econômicas nas quais as pessoas se encontram não deveriam ser tomadas simplesmente como dadas, imunes ao controle humano, e que, consequentemente, suposições sobre sua inevitabilidade deveriam estar sujeitas a exame crítico (1996, p. 87-91).

Hurley rejeita a abordagem exógena em favor de uma "endógena", segundo a qual o critério do que a democracia requer poderia ser invocado pela identificação da participação apropriada na tomada de decisão democrática. Ela, assim, afasta-se da visão de Dahl de que esse critério (se for justificável) tem de vir de teorias éticas gerais para além de considerações da democracia, mas ela é incapaz de fazer isso pela invocação de tal "distinção de valores democráticos" como "autodeterminação, autonomia, respeito pelos direitos, igualdade e contestabilidade" (Hurley, 1999, p. 274). Dahl sem dúvida poderia identificar isso como um apelo a teorias éticas contestáveis.

Realismo

Igualmente pertinentes ao assunto em questão são as disputas teóricas sobre relações internacionais em geral. Esse não é o lugar para examinar o grande número de abordagens político-científicas de relações internacionais, muito menos os debates sobre como conceber o próprio objeto (por exemplo, como o examinado por Smith, 1995), mas três grupos de abordagens são sem valor, embora os teóricos democráticos preocupados com a globalização façam referência a eles. A abordagem dominante na América do Norte de 1940 até o colapso dos regimes comunistas teve certamente a autodescrição da escola "realista" (e mais tarde neorrealista) associada com nomes tais como Henry Morganthau (1985 [1948]) e Kenneth Waltz (1959), que, a despeito de algumas diferenças de ênfase (Linklater, 1995, p. 242-245), compartilham a perspectiva de que o planeta é essencialmente preenchido por Estados soberanos inter-relacionados em uma condição de anarquia.

O realismo apresenta afinidades com o pluralismo clássico. Assim como os países para os pluralistas são compostos de grupos que usam qualquer poder que eles tenham a sua disposição para defender seus interesses únicos geralmente em conflitos, assim o mundo para o realista é composto de Estados, cada um primeiramente motivado a proteger ou alcançar a segurança e vantagem do Estado. Uma diferença principal é que, enquanto grupos em um país são obrigados a se relacionarem sob coação legal, a ausência de um governo mundial coloca as relações entre os Estado fora da lei; a força ou a ameaça desse uso é um proeminente aspecto das estratégias estatais.

Relevante para entender e avaliar essa abordagem é uma distinção entre "soberania" e "autonomia". Tomada em um sentido estrito a soberania de um estado é o monopólio que ela afirma para si própria, exatamente em virtude de ser constituída como um Estado, ter a autoridade final sobre assuntos públicos tanto da política interna quanto externa e da conduta. Como Charles Beitz aponta, esse é um conceito legal para ser distinguido de "autonomia", que se refere à "ausência de significante coação externa sobre a conduta atual dos negócios internos de um Estado" (1991, p. 241). Nesses termos, a abordagem realista assume que os principais atores na arena global são Estados soberanos, principalmente motivados a manter sua autonomia. Como o espaço de um país para controlar sua própria economia ou cultura é restringido pelas atividades de outros paises ou organizações transnacionais, sua autonomia pode se tornar tão limitada que a soberania se torna somente formal. Quando a globalização envolve a sujeição dos Estados à autoridade legal de órgãos superestatais como o Parlamento Europeu, OTAN, ou tribunais da OMC, mesmo formal, a soberania jurídica é reduzida.

Uma corrente de pensamento vê a globalização de tal forma a fazer o realismo irrelevante para o mundo corrente e em geral destaca sua natureza de tempo limitado. Held repete algumas críticas ao apontar que o sistema de estados soberanos é um fenômeno europeu unicamente moderno, que pode, além disso, ser exatamente datado, a saber, a partir de 1648 e a paz de Vestefália, quando alguns países maiores da Europa concordaram em reconhecer a soberania recíproca no fim de (uma fase da) Terceira Guerra Mundial (Held, 1999, p. 87-88). Contra qualquer sugestão de que esta época marcou o início de um mundo "realista" permanente, teóricos desta corrente apelam à história para marcar o que eles veem como a natureza transitória e limitada do estado soberano. Assim, citando o neorrealista Hedley Bull como apoio, Held prevê a possibilidade de um "novo medievalismo", em que, como na Europa medieval, a soberania é compartilhada entre sociedades que interagem de uma forma contínua. Aceitando leis comuns e não reivindicando jurisdição exclusiva sobre todos os assuntos dos negócios internos (Bull, 1995 [1977], p. 254-266; Held, 1991a, p. 223-224), Mary Kaldor vê uma progressão em que o feudalismo foi substituído por Estados-nação, cujas autonomias foram enfraquecidas subsequentemente por blocos militares e de comércio que, ela especula, podem em troca prefigurar novas formas cosmopolitanas de associação internacional (Kaldor, 1995).

Algumas críticas da imagem realista das relações globais se desenvolveram dentro do realismo. Esses iniciaram (pode-se defender) com a distinção de Kenneth Waltz entre três "níveis de análises" – a natureza humana, o Estado e relações entre Estados, com uma recomendação de focar a atenção nas relações (Walz, 1959) – e ganhou influência com a teoria da "interdependência complexa" de Robert Keohane e de Josph Nye (1972), entre outros, de acordo com o qual a autonomia estatal é crucialmente afetada por estruturas transnacionais políticas e econômicas. Algumas dessas fundamentações (por exemplo, de Susan Strange, 1988) insiste que a mais importante dessas estruturas são as econômicas e argumenta que relações internacionais são mais bem estudadas pela economia política. Eles estão ligados por inspirações marxistas e outras teorias radicais, para as quais as estruturas capitalistas especificas dominam as relações internacionais. Essa é a orientação de Cox e de Ake, que acusam que a "globalização é dirigida por um vigoroso e triunfante capitalismo que está agressivamente consolidando sua hegemonia global" (Ake, 1997, p. 282). A importância das teorias dessa espécie depende de o estado ser visto como um defensor potencial contra a globalização capitalista ou como primeiramente seu fantoche e agora sua vítima. Considerações análogas pertencem às críticas radicais que veem a globalização corrente como parte da opressão estruturada das mulheres (por exemplo, Tickner, 1992) ou como ambientalmente destrutivas (Connelly e Smith, 1999).

ORIENTAÇÕES EM DIREÇÃO À GLOBALIZAÇÃO E À DEMOCRACIA

Essas abordagens de teorias de relações internacionais incluem (sem igualar perfeitamente) três pontos de vista gerais sobre a democracia e a globalização, cada uma colocando em si mesma uma problemática diferente: aqueles que veem a globalização, qualquer que sejam as dificuldades democráticas que ela engendra, como também oferecendo *oportunidades* estimulantes para transcender a limitação da democracia para o Estado; aqueles para os quais a globalização apresenta problemáticas *desafiando os Estados* que precisam ser reunidos por eles nos interesses da democracia; e os pontos de vista que focam sobre o que é visto como graves *desafios para as pessoas* impostos pela globalização.

Cosmopolitismo

A primeira e mais otimista dessas orientações está refletida no cosmopolitismo democrático. Dos autores referidos anteriormente, Beck, de fato, define o termo "globalização" (em oposição ao termo neutro "globalidade" e o pejorativo "globalismo") como um processo que "cria laços sólidos e espaços transnacionais, valoriza as culturas locais e promove culturas terceiras" (2000, p. 11-12). Ele liga Beitz, Held, Kaldor e muitos outros proponentes contemporâneos dessa orientação. Daniele Archibugi, colaborando com Held, localiza o modelo cosmopolitano de democracia em "meio caminho" entre a federação global e a confederação global (Archibugi, 1998). Um sistema federal, em que a autoridade soberana final sobre todos os assuntos importantes reside em um corpo central, como geralmente existe nos Estados Unidos e na Suíça e é prescrito globalmente pelo mundo federalista, ele argumenta, falha em tomar conta da diversidade entre as nações do mundo, não exatamente entre aqueles que estão a favor da democracia e aqueles que não estão, mas também entre as nações pró-democráticas, onde a democracia é conceituada e perseguida de diferentes maneiras segundo as tradições locais. Um modelo confederado, aproximadamente como o da ONU, requer estados membros para ceder um número limitado de poderes para uma autoridade central enquanto retém poder sobre todos os assuntos internos e algumas políticas externas. Seu problema é que, precisamente por causa da globalização, isto não proporciona muita coordenação internacional e não tem todo o direcionamento das medidas antidemocráticas para os membros estatais.

O modelo cosmopolita, segundo Archibugi e Held, tem como exemplo mais próximo a União Europeia. As limitações da soberania dos Estados membros neste modelo incluem lei transnacional obrigatória na qual governa um núcleo de direitos humanos, a proibição da interferência prejudicial nos negócios de um Estado por um outro Estado e controle central direto de assuntos globais, essenciais (Archibugi lista o ambiente, a sobrevivência da humanidade e as futuras gerações). Além disso, instituições cosmopolitas deveriam educar e encorajar democraticamente Estados membros deficientes para mudar seus caminhos, agir como mediadores e árbitros nas disputas interestatais e prover instituições por meio das quais as organizações da sociedade civil podem participar na tomada de decisão sobre questões globais. Um exemplo que Archibugi poderia ter em mente é o esforço de organizações não-governamentais para ganhar voz e voto sobre assuntos designados em órgãos como a ONU ou a União Europeia.

Respostas baseadas no Estado

Aqueles que vêem a globalização como um desafio para fortalecer a democracia dentro de Estados singulares não precisam rejeitar inteiramente as metas cosmopolitas, mas podem seguir a abordagem de Norberto Bobbio, para quem a democracia em instituições transnacionais e a democracia em Estados individuais são mutuamente dependentes e reforçadas (Bobbio, 1995). Bobbio, assim, põe-se contra aqueles cosmopolitas que vêem a noção de Estado como um grande impedimento para a democracia global (Schmitter, 1997; Galtung, 2000), mas sua visão está também em tensão com teóricos céticos aos perigos cosmopolitas.

Uma fundamentação para tal ceticismo é expressada por Dahl, para quem não é realista esperar que instituições transestatais possam ser democratizadas. Ele pergunta (1999) como isso poderia ser conseguido em um mundo onde as políticas externas de Estados individuais estão elas mesmas fora do controle, mesmo dos cidadãos dos Estados de onde essas políticas são? Enquanto Dahl põe em dúvida a *possibilidade* da democracia cosmopolita, Kymlicka (discordando de Dahl sobre a responsabilidade da política estrangeira para o controle do cidadão) questiona se isso é *necessário*. Ele argumenta que as instituições internacionais podem potencialmente ser tomadas como indiretamente responsáveis pelo "debate em nível nacional sobre como queremos que nossos governos nacionais ajam em contextos internacionais" (1999, p. 123). Entretanto, Danilo Zolo põe em questão a *desejabilidade* das fortes ou difusas organizações cosmopolitas, especialmente aquelas envolvendo leis obrigatórias. Em sua opinião, nada além das relações internacionais fracas (essencial se o governo cosmopolita deve ter alguma força) impõe bases comuns sobre os países com culturas legais e políticas diversas. Uma vez que a lei internacional foi modelada depois do Iluminismo, o pensamento Ocidental tem também frequentemente um caráter etnochauvinista por tal imposição (2000).

Vários teóricos, todos críticos do que eles veem como perniciosos efeitos econômicos, sociais, culturais ou ambientais da globalização, olham para organizações populares não-governamentais, tais como sindicatos e o que Robert Walker (1988, p. 26-32) chama de "movimentos sociais críticos" – das mulheres, contra a pobreza, pela paz ou proteção ambiental, em defesa dos direitos humanos e afins –, de resistência efetiva. Dessa maneira eles caíram em uma categoria daqueles que veem a globalização como um desafio para "o povo". Tais grupos, às vezes, ganham acento em delegações governamentais para encontros de organizações econômicas internacionais, como a Organização Mundial do Comércio, e algumas ONGs conseguiram o *status* de observadores na ONU. Datar essas intervenções teve poucos efeitos notáveis; embora as perturbações dos encontros da Organização Mundial do Comércio em Seattle em 1999 por uma grande e bem organizada aliança ao menos chamou a atenção generalizada da mídia para as reclamações que a organização não tem responsabilidade democrática e apóia práticas nocivas.

O poder do povo

Teóricos nesse campo do "poder do povo" divergem em suas caracterizações da natureza da globalização. Richard Falk, por exemplo, descreve o mundo atual como um em que "a globalização de cima para baixo" tem largamente desmantelado a soberania do Estado (1995; 2000). Porém, Paul Hirst e Grahame Thompson, enquanto partilham o entusiasmo de Falk pelo potencial dos movimentos sociais, não veem na globalização uma nova diminuição do poder do Estado; antes, o uso corrente das institucionais globais funcionam, de acordo com eles, como encobrimento para as empresas capitalistas ainda largamente baseadas no Estado (1999; 2000). Entre aqueles preocupados com o ambiente, especialmente em relação ao desenvolvimento, há diferenças relevantes nas atitudes em direção à globalização entre aqueles (como Paelkhe, 1989) que endossam iniciativas da ONU para o "desenvolvimento sustentável", como formulado no relatório da comissão de organização sobre o ambiente e desenvolvimento (o Relatório Bruntland) e aqueles que criticam isso por ser excessivamente centralista (Chatterjee e Finger, 1994).

Existe maior convergência na perspectiva de que, qualquer que seja a importância internacional de suas atividades, os movimentos sociais relevantes são, principalmente, baseados localmente e direcionados contra ações (ou omissões) nos Estados em que eles são localizados (por exemplo, Connelly e Smith, 1999; Cox, 1996, p. 308-309). Onde eles diferem é em suas projeções por mais do que coordenação *ad hoc* dos movimentos baseados localmente. Falk prevê a possibilidade de alianças de Estados e movimentos populares contra o globalismo de cima para baixo (2000, p. 176). Menos ambiciosamente (e especificamente direcionado às preocupações ambientais), Alain Lipietz recomenda "um modesto internacionalismo" das ONGs limitado por um princípio de "universalismo mínimo" (1995, Cap. 7). O sucesso da coalizão construída que faz uso da comunicação da internet, evidente na demonstração de Seattle, permitiu a alguns verem o uso dessa tecnologia para construir movimentos sociais internacionais.

TEORIAS DEMOCRÁTICAS E GLOBALIZAÇÃO

A distinção entre as três orientações e seus desafios também serve como um conveniente caminho para situar as teorias democráticas em relação à globalização. A teoria da globalização democrática liberal apresenta o único desafio para a democracia dentro dos Estados. Alguns temas republicanos cívicos e deliberativos-democráticos ajustam-se ao cosmopolitismo. Aspectos da democracia participativa, do pluralismo radical e do pragmatismo democrático podem ser extraídos por aqueles que vêem a globalização principalmente como um "desafio para o povo". As posturas ou potenciais posturas dessas teorias irão ser identificadas depois de registrar as excepcionais situações do pluralismo clássico e da catalaxe.

A afinidade entre teorias realistas de relações internacionais e o lado descritivo do pluralismo clássico já foram notados, mas as *prescrições* pluralistas são difíceis de aplicar sobre a escala global. Os sistemas de governo de "peso e contrapeso", de promoção ativa da sobreposição do interesse global de grupos, etc., poderiam requerer a coordenação política mundial, além daquela defendida mesmo pelo cosmopolitismo. Além disso, aqueles que fazem a defesa do governo global, como Johan Galtung (1980), projetam um mundo baseado sobre a cooperação em torno de valores comuns, em vez de um marcado pelo poder político entre interesses conflitantes do tipo que motiva teorias pluralistas clássicas. Observação similar aplica-se à catalaxe, embora o fenômeno político que Downs, Buchanan e Tullock desejam analisar baseados em um modelo econômico seja limitado estatalmente. Talvez a análise catalática pudesse simplesmente ser transferida para governos globais ou regionais, mas essa abordagem tenderia em direção ao libertarianismo. Consequentemente, suas dimensões prescritivas estão mais relacionadas a recomendações para *substituir* governos, limites estatais ou transestatais igualmente, por mercados econômicos, que é justamente aquilo que teóricos cosmopolitas como Held e líderes de Estados soberanos como Zolo temem.

Democracia liberal

Como notamos no Capítulo 3, a teoria liberal democrática também supõe o papel central dos Estados, visto que esses são cruciais para a representação estruturada e o Estado de Direito. Não obstante, a maior parte dos teóricos liberais-democráticos está mais preocupada com valores políticos do que com o tipo de análises descritivas enfatizado no pluralismo clássico ou na catalaxe. Com exceção de uma minoria de relativistas éticos, teóricos comunitaristas como Richard Rorty (1983; 1990), essas normas são normalmente projetadas como universais. Por isso, em princípio, a maioria dos teóricos liberais democráticos poderia endossar os transestados e mesmo governos globais, desde que se mantenham a proteção constitucional de direito das minorias, os procedimentos da democracia representativa, o pluralismo, e assim por diante. Mesmo os relativistas, para os quais a razão para endossar os valores liberais democráticos é somente que eles são "nossos", poderiam sancionar a coação desses valores pelo governo regional como na poderosa União Europeia, na medida em que suas sociedades-membro tenham tradições políticas similares.

Ainda, democratas liberais são detestados por abandonarem os Estados existentes como centros de soberania. Como notamos, alguns, como Kymlicka, questionam a possibilidade prática de uma posição cosmopolita, mas há também mais motivações teóricas, principalmente tendo a ver com o pluralismo. Embora diferindo em suas avaliações dos méritos relativos às culturas políticas diferentes do mundo, Zolo e Samuel Huntington (1996) partilham da visão de que os esforços para estender a soberania para além dos Estados existentes enfrentam dificuldades com relação à disparidade dos valores sociais e políticos entre eles. Por implicação, Rawls partilha dessa opinião quando argumenta que um "consenso sobreposto" requerido para uma sociedade liberal bem ordenada difere daquele requerido para as não-liberais, mas moralmente aceitáveis (1999). Por essas razões, teóricos democrático-liberais estão mais preparados para atenuar a soberania estatal do que para desmantelá-la.

Um desafio que essa orientação ilumina pelo lado liberal da teoria democrático-liberal é identificar princípios de acordo com os quais a soberania pode, legitimamente, ser atenuada. Um desafio relacionado trata de quando a soberania de um Estado é compelida pela moral, se não for por obrigações legais para aqueles do lado de fora dela. (Para discussões pertinentes, ver Beitz, 1979; Pogge, 1989). Um desafio para o lado democrático é o levantado por Dahl. Kymlicka, como foi enfatizado, mantém que interações globais podem ser um assunto indireto para o controle democrático, já que, se a maioria dos cidadãos de um Estado soberano se opusesse fortemente ao comportamento de instituições internacionais, poderia eleger políticos com mandatos para moldá-las segundo os desejos dos cidadãos. O mesmo ponto poderia ser feito considerando um povo que desejasse que seu governo ajudasse outros países por razões morais. A visão cética de Dahl sobre a possibilidade de estender as "fronteiras" da democracia para além dos Estados soberanos inicia com a observação de que a política externa nos estados democrático-liberais é já largamente imune ao controle público efetivo (1999, p. 23-28). Então, o desafio aqui será conduzir esses aspectos do governo ao controle democrático efetivo.

Republicanismo cívico

Os teóricos do republicanismo cívico preocupam-se com a democracia em nível local, nacional e subnacional, mas uma de suas teses centrais à qual eles apelam em apoio ao cosmopolitismo é a insistência de que, quaisquer que sejam os valores divergentes que eles toleram, as associações políticas democráticas requerem um núcleo de normas partilhadas concernentes à boa sociedade. Martin Köhler aplica isso da mesma forma à noção de uma ordem cosmopolita mundial que ele otimisticamente pensa que é agora possível, devido a "uma sociedade civil emergente" limitada reciprocamente pelos valores comuns, que incluem "direitos humanos, participação democrática, o Estado de direito e a preservação da herança ecológica do mundo" (1998, p. 232). Similarmente, Bull pensa que seu projetado novo medievalismo requeira uma "cultura cosmopolita" valorando, entre outras coisas, a paz, a justiça e a proteção ambiental (1995, p. 284-285, 303-305); e Andrew Linklater vê a necessidade de uma "expansão da comunidade moral" para além dos Estados (1990, p. 199). Para Falk, uma "sociedade civil global" se torna possível pela "ideologia unificante" da "democracia normativa", que, em consonância com o republicanismo cívico, significa não somente valores políticos como a responsabilidade e a transparência no governo, mas também compromisso com bens substantivos como os direitos humanos e a não-violência (2000, p. 171-174).

Nem todos os teóricos partilham dessa visão sobre a sociedade civil global. O republicano cívico Michael Sandel é cético sobre os governos transnacionais poderem inspirar "a aliança e a identificação" requeridas para uma "cultura cívica e moral" (1996, p. 339). Afirmações sobre a possibilidade e a desejabilidade de normas globais partilhadas são também alvo de críticas por Zolo, que vê isso como a imposição de valores do Esclarecimento Ocidental específico sobre o resto do mundo (1997; 2000). Essa acusação é particularmente abandonada por Falk, que especula que, apesar de "eurocêntricas" na origem, as normas requeridas podem, entretanto, se tornar prontamente admitidas em um nível global (1995, p. 243). O desafio é também admitido por Huntington. Sua visão de que uma ordem democrática global baseada sobre a partilha de valores flutua sobre a face de profundas diferenças entre as civilizações do mundo "em conflito" é apropriadamente citada por Zolo; entretanto, este não endossa a tese de Huntington de que a predominância dos valores do Esclarecimento e do cristianismo do Ocidente sejam as precondições necessárias para a democracia para a qual as outras tradições seriam, portanto, inadequadas. Debates sobre o apelo às virtudes cívicas globais, portanto, incluem tanto as controvérsias sobre até que ponto isso é realista (do que duvidam por diferentes razões Sandel e Huntington) e quanto a isso ser desejável (uma afirmação negada por Zolo e defendida por Falk).

Aqueles que escrevem sobre os prospectos de uma sociedade civil global não estão geralmente localizados no campo do republicanismo cívico, cujos membros principalmente direcionam os prospectos para a virtude cívica dentro das comunidades nacionais ou subnacionais. Até o ponto em que o republicanismo cívico contém um traço comunitarista e que os valores incorporados pelas comunidades são locais, isso não é surpresa, mas não precisa significar que, portanto, ele seja irrelevante para os problemas da globalização. Um argumento poderia ser feito no sentido de que uma condição necessária, embora não suficiente, para se partilhar valores globais ou ao menos para complementá-los seria a adoção de valores cívicos em cada uma das sociedades do globo. Isso poderia ser o análogo no republicano cívico da pretensão de que, se todo país no mundo fosse uma democracia liberal, não poderia haver guerra. O desafio para tal posição é encontrar razões para a confiança de que valores que conduzam à harmonia global possam ser encontrados ou nutridos dentro das tradições nacionais ou outras tradições locais. Charles Taylor trata desse tópico em um ensaio sobre os direitos humanos globais (1999), e talvez tal questão tenha motivado uma coleção de ensaios editados por Michael Walzer e intitulado *Toward a Global Civil Society*, muitos dos quais estão preocupações com sociedades civis locais (1995).

Democracia deliberativa

Considerações similares são encontradas nos teóricos da democracia deliberativa. Embora a atenção deles esteja largamente focada sobre os fóruns dos Estados e subestados para a deliberação pública, eles sustentam opiniões amistosas para com o cosmopolitismo. Gumann e Thompson defendem um "eleitorado moral" transcendendo as fronteiras (1996, p. 148-151). Mais explícito é Alan Gilbert, que conclui seu livro *Must Global Politics Constrain Democracy?* com um capítulo invocando seu emprego anterior da teoria da democracia deliberativa (1999, Cap. 5). Realmente, recomendações deliberativo-democráticas são especialmente bem talhadas para instituições transnacionais como o Parlamento Europeu ou fóruns patrocinados pela ONU, tais como suas conferências sobre desenvolvimento e o meio ambiente, empresas conjuntas por coalizões transnacionais de organizações não governamentais e o crescimento do número de tribunais internacionais e plataformas de investigação. Em parte *porque* esses fóruns têm um poder fraco na melhor das hipóteses para impor políticas impostas, eles têm como primeiro propósito promover o tipo de discussão com o fim de construir o consenso e o tipo de debate encorajado pelos democratas deliberativos no coração de sua teoria.

Democracia participativa

Abordagens que enfatizam o poder do povo, ao menos como exercido por movimentos sociais nos quais tal poder pode ser visto como aplicação dos princípios participativo-democráticos, especialmente em posturas defensivas contra a globalização interpretada negativamente. Existem também sugestões mais pró-ativas, como o modelo de Kaldor para uma nova ordem internacional, que centralmente inclui instituições baseadas em assuntos específicos, cuja soberania é derivada da relação voluntária entre eles (1995, p. 88). Apesar de Kaldor não especificar se ou como tais instituições podem incluir provisões para a democracia direta, o tom de sua prescrição está em permanecer com a democracia participativa e por vezes até com concepções associativo-democráticas de autogoverno. Em contraste com Kaldor, muitos, senão a maioria, dos líderes políticos dos movimentos sociais participativos não estão a favor da ampliação do escopo do governo. Alguns poderiam concordar com Ann Tickner, que, nos interesses de uma "economia política a partir de baixo", defende "um Estado que é mais autoconfiante com respeito ao sistema internacional" e, portanto, "mais capaz de viver com seus próprios limites de recursos" (1992, p. 134-135).

As perspectivas de Tickner localizam a democracia participativa junto com a liberal, como uma perspectiva que vê a globalização principalmente como um desafio a ser enfrentado dentro dos Estados soberanos. Pode-se defender, todavia, que isso perde o motivo fundamental do participacionismo, que é promover o envolvimento direto na determinação coletiva dos seus negócios por toda pessoa que participa das circunstâncias para as quais tal envolvimento é apropriado. Essa é a razão pela qual os ativistas de movimentos sociais que promovem a proteção ambiental e combatem práticas como a criação de mercados de trabalho pesados no mundo em desenvolvimento procuram formar alianças além das fronteiras nacionais. O que leva os democratas participativos a focar sobre o poder do povo em geral é que eles estão preocupados com os prospectos do envolvimento popular, independentemente das questões de cidadania legal. A mesma coisa se aplica para as suas preocupações com os impedimentos para esse envolvimento, que poderiam ser forças globais, mas que podem também ser ações de um Estado local.

Pluralismo radical

Para o pluralista radical, deve-se recordar, as pessoas inevitavelmente encontram-se em situações conflituosas, em parte devido a identificações forjadas hegemonicamente com alguns e em oposição a outros. As fronteiras dividindo grupos antagônicos não estão limitadas por fronteiras estatais; elas podem ser menores do que Estados, como em antagonismos locais, ou maiores do que Estados, como em divisões regionais, ou podem ser completamente independentes do território, como em divisões religiosas, de classe, de geração, ou de linhas de gênero. A esse respeito, o pluralismo radical partilha do foco dos teóricos da participação democrática sobre as situações do povo em uma variedade das circunstâncias.

O pluralismo radical difere do participacionismo na procura de maneiras de incentivar o respeito pelos valores democráticos dentro de outras identificações conflitantes, assim convertendo conflitos antagônicos em "agônicos" (como esta ideia foi resumida no Capítulo 10), em vez de tentar, à maneira dos participacionistas, construir unidades de ação baseadas no consenso. Também, enquanto os participacionistas poderiam com prazer aceitar a descrição genérica de suas problemáticas como tratando de "desafios para o povo", pluralistas radicais não poderiam usar a expressão "o povo" para evitar qualquer conotação rousseauniana de um público unificado. Assim como simplesmente uma orientação pluralista radical pode ser aplicada também para a globalização, as abordagens relacionadas de Robert Walker e Richard Ashley (1989) oferecem sugestões. Como os pluralistas radicais, as teorias deles são formadas pela filosofia pós-estruturalista, e Walker explicitamente identifica-se com o pluralismo radical (1993, p. 157).

Walker cita John Dunn ao se referir à democracia como "a língua em que todas as Nações são verdadeiramente Unidas, o jargão público do mundo moderno", que, entretanto, Dunn vê como "uma moeda duvidosa" a que "somente um imbecil completo daria valor" (Walker, 1993, p. 141; Dunn, 1979, p. 2). O paradoxo que Walker pensa que Dunn identificou está em que, ao menos nos países liberais-democráticos, uma cultura favorecendo a democracia universal global coexiste com o "particularismo" dos Estados, no que diz respeito às políticas reais que as pessoas pensam que os seus Estados deveriam adotar. Walker está claramente certo sobre esse ponto, mesmo considerando os defensores mais fortes dos princípios liberais-democráticos, poucos dos quais poderiam endossar, sem um cuidado maior, a abertura das fronteiras (Joseph Carens é uma rara exceção – 1987) ou a participação mútua de cidadãos de diferentes países reciprocamente nas eleições de seus próprios países.

Cosmopolitas nas tradições de Kant, para quem a humanidade estava em direção a uma situação de paz internacional regulada moralmente (1998 [1785]), ou Hugo Grotius, um dos primeiros defensores do direito internacional (1949 [1625]), verão esse problema como um sinal de que a consciência moral ainda não amadureceu ou simplesmente como um caso de hipocrisia. Walker rejeita essas orientações em nome daquela de Maquiavel, que (na interpretação pluralista radical de Walker) defende que o mundo político é composto de contínuos projetos para afirmar valores cívicos hegemônicos em contestações políticas contínuas (Walker, 1990, p. 172). Desse lugar Walker vê o "particularismo" de países democráticos como um resultado de campanhas com êxito para a hegemonia em torno de alianças comuns para um Estado (tanto quanto como Laclau e Mouffe interpretaram o êxito de Disraeli em suturar a anterior classe antagonística na Inglaterra pela construção de uma identificação nacional comum). O paradoxo de como tal particularismo pode coexistir com valores internacionalistas universais é esclarecido quando Estados, como Ashley argumenta, indicam a si mesmos como componentes-chave em um "propósito internacional", por exemplo, difundir a democracia liberal, os mercados capitalistas ou a cultura Ocidental por todo o globo (1989).

Um resultado das campanhas hegemônicas da parte do Estado é, segundo Walker, perpetuar "as duas soberanias abstratas do mundo moderno, o Estado e o indivíduo", assim deixando de fora as comunidades "nas quais as pessoas realmente vivem, trabalham, amam e brincam juntas" (1993, p. 152-153), visto estes serem considerados como estando fora da política. Extrapolando a discussão de Walker, poderia ser acrescentado que a simples aceitação do cosmopolitismo não é uma alternativa para essas comunidades. Uma razão para isso depende da acusação de Ashley de que o cosmopolitismo está implicado em sua aparente oposição, a saber, o esforço de alguns Estados para fortalecerem sua soberania por oposição àqueles portadores dos valores cosmopolitas. Essa acusação não é única para os teóricos na tradição pós-estruturalista. É também sugerida pela crítica do cosmopolitismo de Zolo e é central para a aplicação de Cox de uma teoria gramsciana da hegemonia à globalização (1996, Cap. 7). A alternativa de Walker para a lealdade dos Estados particulares e para a aceitação dos valores cosmopolitas gerais é procurar "formas novas de prática política" e em particular o ativismo político de novos movimentos sociais (1990, p. 181). William Connolly (em uma crítica da soberania não diferente da de Ashley) concorda e vê movimentos que vão além das fronteiras estatais como especialmente importantes para desafiar a soberania estatal e para contribuir com a "democratização não territorial de assuntos globais" (1991, p. 218, itálicos omitidos).

Para nenhum desses teóricos resistir à hegemonia estatal determina a rejeição de qualquer ação política dentro dos Estados e nenhuma poderia ser compatível com a defesa daquelas medidas ou tipos de soberania estatal que melhor serviria a comunidades de povos. Nem o reconhecimento da maneira como a retórica cosmopolita pode mascarar a hegemonia estatal deveria ditar a completa rejeição de todos os aspectos do cosmopolitismo. Pode-se alegar que existe uma maneira na qual uma posição pluralista radical (como construída segundo as teorias de Walker e Ashley) não pode ser capaz de se distanciar muito do cosmopolitismo. Uma razão para o ceticismo sobre a simples defesa dos valores cosmopolitas que se poderiam aplicar para todos os países, com poderes grandes e pequenos, é que o suposto universalismo desses valores os tornam sujeitos às mesmas interpretações múltiplas e contestações dos valores universais liberais-democráticos. Exatamente como pluralistas radicais não renunciam ao apelo a concepções como "direito", "liberdade", "igualdade" e "democracia", mas, em vez disso, defendem a promoção de lutas hegemônicas para dar-lhes interpretações e com isso construir identidades consistentes com o conflito agonístico como oposto ao conflito antagonístico destrutivo, assim esse esforço poderia ser prescrito com respeito aos valores do republicanismo cívico global.

De acordo com a desconfiança geral de qualquer finalidade na política, os pluralistas radicais poderiam provavelmente negar que há uma ponderação final ou "correta" de forma não ambígua entre soberania e cosmopolitismo. Antes, se as abordagens pluralistas radicais para a globalização estiverem corretamente classificadas na categoria "problemas para (o) povo", o que é importante é que campanhas para introduzir valores democráticos nas identidades locais devem ser encorajadas em todos os lugares nos quais as pessoas são afetadas pela interface entre um Estado e suas molduras globais. Nesse sentido, como em alguns outros, o pluralismo radical partilha características do pragmatismo democrático.

Pragmatismo

A preocupação "embaraçosa" de Dahl sobre a arbitrariedade democrática das limitações dos Estados é um caso especial de seu dilema da designação de um "demos" democrático discutido no Capítulo 8. Lá foi sugerido que a abordagem de Dewey para a teoria democrática continha meios para trata desse dilema e, sendo assim, o pragmatismo democrático deveria ser capaz também de enfrentar o desafio do particular. Uma rápida resposta de Dahl sobre essa abordagem é que, visto a democracia (sendo, nas palavras de Dewey, "a condição humana") ser de escopo ilimitado e, dessa forma, sendo apropriada onde quer que as atividades de algumas pessoas afetem a outras de maneira contínua, para ela não há fronteiras, sejam estas determinadas estatalmente ou de qualquer outro modo. Um cálculo óbvio é que, se a globalização significa que as pessoas em uma parte do mundo são afetadas por atividades das pessoas de outras partes, somente um governo mundial incluindo todas as pessoas (crianças e adultos) de todos os Estados e regiões correntes poderia ser democrático. Elementos para uma resposta a esse cálculo foram esboçados no Capítulo 8. Seus elementos-chave (novamente contrários às preocupações de Dahl) são que a democracia poderia ser considerada uma questão de grau sensível ao contexto e que ela envolve mais do que simplesmente participação em processos de tomada de decisão formais.

Pensar a democracia como uma questão de grau nos convida a procurar e a promover condições para fazer progressos nesse sentido, mas isso não significa que práticas e instituições democráticas globais sejam suficientes para assegurar que ela alcance níveis máximos. Pode-se argumentar que a democracia global requeira a local, exatamente da mesma maneira como Tocqueville observou, no caso dos Estados Unidos, que a democracia em um Estado requer que ela exista nas regiões e nas cidades, onde os cidadãos adquirem hábitos, experiências e disposições democráticos. Também, ainda que a democracia em um nível "macro" possa, às vezes, ajudar a reforçar essa atividade em um nível "micro" correspondente, isso pode não ser sempre o caso. Onde a democracia nada mais é do que adesão a processos formalmente prescritos, essa observação poderia ainda enfrentar a dificuldade de decidir quando os procedimentos deveriam ser restringidos a associações locais de pessoas e quando deveriam ser expandidos. Deixar a decisão para aqueles participantes apropriados já designados poderia militar contra a expansão do escopo da democracia. Foi notoriamente difícil persuadir os homens a estenderem o direito de votar para as mulheres, justamente como é agora difícil persuadir os cidadãos de um Estado a votarem a favor da redução da soberania de seu Estado. Se, entretanto, as campanhas para o sufrágio feminino, os esforços daquelas coalizões de ONGs na conferência do Rio e as demonstrações de Seattle para angariar apoio para a proteção ambiental além das fronteiras forem consideradas atividades democráticas, esse problema pode ser mais fácil para tratar na prática do que a teoria sugere.

Visto poderem ser dados exemplos com menor grau de confrontação, tais como as interações econômicas e culturais além das fronteiras, que ajudaram a pavimentar o caminho para a União Européia, o ponto não é que a mudança da fronteira democrática tenha de ter lugar como uma resposta para a força. Antes, na perspectiva pragmática, questões sobre as limitações apropriadas de um "demos" democrático não são puramente teorias que tenham de ser respondidas *antes* de se engajar em políticas democráticas; elas surgem como problemas práticos na conduta de tais políticas em si mesmas. O papel central da teoria democrática em tais atividades é a identificação de impedimentos institucionais, econômicos, culturais e morais para alargar (ou estreitar) as fronteiras democráticas e para projetar as consequências de soluções alternativas para o problema de mudar essas fronteiras nos mesmos domínios, bem como fazer recomendações.

A teorização democrática pragmática está assim implicada, em vez de estar fora das atividades contínuas de resolução de problemas. Entretanto, na medida em que uma maneira de estar implicado envolve fazer recomendações, isso levanta questões a respeito das bases sobre as quais fazê-las. Propor a si mesmo a meta de simplesmente tratar do que quer que tenha sido geralmente pensado como os problemas mais urgentes em algum tempo e lugar sujeita tal pessoa ao desafio de Cox contra o realismo, quando ele insiste que os teóricos das relações internacionais deveriam sujeitar as próprias metas putativas a exame crítico. Similarmente, interpretar os objetivos de forma próxima das convenções da sua própria sociedade, como Rorty costuma fazer, não é somente abraçar o relativismo moral e assumir que sociedades têm convenções singulares, mas também supor que elas sejam fechadas como unidades potencialmente democráticas, justamente o que a globalização põe em questão. Duas direções alternativas são sugeridas como maneira de responder. Uma é adotar a abordagem "endógena" proposta por Hurley e procurar por um critério democrático para fazer recomendações: aquelas "limitações" (formais ou informais) que devem ser observadas, que nas circunstâncias irão aumentar a democracia local e promover ou no mínimo não impedir o progresso da democracia. A outra direção é reconhecer que os teóricos podem e devem fazer recomendações sob a base de julgamentos de valor extrademocráticos.

Um problema com a alternativa do progresso democrático é que ela supõe que o progresso seja possível e sempre desejável. Às vezes os pragmatistas escrevem como se acreditassem em uma espécie de lei histórica do progresso democrático; esse foi um princípio central da teoria da democracia social defendida por Eduard Bernstein (1961 [1899]), mas se isso fosse assim, o progresso deveria ser da variedade dois passos para frente, um passo para trás, precedidos ainda de alguns passos grandes para trás. Como para a desejabilidade de sempre promover a democracia, o mundo tem visto exemplos suficientes de democracia sendo protelados no interesses das supostas emergências, o que sustenta um ceticismo sobre as alegações de que a democracia deve ser restringida. Entretanto, a menos que a democracia seja considerada de valor intrínseco (uma afirmação questionada no Capítulo 8) e, além disso, do *mais alto* valor, tem-se de permitir a possibilidade de às vezes ela poder ser ignorada justificadamente, por exemplo, quando seguir procedimentos democráticos poderia, demonstrada e irreversivelmente, ter consequências morais terríveis. Isso convida a tomar a segunda direção para identificar metas, a saber, pelo apelo a padrões morais. Mas se isso significar que a teoria democrática simplesmente aplicará a teoria ética geral para a política democrática, então muito pouco será deixado ao pragmatismo. Ademais, uma abordagem teórica de base ética está sujeita à reclamação de Dahl de que há insuficiente consenso sobre os fundamentos éticos para se fazer disso uma base segura para recomendações políticas.

Se nenhuma dessas respostas tomada sozinha ou de forma não qualificada é promissora, talvez elas possam se tornar aceitas se qualificadas e combinadas. Assim, a abordagem normativa moral poderia ser qualificada pela dissociação da moralidade do fundamentalismo ético, argumentando, com alguns filósofos atuais, que julgamentos objetivos de valor não requerem fundamentos filosóficos (um exemplo é Nielsen, 1996). A abordagem da posição do progresso democrático poderia ser qualificada por insistir que a democracia é a posição padrão nos negócios políticos, em que isso significa que há sempre uma pressuposição em favor da defesa ou do fortalecimento da democracia, sendo que o dever de argumentar pertence àqueles que afirmam que ela poderia ser ignorada em circunstâncias específicas.

A busca desse tópico poderia conduzir a terrenos problemáticos filosoficamente (para os pragmatistas e os antipragmatistas), mas há um aspecto da teoria democrática com respeito à globalização em que a orientação pragmática está sobre bases resistentes. Como observado anteriormente (ver p. 143-144), como a democracia é assegurada, protegida ou estendida sob essa abordagem é uma matéria complexa que oferece aberturas e impedimentos e em que o confronto de dificuldades e maneiras de selecionar oportunidades são sensíveis ao contexto, de tal forma que nenhuma das soluções ou combinações de soluções podem ser aptas, dependendo da totalidade das circunstâncias adjacentes a uma situação específica que é problemática democraticamente.

Um exemplo de uma orientação sensível ao contexto com respeito à globalização é sugerido por Michael Saward, que, criticando o que ele vê como o foco exclusivo de Held sobre o cosmopolitismo, recomenda localizar uma variedade de "mecanismos democráticos" para responder à globalização. Ele localiza tal mecanismo em um espaço conceitual de quatro quadrantes dependendo de os mecanismos se basearem em estruturas permanentes ou serem medidas temporárias e de serem tomadas por governos ou por atores não governamentais (200, p. 39-44).

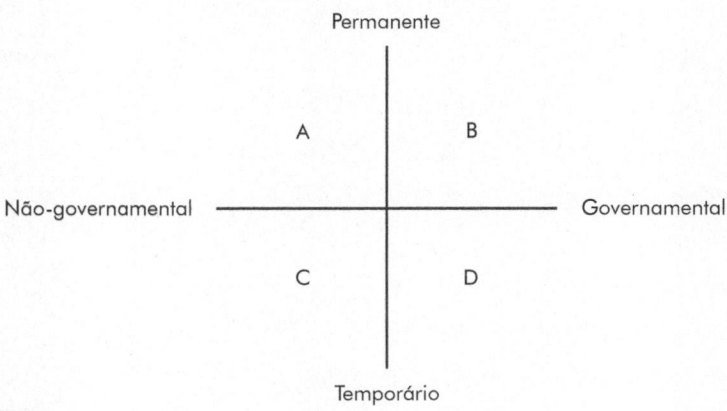

Figura 11.1

Saward critica os cosmopolitas pela atenção exclusiva para o quadrante "B", falhando assim em ver as virtudes nos termos da resposta democrática para a globalização nas respostas dos outros quadrantes. Seu principal intento é focar sobre as oportunidades correntes oferecidas em "D", que inclui referendo além das fronteiras e representação recíproca, onde os corpos legislativos de alguns países poderiam incluir assentos para representantes de outros paises especificados (com voz ou mesmo voto com respeito a certos assuntos com preocupação comum). Também nesse quadrante estão iniciativas não permanentes da ONU como as conferências do Rio, do Cairo e de Pequim (sobre, respectivamente, o desenvolvimento e o meio ambiente, população e os direitos das mulheres), e ele nota que as atividades das ONGs ativas nessas conferências e ao redor delas podem ser localizada nos quadrantes "A" ou "C", dependendo se elas são *ad hoc* ou estabelecidas. Com um pouco de reflexão, a totalidade de um grande número de práticas, instituições e organizações podem ser localizadas em pontos sobre todo esse quadro, nenhum deles, sob o ponto de vista pragmático, podendo ser presumido democraticamente superior aos outros como uma abordagem geral da globalização.

Um ponto similar pode ser feito sobre como as várias coisas que estão sob o nome de globalização poderiam ser classificadas e avaliadas. Imagine um quadro análogo com um eixo classificando desde oportunidades até problemas, e outro de subestados, passando por Estados, até um conjunto de povos superestatais. Como tal quadro é preenchido com exemplos, deveria ter se tornado claro que a globalização oferece desafios e oportunidades para cada um dos Estados e dos vários grupos de povos dentro e fora deles.

Na explicação de algumas dessas orientações com relação à globalização em maiores detalhes que outras, eu não quero dizer que isso implique que muito mais não poderia ser dito sobre todas elas. Mas, então, isso é verdade de todo assunto tratado neste livro: a democracia poderia não ser problemática se teorias sobre ela significassem simplesmente descrever ou avaliar.

REFERÊNCIAS

A literatura sobre a democracia é tão vasta e cresce tão rapidamente que qualquer tentativa de completude das referências na bibliografia, como nos tópicos e argumentos cobertos pelo livro, seria fútil. Contudo, leitores iniciantes na teoria democrática irão se encontrar rapidamente procurando por algumas obras referidas e verão que cada uma delas é uma janela para ainda mais material. Esses leitores podem querer também consultar uma das coleções gerais de ensaios sobre a democracia referidos na bibliografia, entre elas: Copp et al., 1993; Duncan (1983); Green (1993); Hacker-Cordon e Shapiro (1999a e 1999b); Hadenius (1997); e Held (1991b e 1993). Também é valoroso consultar a *Encyclopedia of Democracy*, Lipset (1995). Várias coleções de ensaios são de tópicos específicos – democracia deliberativa, republicanismo cívico, globalismo, e assim por diante. Elas foram referidas nos capítulos próprios do livro, como muitos autores individuais que tratam de temas específicos. Algumas obras listadas na bibliografia objetivam cobrir muito da matéria para servir como textos introdutórios. Em ordem crescente (aproximadamente) de sofisticação teórica prévia exigida do leitor (e deixando de lado publicações mais antigas), as obras são: Dahl (1998); Gould (1988); Airblaster (1994); Harrison (1993); Held (1996); Dahl (1989); Beetham (1999); Christiano (1996); e Hyland (1995).

Aanund, Hylland and Elster, Jon (1986) (eds) *Foundations of Social Choice Theory,* Cambridge: Cambridge University Press.

Ackerman, Bruce (1980) *Social Justice and the Liberal State,* New Haven: Yale University Press.

Acton, Lord John E.E.D. (1955 [1862]) 'Nationality,' in *Essays on Freedom and Power,* Himmelfarb; Gertrude (ed.), Cleveland: Meridian Books, 141-70.

Adomo, Theodor and Horkheimer, Max (1972 [1947]) *Dialectic of Enlightenment,* New York: Herder and Herder.

Ake, Claude (1997) 'Dangerous liaisons: the interface of globalization and democracy,' in Hadenius, Alex (ed.) *Democracy's Victory and Crisis,* Cambridge: Cambridge University Press, 282-96.

Alfred, Taiaiake (1999) *Peace, Power, Righteousness:* An *Indigenous Manifesto,* Oxford: Oxford University Press.

Allen, Anita L. and Regan, Milton C. Jr. (eds) (1998) *Debating Democracy's Discontent: Essays on American Politics, Law, and Public Philosophy,* Oxford: Oxford University Press.

Allen, Theodore (1994) *The Invention of the White Race: Racial Oppression and Social Control,* Vol. 1, London: Verso.

Almond, Gabriel and Verba, Sidney (1965) *The Civic Culture,* Boston: Little, Brown.

Appiah, K. Anthony (1994) 'Identity, authenticity, survival: multicultural societies and social reproduction,' in Gutmann, Amy (ed.) *Multiculturalism,* Princeton: Princeton University Press, 149-63.

Arblaster, Anthony (1994) *Democracy* (2nd edn), Minneapolis: University of Minnesota Press.

Archibugi, Daniele (1998) 'Principles of cosmopolitan democracy,' in Archibugi, Daniele, Held, David, and Kohler, Martin (eds) *Re-imagining Political Community: Studies in Cosmopolitan Democracy,* Stanford: Stanford University Press, 198-228.

Arendt, Hannah (1977 [1963]) On *Revolution,* New York: Penguin Books.

Aristotle (1986 [c.320 BC]) *Aristotle's Politics,* translated with commentaries by Apostle, Hippocrates G., and Gerson, Lloyd, Grinnell, Iowa: The Peripatetic Press.

Arrow, Kenneth J. (1951) *Social Choice and Individual Values,* New York: John Wiley. Ashley, Richard K. (1989) 'Imposing international purpose: notes on a problematic of governance,' in Czempiel, Ernst-Otto and Rosenau, James N. (eds) *Global Changes and Theoretical Challenges: Approaches* to *World Politics for the 1990's,* Lexington, MA: Lexington Books, 251-90.

Bachrach, Peter (1967) *The Theory of Democratic Elitism:* A *Critique,* Boston: Little, Brown.

Bachrach, Peter and Baratz, Morton S. (1969) 'Two faces of power,' in Connolly, William E. (ed.) *The Bias of Pluralism,* New York: Atherton Press, 51-61.

Bader, Veit (1997) *Citizenship and Exclusion,* London: Macmillan.

Balbus, Isaac (1971) 'Ruling-class elite theory vs. Marxian class analysis,' *Monthly Review* 23,1 (May): 36-46.

Barber, Benjamin (1984) *Strong Democracy: Participatory Politics for a New Age,* Berkeley: University of California Press.

_____ (1995) *Jihad vs. McWorld: How Globalism and Tribalism are Reshaping the World,* New York: Ballantine Books.

Bardhan, Pranab K. and Roemer, John E. (eds) (1993) *Market Socialism: The Current Debate,* New York: Oxford University Press.

Barry, Brian (1969) 'The public interest,' in Connolly, William E. (ed.) *The Bias of Pluralism,* New York: Atherton Press, 159-77.

_____ (1978) 'Comment' in Benn, Stanley (ed.) *Political Participation,* Canberra: Australian National University Press, 37-48.

_____ (1991a) *Democracy, Power and Justice: Essays in Political Theory* 1, Oxford: Clarendon Press.

_____ (1991b) *Liberty and Justice: Essays in Political Theory* 2, Oxford: Clarendon Press.

Bay, Christian (1965) 'Politics and pseudo-politics,' *American Political Science Review,* 59,1 (March): 39-51.

_____ (1980) 'Rights: an exchange' (with Richard Flathman) *Political Theory,* 8,3 (August): 293-334.

Baynes, Kenneth (1996) 'Public reason and personal autonomy,' in Rasmussen, David M. (ed.) *The Handbook of Critical Theory*, Oxford: Blackwell Publishers, 243-54.

Beard, Charles Austin (1986 [1913]) An *Economic Interpretation of the Constitution of the United States*, New York: The Free Press.

Beck, Ulrich (2000) *What is Globalization?*, Cambridge: Polity Press.

Beetham, David (1993) 'Liberal democracy and the limits of democratization,' in Held, David (ed.) *Prospects for Democracy*, Stanford: Stanford University Press, 55-73.

_____ (1999) *Democracy and Human Rights*, Cambridge: Polity Press.

Beiner, Ronald (1992) *What's the Matter with Liberalism?*, Berkeley: University of California Press.

_____ (ed.) (1995a) *Theorizing Citizenship*, Albany: State University of New York Press.

_____ (1995b) 'Why citizenship constitutes a theoretical problem in the last decade of the twentieth century,' in Beiner, Ronald (ed.) *Theorizing Citizenship*, Albany: State University of New York Press, 1-28.

Beitz, Charles R. (1979) *Political Theory and International Relations*, Princeton: Princeton University Press.

_____ (1989) *Political Equality:* An *Essay in Democratic Theory*, Princeton: Princeton University Press.

_____ (1991) 'Sovereignty and morality in international affairs,' in Held, David (ed.) *Political Theory Today*, Cambridge: Polity Press, 236-54.

Benello, George C. and Roussopoulos, Dimitrios (eds) (1972) *The Case for Participatory Democracy*, New York: Viking Compass.

Benhabib, Seyla (1996) 'Toward a deliberative model of democratic legitimacy,' in Benhabib, Seyla (ed.) *Democracy and Difference: Contesting the Boundaries of the Political*, Princeton: Princeton University Press, 67-94.

Bentley, Arthur (1967 [1908]) *The Process of Government*, Cambridge, MA: Belknap Press of Harvard University Press.

Berelson, Bernard R., Lazarsfeld, Paul F., and McPhee, William N. (1954) *Voting*, Chicago: University of Chicago Press.

Betle, Adolf (1959) *Power Without Property:* A *New Development in American Political Economy*, New York: Harcourt Brace.

Berlin, Isaiah (1969 [1958]) *Four Concepts of Liberty*, Oxford: Oxford University Press.

Bernstein, Eduard (1961 [1899]) *Evolutionary Socialism*, New York: Schocken Books.

Bernstein, Richard (1971) *Praxis and Action*, Philadelphia: University of Pennsylvania Press.

Bobbio, Norberto (1987 [1976]) *Which Socialism?: Marxism, Socialism, and Democracy*, Cambtidge: Polity Press.

_____ (1995) 'Democracy and the international system,' in Archibugi, Daniele and Held, David (eds) *Cosmopolitan Democracy:* An *Agenda for a New World Order*, Cambridge: Polity Press, 17-41.

Bohman, James (1996) 'Critical Theory and Democracy,' in Rasmussen, David M. (ed.) *The Handbook of Critical Theory*, Oxford: Blackwell Publishers, 190-215.

Bohman, James and Rehg, William (1997) 'Introduction' in Bohman, James and Rehg, William (eds) *Deliberative Democracy: Essays on Reason and Politics*, Cambridge, MA: The

MIT Press, ix-xxx.

Bookchin, Murray (1990) *The Philosophy of Social Ecology,* Montreal; Black Rose Books.

Bowles, Samuel and Gintis, Herbert (1986) *Democracy and Capitalism: Property, Community, and the Contradictions of Modem Social Thought,* New York; Basic Books.

_____ (1993) 'Post-Walrasian political economy,' in Bowles, Samuel and Gintis, Herbert (eds) *Markets and Democracy: Participation, Accountability, and Efficiency,* Cambtidge; Cambridge University Press, 1-10.

Buchanan, James M. (1975) *The Limits of Liberty: Between Anarchy and Leviathan,* Chicago; University of Chicago Press.

_____ (1986) *Liberty, Market and State: Political Economy in the 1980s,* Btighton; Harvester Press.

Buchanan, James M. and T ullock, Gordon (1962) *The Calculus of Consent: Logical Foundations of Constitutional Democracy,* Ann Arbor; The University of Michigan Press.

Budge, Ian (1993) 'Direct democracy; setting appropriate terms of debate,' in Held, David (ed.) *Prospects for Democracy; North, South, East, West,* Cambtidge: Cambridge University Press, 136-55.

Bull, Hedley (1995 [1977]) *The Anarchical Society:* A *Study of Order in World Politics* (2nd edn), New York; Columbia University Press.

Burnheim, John (1985) *Is Democracy Possible?,* Cambtidge; Polity Press.

Calhoun, John C. (1953 [1850]) A *Disquisition on Government,* New York; Liberal Arts Press.

Callinicos, Alex (1993) 'Socialism and democracy,' in Held, David (ed.) *Prospects for Democracy,* Stanford; Stanford University Press, 200-12.

Carens, Joseph H. (1987) 'Aliens and citizens; the case for open borders,' *Review of Politics* 49,2 (Spting); 251-73.

_____ (1989) 'Membership and morality; admission to citizenship in liberal democracy,' in Brubacker, William Rogers (ed.) *Immigration and the Politics of Citizenship in Europe and North America,* Lanham, MD; German Marshall Fund and University Press of America, 31-49.

_____ (2000) *Culture, Citizenship, and Community: A Contextual Exploration of Justice as Evenhandedness,* Oxford; Oxford University Press.

Chatterjee, Pratap and Finger, Matthian (1994) *The Earth Brokers,* London; Roudedge.

Christiano, Thomas (1996) *The Rule of the Many: Fundamental Issues in Democratic Theory,* Boulder; Westview Press.

Cohen, Cad (1971) *Democracy,* New York; The Free Press.

Cohen, G.A. (1995) *Self-Ownership, Freedom, and Equality,* Cambridge: Cambridge University Press.

Cohen, Joshua (1995a) 'Secondary associations and democratic governance,' in Cohen, Joshua and Rogers, Joel (eds) *Associations and Democracy,* London; Verso, 7-98.

_____ (1995b) 'Solidarity, democracy, association,' in Cohen, Joshua and Rogers, Joel (eds) *Associations and Democracy,* London; Verso, 236-67.

_____ (1997a) 'Procedure and substance in deliberative democracy,' in Bohman, James and Rehg, William (eds) *Deliberative Democracy: Essays on Reason and Politics,* Cambtidge, MA; The MIT Press, 407-37.

_____ (1997b) 'Deliberation and democratic legitimacy,' in Bohman, James and Rehg,

William (eds) *Deliberative Democracy: Essays on Reason and Politics,* Cambridge, MA: The MIT Press, 67-91. This often-cited essay was first published in Hamlin, A. and Pet tit, Philip (eds) (1989) *The Good Polity,* Oxford: Blackwell Publishers, 17-34.

Cohen, Joshua and Rogers, Joel (1983) *On Democracy,* Harmondswonh, England: Penguin Books.

_____ (1995) 'Secondary associations and democratic governance,' in Wright, Erik Olin (ed.) *Associations and Democracy,* London: Verso, 7-98.

Cole, G.D.H. (1980 [1920]) *Guild Socialism Re-Stated,* New Brunswick, NJ: Transaction Books.

Coleman, James S. (1990) *Foundations of Social Theory,* Cambridge, MA: Harvard University Press.

Coleman, Jules and Ferejohn John (1986) 'Democracyand social choice,' Ethics 97, 1 (October): 6-25.

Collins, Joseph and Lear, John (1995) *Chile's Free Market Miracle: A Second Look,* Oakland: Food First.

Connelly, James and Smith, Graham (1999) *Politics and the Environment: From Theory to Practice,* London: Rourledge.

Connolly, William E. (1969) 'The challenge to pluralist theory,' in Connolly, William E. (ed.) *The Bias of Pluralism,* New York: Athenon Press, 3-34.

_____ (1991) *Identity/Difference: Democratic Negotiations of Political Paradox,* Ithaca: Cornell University Press.

_____ (1993a [1988]) *Political Theory and Modernity,* Ithaca: Cornell University Press.

_____ (1993b) *The Terms of Political Discourse,* Princeton: Princeton University Press.

Constant, Benjamin (1988 [1819]) 'Speech given at the Athenee Royal in Paris,' in Fontana, Biancamaria (ed.) *Constant: Political Writings,* New York: Cambridge University Press, 309-28.

Copp, David, Hampton, Jean, and Roemer, John E. (1993) *The Idea of Democracy,* Cambridge: Cambridge University Press.

Cox, Robert W. (1996) *Approaches to World Order,* Cambridge: Cambridge University Press.

Crozier, Michel J., Huntington, Samuel P., and Watanuki, Joji (1975) *The Crisis of Democracy: Report on the Govemability of Democracies* to the *Trilateral Commission,* New York: New York University Press.

Cunningham, Frank (1987) *Democratic Theory and Socialism,* Cambridge: Cambridge University Press.

_____ (1994) *The Real World of Democracy Revisited and Other Essays on Democracy and Socialism,* Atlantic Highlands, NJ: Humanities Press.

_____ (1995) 'Socialism,' entry in Lipset, Seymour Martin (ed.) *The Encyclopedia of Democracy,* Vol. IV, Washington, DC: Congressional Quarterly Books, 1147-53.

_____ (1997a) 'Critical notice of Russell Hardin, one *for all,' Canadian Journal of Philosophy* 27,4 (December): 571-94.

_____ (1997b) 'On relating justice and democracy: a strategy and a hypothesis,' in Bontekoe, Ron and Stepaniants, Marietta (eds) *Justice and Democracy: Cross-Cultural Perspectives,* Honolulu: University of Hawai'i Press, 77-91.

_____ (2000) 'Positive action and democracy,' in Appelt, Erna and Jarosch, Monika (eds) *Combatting Racial Discrimination: Affirmative Action as a Model for Europe,* Oxford: Berg, 41-59.

_____ (2001) 'Whose socialism?, Which democracy?,' in Howard, Michael (ed.) *Socialism,* Amherst, NY: Humanity Books.

Dahl, Robert A. (1956) *A Preface to Democratic Theory,* Chicago: University of Chicago Press.

_____ (1961) Who *Governs?: Democracy and Power in an American City,* New Haven: Yale University Press.

_____ (1967) *Pluralist Democracy in the United States,* Chicago: Rand McNally.

_____ (1970a) *After the Revolution,* New Haven: Yale University Press.

_____ (1970b [1963]) *Modern Political Analysis* (2nd edn), Englewood Cliffs, NJ: Prentice Hall.

_____ (1982) *Dilemmas of Pluralist,Democracy: Autonomy vs. Control,* New Haven: Yale University Press.

_____ (1985) A *Preface to Economic Democracy,* Berkeley: University of California Press.

_____ (1989) *Democracy and Its Critics,* New Haven: Yale University Press.

_____ (1998) On *Democracy,* New Haven: Yale University Press.

_____ (1999) 'Can international organizations be democratic? A skeptic's view,' in Hacker-Cordon, Casiano and Shapiro, Ian (eds) *Democracy's Edges,* Cambridge: Cambridge University Press, 17-40.

Dallmayr, Fred (1989) *Margins of Political Discourse,* Albany: State University of New York Press.

Daniels, Norman (1975) 'Equal liberty and unequal worth of liberty,' in Daniels, Norman (ed.) *Reading Rawls: Critical Studies of* A *Theory of Justice,* Oxford: Blackwell, 253-81.

Dasgupta, Partha and Maskin, Eric (1999) 'Democracy and other goods,' in Hacker-Cordon, Casiano and Shapiro, Ian (eds) *Democracy's Value,* Cambridge: Cambridge University Press, 69-90.

Davis, Michael (1974) 'Avoiding the voter's paradox democratically,' *Theory and Decision* 5,3 (October): 295-311.

Derrida, Jacques (1978 [1967]) *Writing and Difference,* Chicago: University of Chicago Press.

_____ (1998 [1967]) *Of Grammatology,* Baltimore: Johns Hopkins Press.

Dewey, John (1927) *The Public and Its Problems,* Denver: Alan Swallow.

Dewey, John and Tufts, James H. (1908) *Ethics,* New York: Henry Holt and Company.

_____ (1985 [1932]) *Ethics* (2nd edn), in *John Dewey: The Later Works, Vol. VII,* Carbondale, IL: Southern Illinois University Press.

Domhoff, G. William (1967) Who *Rules America,* Englewood Cliffs, NJ: Princeton University Press.

_____ (1970) *The Higher Circles: The Governing Class in America,* New York: Random House.

Downs, Anthony (1957) *An Economic Theory of Democracy,* New York: Harper and Row.

Dreze, Jean and Sen, Amartya (1989) *Hunger and Public Action,* Oxford: Oxford University Press.

Duncan, Graeme (ed.) (1983) *Democratic Theory and Practice,* Cambridge: Cambridge University Press.

Dunn, John (1979) *Western Political Theory in the Face of the Future,* Cambridge: Cambridge University Press.

_____ (1999) 'Democracy and development?' in Hacker-Cordon, Casiano and Shapiro, Ian (eds) *Democracy's Value,* Cambridge: Cambridge University Press, 132-40.

Durkheim, Emile (1957 [1950]) *Professional Ethics and Civil Morals,* London: Rourledge and Kegan Paul.

Dworkin, Peter (1981) 'Chile's brave new world of Reaganomics,' *Fortune,* November 2, 136-44.

Dworkin, Ronald (1977) *Taking Rights Seriously,* London: Duckworth.

_____ (1981) 'What is equality? Part 2: equality of resources,' *Philosophy and Public Affairs* 10,4 (Fall): 283-345.

_____ (1983) 'In defense of equality,' *Social Philosophy and Policy* 1,1 (Autumn): 24-40.

Eagleton, Terry (1991) *Ideology: An Introduction,* London: Verso.

Eisenstein, Zillah (1981) *The Radical Future of Liberal* Feminism, New York: Longman.

Elshtain, Jean Bethke (1993) *Democracy on Trial,* Concord, ON: Anansi.

Elster, Jon (ed.) (1986a) *Rational Choice,* Oxford: Blackwell.

_____ (1986b) 'Introduction' in Elster, Jon (ed.) *Rational Choice,* Oxford: Blackwell, 1-33.

_____ (1986c) 'The Market and the forum: three varieties of political theory,' in Hylland, Aanund and Elster, Jon (eds) *Foundations of Social Choice Theory,* Cambridge: Cambridge University Press, 103-32.

_____ (1998a) 'Introduction,' in Elster Jon (ed.) in *Deliberative Democracy,* Cambridge: Cambridge University Press, 1-18.

_____ (1998b) 'Deliberation and constitution making' in Elster, Jon (ed.) *Deliberative Democracy,* Cambridge: Cambridge University Press, 97-122.

Ely, John Hart (1980) *Democracy and Distrust,* Cambridge, MA: Harvard University Press.

Esrlund, David (1997) 'Beyond fairness and deliberation: the epistemic dimension of democratic authotity,' in Bohman, James and Rehg, William (eds) *Deliberative Democracy: Essays on Reason and Politics,* Cambridge, Mass.: The MIT Press, 173-204.

Eze, Emmanuel Chukwudi (ed.) (1997) *Race and the Enlightenment: A Reader,* Cambridge, MA: Blackwell.

Falk, Richard (1995) On *Humane Governance: Toward A New Global Politics,* Cambtidge: Polity Press.

_____ (2000) 'Global civil society and the democratic project,' in Holden, Barry (ed.) *Global Democracy: Key Debates,* London: Rourledge, 162-78.

Fazio, Hugo and Riesco, Manuel (1997) 'The Chilean pension fund association,' *New Left Review,* 223 (Maynune): 90-100.

Fearon, James D. (1998) 'Deliberation as discussion,' in Elster, Jon (ed.) *Deliberative Democracy,* Cambridge: Cambtidge University Press, 44-68.

Figgis, John Neville (1914) *Churches in the* Modern *State,* London: Longmans.

Aathman, Richard E. (1980) 'Rights: an exchange' (with Christian Bay) *Political Them.* 8.3 (AuQust): 293-334.

Foucault, Michel (1972 [1969]) *Archeology of Knowledge,* New York: Harper and Row.

_____ (1973 [1966]) *The Order of Things,* New York: Vintage Books.

_____ (1980) *Power/Knowledge: Selected Interviews and Other Writings 1972-1977,* New York: Pantheon Books.

Fraser, Nancy (1989) *Unrnly Practices: Power, Discourse and Gender in Contemporary Social Theory,* Minneapolis: University of Minnesota Press.

_____ (1997) *Justice Interrnptus: Critical Reflections on the 'Postsocialist' Condition,* London: Routledge. The essay cited, 'Rethinking the public sphere,' is reprinted in Calhoun, Craig (ed.) (1993) *HabeTmas and the Public Sphere,* Cambridge, Mass.: The MIT Press, 109-42.

Friedman, Milton (1962) *Capitalism and Freedom,* Chicago: University of Chicago Press.

Frye, Marilyn (1983) ,'Oppression,' in *The Politics of Reality : Essays in Feminist Theory,* T rumansburg, NY: Crossing.

Fukuyama, Francis (1992) *The End of History and the Last Man,* New York: The Free Press.

_____ (1994) 'Comments on nationalism and democracy,' in Diamond, Larry and Plattner, Marc (eds) *Nationalism, Ethnic Conflict, and Democracy,* Baltimore: The Johns Hopkins University Press, 23-8.

Gagnon, V.P. Jr (1994) 'Serbia's road to war,' in Diamond, Larry and Plattner, Marc F. (eds) *Nationalism, Ethnic Conflict, and Democracy,* Baltimore: The Johns Hopkins University Press, 117-31.

Gallie, W.B. (1955/6) 'Essentially contested concepts' *Proceedings of the Aristotelian Society,* Vol. 56, London: Harrison and Sons, 167-98.

Galston, William (1991) *Uberal Purposes: Goods, Virtue and Diversity in the Uberal State,* New York: Cambridge University Press.

Galtung, Johan (1980) *The Two Worlds: A Transitional Perspective,* New York: The Free Press.

_____ (2000) 'Alternative models for global democracy,' in Holden, Barry (ed.) *Global Democracy: Key Debates,* London: Routledge, 143-61.

Gambetta, Diego (1998) , "Claro!": an essay on discursive machismo,' in Elster, Jon (ed.) *Deliberative Democracy,* Cambridge: Cambridge University Press, 19-43.

Gaus, Gerald F. (1997) 'Reason, justification, and consensus: why democracy can't have it all,' in Bohman, James and Rehg, William (eds) *Deliberative Democracy: Essays on Reason and Politics,* Cambridge, MA: The MIT Press, 205-42.

Geras, Norman (1987) 'A Critique of Laclau and Mouffe' *New Left Review* 163, May/June, 40-82. This and a subsequent article in the same journal, 'Ex-Marxism without substance: being a real reply to Laclau and Mouffe,' no.169, May/June, 1988, 34-61, were reproduced by Geras in (1990) *Discourse of Extremity,* London: Verso.

Gilbert, Alan (1999) *Must Global Politics Constrain Democracy?: Great-Power Realism, Democratic Peace, and Democratic Internationalism,* Princeton: Princeton University Press.

Girard, Rene (1979) *Violence and the Sacred,* Baltimore: The Johns Hopkins University Press.

Glazer, Nathan (1975) *Affirmative Discrimination: Ethnic Inequality and Public Policy,* New York: Basic Books.

_____ (1997) *We Are AU Multiculturalists Now,* Cambridge, MA: Harvard University Press.

Goldberg, David Theo (1993) *Racist Culture: Philosophy and the Politics of Meaning,* Oxford: Blackwell.

_____ (ed.) (2000) *Social Identities* (Special issue devoted to democracy and racism) 6,4 (December).

Goldstick, Daniel (1973) 'An alleged paradox in the theory of democracy,' *Philosophy and Public Affairs*, 2,2 (Winter): 181-9.

Gould, Carol C. (1988) *Rethinking Democracy: Freedom and Social Cooperation in Politics, Economy, and Society*, Cambridge: Cambridge University Press.

_____ (1996) 'Diversity and democracy: representing differences,' in Benhabib, Seyla (ed.) *Democracy and Difference: Contesting the Boundaries of the Political*, Princeton: Princeton University Press, 171-86.

Graham, Keith (1982) 'Democracy and the autonomous moral agent,' in Graham, Keith (ed.) *Contemporary Political Philosophy: Radical Studies*, Cambridge: Cambridge University Press, 113-37.

Green, Donald P. and Shapiro, Ian (1994) *Pathologies of Rational Choice Theory : A Critique of Applicatioru in Political Science*, New Haven: Yale University Press.

Green, Philip (1985) *Retrieving Democracy: In Search of Civic Equality*, Totowa, NJ: Rowman and Allanheld.

_____ (ed.) (1993) *Democracy*, Atlantic Highlands, NJ: Humanities Press.

_____ (1998) *Equality and Democracy*, New York: The New Press.

Grotius, Hugo (1949 [1625]) *The Law of War and Peace*, translated by Loomis, Louise R., Roslyn, NY: published for the Classics Club by W.J. Black.

Gutmann, Amy (1980) *Uberal Equality*, Cambridge: Cambridge University Press. Gutmann, Amy and Thompson, Dennis (1996) *Democracy and Disagreement*, Cambridge, MA: Belknap Press of the Harvard University Press.

_____ (1999) 'Democratic Disagreement,' in Macedo, Stephen (ed.) *Deliberative Politics: Essays on Democracy and Disagreement*, New York: Oxford University Press, 243-79.

Habermas, Jürgen (1973 [1963]) *Theory and Practice*, Boston: Beacon Press.

_____ (1975) *Legitimation Crisis*, Boston: Beacon Press.

_____ (1979) *Communication and the Evolution of Society*, Boston: Beacon Press.

_____ (1984) *The Theory of Communicative Action: Volume 1, Reason and the Rationalization of Society*, Boston: Beacon Press.

_____ (1987) *Philosophical Discourse of Modernity*, Cambridge, MA: The MIT Press.

_____ (1989 [1962]) *The Structural Transformation of the Public Sphere:* An *Inquiry into a Category of Bourgeois Society*, Cambridge, MA: The MIT Press.

_____ (1990) *Moral Coruciousness and Communicative Action*, Cambridge: MA: The MIT Press.

_____ (1996) 'Three normative models of democracy' in Benhabib, Seyla (ed.) *Democracy and Difference: Contesting the Boundaries of the Political*, Princeton: Princeton University Press, 21-30.

_____ (1998) *Between Facts and Norms: Contributioru to a Discourse Theory of Law and Democracy*, Cambridge, MA: The MIT Press.

Hacker-Cordon, Casiano and Shapiro, Ian (eds) (1999a) *Democracy's Edges*, Cambridge: Cambridge University Press.

_____ (eds)(1999b) *Democrac-y's Value*, Cambridge: Cambridge University Press.

Hadenius, Alex (ed.) (1997) *Democracy's Victory and Crisis*, Cambridge: Cambridge University Press.

Hale, Myron Q. (1969) 'The cosmology of Arthur F. Bentley,' in Connolly, William E. (ed.) *The Bias of Pluralism,* New York: Atherton Press, 35-50.

Hampton, Jean (1989) 'Should political philosophy be done without metaphysics?,' *Ethics* 99,4 (July): 791-814.

Hanson, Russell L. (1985) *The Democratic Imagination* in *America: Conversations with Our Past,* Princeton: Princeton University Press.

Hardin, Russell (1982) *Collective Action,* Baltimore: The Johns Hopkins University Press.

_____ (1993) 'Public choice versus democracy,' in Copp, David, Hampton, Jean, and Roemer, John E. (eds) *The Idea of Democracy,* Cambridge: Cambridge University Press, 157-72.

_____ (1995) *One for All, The Logic of Group Conflict,* Princeton: Princeton University Press.

Harrison, Ross (1993) *Democracy,* London: Routledge.

Hartz, Louis (1955) *The Liberal Tradition* in *America: An Interpretation of American Political Thought Since the Revolution,* New York: Harcourt Brace.

Hauptmann, Emily (1996) *Putting Choice Before Democracy: A Critique of Rational Choice Theory,* Albany: State University of New York Press.

Hayek, Friedrich A. (1944) *The Road to Serfdom;* Chicago: University of Chicago Press.

_____ (1960) *The Constitution of Liberty,* Chicago: University of Chicago Press.

_____ (1976) *Law, Legislation and Liberty, Volume* 2: *The Mirage of Social Justice,* Chicago: University of Chicago Press.

_____ (1979) *Law, Legislation and Liberty, Volume* 3: *The Political Order of a Free People,* Chicago: University of Chicago Press.

Hegel, G.W.F. (1942 [1821]) *Hegel's Philosophy of Right,* Oxford: The Clarendon Press.

_____ (1949 [1807]) *The Phenomenology of Mind,* London: George Allen and Unwin.

Held, David (1991a) 'Democracy, the nation-state and the global system,' in Held, David (ed.) *Political Theory Today,* Cambridge: Polity Press, 196-235.

_____ (ed.) (1991b) *Political Theory Today,* Cambridge: Polity Press.

_____ (ed.) (1993) *Prospects for Democracy,* Stanford: Stanford University Press.

_____ (1996) *Models of Democracy* (2nd edn), Stanford: Stanford University Press.

_____ (1999) 'The transformation of political community: rethinking democracy in the context of globalization,' in Hacker-Cordon, Casiano and Shapiro, Ian (eds) *Democracy's Edges,* Cambridge: Cambridge University Press, 84-111.

Held, David and McGrew, Anthony (eds) (2000) *The Global Transformation Reader,* Cambridge: Polity Press.

Held, David, McGrew, Anthony, Goldblatt, David, and Perraton, Johnathan (1999) *Global Transformations: Politics, Economics and Culture,* Stanford: Stanford University Press.

Hirst, Paul (1989) *The Pluralist Theory of the State: Selected Writings of G.D.H. Cole, J.N. Figgis, and H.J. Laski,* London: Routledge.

_____ (1993) 'Associational democracy,' in Held, David (ed.) *Prospects for Democracy,* Stanford: Stanford University Press.

_____ (1994) *Associative Democracy: New Forms of Economic and Social Governance,* Cambridge: Polity Press.

_____ (1995) 'Can secondary associations enhance democratic governance?' in Cohen, Joshua and Rogers, Joel (eds) *Associations and Democracy*, London: Verso, 101-13.

Hirst, Paul and Thompson, Grahame (1999) *Globalization in Question* (2nd edn), Cambridge: Polity Press.

_____ (2000) 'Global myths and national policies,' in Holden, Barry (ed.) *Global Democracy: Key Debates*, London: Routledge, 47-59.

Hobbes, Thomas (1968 [1651]) *Leviathan*, Harmondsworth, England: Penguin Books.

Hoffman, John (1983) *Marxism, Revolution, and Democracy*, Amsterdam: Gruner.

Holmes, Stephen (1993) 'Tocqueville and democracy,' in Copp, David, Hampton, Jean, and Roemer, John E. (eds) *The Idea of Democracy*, Cambridge: Cambridge University Press, 23-63.

Horkheimer, Max (1974 [1967] *Critique of Instrumental Reason*, New York: The Seabury Press.

Horowitz, Donald L. (1985) *Ethnic Groups in Conflict*, Berkeley: University of California Press.

Howard, Michael W. (2000) *Self-Management and the Crisis of Socialism: The Rose in the Fist of the Present*, Lanham, MD: Rowman and Littlefield.

Howse, Robert (1998) 'The Supreme Court ruling, a lesson in democracy,' *Cité Libre* 26,4 (October/November): 42-6.

Hume, David (1978 [1740]) *A Treatise of Human Nature*, Oxford: The Clarendon Press.

Huntington, Samuel P. (1991) *The Third Wave: Democratization in the Late Twentieth Century*, Norman: University of Oklahoma Press.

_____ (1996) *The Clash of Civilizations and the Remaking of World Order*, New York: Simon and Schuster.

Hutley, Susan L. (1999) 'Rationality, democracy, and leaky boundaries: verticle vs horizontal modularity,' in Hacker-Cordon, Casiano and Shapiro, Ian (eds) *Democracy's Edges*, Cambridge: Cambridge University Press, 273-93.

Hyland, James (1995) *Democratic Theory: The Philosophical Foundations*, Manchester: Manchester University Press.

Isaac, Jeffrey C. (1998) *Democracy in Dark Times*, Ithaca: Cornell University Press.

Jaggar, Alison (1988) *Feminist Politics and Human Nature*, Totowa, NJ: Roman and Littlefield.

Jefferson, Thomas (1975 [1816]) 'Government by the people, letter to Samuel Kercheval, July 12, 1816,' in *The Portable Jefferson*, New York: The Viking Press, 552-61.

Johnson, James (1998) 'Arguing for Deliberation: Some Skeptical considerations,' in Elster, Jon (ed.) *Deliberative Democracy*, Cambridge: Cambridge University Press, 161-84.

Kaldor, Mary (1995) 'European institutions, nation-states and nationalism,' in Archibulgi, Daniele and Held, David (eds) *Cosmopolitan Democracy: An Agenda for a New World Order*, Cambridge: Polity Press, 68-95.

Kant, Immanuel (1965 [1797]) *The Metaphysical Elements of Justice* (pt. 1 of *The Metaphyscs of Morals)*, Indianapolis: Bobbs-Merrill.

_____ (1988 [1784]) 'The idea of a universal world history from a cosmopolitan point of view,' in Beck, Lewis White (ed.) *Kant Selections*, New York: Bobbs- Merrill.

_____ (1998 [1785]) *Groundwork of the Metaphysics of Morals*, Cambridge: Cambridge University Press.

Kaplan, Robert D. (1994) *Balkan Ghosts:* A *Journey Through History*, New York: Vintage Books.

Kateb, George (1975) 'Comments on David Braybrooke's "The meaning of participation and the demands for it,"' in Chapman, John W. and Pennock, J. Roland (eds) *Participation in Politics (Nomos XVI)*, New York: Lieber-Atherton, 89-97.

Kaufman, Arnold S. (1969 [1960]) 'Human nature and participatory democracy' and a more sober 'Participatory democracy: ten years later,' both in Connolly, William E. (ed.) *The Bias of Pluralism*, New York: Atherton Press, 174-200, 201-12.

Keim, Donald W. (1975) 'Participation in democratic theories,' in Chapman, John W. and Pennock, J. Roland (eds) *Participation in Politics (Nomos XVI)*, New York: Lieber-Atherton, 1-38.

Keohane, Robert and Nye, Joseph (eds) (1972) *Transnational Relations and World Politics*, Cambridge, MA: Harvard University Press.

Kernohan, Andrew (1998) *Liberalism, Equality, and Cultural Oppression*, Cambridge: Cambridge University Press.

Key, V.O. (1958) *Politics, Parties, and Pressure Groups*, New York: Crowell.

Kohler, Martin (1998) 'From the national to the cosmopolitan Public Sphere,' in Archibugi, Daniele, Held, David, and Kohler, Martin (eds) *Re-imagining Political Community: Studies in Cosmopolitan Democracy*, Stanford: Stanford University Press, 231-51.

Kramnick, Isaac (1987) Editor's Introduction to *The Federalist Papers*, London: Penguin, 11-82.

Krouse, Richard W. (1983) , "Classical" images of democracy in America: Madison and Tocqueville,' in Duncan, Graeme (ed.) *Democratic Theory and Practice*, Cambridge: Cambridge University Press, 58-78.

Kukathas, Chandran (1992a) 'Are there any cultural rights?,' *Political Theory* 20,1 (February): 105-39.

_____ (1992b) 'Cultural rights again: a rejoinder to Kymlicka,' *Political Theory* 20,4 (November): 674-80.

Kymlicka, Will (1989) *Liberalism, Community and Culture*, Oxford: Clarendon Press.

_____ (1990) *Contemporary Political Philosophy:* An *Introduction*, Oxford: Clarendon Press.

_____ (1995) *Multicultural Citizenship*, Oxford: Clarendon Press. -(1998) 'Liberal egalitarianism and civic republicanism: friends or enemies?,' in Allen, Anita L. and Regan, Milton C. Jr. (eds) *Debating Democracy's Discontent: Essays on American Politics, Law, and Public Philosophy*, Oxford: Oxford University Press, 131-48.

_____ (1999) 'Citizenship in an era of globalization: commentary on Held,' in Hacker-Cordon, Casiano and Shapiro, Ian (eds) *Democracy's Edges*, Cambridge: Cambridge University Press, 112-26.

Laclau, Ernesto (1995) 'Universalism, particularism and the question of identity,' in Rajchman, John (ed.) *The Identity in Question*, New York: Routledge, 93-108.

_____ (1997) 'Subject of politics, politics of the subject,' in Bontekoe, Ron and Stepaniants, Marietta (eds) *Justice and Democracy: Cross-Cultural Perspectives*, Honolulu: University of Hawai'i Press, 363-79.

Laclau, Ernesto and Mouffe, Chantal (1985) *Hegemony and Socialist Strategy: Toward a Radical Democratic Politics*, London: Verso.

_____ (1987) 'Post-Marxism without apologies,' *New Left Review* 166 (November/ December): 79-106, reproduced in Laclau, Ernesto *New Reflections on the Revolution of Our Times*, London: Verso, ch. 4.

Larmore, Charles E. (1987) *Patterns of Moral Complexity,* Cambridge: Cambridge University Press.
Laski, Harold J. (1921) *The Foundations of Sovereignty and Other Essays,* London: Allen and Unwin.
Lasswell, Harold D. (1948) *Power and Personality,* New York: Norton.
Lasswell, Harold D. and Kaplan, Abraham (1950) *Power and Society:* A *Framework for Political Inquiry,* New Haven: Yale University Press.
Lefort, Claude (1988) *Democracy and Political Theory,* Cambridge: Polity Press.
Lenin, V.I. (1965 [1918]) *The Proletarian Revolution and the Renegade Kautsky* in *V.I. Lenin Collected Works,* Vol. 28, Moscow: Progress Publishers, 226-325.
Levine, Andrew (1981) *Liberal Democracy: A Critic of Its Theory,* New York: Columbia University Press.
_____ (1984) *Arguing for Socialism: Theoretical Consid£rations,* Boston: Routledge and Kegan Paul.
_____ (1987) *The End of the State,* London: Verso.
_____ (1993) *The General Will: Rousseau, Marx, and Communism,* Cambridge: Cambridge University Press.
_____ (1995) 'Democratic corporatism and/versus socialism,' in Cohen, Joshua and Rogers, Joel (eds) *Associations and Democracy,* London: Verso, 157-66.
Light, Andrew and Kat:, Eric (eds) (1996) *Environmental Pragmatism,* London: Routledge.
Lijphart, Arend (1968) *The Politics of Accommodation: Pluralism and Democracy in the Netherlands,* Berkeley: University of California Press.
_____ (1977) *Democracy in Plural Societies: A Comparative Exploration,* New Haven: Yale University Press.
_____ (1984) *Democracies: Patterns of Majoritarian and Consensus Government in Twenty-One Countries,* New Haven: Yale University Press.
Unklater, Andrew (1990) *Men and Citizens in the Theory* of *International Relations,* London: Macmillan.
_____ (1995) 'Neo-realism in Theory and Practice,' in Booth, Ken and Smith, Steve, (eds) *International Relations Theory Today,* University Park, PA: The Pennsylvania University Press, 241-62.
Upiet:, Alain (1995) *Green Hopes: The Future of Political Ecology,* Cambridge: Polity Press.
Upset, Seymour Martin (1960) *Political Man,* Garden City, NY: Doubleday.
_____ (1994) 'The social requisites of democracy revisited,' *American Sociological Review* 59(1) February, 1-22.
_____ (ed.) (1995) *The Encyclopedia of Democracy,* Washington, DC: Congressional Quarterly Books.
Locke, John (1963 [1690]) *Two Treatises of Government,* Cambridge: Cambridge University Press.
Lukes, Steven (1973) *Individualism,* New York: Harper and Row.
_____ (l974) *Power.* A *Radical View.* London: Macmillan.
Lyotard, François (1984 [1979]) *The Postmodern Condition: A Report on Knowledge,* Minneapolis: University of Minnesota Press.
_____ (1988 [1983]) *The Differend,* Minneapolis: University of Minnesota Press.

_____ (1989) 'The Sublime and the Avant-Garde,' in Benjamin, Andrew (ed.) *The Lyotard Reader*, Oxford: Basil Blackwell, 196-211.

Machiavelli, Niccolo (1979 [1527], posthumous) *The Prince*, in *The Portable Machia- velli*, New York: Viking Penguin.

Maclntyre, Alisdair (1981) *After Virtue: A Stw:ly in Moral Theory*, South Bend, IN: University of Notre Dame Press.

Maclver, R.M. (1950) 'Interest,' in *Encyclopedia of the Social Sciences*, Vol. 8, New York: Macmillan, 147.

Mackie, Gerry (1998) 'All men are liars: is democracy meaningless?' in Elster, Jon (ed.) *Deliberative Democracy*, Cambridge: Cambridge University Press, 69-96.

McKinlay, Patrick R. (1998) 'Lyotard's Kantian account of the sublime and democratic discourse,' in Langsdorf, Lenore and Watson, Stephen H. (eds) *Reinterpret- ing the Political: Continental Philosophy and Political Theory*, Albany: The State University of New York Press, 107-24.

McLean, lain (1990) *Democracy and New Technology*, Cambridge: Polity Press. Macpherson, Crawford Brough (1965) *The Real World of Democracy*, Concord, ON: Anasi.

_____ (1973) *Democratic Theory: Essays in Retrieval*, Oxford: Clarendon Press.

_____ (1977) *The Life and Times of Liberal Democracy*, Oxford: Oxford University Press.

McRae, Kenneth (ed.) (1974) *Consociational Democracy: Political Accommodation in Segmented Societies*, Toronto: McClelland and Stewart.

Madison, James, Hamilton, Alexander, and Jay, John (1987 [1788]) *The Federalist Papers*, London: Penguin Books.

Mandeville, Bernard de (1970 [1723]) *The Fable of the Bees*, London: Pelican.

Manin, Bernard (1987) 'On legitimacy and political deliberation,' *Political Theory* 15,3 (August): 338-68.

Manin, Bernard, Przeworski, Adam, and Stokes, Susan C. (1999) 'Introduction,' in Manin, Bernard, Przeworski, Adam, and Stokes, Susan C. *Democracy, Accounta- bility, and Representation*, Cambridge: Cambridge University Press, 1-26.

Mansbridge, Jane J. (1983) *Beyond Adversary Democracy*, Chicago: University of Chicago Press.

_____ (1995) 'Does participation make better citizens?' *The Good Society* 5,2 (Spring 1995): 1-7.

Marcuse, Herbert (1964) One *Dimensional Man*, Boston: Beacon Press.

Margolis, Michael (1979) *Viable Democracy*, Harmondsworth, England: Penguin Books.

Marx, Karl (1975a [1843]) 'On the Jewish question,' *Karl Marx, Frederick Engles Collected Works*, Vol. 3, New York: International Publishers, 146-74.

_____ (1975b [1843]) 'Contribution to the critique of Hegel's philosophy of law,' *Karl Marx, Frederick Engels Collected Works*, Vol. 3, New York: International Publishers, 3-129.

Mason, Michael (1999) *Environmental Democracy*, London: Earthscan.

Mathews, John (1989) Age *of Democracy: The Political Economy of Post-Fordism*, New York: Oxford University Press.

May, Kenneth O. (1952) 'A set of independent, necessary and sufficient conditions for simple majority decision,' *Econometrica* 20,4 (October): 680-4.

Mill, John Stuart (1969 [1874], posthumous) 'Nature,' in *Essays on Ethics, Religion and*

Society, Collected Works of John Stuart Mill,. vol. 10, Toronto: University of Toronto Press, 373-402.

_____ (1971 [1869]) On *the Subjugation of Women,* Greenwich, CT: Fawcett.

_____ (1973 [1843]) On *the Logic of the Moral Sciences,* in A *System of Logic: Ratiocinative and Inductive, Collected Works of John Stuart Mill,* vol. 6, Toronto: University of Toronto Press, bk. 4.

_____ (1976 [1835/40] 'M. de Tocqueville on democracy in America,' in Williams, Geraint L. (ed.) *John Stuart Mill on Politics and Society,* Brighton: Harvester Press, 186-247.

_____ (1991a [1861]) *Considerations on Representative Government* in *John Stuart Mill On Liberty and Other Essays,* Oxford: Oxford University Press.

_____ (1991b [1859]) On *Liberty* in *John Stuart Mill On Liberty and Other Essays,* Oxford: Oxford University Press.

Miller, David (1983) 'The competitive model of democracy,' in Duncan, Graeme (ed.) *Democratic Theory and Practice,* Cambridge: Cambridge University Press, 133-55.

_____ (1993) 'Deliberative democracy and social choice,' in Held, David (ed.) *Prospects for Democracy; North, South, East, West,* Stanford: University of Stanford Press, 74-111.

_____ (2000) *Citizenship and National Identity,* Cambridge: Polity Press.

Mills, C. Wright (1956) *The Power Elite,* London: Oxford University Press.

Mills, Charles (1997) *The Racial Contract,* Ithaca: Cornell University Press.

Misak, Cheryl (2000) Truth, *Politics, Morality: Pragmatism and Deliberation,* London: Routledge.

Morganthau, Henry (1985 [1948]) *Politics Among Nations: The Struggle for Power and Peace* (6th edn), New York: Knopf.

Mouffe, Chantal (1993) *The Return of the Political,* London: Verso.

_____ (1996) 'Democracy, power, and the "political",' in Benhabib, Seyla (ed.) *Democracy and Difference: Contesting the Boundaries of the Political,* Princeton: Princeton University Press, 245-56.

_____ (2000) *The Democratic Paradox,* London: Verso.

Mueller, Dennis (1979) *Public Choice,* Cambridge: Cambridge University Press.

_____ (1997) 'Public choice in perspective,' in Mueller, Dennis (ed.) *Perspectives on Public Choice: A Handbook,* Cambridge: Cambridge University Press, 1-17.

Naess, Arne (1989) *Ecology, Community,* and *Lifestyle,* Cambridge, Cambridge University Press.

Naess, Arne, Christophersen, Jens A., and Kvalo, Kjell (1956) *Democracy, Ideology and Objectivity,* Oxford: Basil Blackwell.

Nagel, Thomas (1989) 'Moral conflict and political legitimacy,' *Philosophy and Public Affairs* 18,3 (Summer): 259-96.

Nelson, William (1980) On *Justifying Democracy,* London: Routledge and Kegan Paul.

Nielsen, Kai (1985) *Equality and Liberty: A Defence of Radical Egalitarianism,* Totawa, NJ: Roman and Allanheld.

_____ (1996) *Naturalism Without Foundations,* Amherst: Prometheus Books.

Nozick, Robert (1974) *Anarchy, State, and Utopia,* New York: Basic Books.

Okin, Susan Moller (1989) *Justice, Gender and the Family,* New York: Basic Books.

_____ (1998) 'Gender, the public and the private,' in Phillips, Anne (ed.) *Feminism and Politics,* Oxford: Oxford University Press, 116-41.

Ollman, Bertell (ed.) (1998) *Market Socialism: The Debate Among Socialists,* New York: Routledge.

Olson, Mancur (1971) *The Logic of Collective Action: Public Goods and the Theory of Groups* (2nd edn), Cambridge, MA: Harvard University Press.

Ophuls, William (1992) *Ecology and the Politics of Scarcity Revisited: The Unraveling of the American Dream* (2nd edn), New York: W.H. Freeman.

Oppenheim, Felix (1971) 'Democracy: characteristics included and excluded,' *The Monist* 55,1 (January): 29-50.

Ordeshook, Peter (1992) A *Political Theory Primer,* London: Routledge.

Paehlke, Robert C. (1989) *Environmentalism and the Future of Progressive Politics,* New Haven: Yale University Press.

Parekh, Bhikhu (1999) 'Balancing unity and diversity in multicultural societies,' in Avon, Dan and de-Shalit, Avner (eds) *Liberalism and Its Practice,* London: Routledge, 106-26.

_____ (2000) *Rethinking Multiculturalism: Cultural Diversity and Political Theory,* London: MacMillan.

Pateman, Carole (1970) *Participation and Democratic Theory,* Cambridge: Cambridge University Press.

_____ (1985) *The Problem of Political Obligation: A Critique of Liberal Theory,* Berkeley: The University of California Press.

_____ (1987) 'Feminist critiques of the public/private dichotomy,' in Phillips, Anne (ed.) *Feminism and Equality,* New York: New York University Press, 103-26.

_____ (1988) *The Sexual Contract,* Stanford: Stanford University Press.

Peffer, Rodney G. (1990) *Marxism, Morality and Social Justice,* Princeton: Princeton University Press.

Pennock, J. Roland (1979) *Democratic Political Theory,* Princeton: Princeton University Press.

Pet tit, Philip (1997) *Republicanism: A Theory of Freedom and Government,* New York: Oxford University Press.

_____ (1998) 'Reworking Sandel's republicanism,' in Allen, Anita L. and Regan, Milton C. Jr. (eds) *Debating Democracy's Discontent: Essays on American Politics, Law, and Public Philosophy,* Oxford: Oxford University Press, 30-59.

_____ (1999) 'Republican freedom and contestatory democratization,' in Hacker-Cordon, Casiano and Shapiro, Ian (eds) *Democracy's Value,* Cambridge: Cambridge University Press, 163-90.

Phillips, Anne (1991) *Engendering Democracy,* University Park, PA: Pennsylvania University Press.

_____ (1993) *Democracy and Difference,* University Park, PA: Pennsylvania University Press.

_____ (1995) *The Politics of Presence,* Oxford: Clarendon Press.

Pitkin, Hanna Fenichel (1967) The *Concept of Representation,* Berkeley: University of California Press.

Pogge, Thomas (1989) *Realizing Rawls,* Ithaca: Cornell University Press.

Polsby, Nelson (1963) *Community Power and Political Theory,* New Haven: Yale University Press.

Popper, Karl (1962) *The Open Society and Its Enemies,* London: Routledge and Kegan Paul.

Pranger, Robert (1968) *The Eclipse of Citizenship,* New York: Holt, Rinehartand Winston.

Proudhon, Pierre-Joseph (1979 [1863]) *The Principle of Federation,* Toronto: University of Toronto Press.

_____ (1994 [1863-4]) *What is Property?* , Cambridge: Cambridge University Press.

Przeworski, Adam (1998) 'Deliberation and ideological domination,' in Elster, Jon (ed.) *Deliberative Democracy,* Cambridge: Cambridge University Press, 140-60.

_____ (1999) 'Minimalist conception of democracy: a defense,' in Hacker-Cordon, Casiano and Shapiro, Ian (eds) *Democracy's Value,* Cambridge: Cambridge University Press, 23-55.

Putnam, Robert (1993) *Making Democracy Work: Civic Traditions in Modern Italy,* Princeton: Princeton University Press.

Rasmussen, David M. (1990) *Reading Habermas,* Oxford: Basil Blackwell.

Rawls, John (1971) A *Theory of Justice,* Cambridge, MA: Harvard University Press.

_____ (1996) *Political Liberalism,* New York: Columbia University Press.

_____ (1999) *The Law of Peoples,* Cambridge, MA: Harvard University Press.

Raz, Joseph (1986) *The Morality of Freedom,* Oxford: Oxford University Press.

Rehg, William (1996) 'Habermas's discourse theory of law and democracy,' in Rasmussen, David M. (ed.) *The Handbook of Critical Theory,* Oxford: Blackwell Publishers, 166-89.

Resnick, Philip (1984) *Parliament vs. People: An Essay on Democracy and Canadian Political Culture,* Vancouver: New Star Books.

Riker, William H. (1982) *Liberalism Against Populism: A Confrontation Between the Theory of Democracy and the Theory of Social Choice,* San Francisco, W .H. Freeman & Company.

Riley, Johnathan (1988) *Liberal Utilitarianism: Social Choice Theory and J.S. Mill's Philosophy.* Cambridge: Cambridge University Press.

Roemer, John E.(1994) *A Future for Socialism,* Cambridge, MA: Harvard University Press.

_____ (1988) *Free to Lose: An Introduction to Marxist Economic Philosophy,* Cambridge, MA: Harvard University Press.

Rorty, Richard (1983) 'Postmodern bourgeois liberalism,' *The Journal of Philosophy,* 80 (October): 583-9.

_____ (1987) 'Thugs and theorists: a reply to Bernstein,' *Political Theory* 15,4 (November): 564-80.

_____ (1990) 'The priority of democracy to philosophy,' in Malachowski, Alan (ed.) *Reading Rorty,* Cambridge, MA: Blackwell.

Rose, Arnold M. (1967) *The Power Structure: Political Process in American Society,* Oxford: Oxford University Press.

_____ (1970) *The Higher Circles: The Governing Class in America,* New York: Random House.

Rousseau, Jean-Jacques (1950a [1762]) *The Social Contract in The Social Contract and Discourses,* New York: E.P. Dutton, The Everyman Library.

_____ (1950b [1755]) A *Discourse on the Origins of Inequality in The Social Contract and Discourses,* New York: E.P. Durton, The Everyman Library.

_____ (1979 117621) *Emile or On Education,* New York: Basic Books.

Sandel, Michael (1982) *Liberalism and the Limits of Justice*, Cambridge: Cambridge University Press.

_____ (1996) *Democracy's Discontent: America in Search of a Public Philosophy*, Cambridge, MA: Harvard University Press.

_____ (1998) 'Reply to critics,' in Allen, Anita L. and Regan, Milton C. Jr (eds) *Debating Democracy's Discontent: Essays on American Politics, Law, and Public Philosophy*, Oxford: Oxford University Press, 319-35.

Sartori, Giovanni (1987) *The Theory of Democracy Revisited*, Catham, NJ: Catham Publishers.

Saward, Michael (2000) 'A critique of Held,' in Holden, Barry (ed.) *Global Democracy: Key Debates*, London: Roudedge, 32-46.

Schafer, Arthur (1974) 'Citizen participation, democratic elitism, and participatory democracy,' in Thompson, Dixon (ed.) *The Allocative Conflicts in Water Management*, Winnipeg: University of Manitoba Press, 487-508.

Schattschneider, E.E. (1960) *The Semisovereign People: A Realist's View of Democracy in America*, New York: Holt, Rinehart and Winston.

Scheuerman, William E. (1999a) *Carl Schmitt: The End of Law*, Oxford: Roman and Litdefield.

_____ (1999b) 'Between radicalism and resignation: democratic theory in Habermas's *Between Facts and Norms*,' in Dews, Peter (ed.) *Habermas: A Critical Reader*, Oxford: Blackwell Publishers, 153-77.

Schmitt, Cad (1988 [1923]) *The Crisis of Parliamentary Democracy*, Cambridge, MA: The MIT Press.

Schmitter, Philippe C. (1995) 'The irony of modern democracy and the viability of efforts to reform in practice,' in Cohen, Joshua and Rogers, Joel (eds), *Associations and Democracy*, London: Verso, 167-87.

_____ (1997) 'Exploring the problematic triumph of liberal democracy and concluding with a modest proposal for improving its international impact,' in Hadenius, Alex (ed.) *Democracy's Victory and Crisis*, Cambridge: Cambridge University Press, 297-307.

Schumpeter, Joseph (1962 [1942]) *Capitalism, Socialism and Democracy*, New York: Harper and Row.

Schweickart, David (1996) *Against Capitalism*, Boulder: Westview Press.

Sen, Amartya K. (1970) 'The impossibility of a paretian liberal,' *Journal of Political Economy*, 78, 1 (January/February): 152-7.

Shanley, Mary Lyndon (1998) 'Unencumbered individuals and embedded selves: reasons to resist dichotomous thinking in family law,' in Allen, Anita and Regan, Milton C. Jr. (eds) *Debating Democracy's Discontent: Essays on American Politics, Law, and Public Philosophy*, Oxford: Oxford University Press, 229-47.

Shapiro, Ian (1999a) *Democratic Justice*, New Haven: Yale University Press.

_____ (1999b) 'Enough of deliberation: politics is about interests and power,' in Macedo, Stephen (ed.) *Deliberative Politics: Essays on Democracy and Disagreement*, New York, Oxford University Press, 28-38.

Singer, Peter (1974) *Democracy and Disobedience*, Oxford: Oxford University Press.

Skinner, Quentin (1978) *The Foundations of Modem Political Thought*, 2 vols., Cambridge: Cambridge University Press.

_____ (1985), 'The paradoxes of political liberty,' in *The Tanner Lectures on Human Values*, Cambridge: Cambridge University Press, 227-50.

_____ (1992) 'On justice, the common good and the priority of liberty,' in Mouffe, Chantal (ed.) *Dimensions of Radical Democracy: Pluralism, Citizenship, Community*, London: Verso, 211-24.
Smith, Adam (1937 [1776]) *The Wealth of Nations*, New York: Modern Library.
Smith, Rogers (1997) *Civic Ideals: Conflicting Visions of Citizenship in US History*, New Haven: Yale University Press.
Smith, Steve (1995) 'The self-images of a discipline: a genealogy of international relations theory,' in Booth, Ken and Smith, Steve, (eds) *International Relations Theory Today*, University Park, PA: The Pennsylvania University Press, 1-37.
Stokes, Susan C. (1998) 'Pathologies of deliberation,' in Elster, Jon (ed.) *Deliberative Democracy*, Cambridge: Cambridge University Press, 123-39.
Strange, Susan (1988) *States and Markets:* An *Introduction* to *International Political Economy*, London: Pinter.
_____ (1995) 'Political economy and international relations' in Booth, Ken and Smith, Steve, (eds) *International Relations Theory Today*, University Park, PA: The Pennsylvania University Press, 154-74.
Strom, Gerald S. (1990) *The* Logic *of Lawmaking: A Spatial Theory Approach*, Baltimore: The Johns Hopkins University Press.
Sullivan, John L., Pierson, James, and Marcus, George E. (1982) *Political Tolerance and American Democracy*, Chicago: University of Chicago Press.
Sunstein, Cass R. (1997) 'Deliberation, democracy and disagreement,' in Bontekoe, Ron and Stepaniants, Marietta (eds) *Justice and Democracy: Cross-Cultural Perspectives*, Honolulu: University of Hawai'i Press, 93-117.
_____ (1998) 'Constitutions and democracy' in Elster, Jon and Slagstad, Rune (eds) *National Self-Determination and Secession*, Oxford: Oxford University Press, 327-56.
Sylvester, Christine (1994) *Feminist Theory and Internatiorlal Relations in a Postmodem Era*, Cambridge: Cambridge University Press.
Talmon, J.L. (1970) *The Rise of Totalitarian Democracy*, New York: W.W. Norton.
Tamir, Yael (1993) *Liberal Nationalism*, Princeton: Princeton University Press.
Taylor, Charles (1979) 'What's wrong with negative liberty,' in Tyan, Alan (ed.) *The Idea of Freedom: Essays in Honour of Isaiah Berlin*, Oxford: Oxford University Press, 175-93.
_____ (1989a) 'Cross-purposes: the liberal-communitatian debate,' in Rosenblum, Nancy L. (ed.) *Liberalism and the Moral Life*, Cambridge, MA: Harvard University Press, 159-82.
_____ (1989b) *The Sources of the Self: The Making of the Modem Identity*, Cambridge, Mass.: Harvard University Press.
_____ (1993) *Reconciling the Solitudes: Essays on Canadian Federalism and Nationalism*, Montreal: McGill-Queen's University Press.
_____ (1994) 'The politics of recognition,' in Gutmann, Amy (ed.) *Multiculturalism*, Princeton: Princeton University Press, 25-73.
_____ (1999) 'Conditions of an unforced consensus on human rights,' in Bauer, Joanne R. and Bell, Daniel A. (eds) *The East Asian Challenge for Human Rights*, Cambridge: Cambridge University Press, 124-44.
Taylor, Michael (1982) *Community, Anarchy and Liberty*, Cambridge: Cambridge University Press.

Teodori, Massimo (ed.) (1969) *The New Left:* A *Documentary History,* Indianapolis: Bobbs-Merrill.

Thucydides (1972 [c.404 BC]) *History* of *the Peloponnesian War,* introduction by M.I. Finley, New York: Penguin Books.

Tickner, J. Ann (1992) *Gender in International Relations: Feminist Perspectives in Achieving Global Security,* New York: Columbia University Press.

Tocqueville, Alexis de (1969 [1835-40]) *Democracy in America,* New York: Harper and Row (Doubleday Anchor Books publication).

Tollison, Robert D. (1982) 'Rent seeking: a survey,' *Kyklos* 35, 4: 575-602.

_____ (1997) 'Rent seeking,' in Mueller, Dennis (ed.) *Perspectives on Public Choice:* A *Handbook,* Cambridge: Cambridge University Press, 506-25.

Truman, David B. (1951) *The Governmental Process,* New York: Knopf.

Tullock, Gordon (1970) *Private Wants, Public Means,* New York: Basic Books.

_____ (1980 [1967]) 'The welfare costs of tariffs, monopolies, and theft,' in Buchanan, James M., Tollison, Robert D., and Tullock, Gordon (eds) *Toward a Theory* of *the Rent-Seeking Society,* College Station, TX: Texas A & M University Press, 39-50.

Tully, James (1995) *Strange Multiplicity: Constitutionalism in an Age of Diversity,* Cambridge: Cambridge University Press.

Udehn, Lars (1996) *The Limits* of *Public Choice:* A *Sociological Critique* of *the Economic Theory* of *Politics,* London: Routledge.

Unger, Roberto Mangabeira (1976) *Knowledge and Politics,* New York: The Free Press.

Van Parijs, Phillipe (1999) 'Contestatory democracy vesus real freedom for all,' in Hacker-Cordon, Casiano and Shapiro, Ian (eds) *Democracy's Value,* Cambridge: Cambridge University Press, 191-8.

Verba, Sidney and Nie, Norman N. (1972) *Participation in America: Political Democracy and Social Equality,* New York: Harper and Row.

Wagner, Richard E. (1987) 'Parchment, guns, and the maintenance of constitutional contract,' in Rowley, Charles K. (ed.) *Democracy and Public Choice: Essays in Honor* of *Gordon Tullock,* Oxford: Blackwell, 105-21.

Waldron, Jeremy (1998) 'Virtue en *masse,'* in Allen, Anita L. and Regan, Milton C. Jr (eds) *Debating Democracy's Discontent: Essays on American Politics, Law, and Public Philosophy,* Oxford: Oxford University Press, 32-9.

Walker, R.B.J. (1988) One *World, Many Worlds: Struggles* for *a Just World Peace,* Boulder: Lynne Rienner.

_____ (1990) 'Sovereignty, identity, community: reflections on the horizons of contemporary political practice,' in Walker, R.B.J. and Mendlovitz, Saul H. (eds) *Contending Sovereignties: Redefining Political Community,* Boulder: Lynne Rienner, 159-85.

_____ (1993) *Inside/Outside: International Relations* as *Political Theory,* Cambridge: Cambridge University Press.

Waltz, Kenneth (1959) *Man, the State and War:* A *Theoretical Analysis,* New York: Columbia University Press.

Walzer, Michael (1983) 'Philosophy and democracy,' in Nelson, John S. (ed.) *What Should Philosophy* Be *Now?* , Albany: State University of New York Press, 75-99.

_____ (1988) *The Company* of *Critics: Social Criticism and Political Commitments in the 20th Century,* New York: Basic Books.

_____ (1990) 'The communitarian critique of liberalism,' *Political Theory* 18,1 (February): 6-23.

_____ (1994) *Thick and Thin: Moral Argument at Home and Abroad,* Notre Dame: University of Notre Dame Press.

_____ (ed.)(1995) *Toward a Global Civil Society,* Providence: Berghahn Books. Ware, Robert (1996) 'Nations and social complexity,' in Couture, Jocelyne, Nielson, Kai, and Seymour, Michel, (eds) *Rethinking Nationalism,* Calgary: University of Calgary Press, 133-57.

West, Cornell (1989) *The American Evasion of Philosophy: A Genealogy of Pragmatism,* Madison: University of Wisconsin Press.

Williams, Melissa S. (1998) *Voice, Trust and Memory: Marginalized Groups and the Failings of Liberal Representation,* Princeton: Princeton University Press.

Wittgenstein, Ludwig (1953) *Philosophical Investigations,* New York: Macmillan.

Wolff, Robert Paul (1976) In *Defense of Anarchism* (2nd edn), New York: Harper and Row.

Wood, Ellen Meiksins (1981) 'Liberal democracy and capitalist hegemony,' *The Socialist Register* 1981, 169-89.

Wolheim, Richard (1964), A paradox in the theory of democracy,' in Laslett, Peter and Runciman, W.G. (eds) *Philosophy, Politics and Society* II, Oxford: Basil Blackwell,71-87.

Wright, Frank (1987) *Northern Ireland: A Comparative Analysis,* Dublin: Gill and Macmillan.

Young, H. Peyton (1997) 'Group choice and individual judgments,' in Mueller, Dennis (ed.) *Perspectives on Public Choice: A Handbook,* Cambridge: Cambridge University Press, 181-200.

Young, Iris Marion (1990) *Justice and the Politics of Difference,* Princeton: Princeton University Press.

_____ (1993) 'Justice and communicative democracy,' in Gottlieb, Roger S. (ed.) *Radical Philosophy: Tradition, Counter- Tradition, Politics,* Philadelphia: Temple University Press, 23-42.

_____ (1995) 'Social groups in associative democracy,' in Cohen, Joshua and Rogers, Joel (eds) *Associations and Democracy,* London: Verso, 207-13.

_____ (1996) 'Communication and the other: beyond deliberative democracy,' in Benhabib, Seyla (ed.) *Democracy and Difference: Contesting the Boundaries of the Political,* Princeton: Princeton University Press, 120-35.

_____ (1999) 'State, civil society, and social justice,' in Hacker-Cordon, Casiano and Shapiro, Ian (eds) *Democracy's Value,* Cambridge: Cambridge University Press, 141-62.

_____ (2000) *Inclusion and Democracy,* Oxford: Oxford University Press. Zimmerman, Joseph F. (1986) *Participatory Democracy: Populism Revived,* New York: Praeger.

Zolo, Danilo (1997) *Cosmopatis: Prospects for World Government,* Cambridge: Cambridge University Press.

_____ (2000) 'The lords of peace: from the Holy Alliance to the new international criminal tribunals,' in Holden, Barry (ed.) *Global Democracy: Key Debates,* London: Routledge, 73-86.

ÍNDICE ONOMÁSTICO

Ackerman, Bruce 52-53
Acton, Lord John E.E.D. 55-56
Adams, John 113-114
Adomo, Theodor 206-208
Ake, Claude 234-236, 239-240
Alfred, Taiaiake 36
Allen, Theodore 88
Almond, Gabriel 152-153
Appiah, Anthony 85
Arblaster, Anthony 219
Archibugi, Daniele 239-240
Arendt, Hannah 69-70
Aristotle 14-17, 21-22, 26, 50-51, 72-73, 181-182, 184
Arrow, KennethJ. 32-34, 142, 212
Ashley, Richard H. 247-249
Austin, John 208-209

Bachrach, Peter 99, 106-109, 148-149, 158-159
Bader, Veit 234-235
Baratz, Morton 106-109
Barber, Benjamin 54-55, 152-153, 155-158, 160-161, 167-168, 201, 235-236
Bardhan, Pranab 62-63
Barry, Brian 51-52, 56-57, 83-84, 87, 94-95, 103-104
Bay, Christian 93-94, 105-106, 108-109
Beard, Charles 98
Beck, Ulrich 235-236, 239-240
Beetham, David 61-62, 111-112, 178-179, 190-191, 219
Beiner, Ronald 59, 70-72, 74-75, 234-235
Beitz, Charles 56-57, 178-179, 238-240
Benhabib, Seyla 194-199, 201, 213, 215-216
Bentham, Jeremy 83-84, 115-116
Bentlev. Arthur 92-93, 96-97

Berelson, Bernard R. 35, 101-102
Berlin, Isaiah 41-42, 48-50, 52-53, 57-58, 88
Bernstein, Eduard 252
Bernstein, Richard 173
Bobbio, Norberto 54-55, 85, 241
Bohman, James 200, 209-210
Bookchin, Murtay 234-235
Borda, Jean-Charles 82-83, 124
Bowles, Samuel 141, 144, 147
Buchanan, James 124-125, 128-129, 136, 138-139, 141, 144-146, 163-164, 172, 243-244
Bull, Hedley 238
Burnheim, John 76, 115-116, 141

Calhoun, John 102-103
Callinicos, Alex 163-164
Carens, Joseph 234-235, 248-249
Chatterjee, Pratap 245-246
Christiano, Thomas 76, 83-84, 114-115, 138-139, 190-193, 219
Churchill, Winston 15-16
Cohen, Carl 37, 83-84, 179-180, 187-188
Cohen, G.A. 64-65, 188-189
Cohen, Joshua 36, 163-167, 194-200, 209-210, 213
Cole, G.D.H. 160, 164-165
Coleman, James 162-163
Collins, Joseph 145-146
Condorcet, Marquis de 82-83, 124, 184
Connelly, James 245-246
Connolly, William 11-12, 96-97, 218, 222-223, 227, 229-232, 248-249
Constant, Benjamin 50-51, 69-70
Cox, Robert 237-240, 245-246, 248-249, 251
Cunningham, Frank 65-66, 79-80, 89-90, 93-94, 190-191

Dahl, Robert A. 36, 40-41, 57-58, 81-84, 88-91, 93-96, 98, 100-107, 110-111, 175-177, 201, 236-238, 250, 252
Dallmayr, Fred 228-230
Daniels, Norman 76
Davis, Michael 34
Derrida, Jacques 220-223
Descartes, Rene 179-180
Dewey, John 9, 170-176, 190-193, 250
Disraeli, Benjamin 223-224
Domhoff, William 105-106
Downs, Anthony 32-33, 124, 128-131, 133-134, 145-146, 243-244
Drèze, Jean 187-188
Dunn, John 247-248
Durkheim, Emile 166-167
Dworkin, Peter 62-63
Dworkin, Ronald 43-44, 64-65, 88, 201

Eagleton, Terry 93-94
Eisenstein, Zillah 86
Elster, Jon 124, 138-140, 197-198
Ely, John Hart 42-43
Estlund, David 184, 196-197
Eze, Emmanuel 43-44

Falk, Richard 245-246, 209
Fearon, James D. 198-199
Figgis, John Neville 164-165
Finger, Matthian 245-246
Flathman, Richard E. 93-94
Foucault, Michel 220-221, 223-224
Fraser, Nancy 214-216
Friedman, Milton 62-63, 144
Frye, Marilyn 85
Fukuyama, Francis 38-39, 77, 79-80
Furet, François 30-31

Gagnon, V.P. Jr. 29-30
Galtung, Johan 241, 243-244
Gambetta, Diego 197-198
Geras, Norman 228-229
Giddens, Anthony 230-231
Gilbert, Alan 246-247
Gintis, Herbert 141, 144, 147
Girard, Rene 27-28
Glazer. Nathan 118-119, 233-234
Goldberg, David 43-44, 88
Goldsrick, Daniel 186-187
Gould, Carol 111-112, 190-191, 197-199, 201-202, 214, 219
Graham, Keith 186-187

Gramsci, Antonio 223-224, 248-249
Green, Donald 124, 138-139
Green, Philip 188-189
Grotius, Hugo 248-249
Gutmann, Amy 52-53, 76, 88, 188-189, 197-198, 200-205, 209-210, 213-214, 246-247

Habermas, Jiirgen 53-54, 186-187, 194-202, 206-210, 212-213, 215-216, 221-222, 227
Hampton, Jean 52-53
Hardin, Russell 29-30, 32-33, 43-44, 46, 48, 77, 80-81, 124, 136, 142
Harrison, Ross 115-116, 155, 156-157, 219
Hartz, Louis 68-69
Hauptmann, Emily 138-139, 141
Hayek, Friedrich A. 61-62, 125, 132-134, 137-138, 144-146, 148-149
Hegel, G.W.F. 164-165, 171, 220-221, 229-230
Held, David 46, 56-57, 100, 104-106, 235-238, 243-244, 219
Heraclitus 221-222
Hirst, Paul 164-167, 245-246
Hobbes, Thomas 47, 53-54, 92-93, 100, 112-113, 136, 149-150, 155, 161, 169, 202
Hoffman, John 54-55
Holmes, Stephen 23-24
Horkheimer, Max 206-208
Horowitz, Donald 78-79
Hottelling, Harold 126-127
Howard, Michael 62-63
Howse, Robert 203
Hume, David 136, 205
Huntington, Samuel 12-13, 208-209
Hurley, Susan 237-238, 252
Hyland, lames 12-13, 93-94, 179-180, 219

Isaac, Jeffrey 69-70

Jaggar, Alison 85-86
Jefferson, Thomas 18, 99
Johnson, James 200, 202

Kaldor, Mary 238-240, 246-247
Kant, Immanuel 43-45, 205-209, 221-222, 248-249
Kaplan, Abraham 92-97
Kaplan, Robert D. 29-30
Kateb, George 158-159

Índice onomástico

Katz, Eric 234-235
Kaufman, Arnold 148-149
Kautsky, Karl 31-32
Keim, Donald 158-159
Keohane, Robert 238
Kernohan, Andrew 88
Key, V.O. 98
Kohler, Martin 208
Kramnick, Isaak 99
Krouse, Richard 36
Kukathas, Chandran 89-90
Kymlicka, Will 32, 46-47, 53-54, 64-65, 71-74, 78-79, 89-90, 117-118, 120-121, 233-234, 241

Lacan, Jacques 218
Laclau, Ernesto 217, 219, 222-226, 228-230, 248-249
Lamore, Charles E. 52-53, 226
Laski, Harold 164-165
Lasswell, Harold D. 94-97
Lear, John 145-146
Lefort, Claude 29-30, 213, 218-219, 221-222
Lenin, V.I. 31-32
Levine, Andrew 47, 82-83, 86, 110-112, 150-151, 155-157, 166-167
Light, Andrew 234-235
Lijphart, Arend 101-104
Linklater, Andrew 237-238
Lipietz, Alain 245-246
Lipset, Seymour Martin 55-56, 91, 101-102
Locke, John 43-44, 47, 149-150, 161, 169, 171
Lukes, Steven 94-95
Lyotard, Jean-Francois 220-222, 227

Machiavelli, Niccolo 72-73, 248-249
Mackie, Gerry 212
MacIntyre, Alisdair 70-71
MacIver, R.M. 92-93
Macpherson, Crawford Brough 36, 46, 49-51, 61-62, 65-66, 93-94, 100, 130-131, 133-134, 144, 153-154, 163-164, 167-168, 170, 172, 177-178, 190-193
Madison, James 36, 76, 91, 96-97, 99, 106-109, 218
Mandeville, Bernard de 93-94
Manin, Bernard 110-111, 164, 196-197
Mansbridge, Jane 148-149, 155
Marcuse, Herbert 206-207
Marx, Karl 64-66, 106-107, 220-221
Mason, Michael 169
Mathews, John 163-164

May, Kenneth O. 42-43
McGrew, Anthony 235-236
McKinlay, Patrick F. 221-222
Mill, James 83-84, 115-116
Mill, John Stuart 19-20, 38-42, 44-45, 47, 50-51, 53-58, 75, 83-84, 88, 111-112, 114-115, 139-140, 218
Miller, David 69-70, 177-178, 211-212
Mills, C. Wright 99, 105-106
Mills, Charles 31-32, 43-44
Misak, Cheryl 209-210
Montesquieu, Charles-Louis 70-71
Morganthau, Henry 237-238
Mosco, Gaetano 99
Mouffe, Chantal ix, 53-54, 111-112, 197-198, 216, 218-219, 222-223, 230-231, 248-249
Mueller, Dennis 172

Naess, Arne 169, 234-235
Nie, Norman N. 152-153
Nielsen, Kai 252
Nietzsche, Friedrich 26, 221-222, 229-230
Nozick, Robert 25, 40-42, 64-65, 188-189
Nye, Joseph 238

Okin, Susan Moller 85, 89-90
Ollman, Bertell 62-63
Olphus, William 234-235
Olson, Mancur 124
Oppenheim, Felix 42-43

Paehlke, Robert 169, 245-246
Parekh, Bhikhu 233-234
Pareto, Vilfredo 99, 138-139
Pateman, Carole 31-32, 40-41, 150-151, 153-154, 156-159, 169
Pennock, J. Roland 37, 56-57
Pericles 18
Pettit, Philip 72-73, 193
Phillips, Anne 89-90, 120-122
Pitkin, Hanna 111-114, 118-119
Plato 22-23
Pogge, Thomas 56-57, 208
Polsby, Nelson 94-96
Popper, Karl 37
Pranger, Robert 158-159
Proudhon, Pierre-Joseph 62-63, 164-165
Przeworski, Adam 110-111, 114-115, 183, 185, 197-198, 213
Putnam, Robert 34-35, 162-163

Rasmussen, David 209-210
Rawls, John 40-41, 43-44, 52-54, 64-65,
   69-70, 71-72, 76, 83-84 , 88,
   187-189, 201, 203, 205, 208-209,
   226, 208
Raz, Joseph 52-53, 227
Resnick, Philip 151-152, 163-164
Riker, William 34, 40-41, 113-114, 183
Riley, Johnathan 139-140
Roemer, John 62-63
Rogers, Joel 36, 163-167, 213
Rorty, Richard 53-54, 173, 227-229, 243-244,
   251
Rose, Arnold 94-95, 99, 105-106
Rousseau, Jean-Jacques 19-20, 148-151, 171,
   186-187, 247-248

Sandel, Michael 68-75, 209
Sartori, Giovanni 40-41
Saussure, Ferdinand 222-223
Saward, Michael 253
Schafer, Arthur 153-154
Schattschneider, E.E. 105-106
Scheuennan, William E. 144, 200, 209-210,
   214-216
Schmirter, Philippe 165-167, 241
Schmitt, Carl 27-28, 36, 111-112, 226-227
Schumpeter, Joseph 18-24, 30-31, 34-35, 85,
   91, 100, 103-104, 124, 128-129, 142,
   148-149
Schweickart, David 62-63
Searle, John 208-209
Sen, Annatya 51-52, 187-188
ShaDiro, Ian 124, 138-139, 197-198
Singer, Peter 186-187, 190-191
Skinner, Quentin 43-44, 72-73
Smith, Adam 132-133
Smith, Graham 245-246
Smith, Rogers 88
Smith, Steve 237-238
Socrates 27
Stokes, Susan 110-111
Strange, Susan 238
Sullivan, John L. 51-52
Sunstein, Cass 164, 196-197, 202-203, 214

Talmon, J.L. 150-151
Tamir, Yael 78-79
Taylor, Charles 49-51, 78-80, 233-234, 246-247
Taylor, Michael 151-152
Thompson, Dennis 52-53, 164, 196-198,
   200-205, 209-210, 213-214, 246-247
Thompson, Grahame 245-246
Tickner, Ann 246-247
Tocqueville, Alexis de 16-18, 21-27, 29-30,
   36, 38-39, 49-50, 55-56, 77, 104-105,
   184, 187-188, 213, 218, 251
Tollison, Robert D. 135
Truman, David 92-93, 96-97, 99, 101-102,
   104-105, 109-110, 115-116
Tufts, James H. 177-178, 192-193
Tullock, Gordon 124-125, 128-136, 141,
   144-146, 163-164, 172, 243-244
Tully, James 36

Udehn, Lars 137-138
Unger, Roberto 43-44

Verba. Sidnev 152-153

Wagner, Richard E. 135
Waldron, Jeremy 69-70
Walker, Roberr 245-250
Walz, Kenneth 237-238
Walzer, Michael 78-79, 173, 246-247
Weber, Max 207-208
West, Cornell 173
Whatley, Richard 125
Williams, Melissa 89-90, 99, 110-111, 117-122
Wittgenstein, Ludwig 221-223
Wolff, Robert Paul 185-187
Wolheim, Richard 186-187
Wood, Ellen 54-55
Wright, Frank 29-30, 78-79

Young, Iris 85, 87, 115-118, 120-121,
   166-167, 214-216

Zimmerman, Joseph 151-152
Zolo. Danilo 241, 243-244, 248-249

ÍNDICE REMISSIVO

Aborto 204
abstenção de votar 127-129
ação afirmativa 14-15, 74, 87, 115-116.
    Ver também representação de grupo
ação comunicativa 207-208
agregação de preferências 27, 82-84, 155
ambientalismo 169, 234-235
anarquismo 150-151, 185-187
apatia política 35, 100, 127-129, 148-149, 152-154, 162-163
aristocracia 15-16
Atenas 15-16, 23-24, 27
Áustria 101-102
autoadministração dos trabalhadores 62-63, 153-154
autonomia 47-48, 69-70, 186-187
autoritarismo 88, 173

balcanização 120
Banco mundial 235-236
Bélgica 101-102
bem comum/público 15-16, 18, 108-109, 155
biocentrismo 234-235
bolchevismo 30-31, 218, 226
Borda 82-83, 212
Bruntland Report 245-246
busca de lucro 135

câmara municipal 55-56
Canadá 79-80, 117-118
capital social 162-163
capitalismo 54-56, 79-80, 136, 144-146, 228-229, 239-240
catalaxe Capítulo 6
    base normativa 132-133
    como ciência social 137-139
    e conflito 142
    e globalização 243-244
    e governo ineficaz 142
    e irracionalidade da democracia 142
    e neoliberalismo 132-138
    e o espaço vazio da democracia 143-144
    e opressão 144-147
    e teoria da escolha social 137-141
    e tirania da maioria 142-143
    implicações prescritivas 130-133
    origem do termo 125
Chile 61-63, 79-80, 144-146
Cidadania 88, 234-235
classe econômica 85, 93-94
Comissão Trilateral 27-28, 75, 161
Competição 79-81, 137-138
comunismo (projeto de sociedade sem classes) 60
    os regimes 23-24, 38-39, 54-56, 60, 77, 174-175, 237-238
comunitarianismo 46, 70-72, 78-79
Comunitarismo
concepção realista de democracia 18, 30-31, 91
conflito 27-30, 76-77, 91
    e catalaxe 142
    e democracia deliberativa 209-210
    e democracia liberal 77-81
    e democracia participativa 162-163
    e pluralismo clássico 101-104
    e pluralismo radical 229-231
    étnico/nacional 77-80
consenso 157-158, 174-175
constituições 98, 129-130, 172
consumismo 74, 156-157
contratualismo 43-45, 169, 202-203
corporativismo 164-166
cosmopolitismo 239-241, 250, 253
criança 250
cultura política 100-102, 147

declaração de Port Huron 148-149, 152-153, 158-159
demagogia. *Ver* o espaço vazio da democracia
democracia associacional 101-104
democracia associativa 163-168
democracia deliberativa Capítulo 9, 175-176
   e a irracionalidade da democracia 211-212
   e agregação de preferências 164, 196-197
   e conflito 209-210
   e fundamento para confiança 201-207
   e globalização 246-247
   e legitimação 194-164
   e máscara de opressão 213-216
   e o bem comum 196-199
   e o espaço vazio da democracia 212-213
   e preferências fixas 164
   e tirania da maioria 211
   participacionismo/republicanismo 197-199
   variações na 198-200
democracia liberal Capítulo 3, 38-39
   desafio do republicanismo cívico 68-75
   e capitalismo 59, 65-66
   e conflito 77
   e democracia deliberativa 197-200
   e espaço vazio da democracia 80-82
   e globalização 243-244
   e governo ineficaz 75-77
   e irracionalidade da democracia 82-85
   e máscara de opressão 85, 89-90
   e massificação da cultura 67-69
   e pluralismo radical 226-227
   e problemas da democracia Capítulo 4
   e tirania da maioria 68-69
   fraca 60
democracia participativa Capítulo 7, 51-52, 59, 65-66, 75, 122, 175-176, 209-210
   como um projeto 167-168
   e conflito 162-163
   e espaço vazio da democracia 161
   e globalização 246-248
   e governo ineficaz 162-163
   e irracionalidade da democracia 160-161
   e máscara de opressão 160
   e massificação da cultura 162-163
   e tirania da maioria 161
   origem do termo 148-149
   realismo da 162-164
democracia representativa 39-40, 57-58, 76, 151-152
   o primeiro lugar mais votado/proporcional 39-41, 120

democracia social 19-20, 59-62
democracia, limites da 175-178, 236-238
   como problemática 173
   conceito de 10-15, 178-180
   concepção clássica 18
   concepção realista da 18, 30-31, 91
   concepções provisórias 25, 178-180
   condições para 19-20, 34-37, 98
   contextos de 171-172
   desenvolvimentista/protetiva 36, 44-46, 65-66, 76
   domínios da 253-254
   e valor intrínseco 177-179, 252
   escopo da 92-93, 171
   fato/significado/valor 20, 170, 177-178
   fraca/unitária/forte 156-158
   graus de 12-13, 56-57, 95-96, 172-175, 188-191
   história da 43-44, 54-55, 86, 170
   paradoxo da 186-187
   processual 56-57
   progresso na 175-176, 251, 252
   representativa 57-58
   valor da 177-178. *Ver também* democracia representativa, valor da democracia
democratismo 176-177
desigualdade 36, 85
determinismo 42-43
dilema do prisioneiro 136
direito internacional 248-249
direitos 69-70, 87, 161, 218-219
   formal 147
   grupo 46, 87, 89-90
   individual 43-44, 87
discriminação sistêmica 85-86
ditadura do proletariado 60
   e pluralismo radical 232

eleições 40-41, 81-82
elitismo 67, 160, 179-180
empresas auto-adminstradas 109-110
equilíbrio reflexivo 204-205, 208-209
Esclarecimento 88-90, 206-207, 220-224, 241, 209
escola crítica (Frankfurt)
Escola da Virgínia 125
Escolha 74, 141
Escravidão 22-23, 31-32
esfera/reino privado 31-32
esfera/reino público 31-32, 208-209, 213, 215-216
espaço vazio da democracia 29-30, 56-57, 80-82, 103-104

e catalaxe 143-144
e democracia deliberativa 212-99
e democracia liberal 80-82
e democracia participativa 161
e pluralismo clássico 103-106
e pluralismo radical 229-231
essencialismo 120, 220-223
Estado 54-58
    como predador 133-135
    desafio da globalização 241-246
    e sociedade civil 152-154
    soberania/autonomia 236-238, 208
    teoria do pluralismo clássico 96-99
Estado de direito 27-28, 42-43, 52-53
Estado-nação 54-55
eu enraizado 46-47, 70-71
EUA 26, 39-40, 51-52, 68-69, 81-82, 91,
    105-106, 126-127, 239-240, 251
Eurocomunismo 54-55

falsa consciência 93-94
família 57-58, 70-71
fascismo 61-62, 164-165, 218, 226
Federalist Paper 96-97, 99, 100
Feminismo 30-31, 86, 110-111
fim da história 38-39
formação de preferência 143-144, 147
França 81-82
free-riders 32-33, 35, 82-83, 128-129
fundacionalismo 53-54, 202, 221-222,
    228-230, 252
fundamentalismo 203

globalização Capítulo 11
    cultural 235-236
    e globalidade/globalismo 235-236, 239-240
    e teorias democráticas 243-244
    economia 235-236
governo ineficaz 27-28, 35
    e catalaxe 142
    e democracia liberal 75-77
    e democracia participativa 162-163
governo mundial 237-238

hegemonia 223-225, 250
hobessiano 91, 104-105
Holanda 11-12, 101-102
humanismo cívico 71-72

identidade 222-224, 230-231
ideologias 126-127
igual respeito 43-44
igualdade 16-17, 40-42, 156-157, 190-191, 214

igualitarismo 27, 88, 108-109, 171, 188-189
individualismo 46
    e condicionado socialmente 46-47
    metodológico 42-43, 124
    político 47, 57-58, 171
individualismo possessivo 133-134, 156-157,
    160
informação 130-131
Inglaterra 81-82
interesses 92-93, 115-116
    objetivo 93-95, 113-114
    subjetivo 109-110
interesses de grupo 92-93, 109-110, 217
irracionalidade da democracia 32-35
    e catalaxe 142
    e democracia deliberativa 211-212
    e democracia liberal 82-85
    e democracia participativa 160-161
Itália 54-55
Iugoslávia 153-154

Jacobinos 16-17, 30-31
Japão 11-12
Justiça 187-191

lealdades de grupo 78-80
legitimidade 185-187
liberalismo 31-32, 38-39
    e democracia 41-43
    política/valor 226-227
    processual 70-71
liberdade negativa 48-52, 193
liberdade positiva 48-52, 65-66, 190-193
liberdades civis 39-43, 52-53
libertarianismo 25, 76, 214
líderes/liderança 27, 68-69, 75, 98, 99,
    104-105, 139-140, 171, 184
linguagem 208-209, 221-223
local de trabalho 57-58

maioria cíclica 82-83, 212
maiorias concorrentes 102-103
marxismo 59, 95-96, 213, 224-225
máscara de opressão 30-32
    e catalaxe 144-147
    e democracia deliberativa 213-216
    e democracia liberal 85-90
    e democracia participativa 160
    e pluralismo clássico 105-111
    e pluralismo radical 230-231
massificação da cultura 26-27
    e democracia liberal 67-69
    e democracia participativa 162-163

e pluralismo radical 229-230
mercados econômicos 62-63, 133-134,
    139-140, 243-244
metanarrativas 220-222
movimentos sociais 169, 215-216, 224-225,
    245-248
multiculturalismo 46, 233-234

natureza humana 62-63, 100, 132-133,
    139-140, 220-221
negociação 174-175
neoliberalismo 64-65, 132-133, 137-138,
    145-146, 166-167
neutralidade do Estado 52-53
New Haven 95-96
novo medievalismo 238-238, 209

oligarquia 15-16
ONGs 245-246, 251, 254
ONU 239-240, 253
Opressão 85
opressão de gênero 31-32, 85-86
Organização Mundial do Comércio 238,
    245-246
ótimo de Pareto 138-139

paradoxo da tolerância 50-54, 202
paradoxos da votação (paradoxos de Arrow)
    34, 80-81, 142, 211-212
participação 40-41, 46
partidos políticos 27-28, 76, 125-128, 200
passeatas de Seattle 245-246, 251
paternalismo 39-40, 93-94, 158-159, 203,
    209-210, 213
paz de Westphalia 238
peronismo 219
personalidade 88
pluralismo 39-40, 50-51, 57-58, 71-72,
    82-83, 87, 91. *Ver também* pluralismo
    clássico/pluralismo radical
pluralismo clássico Capítulo 5, 185, 237-238
    e conflito 101-104
    e espaço vazio da democracia 103-106
    e máscara de opressão 105-111
    e tirania da maioria 103-106
pluralismo radical Capítulo 10, 53-54, 91
    e antagonismo 222-223, 227, 230-231
    e conflito 229-231
    e democracia deliberativa 227
    e espaço vazio da democracia 229-231
    e fundacionalismo 228-229
    e globalização 247-250
    e hegemonia 223-225

e massificação da cultura 229-230
e opressão 230-231
e republicanismo cívico 227
e tirania da maioria 232
política de 224-227
pobreza 187-188
poder 94-95, 217, 223-225
poder do povo 245-247
pós-estruturalismo/pós-modernismo 220-221
posições do sujeito 223-224
povo, um 170-171
povos aborígines 117-118
pragmatismo 167-168, 177-178, 229-230, 232
pragmatismo democrático Capítulo 8
    e globalização 250-254
    e natureza problemática da democracia
        173-176
problemas da democracia Capítulo 2
    e catalaxe 141-147
    e democracia deliberativa 209-216
    e democracia liberal Capítulo 4
    e democracia participativa 160-167
    e pluralismo clássico 101-102, 110-111
    e pluralismo radical 229-232
    e pragmatismo democrático 170,
        173-176. *Ver também* conflito; espaço
        vazio da democracia; governo
        ineficaz; irracionalidade da
        democracia; máscara de opressão;
        massificação da cultura; tirania da
        maioria
problemática 23-24, 233-234, 254
propriedade 62-63, 108-109
propriedade de si mesmo 64-65
público/privado 51-54, 77, 87, 89-90

raça (atribuída) 93-94
racionalidade 123
racismo 26, 43-44, 89-90
razão instrumental 206-208
realismo (nas relações internacionais)
    237-240, 251
reducionismo 224-225
regra majoritária 131-132
relativismo moral 53-54
representação 110-122
    escopo 113-116
    funcional 164-165
    natureza da 111-114
    objetos da 115-116
representação de grupo 115-122
    desafios 118-122
    modos 118-119

tipos 117-118
República de Weimar 21-22, 206-207
republicanismo cívico 51-52, 59, 65-66,
    68-75, 155, 193, 209-210
    aristotélico e ciceroniano 81-84, 158-159
    e globalização 208, 246-247
    teste para 72-75
Revolução Americana 16-17, 32-33
Revolução de 1848 23-24
Revolução Francesa 16-17, 32-33, 219
Robinson Crusoé 128-129

sistema piramidal de conselho 163-164
soberania popular/autogoverno 18, 21-22,
    29-30, 81-82
socialismo 19-20, 59, 64-65, 144-146, 173
socialismo de guilda 164-165
sociedade anômica 27
sociedade civil 85
Suíça 101-102, 239-240

teorema do júri 184-185
teoria da escolha racional 32-33, 123
teoria da escolha social 34, 123-124, 175-176
    e catalaxe 137-141
    e teoria da escolha pública 138-139
    e teoria do jogo 124
teoria discursiva da ética 202, 208-209
    termo 75
liberdade 149-150, 190-191
    e autonomia 47-48
    forçado a ser livre 157-160. *Ver também*
        liberdade negativa/positiva
Tiennanmen Square 10
tirania da maioria 15-16, 18, 21-22, 38-39
    e catalaxe 142-143
    e democracia deliberativa 211

e democracia liberal 68-69
e democracia participativa 161
e pluralismo clássico 103-106
tolerância 77
totalitarismo 152-153
transcendentalismo 205-209, 214

União Européia/parlamento 56-57, 238, 241,
    246-247
União Soviética 23-24, 163-164, 174-175,
    221-222
Utilitarismo 42-43, 83-84, 155, 196-197

Vales 133-134, 165-166
valor da democracia
    bem-estar 187-188
    decisões sábias 184-185
    estabilidade 185-187
    igual respeito 190-191
    intrínseco 177-179, 252
    justiça social 187-191
    legitimidade 185-187
    liberdade positiva 190-193
    liderança 184
    melhor aposta para os indivíduos 181-183
    paz 183-184
    responsabilidade dos líderes 183
valores: abrangentes/políticos 52-53, 69-70
vontade geral 19-20, 149-151, 153-154
votação 41-42, 155, 175-176, 187-188,
    196-197, 211
    eletrônica 153-154
    por sorteio 163-164
    regras da 128-131
    teoria expressiva da 138-139
voto das mulheres 22-23, 31-32
voto de Condorcet 82-83, 212